Lothar Müller

# FREUD<u>s</u> DINGE

Die Andere
Bibliothek
Begründet von
Hans Magnus Enzensberger

Lothar Müller

# FREUDs DINGE

*Der Diwan, die Apollokerzen
und die Seele im technischen Zeitalter*

**Die Andere Bibliothek**
Berlin 2019

Für E, C und J

## INHALT

INHALT

Kapitel 3

## DAS BÜNDNIS MIT DER ANTIKE



Kapitel 4

## DIE GÖTTER IM EXIL DES ALLTAGS

INHALT

Kapitel 5

## RÄTSELHAFTE INSCHRIFTEN



Epilog

## DIE DINGE UND DIE LETZTEN DINGE

## Einleitung

Wer auch nur sporadisch in den Schriften Freuds liest, wird die Figuren so leicht nicht vergessen, denen er dort begegnet, allen voran König Ödipus, der, ohne es zu wissen, seinen Vater erschlägt und mit seiner Mutter schläft, und das nicht in der fernen Antike oder auf der Bühne eines Theaters, sondern in den Kinderwünschen, die leibhaftige Erwachsene der Gegenwart in sich tragen. Der Rattenmann tritt hinzu mit seiner unheimlichen Phantasie, in der die Nager ins Innere des Menschen vordringen. Es folgt der Wolfsmann, in dessen Traumerinnerung sich das Fenster des Schlafzimmers plötzlich wie von selbst öffnet und der Blick des aus dem Schlaf hochgeschreckten Kindes auf den großen Nussbaum fällt, auf dem die weißen Wölfe sitzen. Ein Schwarm von Hysterikerinnen zieht vorbei, die von plötzlichen Lähmungen befallen werden, und in der widerstrebend geöffneten Mundhöhle seiner Patientin Irma entdeckt der träumende Freud einen beunruhigend großen weißen Fleck.

Stets sind die Figuren Freuds dem forschenden Blick dessen ausgesetzt, der von ihnen berichtet. Nie bleiben sie, was sie zu Beginn zu sein schienen. In den Kommentaren, Fragen und Deutungshypothesen des Berichterstatters nehmen sie vor den Augen des Lesers immer neue Gestalt an, ehe sie schließlich ihr Rätsel preisgeben. Diese Bewegung der fortschreitenden, gegen immer neue Widerstände sich durchsetzenden Enthüllung ist an die Vertikale gebunden, an die Vorstellung des Hinabsteigens in die Tiefe. Die Tiefe ist die Sphäre des Dunklen und Verdunkelten, Verdrängten und Vergessenen, aus ihr steigen die mythologischen Gestalten auf, in die sich Freuds Figuren verwandeln. Zum Gefolge des Ödipus zählen Narziss, der sich selbst begehrt, Nausikaa, die am Strand der Phäaken den nackten, mit Schlamm bedeckten Odysseus findet, und auch die Urhorde, die den Vater tötet.

Gegenüber diesen Hauptdarstellern in Freuds Welt scheint den Dingen nur die Statistenrolle zu bleiben. Sie haben ihren Anteil an der Enthüllung des Seelenlebens, sind unverzichtbar als Material der Träume, Phobien und Zwangsneurosen. Aber wenn sie verlegt oder vergessen, zärtlich berührt oder zerbrochen werden, dann sind sie vor allem Stichwortgeber für die Unruhe, die sie in den Akteuren auslösen. In dem Maß, in dem die Analyse zur Aufdeckung der verborgenen Triebregungen voranschreitet, verschwinden sie wieder im Hintergrund. Die schöne irdene Blumenvase, die in der »Psychopathologie des Alltagslebens« einem Arzt, der sie von seiner Patientin geschenkt bekommen hat, unversehens entgleitet und zerbricht, verwandelt sich rasch in ein Symbol der Frau, und schon geht sie ab als Kronzeugin der Einsicht: »Das Fallenlassen von Objekten, Umwerfen, Zerschlagen derselben scheint sehr häufig zum Ausdruck unbewusster Gedankengänge verwendet zu werden.«

Einmal in die Perspektive des Unbewussten gerückt, bleiben die Objekte nicht die Gegenstände und Dinge, die sie im Alltag sind. Sie rücken ein in die Sphäre des psychoanalytischen Objektbegriffs, der Liebes- und Triebobjekte identifiziert, Akte der Objektwahl und Objektfindung sowie die Dynamik der infantilen, postpubertären und erwachsenen Libido freilegt. Sie spielen ihre Rolle in diesem Deutungsspiel, indem sie sich in Symbole verwandeln. Ein ganzer Schwarm von Gegenständen, die dieser Bewegung folgen, durchzieht die »Vorlesungen zur Einführung in die Psychoanalyse«, in denen Freud dem Publikum 1915/16 das Register der Symbole auffächert, die in den manifesten Träumen, so, wie sie erinnert werden, die unbewussten Traumgedanken vertreten. Er listet die Stöcke, Schirme und Stangen auf, die Messer, Dolche, Lanzen, Säbel, Gewehre, Pistolen und Revolver, die Wasserhähne, Gießkannen und Springbrunnen, Federstiele und Nagelfeilen, hinter denen sich das männliche Glied verbirgt. Er versammelt die Gefäße und Flaschen, Schachteln, Dosen, Koffer, Büchsen, Taschen, Blumen, Äpfel, Pfirsiche und Früchte, in deren Gestalt die weiblichen Genitalien ihre Auftritte haben.

Welche Dinge auch immer in den Registerarien der Symboltheorie auftauchen, die Freuds Werk durchziehen, für alle gilt, dass sie den Weg zurückzulegen haben, der von Objekten im landläufigen Sinne zum psychoanalytischen Objektbegriff führt. Wir klammern den Objektbegriff der Psychoanalyse ein, oder besser gesagt, lassen ihn als stumm bleibende Voraussetzung mitlaufen, während wir den Weg zurück zu den Dingen und Objekten im alltäglichen Sinn gehen, zu den Kästchen und Schachteln, den Requisiten der Mode und des Interieurs, den Instrumenten der Klinik und Apparaturen der Laboratorien im späten 19. und frühen 20. Jahrhundert.

Alle diese Dinge und Gerätschaften verschwinden nicht im psychoanalytischen Objektbegriff. Sie führen ein Eigenleben, auch nachdem sie Symbole geworden sind oder eine Einsicht illustriert haben. Sie erzählen Geschichten, die nicht mit den Fallgeschichten Freuds identisch sind, und verbinden die Erforschung der Gesetze des Unbewussten mit den Gesetzen der Lebenswelt, aus der die Psychoanalyse hervorging. Die auffällig vielen Uhren in Freuds Schriften, die Wecker, deren Geräusche die Träumer in ihre Träume einbauen, um das Erwachen hinauszuzögern, erzählen von einer Gesellschaft, in deren Alltagsroutinen die Pünktlichkeit als Norm Einzug hielt, von der Eile, die entsteht, wenn man sich verspätet hat und einen fahrplanmäßig verkehrenden Zug noch erreichen will.

Freud selbst hat seine Erforschung des Unbewussten in Bilder des Ausgrabens und Hinabsteigens gehüllt, des Vordringens in die dunklen Regionen des Seelenlebens. Schon in den »Studien über Hysterie« taucht seine Zentralmetapher auf, der Vergleich »der schichtweisen Ausräumung des pathogenen psychischen Materials« mit der »Technik der Ausgrabung einer verschütteten Stadt«. Parallel zu seinen Schriften wuchs die Zahl der Objekte, die seine Antiquitätensammlung in Sichtweite der Couch bevölkerten. Noch vor Erscheinen der »Traumdeutung« (1899) entfaltet er in seinem Vortrag »Zur Ätiologie der Hysterie« (1896) die Schlüsselmetapher seiner Selbstdeutung: »Nehmen Sie an, ein reisender Forscher käme in eine wenig bekannte Gegend, in welcher ein Trümmerfeld mit Mauerresten, Bruchstücken von Säulen, von Tafeln mit verwischten und unlesbaren Schriftzeichen sein Interesse weckt. Er kann sich damit begnügen zu beschauen, was frei zutage liegt, dann die in der Nähe hausenden, etwa halbbarbarischen Einwohner ausfragen, was ihnen die Tradition über die Geschichte und Bedeutung jener monumentalen Reste kundgegeben hat, ihre Auskünfte aufzeichnen und – weiterreisen. Er kann aber auch anders vorgehen; er kann Hacken, Schaufeln und Spaten mitgebracht haben, die Anwohner für die Arbeit mit diesen Werkzeugen bestimmen, mit ihnen das Trümmerfeld in Angriff nehmen, den Schutt wegschaffen und von den sichtbaren Resten aus das Vergrabene aufdecken. Lohnt der Erfolg seine Arbeit, so erläutern die Funde sich selbst; die Mauerreste gehören zur Umwallung eines Palastes oder Schatzhauses, aus den Säulentrümmern ergänzt sich ein Tempel, die zahlreich gefundenen, im glücklichen Fall bilinguen Inschriften enthüllen ein Alphabet und eine Sprache, und deren Entzifferung und Übersetzung ergibt ungeahnte Aufschlüsse über die Ereignisse der Vorzeit, zu deren Gedächtnis jene Monumente erbaut worden sind. *Saxa loquuntur.*«

Je tiefer der Archäologe gräbt, desto hörbarer, deutlicher und zusammenhängender sprechen die Steine. Diesem Bild ist Freud lange treu geblieben. Dem Sog der Tiefe und der vertikalen Metaphern muss sich entziehen, wer die Dinge in Freuds Lebenswelt und in seinen Schriften genauer ins Auge fassen will. Wir werden uns zu diesem Zweck länger als Freud an der Oberfläche aufhalten und praktizieren, was wir vorläufig eine »horizontale« Freud-Lektüre nennen. Die Modelldisziplin dafür ist nicht die Archäologie, sondern die Philologie. Während Freud in die Tiefen des Unbewussten hinabsteigt, steht hier die Frage im Vordergrund, mit welchen sprachlichen und intellektuellen Operationen er das Unbewusste konstruiert, wie die Metaphern funktionieren, die er ins Spiel bringt, und welche Rolle dabei die Dinge spielen. Zu einer solchen »horizontalen« Lektüre gehört die Aufmerksamkeit auf Parallelstellen, die sich wechselseitig kommentieren, auf Echoräume, in denen Namen und Begriffe stehen. Sie schließt ein Verfahren ein, das man als philologisch eingeschränkte freie Assoziation bezeichnen könnte. Es wird hier, um der Selbstmythologisierung Freuds auf die Spur zu kommen, etwa im Blick auf ein Kleidungsstück, die Pelzmütze seines Vaters, praktiziert werden.

Freuds Dinge entstammen der Epoche des großen Aufschwungs von Wissenschaft und Industrie. Seine Antiquitätensammlung gehörte ihm allein, aber die Instrumente und Apparaturen in den Laboratorien und Kliniken, in denen er seine Ausbildung absolvierte und als Arzt arbeitete, sind wie die Möbel und Alltagsgegenstände in den Interieurs des Bürgertums, die in seine Fallgeschichten eingegangen sind, Teil der »anonymen Geschichte«, die der Architekturhistoriker Sigfried Giedion in »Die Herrschaft der Mechanisierung« in den Dingen der modernen Welt entdeckte. Giedion war mit seiner Aufmerksamkeit auf Drahtmatratzen und Polstersessel, drehbare Schaukelstühle, Sofas und elektrische Staubsauger, Tresorschlösser und die Einrichtung von Badezimmern nicht allein. Die Literatur der Epoche wandte sich ihnen zu, die moderne Malerei, die entstehende Soziologie und die Ökonomie. Die historische Signatur der Dinge wird sichtbar, wenn aus dem Allgemeinbegriff Messer der greifbare Gegenstand in seiner konkreten Gestalt hervortritt, aus dem Kleid das Reformkleid, aus dem Kaminsims ein Stück

Ausstellungsfläche, aus dem Orientteppich ein Produkt der einheimischen industriellen Warenproduktion. Wie die Dinge aussehen sollen, mit denen die Menschen sich umgeben, die Häuser, in denen sie wohnen, war in der Epoche Freuds Gegenstand von Auseinandersetzungen, die an Schärfe denen in der politischen Arena kaum nachstanden. Die Elektrifizierung erfasste die Haushalte, immer avanciertere Reproduktionstechnologien beflügelten die Massenproduktion von Kunstobjekten, Waren mit eingetragenen Markennamen kamen auf. Sie gehören als Reservoir der Assoziationen ebenso zur Entstehungsgeschichte der Psychoanalyse wie die Geistes- und Ideengeschichte des Unbewussten von Gotthilf Heinrich Schubert über Arthur Schopenhauer bis Friedrich Nietzsche, von der hier allenfalls am Rande die Rede sein wird. Wenn in den »Studien zur Hysterie« eine Patientin mit der »Influenzmaschine« behandelt wird, wird der Kommentar bei der Maschine verweilen, wenn Freuds Erzählung schon längst zu der Lücke fortgeschritten ist, die der Tod des Vaters in der Familie der Patientin hinterlassen hat. Wenn einer jungen Ehefrau im Deutungsgespräch zu einem Traum ein studentischer Gassenhauer einfällt, in dem »Apollokerzen« vorkommen, dann wird hier, anders als bei Freud, der rasch auf die Kerze als Requisit der Onanie und das Thema Impotenz zusteuert, die Frage erörtert, wer den Apollokerzen ihren Namen gegeben hat und welchen Routinen er dabei folgte. Und wenn unter den Symbolen, die Freud in einer seiner Registerarien erwähnt, »vorschiebbare Bleistifte« auftauchen, wird hier gefragt, was es mit diesen und anderen Schreibgeräten seiner Patienten auf sich hat, ehe die prominenteste Schriftapparatur unter Freuds Dingen ihren Auftritt hat, der »Wunderblock«, der ihm 1925 geeignet schien, die Wahrnehmungs- und Gedächtnisfunktion des »seelischen Apparats« zu veranschaulichen.

Diese Hinwendung zu den Dingen dient der Einbettung der Lehren Freuds in die Lebenswelt, der sie entstammen. Auf den ersten Blick ähnelt eine solche Unternehmung den Strategien, mit denen seit längerem die Historiker und Ethnologen die »material culture« nicht mehr nur vergangener Kulturen, sondern auch der aktuellen oder jüngst vergangenen Lebenswelt erforschen. Auch lässt sie an die Archivfunktion des Kinos denken, an die dokumentarische Dimension der Außenaufnahmen alter Filme, die Stadtansichten, Automobile und Alltagsgegenstände festhalten, die im Rückblick die Aufmerksamkeit mindestens so sehr beschäftigen wie der Plot, um dessentwillen sie gedreht wurden. Die wenigen Filmaufnahmen, die es von Freud gibt, haben diesen Doppeleffekt. Sie zeigen ihn und seine Schüler und Kollegen in arrangierten Situationen und geben zugleich den Blick frei auf eine in die historische Distanz gerückte physische Realität. Aber brauchen wir die Schriften Freuds, um uns ein Bild der Lebenswelt im späten 19. und frühen 20. Jahrhundert zu machen? Natürlich nicht. Die »material culture«, von der die Psychoanalyse bei ihrer Entstehung und Ausbreitung umgeben war, ist in den Technikmuseen, den Kunstgewerbemuseen und den Architekturmuseen weitläufig zu besichtigen. Die Zuwendung zu den Dingen erfolgt in diesem Buch, um die feinen Fäden sichtbar zu machen, mit denen sie in die Deutungsstrategien Freuds und in seine Begriffsbildung verwoben sind. Die Illustrationen sollen dabei helfen, manche Objekte zumindest zweidimensional vor Augen zu stellen. Vor allem sucht es die Dinge in den Schriften Freuds auf, als Dinge in Texten. Manchmal geraten sie beiläufig dort hinein, manchmal als mit Aplomb aufgerufene Kronzeugen – bedeutungslos sind sie nie.

Denn es ist ja auffällig, wie gern Freud, wenn er in der »Traumdeutung« gewonnene Einsichten in die Mechanismen des »seelischen Apparats« veranschaulichen will, auf Instrumente und Apparaturen der Experimentalwissenschaften zurückgreift; und wie ostentativ er auf die in den Wissenschaften eher übel beleumundeten Traditionen des Volksaberglaubens zurückgreift, auch die der Dingmagie. Eine Ahnung der Generalthese der »Traumdeutung«, dass Träume sinnvolle, der methodischen Auslegung zugängliche Gebilde seien, sah er eher im antiken Traumbuch des Artemidoros und den volkstümlichen Auffassungen des Traumes als bei den meisten seiner Kollegen. Nicht anders verfuhr er in der »Psychopathologie des Alltagslebens« mit den umgeworfenen, zerschlagenen, fallengelassenen Dingen. Auch hier billigte er den »abergläubisch oder scherzhaft daran geknüpften Deutungen im Volksmunde« die Rolle von Vorläufern seiner eigenen Lehre zu: »Es ist bekannt, welche Deutungen sich an das Ausschütten von Salz, Umwerfen eines Weinglases, Steckenbleiben eines zu Boden gefallenen Messers u.dgl. knüpfen.« Die alten Wege freilich, auf denen im Volksaberglauben und in den Märchen die magische Seite der Dinge ihr Recht verlangte, lässt er hinter sich. Das Eigenleben, das in seinen Fallstudien die Dinge führen, ist nur ein Scheinleben, aber es ist so wirklich und aufschlussreich wie die Träume. Wir werden sehen, dass er mit seiner Aufmerksamkeit auf die Dinge an der Seite von Friedrich Theodor Vischer steht, der mit der Wendung »Tücke des Objekts« den Begriff des Objekts erfolgreich der Philosophie entführte und in eine Dämonologie des Alltags überführte. Freuds Dinge entstammen der fernen Vergangenheit und der jüngsten Weltausstellung. Eine marmorne Venus-Statue, die in seinem Arbeitszimmer zu Bruch geht, ist von industriell gefertigten Repliken umgeben. Seine Rückgriffe auf das alte Ägypten, auf die Mythologie der Griechen und die Geschichte Roms sind Teil jener modernen Transformation der Antike, die im 19. Jahrhundert nicht nur in den Museen stattfand, sondern ebenso im bürgerlichen Alltag, in der Unterhaltungsbranche und in der Industrie.

Eine ganze Wunderkammer ließe sich mit den in Freuds Schriften und Briefen erwähnten Dingen und Apparaturen bestücken. Aber weder eine solche Wunderkammer wird hier angestrebt noch größtmögliche Fülle oder enzyklopädische Vollständigkeit. Eher geht es um exemplarische Erprobungen des berühmten Satzes, den Friedrich Nietzsche Ende Februar 1882 an seinen Freund Peter Gast schrieb: »Unser Schreibzeug arbeitet mit an unseren Gedanken.« Er schrieb diesen Satz in Großbuchstaben, weil ihm die Schreibmaschine, die er sich zugelegt hatte, keine anderen zur Verfügung stellte. Vor allem in der jüngeren Philologie hat dieser Satz Furore gemacht, aber warum sollten nur Schreibgeräte Geburtshelfer von Gedanken sein? Die Grundidee dieses Buches lässt sich als Erweiterung des Nietzsche-Satzes auf die Dingwelt insgesamt formulieren. Er lautet dann: »Unser Zeug arbeitet mit an unseren Gedanken.« Zeug, sagt das Grimmsche Wörterbuch, ist »ein Sammelwort für sächliche Concreta.« In Freuds Welt sind solche »Concreta« die Bücher und Schreibgeräte, die Couch und der Teppich, die Artemis-Figur seiner Antiquitätensammlung, aber auch das Messer des Pathologen, das Stethoskop des Arztes, die Retorte des Chemikers oder das Herbarium des Biologen. Und nicht zuletzt die Holzspule mit dem Bindfaden, die das Kind beim »Fort-Da«-Spiel immer wieder verschwinden lässt, um sie immer wieder zurückkehren lassen zu können. Weil sie »Concreta« sind, ist keines dieser Dinge ortlos. Sie haben ihre Lebenswelten: die Klinik, die Bibliothek, das Interieur. Gewohnheiten, Rituale, Regeln sind mit ihnen im Bunde, Geschichten, Erinnerungen, Theorien mit ihnen verknüpft. Freuds Psychoanalyse nistet sich in diese Lebenswelt der Dinge ein. Ohne sie bliebe ihr Lexikon der Traumsymbole leer, geriete das Spiel der freien Assoziation ins Stocken. Und er baut um sich herum eine archäologische Sammlung auf, deren Objekte auf vielfältige Weise mit seinem Werk verknüpft sind.

Leicht durchschaubar sind Dinge nie. Auch darum wird hier exemplarisch vorgegangen, nicht enzyklopädisch. Es werden die Orte einbezogen, an denen die Dinge anzutreffen sind, die Bedeutungsgehalte ausbuchstabiert, an die sie sich durch ihre Namen heften, die Funktionen erläutert, die eine geträumte Apparatur im Alltagsleben zu erfüllen hat. Nur eine einzige Fallgeschichte wird ausführlich zur Darstellung kommen, die der amerikanischen Dichterin H. D., durch die Freud mit der angelsächsischen Moderne, mit Ezra Pound und D. H. Lawrence zumindest indirekt in Berührung kam, und in der Arzt und Patientin die Objekte der archäologischen Sammlung eine Pantomime aufführen lassen, in der die Steine sprechen.

Wer exemplarisch vorgeht, provoziert die Frage: exemplarisch wofür? Die vorläufige Antwort lautet: zum einen für die Entstehung der Lehre Freuds, zum anderen für die Wege, auf denen sie durch die Neubesetzung alter Mythen selbst zu einem Bestandteil der Mythen des modernen Alltags wurde.

# 1

# DIE LUSTPUMPE UND DER SEELISCHE APPARAT

# DAS MIKRO-TOM, DIE INFLUENZ-MASCHINE UND DIE SALPÊTRIÈRE

## / Das Mikrotom, die Influenzmaschine und die Salpêtrière

Am 31. Oktober 1895 schreibt Freud an seinen Berliner Freund, den Biologen und Hals-Nasen-Ohren-Arzt Wilhelm Fließ: »Ich war zuletzt mit der Darstellung der sexuellen Akte beschäftigt, habe dabei die Lustpumpe (nicht Luftpumpe) und andere Curiosa entdeckt, rede aber für eine Weile nichts.« Was es mit dieser »curiosen« Entdeckung auf sich hatte, wissen wir nicht. Freud deutet lediglich an, einer Migräne wegen habe er den »Ausflug in den Mechanism(us) der Sexualakte« unternommen. Er kam nie wieder auf die Lustpumpe zurück. Sie ist indessen auch als virtuelles Konstrukt geeignet, die Klasse von Dingen vorzustellen, um die es in diesem Kapitel gehen soll, die Instrumente und Apparaturen der experimentellen Wissenschaft. Als Freud begann, das Unbewusste zu erforschen, war er seit Jahren mit ihnen vertraut. Er hatte die Destillierkolben der Chemie gehandhabt, die Seziermesser der Pathologie, die Messgeräten zur Aufzeichnung willkürlicher und unwillkürlicher Muskelbewegungen. Wie die Messerbänkchen von der Geschichte der Tischsitten nicht nur erzählen, sondern an ihrer Entwicklung teilhaben, so sind die Instrumente und Apparaturen zugleich Agenten und Zeugen der Wissenschaftsgeschichte. Sie sind in der Klinik und im Labor nicht einfach nur anwesend, in ihnen materialisieren sich Fragestellungen, Hypothesen, Theorien. Die »Lustpumpe« ist ein rein intellektuelles Konstrukt, aber sie hat ihren Ort in der Ordnung der Dinge. Freud setzt sie von der Luftpumpe ab, aber sie muss das mechanische Prinzip mit ihr teilen, sonst trüge sie ihren Namen zu Unrecht. Sie verwandelt die Lust in ein Analogon der Luft, macht sie zu etwas, das sich komprimieren oder entziehen lässt. Die Luftpumpe war ein Star unter den Apparaturen beim Aufschwung der experimentellen Wissenschaften im 17. Jahrhunderts, der Philosoph Thomas Hobbes und der Physiker Nicholas Boyle gerieten über die in ihr materialisierten Hypothesen in Streit. In einem der berühmtesten Gemälde der Wissenschaftsgeschichte, Joseph Wright of Derbys »An Experiment on a Bird in the Air Pump« (1768) hat sie einen unheimlichen nächtlichen Auftritt bei Kerzenlicht in der Form, in der sie vor allem die Phantasie der Zeitgenossen erregte: als Vakuumpumpe.

Ob die Lustpumpe wie eine Luftpumpe den Innendruck erhöht oder senkt oder wie eine Wasserpumpe als Zirkulationspumpe fungiert, verrät Freud nicht. Aber er sagt, dass er sie beim Studium der sexuellen Akte »entdeckt«, nicht etwa erfunden oder konstruiert habe. Sie muss etwas mit der Regulierung der Lustempfindungen zu tun haben, ist mithin kein Instrument des Laboratoriums, sondern ein Element der inneren Apparatur des Menschen. Die Frage, was Freud hier entdeckt zu haben glaubte, ist nicht müßig. Es gibt keine kontextlosen Entdeckungen, sie sind immer in Fragestellungen, Hypothesen, Infrastrukturen eingebettet. Der Begriff der Lustpumpe fällt Freud nicht irgendwann ein, sondern an einem Scheitelpunkt seiner intellektuellen Biographie. Noch ist er an die Kliniken und Laboratorien, an ihre Apparaturen und experimentellen Standards gebunden, und schon hat er sich von ihnen zu lösen begonnen und ist ein großes Stück auf dem Weg gegangen, der zur »Traumdeutung« führen wird und zum Entwurf eines »psychischen Apparats«, der ganz seinen eigenen, inneren Gesetzmäßigkeiten folgt. Er hat in diesem Spätherbst 1895 in einem eruptiven, häufig in den Nachtstunden vorangetriebenen Arbeitsprozess einen langen theoretischen Text zu Papier gebracht, in dem er die psychische Apparatur, die sich ihm abzuzeichnen begann, an die Gehirnanatomie und die Physiologie zurückbinden wollte. Bereits im Frühjahr 1895 hatte er an Fließ geschrieben, er habe sich in das Projekt einer »Psychologie für den Neurologen« verrannt. Nun, am 20. Oktober 1895 berichtet er euphorisch von einem Durchbruch: »In einer fleißigen Nacht der verflossenen Woche, bei jenem Grad von Schmerzbelastung, der für meine Hirntätigkeit das Optimum herstellt, haben sich plötzlich die Schranken gehoben, die Hüllen gesenkt, und man konnte durchschauen vom Neurosendetail bis zu den Bedingungen des Bewusstseins. Es schien alles ineinanderzugreifen, das Räderwerk passte zusammen, man bekam den Eindruck, das Ding sei jetzt wirklich eine Maschine und werde nächstens von selber gehen.«

In seinem in zwei Heften niedergelegten Text nimmt Freud das noch junge Konzept der »Neuronen« auf, um an ihren Bewegungen die Funktion des Gedächtnisses, die Psychopathologie der Hysterie, aber auch die Entstehung von Erinnerungsbildern, Wahrnehmungen und wahrnehmungsunabhängigen Vorstellungen im normalen Bewusstsein zu demonstrieren. Die Neuronen sind die kleinsten lokalisierbaren physischen Einheiten, auf denen die psychischen Vorgänge basieren. Äußere und innere Reize wirken auf das »Neuronensystem« ein, müssen kanalisiert und abgeführt werden. Den aus den Körperzellen selbst, aus den Elementarbedürfnissen Hunger, Atem und Sexualität hervorgehenden Reizen kann sich das Neuronensystem so wenig entziehen wie den Außenreizen. Im System der Fließströme und neuronalen Verschaltungen gibt es durchlässige Neuronen, durch die alle Erregungsabläufe widerstandslos und rückstandsfrei hindurchgehen, und undurchlässige, mit Widerstand behaftete, in denen von Erregung zu Erregung »Bahnungen« entstehen, Verbindungswege der Neuronen untereinander. In ihnen vermutet Freud die »Träger des Gedächtnisses, wahrscheinlich also der psychischen Vorgänge überhaupt«. Es muss hier nicht im Einzelnen interessieren, wie Freud das Neuronensystem als kompliziertes Netz von Leitungsbahnen schildert. Die Möglichkeit der Entdeckung einer Lustpumpe scheint

**Joseph Wright of Derbys »An Experiment on a Bird in the Air Pump« (1768)**
Experimentalwissenschaft als nächtliches Schauspiel im Kerzenlicht

dort auf, wo Freud »das Funktionieren des Apparats« im Modell der »Aufnahme« und »Abfuhr« von Reizen erörtert. Denn dieses Modell ist eng an das Verhältnis von Lust- und Unlustempfindungen gekoppelt. Die Vermeidung von Unlust setzt Freud als eine erwiesene Grundtendenz des psychischen Lebens voraus, den Aufbau von Unlust als Normaleffekt der »Not des Lebens«. Die Lust definiert er als die »Abfuhrempfindung«, die bei fallendem Niveau der »Drucksteigerung« im Neuronensystem entsteht. Alle Erregungsvorgänge stehen in diesem ersten großen Entwurf des psychischen »Apparates« mit dem Zentrum der Verschaltung der neuronalen Fließströme, der Gehirnrinde, in Verbindung.

Es ist mehr als wahrscheinlich, dass die »Lustpumpe« ein Überbleibsel dieser spekulativen Fortschreibung der zeitgenössischen Gehirnanatomie in diesem frühen Entwurf des psychischen Apparats darstellt. Man hat sie sich als eines jener »heuristischen Hebzeuge« vorzustellen, von denen der Experimentalphysiker Georg Christoph Lichtenberg im 18. Jahrhundert sprach. Sie ging mit dem Manuskript unter, das Freud an Wilhelm Fließ sandte und trotz der Mühen, die er darauf verwandt hatte, nie wieder von ihm zurückforderte. Der Text tauchte 1936 aus dem Nachlass von Wilhelm Fließ wieder auf und wurde erst 1950 unter dem Titel »Entwurf einer Psychologie« publiziert. Wer ihn aus der Perspektive der »Traumdeutung« liest, wird darin auf Schritt und Tritt Vorgriffen auf die dort gegebenen Bestimmungen des »psychischen Apparats« begegnen.

Für den Versuch einer Fundierung der Psychologie in der Neurologie ist aber weniger der künftige Autor der »Traumdeutung« verantwortlich als der Histologe und Präparator Freud. Im Physiologischen Institut Ernst Wilhelm von Brückes, seines Lehrers an der Wiener Universität, hatte er die Nervensysteme von Meerestieren untersucht, im Laboratorium Theodor Meynerts, der Wiener Kapazität auf dem Gebiet der Hirnanatomie, den Faserverlauf im Gehirn und das Zentralnervensystem. In seiner Schrift »Zur Auffassung der Aphasien« (1891) hatte er seine Vertrautheit mit der Gehirnanatomie demonstriert. In den Briefen an seine Verlobte Martha Bernays lässt sich nachlesen, welche Hoffnungen für sein Fortkommen er in jungen Jahren mit der Goldfärbemethode verband, durch die er die Faserverläufe im Hirn zu veranschaulichen suchte. Am 16. Oktober 1883 schreibt er: »Also man muss ›bekanntlich‹ das Gehirn härten (zum Beispiel in Spiritus) und es dann fein schneiden, um zu sehen, wie die Fasern und die Zellen zueinander liegen, wohin die Fasern laufen und dergleichen. Die Fasern sind die Leitungen von Körperpartien, die Zellen die Beherrscher derselben, also Respekt vor diesen Gebilden. Nun sieht man am Durchschnitt des Gehärteten noch recht wenig, mehr aber indem man mit Karmin färbt, weil sich dann die Zellen und Fasern röter färben, als die andern, gleichgültigen Bestandteile. Man ist aber noch weit entfernt, alle feinen Fasern zu sehen oder überhaupt sehr deutliche Bilder zu gewinnen. Dass Versilberung und Vergoldung anderwärts schöne Bilder, das heißt ganz verschiedene Färbung verschiedener Elemente geben, ist bekannt, nun hat man das auch am Gehirn versucht. Ich glaube, mir ist es am besten bisher gelungen.«

Eine Goldgrube wurde die Vergoldungsmethode der Hirnfasern nicht. Aber Freud hielt Kontakt zur Hirnanatomie, auch nachdem er im Frühjahr 1886 seine Stelle beim Allgemeinen Krankenhaus gekündigt und in der Rathausstraße 7 seine Privatpraxis als Nervenarzt eröffnet hatte. Im September 1886 heiratete er seine Verlobte Martha Bernays, Anfang Oktober bezog das Paar eine Wohnung im »Sühnhaus« am Schottenring, einem großen Mietshaus, das als Stiftungshaus an Stelle des dort niedergebrannten Ringtheaters aus Privatmitteln des

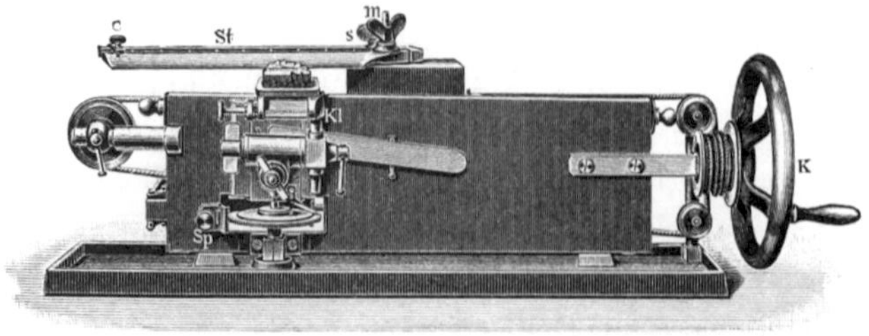


**Das neue große Mikrotom der Wiener Firma C. Reichert**
Abgebildet und erläutert im Jahrgang 1893 der »Zeitschrift für wissenschaftliche Mikroskopie und für mikroskopische Technik«

Kaisers Franz Joseph errichtet worden war. Seinem Studienfreund, dem Augenarzt Carl Koller, berichtete Freud in einem Brief vom 13. Oktober 1886 von der Einrichtung der neuen Wohnung und versicherte ihm, er sei »der Gehirnanatomie treu geblieben«: »Ich arbeite aber nicht zuhause und danke Dir daher herzlich für das zugedachte Mikrotom.«

Das Mikrotom, mit dem sich äußerst dünne Gewebeschnitte herstellen ließen, war noch jung. Seit der Mitte des 19. Jahrhunderts war es dem Mikroskop, das als Gegenüber des Teleskops schon seit der Frühen Neuzeit die Sichtgrenzen der Naturkunde im Nahbereich erweiterte, an die Seite getreten. Beide zusammen bildeten ein effektives Ensemble für die Untersuchungen der Gewebestruktur des Gehirns. Das Mikrotom erlaubte die Vervollkommnung der Technik serieller Schnitte durch die Großhirnhemisphären. Es kam dem Lichtmikroskop zu Hilfe, das die Feinstruktur von Objekten nur nach Maßgabe seiner Auflösungsfähigkeit sichtbar machen konnte, indem es ihm die Segmente des Hirns in Form von nur Bruchteile von Millimetern starken Präparaten vorlegte. Das Mikrotom verwandelte das Hirn aus einer kompakten, opaken Masse in einen Gegenstand der avancierten Mikroskopie. Der Dritte im Bundes dieses Ensembles war die Härtungs- und Fixierungstechnik, die aus der weichen Masse schneidbare Objekte machte.

Das Mikrotom mechanisierte das Schneiden und löste es von der menschlichen Hand ab, die ein Messer führt. Es führt auf einem Schlitten, der durch eine Kurbel oder ein Rad bewegt wurde, die Präparate an der fest montierten Messerschneide vorbei. In Kooperation der zeitgenössischen Mediziner mit den Herstellern feinmechanischer Präzisionsinstrumente stetig vervollkommnet, erlaubte das Mikrotom das Schneiden unter Wasser und ließ sich mit den Errungenschaften der Gefriertechnik kombinieren. In der »Zeitschrift für wissenschaftliche Mikroskopie und für Mikroskopische Technik« war es in den letzten Jahrzehnten des 19. Jahrhunderts Gegenstand fortlaufender Berichterstattung. Es verkörperte ein Forschungsziel der Hirnanatomen, durch die immer exaktere Durchdringung der Gewebestruktur des Gehirns und zumal des Cortex Brücken zwischen Neurologie und Psychologie zu schlagen. Aus Gusseisen und Messing gefertigt, mit einer vernickelten Schutzschicht gegen Rost versehen, wurde es in Wien von der Firma C. Reichert angeboten.

Wenn es unter den wissenschaftlichen Instrumenten einen Kandidaten gibt, der für die Lieferung der hirnanatomischen Befunde in Frage kommt, die als Hintergrundvoraussetzung in Freuds Entdeckung der »Lustpumpe« eingegangen sind, dann das Mikrotom. Es war ein teures Laborinstrument, für Freud aber offenkundig so wichtig, dass er daran interessiert war, es zu seinem Privatbesitz zu machen. Im Wiener Sigmund Freud Museum ist das bei C. Reichert erworbene Mikrotom, das ihm gehörte, ausgestellt. Es könnte sich um das im Brief an Carl Koller erwähnte Instrument handeln oder um das Geschenk seines Kollegen Josef Breuer, das Freud in einem Brief an seine Schwägerin Minna Bernays und eine Schwiegermutter in Hamburg Anfang März 1887 erwähnte. Dieser Brief beginnt mit einem Modernisierungstusch: »Ich schreibe heute in feierlicher Weise zuerst bei der neuen Gaslampe, welche der Einrichtung des Hauslaboratoriums ihren Ankauf verdankt.« Dazu passt die Mitteilung: »Morgen habe ich mit Breuer Konsilium; von ihm ausgehend, denkt Euch! Ich muß noch heute abends hin, um das neue Mikrotom zu inspizieren.« Wenige Tage zuvor hatte Freud in einem Brief nach Hamburg angedeutet, dass das Gerät auch als Geschenk für ihn eine erhebliche Investition darstellte: »Breuers Mikrotom ist ein geschenkter Elefant und wird uns kahl fressen. Ich brauche etwa 150 Gulden zur weiteren Einrichtung und war bereits so verzweifelt, daß ich ihn bat, das Geschenk abzubestellen.«

Das Mikrotom stand für die Rückbindung des Nervenarztes Sigmund Freud, der im Vorjahr seine Privatpraxis eröffnet hatte, an die Klinik und ihre Laboratorien.

In der Praxis selbst stand die Kombination von Hypnosetechniken einschließlich der Verwendung elektrotherapeutischer Apparaturen im Zentrum. Zwei Tage, nachdem er sich bei Carl Koller für das ihm überlassene Mikrotom bedankt hatte, am 15. Oktober 1886, hielt Freud vor der Wiener Gesellschaft der Ärzte seinen Vortrag »Über männliche Hysterie«. Er war ein öffentliches Bekenntnis zur Auffassung der Hysterie, die Jean-Martin Charcot an der Klinik Salpêtrière in Paris vertrat. Anlass und Grundlage des Vortrags war das Stipendium, mit dem Freud von Oktober 1885 bis Februar 1886 an dem nicht nur in Frankreich tonangebenden Zentrum der Neuropathologie und experimentellen Hypnose in Paris hospitiert und geforscht hatte. Die Klinik war im Zuge der von der Regierung vorangetriebenen Wissenschaftsoffensive nach der Kriegsniederlage 1870/71 nachdrücklich gefördert und zu

## / Das Mikrotom, die Influenzmaschine und die Salpêtrière

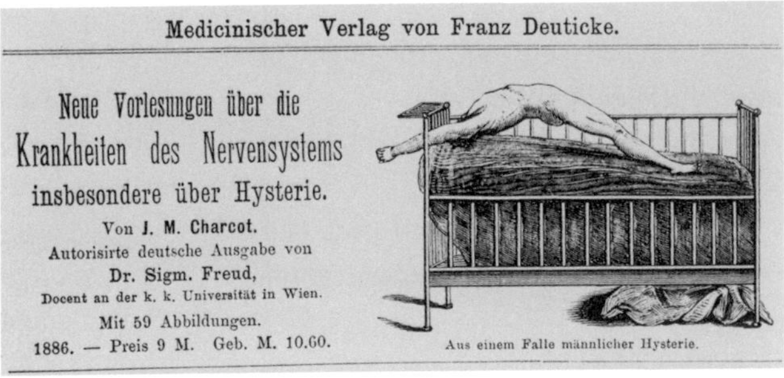


In Freuds Schrift »Zur Auffassung der Aphasien. Eine kritische Studie« (1891) warb der Verlag für die Charcot-Übersetzung seines Autors. 1899 erschien bei Deuticke »Die Traumdeutung«

einem Forschungszentrum mit breit aufgefächerter Infrastruktur ausgebaut worden. In seinem Nachruf auf Jean-Martin Charcot, der 1893 starb, hat Freud diese Infrastruktur beschrieben: »›*Le service de M. Charcot*‹ umfasste jetzt nebst den früheren mit chronisch Kranken belegten Räumen mehrere klinische Zimmer, in welche auch Männer Aufnahme fanden, eine riesige Ambulanz, die Consultation externe, ein histologisches Laboratorium, ein Museum, eine elektrotherapeutische, eine Augen- und Ohrenabteilung und ein eigenes photographisches Atelier, als ebensoviel Anlässe, um ehemalige Assistenten und Schüler in festen Stellungen dauernd an die Klinik zu binden.« Die Klinik als Ort der Beobachtung und Klassifikation der Krankheiten ist hier eng an zwei weitere Institutionen gekoppelt, die im 19. Jahrhundert ihren Aufschwung erleben: das Laboratorium und das Museum. Ein privater Ort kommt hinzu, die Wohnung Charcots, die zum diskursiven Netzwerk des Forschungszentrums gehörte und ihrerseits ein Privatmuseum beherbergte. Alle an diesen Orten versammelten Objekte waren in die Arbeit des Forschungszentrums einbezogen, die anatomischen Präparate, Wachsmoulagen und Gehirnsammlungen ebenso wie die Photographien, die von den Patienten angefertigt wurden, und die Reproduktionen von Gemälden und Statuen. Die Kunstwerke sollten als Quellen der »retrospektiven Medizin« die universelle Gültigkeit der aktuellen Krankheitsbilder beglaubigen. Als ein »Museum von klinischen Fakten« würdigte Freud in seinem Nachruf auf Charcot die Salpêtrière. Das klingt nüchtern, aber nicht von ungefähr war diese Würdigung mit der Hervorhebung eines der musealen Objekte des Forschungszentrums verbunden, des Gemäldes »Pinel à la Salpêtrière« von Tony Robert-Fleury. 1876 entstanden, zeigte es den Arzt Philippe Pinel, wie er während der Französischen Revolution den Irren der Salpêtrière die Fesseln abnahm. Während Freuds Paris-Aufenthalt hing es in dem Saal, in dem Charcot seine berühmten Vorlesungen zu halten pflegte. Freud borgte sich für seinen Nachruf das Pathos dieses Historiengemäldes aus, das die Klinik Charcots mit dem Gründungsakt der französischen Republik verknüpfte.

Als Charcot die Hysterie ins Zentrum der Neuropathologie und der öffentlichen Aufmerksamkeit rückte, standen die Hysteriker und Hysterikerinnen unter dem Verdacht, Simulanten zu sein. Freud würdigte Charcot als denjenigen, der die an Hysterie Leidenden aus den Fesseln dieses Verdachts befreite, indem er »mit seiner vollen Autorität für die Echtheit und Objektivität der hysterischen Phänomene eintrat«. Dadurch habe er »im kleinen die Tat der Befreiung wiederholt, wegen welcher das Bild Pinels den Hörsaal der Salpêtrière zierte«.

Die Aufwertung und Ausgestaltung der Hysterie zu einem vollgültigen Krankheitsbild erfolgte im Forschungszentrum Charcots im Zusammenspiel von Klinik, Laboratorium und Museum. Die Patienten, keineswegs nur Frauen, wurden beobachtet und in wissenschaftlicher Terminologie beschrieben, die Neuropathologie öffnete als Avantgardedisziplin den Raum der Klinik, den Schauplatz von Beobachtung und Klassifikation in Richtung auf das Labor, die Medizin wurde Experimentalwissenschaft.

Die Hypnose als Technik der Diagnose und die Hysterie als zu erforschende Schlüsselkrankheit der Neuropathologie bildeten in der Salpêtrière eine Einheit.

Der »grand hypnotisme«, den Charcot als Standardmodell für die Klassifizierung der hysterischen Symptome entwickelte, bestand aus drei Phasen. Der erste Zustand war die von Muskelerschlaffung, Anästhesie und Druckunempfindlichkeit begleitete »Lethargie«, der zweite die »Katalepsie«, in der die Patienten alle möglichen Stellungen einnehmen und unbeweglich in ihnen verharren, die der Arzt suggeriert. Die dritte Phase ist der »Somnambulismus«, in der die Anästhesie und Empfänglichkeit für Suggestionen aller Art die höchste Stufe erreicht. Die Hypnosetechnik beschränkte sich nicht darauf, dass Charcot die Patienten mit seinem Blick fixierte, mit seiner Stimme oder Hand auf sie einwirkte. Bei der Verwandlung der Hysterie in ein wissenschaftliches Faktum waren zahlreiche Instrumente im Einsatz, etwa die aufwendig konstruierten mechanischen Gürtel, mit denen bei der »compression ovaire« Druck auf die Eierstöcke ausgeübt wurde. Die Aufzeichnungsapparaturen und Messinstrumente objektivierten das Geschäft der Klinik, das Beobachten und Beschreiben. Optische, akustische und elektrotherapeutische Apparaturen kamen zum Einsatz, wenn es galt, hysterische Symptome künstlich zu stimulieren. Im Idealfall konnte sich bei den demonstrativen Vorführungen der Versuchspersonen im Vorlesungssaal der Salpêtrière der Arzt aus der Versuchsanordnung weitgehend zurückziehen und den Instrumenten das Feld überlassen. Im Zustand des

**Tony Robert-Fleurys »Pinel à la Salpêtrière« (1876)**
Der Arzt als Befreier der Kranken

»Somnambulismus« produzierten die Patienten, wenn die Apparaturen auf sie einwirkten, ihre hysterischen Symptome automatisch, etwa eine Lähmung, für die sich eine organische Ursache nicht nachweisen ließ. Magneten, die für die Versuchspersonen nicht sichtbar waren, ließen Symptome von der einen auf die andere Körperhälfte wandern, in verdunkelten Räumen wurden die Patienten grellem elektrischem Licht ausgesetzt oder dazu gebracht, Gegenstände zu sehen, die nicht im Raum vorhanden waren, und diese zu beschreiben. Klanggabeln, die aus Glockenmaterial hergestellt waren, setzten durch vierundsechzigmaliges Vibrieren in der Sekunde die Versuchspersonen akustischen Gewittern aus, die sie in den kataleptischen Zustand der Hysterie fallen ließen. Myographen zeichneten Muskelbewegungen als Kurvendiagramme auf, Elektrisiermaschinen trugen zur Identifizierung, Lokalisierung und Kartographierung der »hysterogenen« Zonen des Körpers bei. Durch eine ganze Phalanx optischer Instrumente von Spiegel und Lupe bis zum Mikroskop versuchten die Experimentatoren, die Halluzinationen der Patienten, die sich anders als die Muskelbewegungen der direkten Messung entzogen, zumindest indirekt aufzuzeichnen.

Die Klinik war nicht der einzige Ort, an dem im späten 19. Jahrhundert die Hypnosetechnik eingesetzt wurde. Auf den Bühnen der Unterhaltungsindustrie in den europäischen Metropolen traten »Magnetiseure« auf, die Freiwillige aus dem Publikum hypnotisierten. Wie die Ärzte der Salpêtrière riefen sie Lähmungserscheinungen und Halluzinationen hervor und sie brachten zum Gaudi des Publikums ihre Versuchspersonen dazu, bizarre Posen einzunehmen oder absurd erscheinende Handlungen auszuführen. In den Zeitungen fanden diese Darbietungen breiten Widerhall, die Ärzte diskutierten, ob es sich um pure Scharlatanerie handle oder um Laienexperimente mit Phänomenen, die es im Raum der

Klinik zu verwissenschaftlichen galt. Freud kannte diese Diskussionen und er kannte ihren Gegenstand. Noch in seiner »Selbstdarstellung« aus dem Jahr 1925 erinnerte er sich an seinen Besuch einer Vorstellung des dänischen Magnetiseurs Carl Hansen, der 1880 in Wien gastierte und im Kostüm und Habitus eines Professors seine Vorführung am Modell eines wissenschaftlichen Vortrags experimenteller Demonstration ausrichtete: »Noch als Student hatte ich einer öffentlichen Vorstellung des ›Magnetiseurs‹ Hansen beigewohnt und bemerkt, daß eine der Versuchspersonen totenbleich wurde, als sie in kataleptische Starre geriet und während der ganzen Dauer des Zustandes so verharrte. Damit war meine Überzeugung von der Echtheit der hypnotischen Phänomene fest begründet.«

Freud hat, als er Ende März 1886 nach Wien zurückgekehrt war, dort sowohl die Hysterie als objektives Krankheitsbild wie die Hypnose als Instrument ihrer wissenschaftlichen Diagnose und Therapie verteidigt. Einer der Einwände, den Wiener wie Berliner Ärzte gegen Charcot vorbrachten, bestand darin, die Universalität seiner Befunde zu bestreiten. Charcots Experimente seien an die Besonderheiten seiner Probanden gebunden, er schildere lediglich lokale Phänomene. Dagegen verteidigte Freud in seinem Bericht über sein Reisestipendium ausdrücklich die Universalität der hysterischen Symptome wie das diagnostische Zentrum der Lehre Charcots, den »grand hypnotisme«. »Die Behauptung, dass so schwere Formen der Hysterie, wie sie Charcot zu seinen Arbeiten gedient hatten, in Deutschland nicht vorkommen, wurde in Paris in Abrede gestellt und mit Berufung auf die historischen Berichte von derartigen Epidemien die Identität der Hysterie zu allen Zeiten und an allen Orten vertreten. Ich versäumte auch nicht, mir eigene Erfahrungen über die so wunderbaren und wenig geglaubten Phänomene des Hypnotismus, besonders des von Charcot beschriebenen ›grand hypnotisme‹ zu erwerben. Zu meinem Erstaunen fand ich, dass es sich hierbei um grob sinnfällige, in keiner Weise anzuzweifelnde Dinge handelt, die allerdings wunderbar genug sind, um nicht ohne eigene sinnliche Wahrnehmung geglaubt zu werden.«

Freud wurde nach seiner Rückkehr aus Paris zum publizistischen Vertreter der französischen Neuropathologie in Wien. Seine Übersetzung der Vorlesungen Charcots erschien im Sommer 1886, es folgte zwei Jahre später die autorisierte deutsche Ausgabe der Hauptschrift von Charcots Rivalen Hippolyte Bernheim unter dem Titel »Die Suggestion und ihre Heilwirkung«. Beide Bücher waren mit ausführlichen Einleitungen und Zwischenkommentaren Freuds versehen, in denen er als Kenner sowohl der Forschungen in der Salpêtrière wie der Schule Bernheims in Nancy auftrat.

Und er übernahm in seine neu eröffnete Praxis die Hypnosetechnik. Das öffentliche Bekenntnis zu Charcot in seinem Vortrag über männliche Hysterie Mitte Oktober 1886 stieß bei seinen Wiener Kollegen überwiegend auf Ablehnung. In seiner »Selbstdarstellung« schreibt Freud, ihm sei wenig später das hirnanatomische Laboratorium Theodor Meynerts an der Universität »versperrt« worden, und datierte auf diesen Vorgang seinen Rückzug aus dem akademischen Leben. Für ihn selbst waren zu diesem Zeitpunkt die gehirnanatomische Forschung mit dem Mikrotom und das Bekenntnis zur Hypnosetechnik keineswegs unvereinbar.

Seine Privatpraxis als Nervenarzt wurde im folgenden Jahrzehnt sein Forschungszentrum. Wenige Monate, bevor Freud seinem Freund Wilhelm Fließ Ende Oktober 1895 von der »Lustpumpe« berichtete, waren die »Studien über Hysterie« erschienen, die er gemeinsam mit seinem älteren Kollegen Josef Breuer verfasst hatte. Freuds Fallgeschichten entstammten seinem privaten Forschungszentrum. Die Krankengeschichte »Frau Emmy v. N…, 40 Jahre, aus Livland«, die er im Mai 1889 behandelte, beginnt mit einer Kombination von Hypnose und Elektrotherapie. Die Patientin erweist sich als »ausgezeichnet zur Hypnose geeignet«, das aber garantiert den Erfolg nicht. »Die Hypnose fällt ganz unergiebig aus. Faradische Pinselung des anästhetischen Beines.« Bei »Fräulein Elisabeth v. R.«, deren Schmerzen in den Beinen Freud als ein »gemischtes Leiden« diagnostizierte, bei dem sich die Neurose an einen gewöhnlichen chronischen Muskelrheumatismus angelagert hatte, begann die Behandlung im Herbst 1892 wie folgt: »Wir empfahlen Fortsetzung einer systematischen Knetung und Faradisierung der empfindlichen Muskeln ohne Rücksicht auf den dadurch entstehenden Schmerz, und ich behielt mir die Behandlung der Beine mit starken Franklin'schen Funkentladungen vor, um mit der Kranken in Verkehr bleiben zu können. Ihre Frage, ob sie sich zum Gehen zwingen solle, beantworteten wir mit entschiedenem Ja. Wir erzielten so eine leichte Besserung. Ganz besonders schien sie sich für die schmerzhaften Schläge der Influenzmaschine zu erwärmen, und je stärker diese waren, desto mehr schienen sie die eigenen Schmerzen der Kranken zurückzudrängen. Mein College bereitete unterdess den Boden für eine psychische Behandlung vor, und als ich nach vierwöchentlicher Scheinbehandlung eine solche vorschlug und der Kranken einige Aufschlüsse über das Verfahren und seine Wirkungsweise gab, fand ich rasches Verständnis und nur geringen Widerstand.«

Die Elektrifizierung der Medizin war wie die des Alltags weit vorangeschritten, die Elektrotherapie hatte zumal bei der Behandlung von Nervenkrankheiten im letzten Drittel des 19. Jahrhunderts einen großen Aufschwung erlebt. Was mit einer »faradischen Pinselung« gemeint war, wie sie Freud an den Beinen von Emmy v. N. praktizierte, wussten nicht nur Freuds Fachkollegen in Kliniken und Universitäten. Die Instrumente der Elektrotherapie waren zum Gegenstand des höheren Schulunterrichts wie der Tagespresse und der populären Zeitschriften geworden. Das illustrierte Sonntagsblatt »Wiener Bilder« bilanzierte Ende Januar 1898 unter dem Titel »Wunder der Wissenschaft«, »wie die Elektricität der leidenden Menschheit Heilung bringt«. Als komplementäre Vorgehensweisen schilderte der Artikel die »Franklinisation« und die »Faradisation«: »Lange Zeit war die Influenzmaschine das einzige elektrotherapeutische Instrument, welches bei Lähmungen mit großem Erfolg angewendet wurde. Die statische Elektricität wirkte bei den Kranken wahre Wunder, und in neuerer Zeit ist man wieder zu ihm zurückgekehrt; man nennt die Behandlung mittels statischer Electricität ›Franklinisation‹. Um nun einen Patienten zu ›franklinisieren‹, benützt man eine Töpfler-Holtz'sche Influenzmaschine, wie man sie in unseren Schulsammlungen öfters zu sehen bekommt. Der Patient wird nicht mehr, wie früher, auf einen Isolirschemel gestellt, sondern auf eine Gummiplatte, welche den Vorteil hat, auf jeden Stuhl gelegt werden zu können; die Handgriffe der Maschine sind mit sehr langen Hartgummigriffen versehen, so daß zufällige Entladungen bei der Behandlung vollständig ausgeschlossen erscheinen. Nun wird er Patient unter den Apparat gestellt, der Arzt dreht mit einer Hand die Kurbel und dirigirt mit der anderen den Conductor, welcher auf den Kranken einwirkt. Es lassen sich mit der Influenzmaschine eine ganze Menge elektrotherapeutischer Manipulationen durchführen; außer der gewöhnlichen electrischen Erschütterung pflegt man mit einer Reihe bürstenförmig angeordneter Conductoren elektrischen Wind zu machen, welcher speciell bei hartnäckigen Kopfschmerzen wahre Wunder wirken soll. Als Faraday im Jahre 1831 die Induktionselectricität entdeckt hatte, erfuhr auch die Elektrotherapie naturgemäß eine Er-

**Die Töpfler-Holtz'sche Influenzmaschine**
»Elektrischen Wind machen«

weiterung. Die Behandlung mittels unterbrochenen Stromes erwies sich als ungemein wirksam dort, wo es sich darum handelte, Nerven und Haut wieder zu beleben, beziehungsweise zu erregen. Auch bei Lähmungen, Muskelschwund sc. wurde die ›Faradisation‹ vielfach angewendet.«

Die »Studien über Hysterie« waren Freuds Erfahrungsbericht über und zugleich sein Abschied von den Hypnosetechniken und den mit ihnen verbundenen Apparaturen. Die Hypnose wird praktiziert, erweist sich aber bei Frau Emmy von N… auf Dauer als unergiebig, die Instrumente der Elektrotherapie treten ein letztes Mal auf, um zugunsten der neuen, »psychischen Behandlung« verabschiedet zu werden. Noch heißt sie »kathartische Methode« und wird von Freud seinem Kollegen Breuer zugeschrieben, aber schon ist er dabei, sein eigenes Verfahren zu profilieren, das er wenig später erstmals

»psychoanalytisch« nennen wird. Die Hysterie wird dabei ihren Sonderstatus in der Neuropathologie verlieren und in den Zusammenhang der Sexualneurosen einrücken, der in Josef Breuers Fallgeschichte »Anna O...« allenfalls ahnbar war. Man merkt Freud in seinem ausdrücklich nur im eigenen Namen formulierten Schlusskapitel an, wie gern er Breuers Patientin im Horizont seiner neu gewonnenen Einsichten über die sexuellen Quellen der Angstneurose selber noch einmal behandelt hätte.

Als Rückzug aus dem Standardmodell der Hysterie hat die Psychoanalyse Freuds begonnen. Sie verließ die Welt der Klinik und der Laboratorien, der elektrischen Geräte und Messapparaturen, und auch die reine »Suggestion«, mit der Charcots Rivale Hippolyte Bernheim die Hysterie unter Verzicht auf Apparaturen therapierte, erwies sich, nachdem Freud ihre Methode gründlich erprobt hatte, als unzulänglich. Fluchtpunkt der Rückzugsbewegung und zugleich Aufbruchsbewegung war, was in Josef Breuers Fallgeschichte die Patientin Anna O. selbst mit weitreichender Intuition »talking cure« nannte.

Als Freud sich von seinem Koautor Josef Breuer zu lösen begann und seine eigene, psychoanalytische Methode entwickelte, agierte er als zweiter Charcot, der den Lehrer hinter sich ließ, indem er ihn beerbte. Der Meister hatte die Hysteriker befreit, indem er ihren Beschwerden die Würde einer echten Krankheit gab, ihren Symptomen den Status von Fakten und der Hypnose, die vom Ruch der Scharlatanerie umgeben war, das Ansehen einer wissenschaftlichen Methode verlieh, Symptome hervorzurufen und wieder aufzuheben. Freud reklamiert für sich selbst die Position des Befreiers der Hysterie von den Ketten, die ihr in der Salpêtrière Charcots noch verblieben waren. Diese Ketten banden die Hysterie an die »Heredität«, an die ererbte Pathologie des Nervensystems.

Es bedurfte deshalb eines zweiten Wiedergängers des revolutionären Arztes Pinel, und als diesen Wiedergänger sah Freud sich selbst. Er schildert am Ende seines Nachrufs den Weg zur Aufklärung der Hysterie, den Charcot *nicht* gegangen war, »obwohl er aus den erhaltenen Berichten der Hexenprozesse und der Besessenheit reichlich schöpfte, um zu erweisen, dass die Erscheinungen der Neurose damals dieselben gewesen seien wie heute«. Der Anstoß zur »Theorie einer Spaltung des Bewusstseins als Lösung des Rätsels der Hysterie« und damit zur ersten Einsicht in die Macht des Unbewussten war Freud zufolge in den historischen Zeugnissen der »retrospektiven Medizin« verborgen, die in der Salpêtrière so hingebungsvoll gesammelt wurden. Hier wie so oft fand er in alten Volksüberlieferungen einen Bundesgenossen für seine noch junge Wissenschaft: »Tatsächlich hatte das Mittelalter doch diese Lösung gewählt, indem es die Besessenheit durch einen Dämon für die Ursache der hysterischen Phänomene erklärte; es hätte sich nur darum gehandelt, für die religiöse Terminologie jener dunklen und abergläubischen Zeit die wissenschaftliche der Gegenwart einzusetzen.« Freuds Nachruf auf Charcot war sein Versprechen, die in den alten Dämonologien enthaltenen Einsichten in moderne Wissenschaft zu übersetzen. Er machte die Theorie des gespaltenen Bewusstseins zum Ausgangspunkt seiner Erforschung des Unbewussten und trat für dessen Anerkennung als wissenschaftlich erforschbares Faktum mit ebenso großer Verve ein wie Charcot für die Anerkennung der Hysterie. Den Raum für die Rückführung der Hysterie wie der Zwangs- und Angstneurosen auf in der individuellen Biographie erworbene Ursachen gewann Freud durch die energische Zurückweisung aller Theorien der Heredität und Degeneration. Sein wichtigstes Befreiungsinstrument war die Privilegierung der »spezifischen Ursachen« gegenüber allen Allgemeinbedingungen, auf die sich die neuropathologischen

Symptome zurückführen ließen. Damit grenzte er sich sowohl von der populär gewordenen Deutung der Neurasthenie als Zivilisationskrankheit ab wie von den ebenso populären Degenerationslehren. Einem seiner Kritiker, dem Münchner Nervenarzt Leopold Löwenfeld, der die sexuellen Anomalien als spezifische Ursache der Angstneurosen nicht anerkennen wollte und auf der Priorität der erblich bedingten Disposition beharrte, hielt Freud entgegen: »Welchen Umfang die Neurose erreicht, das hängt in erster Linie von dem Maß hereditärer Belastung ab. Die Heredität wirkt wie ein in den Stromkreis eingeschalteter Multiplikator, der den Ausschlag der Nadel um das Vielfache vergrößert. Welche Form aber die Neurose annimmt, – den Sinn des Ausschlags – dies bestimmt allein das aus dem Sexualleben stammende spezifische ätiologische Moment.« Freud formulierte diese Replik in der Sprache der Salpêtrière. Indem er die ererbte pathologische Deformation des Nervensystems auf die Rolle des Verstärkers in einem Stromkreis reduzierte, der von anderen Energiequellen gespeist wird, eignete er sich das Erbe Charcots für seine Zwecke an. Er verzichtete auf die Influenzmaschine, elektrifizierte aber das Bild seines psychischen Apparats.

Die »spezifischen Ursachen« waren die Losung seiner Absetzbewegung von Labor und Klinik. In ihrem Zeichen betrieb Freuds neue Wissenschaft, die Psychoanalyse, ihre Begriffsbildung in Form der Kasuistik, der Darstellung und Durchdringung individueller Fallgeschichten. Freud selbst lieferte dazu die Probe aufs Exempel. Er unternahm ein Experiment ohne alle Apparaturen und Instrumente, um seine Erforschung des psychischen Apparats voranzutreiben, der die im Unbewussten zirkulierenden Energien in die Symptome der Hysterien und Neurosen, aber auch in die Träume der Gesunden verwandelt. Dieses Experiment ist die Selbstanalyse, die er im Sommer 1897 begann und deren Ergebnisse in sein großes programmatisches Werk, die »Traumdeutung«, einflossen. Als einen heroischen, einzigartigen und unwiederholbaren Gründungsakt der Psychoanalyse hat Ernest Jones in seiner monumentalen Freud-Biographie diese Selbstanalyse beschrieben. Vom Imperativ »Erkenne dich selbst!« des delphischen Orakels bis zu Goethe (»Das erste und letzte, was vom Genie gefordert wird, ist Wahrheitsliebe«), von Solon bis Montaigne, von Juvenal bis Schopenhauer reicht die Traditionslinie, die Jones aufruft, um Freuds »Kampf von herkulischem Ausmaß« zu würdigen. Durch Selbstzweifel, Mühsale und Leiden hindurch stößt in dieser Ursprungsmythologie der Psychoanalyse das einsame Genie zur Einsicht in den Mechanismus der Träume und der Bedeutung des Sexuallebens, als ein Abenteurer des Geistes, der das Neuland des Unbewussten erobert. Die jüngere Wissenschaftsgeschichte mochte dieser Ursprungsmythologie nicht folgen. Sie hat das einsame, in der philosophisch-literarischen Tradition der Selbsterkenntnis beheimatete Genie in den Alltag des Arztes und Universitätsdozenten Sigmund Freud zurückversetzt und gezeigt, dass seine Selbstanalyse kein unerhörter Neuansatz war, der alles, was er bisher betrieben hatte, in den Status einer überwundenen Vorgeschichte der Psychoanalyse rückte. Die Selbstanalyse war kein Selbstgespräch, sondern ein ständiger Austausch und Dialog mit rivalisierenden Modellen der Objektivierung des Unbewussten. Der paradoxe Umstand, dass Freud den »psychischen Apparat«, dessen Mechanismen er bloßlegen wollte, zunächst wie eines der Laboratorien ausstattete, die er hinter sich ließ, ist ein Indiz dieser Verbindung der Selbstanalyse mit der wissenschaftlichen Umwelt, in der sie stattfand. Das gilt auch für das Instrument der Selbstanalyse. Schon im 18. Jahrhundert war das Gnothi seauton des delphischen Orakels in Karl Philipp Moritz' »Magazin zur Erfahrungsseelenkunde« zum Motto für die Selbstbeobachtungs- und Klassifizierungsimperative der empirischen Psychologie geworden, und anders, als es die Legende will, ging der Aufschwung der Experimentalphysik nicht mit der vollkommenen Vertreibung der Subjekte aus den Versuchsanordnungen einher. Vielmehr lebte er zugleich davon, dass die Experimentalphysiker sich selbst in Versuchsobjekte verwandelten, wie Johann Wilhelm Ritter, dessen Selbstversuche auf dem Gebiet des Galvanismus die Frühromantik um Novalis elektrisierten. Als Freud sich während seines Aufenthalts in Paris ein Dynamometer, einen Kraftmesser, zulegte, um, wie er Martha Bernays im Januar 1886 mitteilte, »meine eigenen nervösen Zustände zu studieren«, war er mit dem Instrument bereits bestens vertraut. Er hatte es 1884/85 bei den Selbstversuchen im Rahmen seiner Studien über die Coca-Pflanze und das Kokain benutzt. Wie die exakte Beschreibung des Pharmakons und der Tierversuch gehörte der Selbstversuch, dem die klinische Erprobung folgte, zum Standardrepertoire der Pharmakologie und das Dynamometer zu den Standardinstrumenten. In seiner Selbstanalyse übertrug Freud ein Verfahren der naturwissenschaftlichen Experimentalkultur auf die anvisierte psychologische Neuropathologie, um sie durch ein Experiment ohne Instrumente zu objektivieren.

Was wurde aus dem Neuropathologen Freud, dem Schüler Charcots und der Salpêtrière, nachdem er sein Experiment erfolgreich beendet hatte? Was wurde aus dem Chemiker, aus dem Anatomen, aus dem Botaniker, der er während seiner Ausbildung und seiner ersten Berufsjahre gewesen war? Zum einen entfernte sich Freud, je weiter er in der Entwicklung seiner psychoanalytischen Methode voranschritt, desto mehr von der Gehirnanatomie, den Laboratorien, der Klinik und den Apparaturen der Elektrotherapie. Zum anderen fasste er das Zentrum seiner eigenen Theorie des Seelenlebens in das Bild eines »Apparats« und stattete ihn wie ein Laboratorium mit den Instrumenten und Objekten aus, von denen er sich gerade verabschiedet hatte. Anders als die Lustpumpe sind die wissenschaftlichen Instrumente und Apparaturen der neuropathologischen Erforschung der Hysterie aus Freuds Werk nicht verschwunden. Sie wurden wie die Alltagsgegenstände des bürgerlichen Lebens und die Figuren der antiken Mythologie zur Ressource der Metaphern und Analogien, mit denen er in seinen Schriften den stets virtuell bleibenden, nie ganz fassbaren »psychischen Apparat« veranschaulichte.

# DIE KAMERA UND DIE GALTONSCHE MISCH-PHOTOGRAPHIE

## / Die Kamera und die Galtonsche Mischphotographie

Die Photographie war eine der folgenreichsten Erfindungen des 19. Jahrhunderts. Sie ging in die Künstlerateliers und die Privatwohnungen ein, hatte eine große Zukunft im Pressewesen und wurde zugleich zum Instrument der Wissenschaft. Obwohl Freud die Kamera, anders als die Influenzmaschine, das Stethoskop oder das Seziermesser, nicht selber handhabt, zählt sie zu den elementaren Hintergrundvoraussetzungen seiner Theoriebildung. Charcots Objektivierung der Hysterie als Krankheitsbild war eng gekoppelt an Strategien der Visualisierung, die »Iconographie photographique de la Salpêtrière« spielte dabei eine Schlüsselrolle. Die Photographien der Patienten waren Teil seines »lebendigen pathologischen Museums«. Charles Darwins Buch »Der Ausdruck der Gemütsbewegungen bei dem Menschen und den Tieren« (1872), auf das sich Freud in den »Studien über Hysterie« berief, war ein erstes großes Beispiel für den Einzug der Photographie in die wissenschaftlichen Publikationen. Während es die Gesichtsmuskeln und die Tiere im traditionellen Medium der Zeichnung »nach der Natur« darstellte, demonstrierte es die Gesten und Gesichtsausdrücke des Menschen, etwa weinender Kinder, in aufwendig produzierten photographischen Tafeln. Sie zeigten weinende Kinder, Versuchspersonen, deren Gesichtsmuskeln künstlich erregt worden waren, oder Laiendarsteller, die Gesten des Zorns und der Indignation simulierten. Darwin griff auf zahlreiche Photographien zurück, die Guillaume-Benjamin Duchenne de Boulogne, Physiker und Photograph in Personalunion und zudem ein Pionier der Elektrophysiologie, in seinem Buch »Mécanisme de la Physionomie Humaine« (1862) publiziert hatte. Dessen zweite Auflage aus dem Jahr 1876 stand in Freuds Bibliothek.

Freud hat seine »Traumdeutung« nicht illustriert. Aber in seine Konstruktion des »psychischen Apparats« und seine Aufdeckung der Mechanismen der Traumarbeit ging die Photographie ein. Josef Breuer hatte in den »Studien über Hysterie«

den Wahrnehmungsapparat, der unmittelbare Sinneseindrücke aufnimmt, vom Gedächtnis, das Erinnerungsbilder speichert, mit einer Analogie aus der Sphäre der optischen Apparaturen abgegrenzt: »Der Spiegel eines Reflexions-Teleskops kann nicht zugleich photographische Platte sein.« Freud selbst legte in der »Traumdeutung«, um ein von der Anatomie unabhängiges Bild des psychischen Apparats zu gewinnen, seinen Lesern nahe, »dass wir uns das Instrument, welches den Seelenleistungen dient, vorstellen wie etwa ein zusammengesetztes Mikroskop, einen photographischen Apparat u. dgl.«. Dabei ging es um beides, um das Verfahren der Herstellung von Bildern wie um die Photographien als ihr Produkt, nicht zuletzt aber auch um den Status der Bilder als Produkte einer Bildquelle, die ihrerseits nicht sichtbar werden kann: »Alles, was Gegenstand unserer inneren Wahrnehmung werden kann, ist v i r t u e l l , wie das durch den Gang der Lichtstrahlen gegebene Bild im Fernrohr. Die Systeme aber, die selbst nichts Psychisches sind und nie unserer psychischen Wahrnehmung zugänglich werden, sind wir berechtigt anzunehmen gleich den Linsen des Fernrohrs, die das Bild entwerfen.« In dem ursprünglich auf Englisch verfassten kleinen Aufsatz »Einige Bemerkungen über den Begriff des Unbewussten in der Psychoanalyse« (1912) geht es um den kleinen Grenzverkehr der »vorbewussten Gedanken«, die im Bewusstsein erscheinen und jederzeit dahin zurückkehren können, während es den »unbewussten Gedanken« nicht gelingt, die Abwehr und den Widerstand des Patienten zu überwinden. Das bringt Freud zu einer Analogie, in der die photographische Bildproduktion an die Seite der Zensurmechanismen rückt, die so häufig den direkten Ausdruck des Unbewussten verhindern: »Eine grobe, aber ziemlich angemessene Analogie dieses supponierten Verhältnisses der bewussten Tätigkeit zur unbewussten bietet das Gebiet der gewöhnlichen Photographie. Das erste Stadium der Photographie ist das Negativ; jedes photographische Bild muss den ›Negativprozess‹ durchmachen, und einige dieser Negative, die in der Prüfung gut bestanden haben, werden zu dem ›Positivprozess‹ zugelassen, der mit dem Bilde endigt.« Selbstverständlich war diese Inanspruchnahme der Photographie als Modell der Selektion zugelassener Bilder nicht. In ihr tritt zurück, was am Übergang des Negativs in das Positivbild für viele Zeitgenossen Freuds das Hauptfaszinosum war: die allmähliche Entstehung der Bilder. Marcel Proust hat diesem Aspekt ein Leitmotiv der »Recherche« und ihrer Poetik der Erinnerung abgewonnen. Seine Figuren entwickeln häufig die Augenblickseindrücke einer rasch verlöschenden Gegenwart erst nachträglich in der Dunkelkammer ihres Inneren.

Es hat seinen Grund, dass Freud wie Charcot und seine Schüler in der Salpêtrière an den optischen Apparaturen so stark interessiert sind. Im Abschnitt über die Darstellungsmittel des Traums in der »Traumdeutung« wird er greifbar. Er entfaltet den Gedanken, den Freud nicht müde wird dem Publikum immer wieder zu erläutern: dass seine Kardinalthese, jeder Traum sei eine Wunscherfüllung, sich nicht auf den manifesten Trauminhalt bezieht, der dieser These häufig offenkundig widerspricht, sondern auf die latenten Traumgedanken, die sich dahinter verbergen. Die Traumdeutung muss den Weg zurückzugehen, auf dem die Traumarbeit die latenten, wunschgetriebenen Gedanken in den manifesten Trauminhalt verwandelt hat. Dieser Weg führt von den Begriffen zu den Bildern. Denn der Traum verfügt über keine Mittel zur direkten Darstellung der logischen Beziehungen der Traumgedanken untereinander, ja er lebt vom »Verzicht auf die Darstellung logischer Relationen«, wie des Entweder-Oder oder der Kausalbeziehung, und nimmt auf logische Widersprüche oder Gegensätze keine Rücksicht. Wir müssen noch keine genaue Vorstellung von den Mechanismen der Verdichtung, Verschiebung und Entstellung haben, die bei der Traumarbeit zum Einsatz kommen, um einen ersten Eindruck vom psychischen Apparat als Instrument der Bilderproduktion zu registrieren: »Die Verschiebung erfolgt in der Regel nach der Richtung, dass ein farbloser und abstrakter Ausdruck des Traumgedankens gegen einen bildlichen und konkreten eingetauscht wird. Der Vorteil, und somit die Absicht dieses Ersatzes, liegt auf der Hand. Das Bildliche ist für den Traum darstellungsfähig, lässt sich in eine Situation einfügen, wo der abstrakte Ausdruck der Traumdarstellung ähnliche Schwierigkeiten bereiten würde wie etwa ein politischer Leitartikel einer Zeitung der Illustration.«

Eine der logischen Relationen macht eine Ausnahme. Sie ist dem Mechanismus der Traumarbeit hochwillkommen. »Ähnlichkeit, Übereinstimmung, Berührung«, kurz alles, was Freud mit der Formel »Gleichwie« bezeichnet, sind für den Traum darstellbar. Er ist ein Virtuose der Verdichtung durch Herstellung von Ähnlichkeiten, eine seiner bevorzugten Methoden ist die Mischbildung. Sie lässt im Traum »Mischpersonen« auftreten. In den frühromantischen Reflexionen zur Mischung von Einbildungskraft und Anschauung, Traumbildern und Realität war, etwa bei Novalis, dem ausgebildeten Salinenassessor, die Chemie die Hintergrundwissenschaft. Für Freuds »Traumdeutung« wurden die »Mischphotographien« des Engländers Francis Galton zum Modell der Traumarbeit.

Galton hatte sein Verfahren, bei dem er Porträtaufnahmen überblendete, als optische Analogie zur Ermittlung von Durchschnittswerten in der Statistik entwickelt. Sein übergeordnetes Ziel war die Identifizierung, sei es von Individuen, sei es von Typen. Im Blick auf kriminalistische Identifizierung war er an der Entwicklung von Fingerabdruckarchiven beteiligt, mit seinen Mischphotographien wollte er den Normaltypus einer Familie, eines sozialen Typus (»der Verbrecher«), einer Rasse (»der Jude«) sichtbar machen. Die »composite portraits« waren eingebettet in die Konstruktion von Rassen durch die zeitgenössische Anthropologie und in die Propagierung der Eugenik als Antwort auf Degeneration und »Entartung«. Es ist daher ein bemerkenswerter Vorgang, wenn Freud Galtons Mischphotographien ins Spiel bringt, um einen eigenen Traum zu deuten, sie also in seine Selbstanalyse und damit in die autobiographische Dimension der »Traumdeutung« integriert. Ein Verfahren, das sein Urheber unter anderem dazu genutzt hatte, aus Einzelporträts jüdischer Schüler Bilder zu gewinnen, die das »Wesen« beziehungsweise die »Natur« der jüdischen Rasse fixieren sollten, handhabt Freud als neutrales Modell, in das er sich selbst als Jude, seine Familienmitglieder und jüdischen Kollegen einfügt. Es geht um den Traum von Onkel Josef und seinem gelben Bart. Er besteht aus zwei Hälften, ist ganz kurz und doch einer der Musterträume, der in der »Traumdeutung« immer wieder aufgegriffen wird, bis endlich alle seine Rätsel aufgelöst sind. »I. Freund R. ist mein Onkel. – Ich empfinde große Zärtlichkeit für ihn. II. Ich sehe sein Gesicht etwas verändert vor mir. Es ist wie in die Länge gezogen, ein gelber Bart, der es umrahmt, ist besonders deutlich hervorgehoben.«

So unscheinbar der Traum auf den ersten Blick wirkt, so rasch entpuppt sich jedes seiner Elemente als Träger einer heiklen Bedeutung im Leben des Träumers, der soeben, im Frühjahr 1897, für die Ernennung zum »Professor extraordinarius« vorgeschlagen ist. Der Freund R., so erweist der Vorbericht, taucht im Traum auf, weil er am Abend zu Besuch kam. Er ist »seit längerer Zeit ein Kandidat für die Beförderung zum Professor, die den Arzt in unserer Gesellschaft zum Halbgott für seine Kranken erhebt« und kehrt an diesem Abend gerade von einem seiner Besuche im Ministerium zurück, mit denen er seine Angelegenheit fördern will. Diesmal hat man explizit seinen Verdacht bestätigt, »konfessionelle Rücksichten« trügen die Schuld am Aufschub seiner Ernennung. Freund R. ist also ein jüdischer Kollege, er führt Freud vor Augen, dass auch seine eigene Kandidatur scheitern wird,

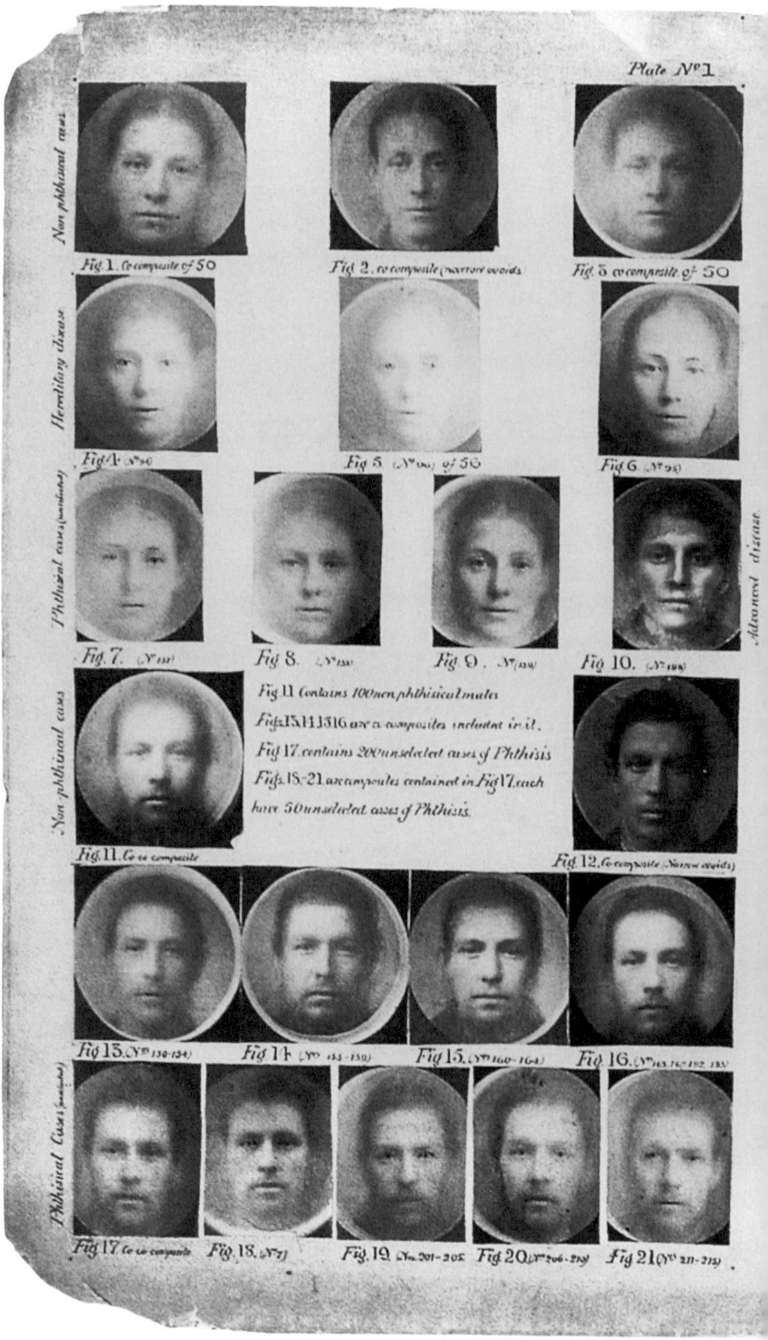

Francis Galton: »An Inquiry into the Physiognomy of Phthisis by the Method of ›Composite Portraiture‹, erschien 1882.

Die kleinen Quadrate zeigen die Originalphotographien,
die runden Medaillons die Mischphotographien.

»Prevalent types of features among men convicted of larcency (without violence)«

an die er aber im Wachzustand keine Hoffnungen knüpfen will. Warum aber verschmilzt im Traum dieser Kollege mit einem von Freuds Onkeln, und warum ausgerechnet mit jenem Onkel Josef, dem Bruder seines Vaters, der vor dreißig Jahren vom Gesetz schwer bestraft wurde, weil er sich einer betrügerischen Handlung in gewinnsüchtiger Absicht schuldig gemacht hatte? »Mein Vater, der damals aus Kummer in wenigen Tagen grau wurde, pflegte immer zu sagen, Onkel Josef sei nie ein schlechter Mensch gewesen, wohl aber ein Schwachkopf; so drückte er sich aus. Wenn also Freund R. mein Onkel Josef ist, so will ich damit sagen: R. ist ein Schwachkopf. Kaum glaublich und sehr unangenehm! Aber da ist ja jenes Gesicht, das ich im Traum sehe, mit den länglichen Zügen und dem gelben Bart. Mein Onkel hatte wirklich so ein Gesicht, länglich, von einem schönen blonden Bart umrahmt. Mein Freund R. war intensiv schwarz, aber wenn die Schwarzhaarigen zu ergrauen anfangen, so büßen sie für die Pracht ihrer Jugendjahre. Ihr schwarzer Bart macht Haar für Haar eine unerfreuliche Farbenwandlung durch; er wird zuerst rotbraun, dann gelbbraun, dann erst definitiv grau. In diesem Stadium befindet sich jetzt der Bart meines Freundes R.; übrigens auch schon der meinige, wie ich mit Mißvergnügen bemerke. Das Gesicht, das ich im Traum sehe, ist gleichzeitig das meines Freundes R. und das meines Onkels. Es ist wie eine Mischphotographie von Galton, der, um Familienähnlichkeiten zu eruieren, mehrere Gesichter auf die nämliche Platte photographieren ließ. Es ist also kein Zweifel möglich, ich meine wirklich, dass Freund R. ein Schwachkopf ist.«

Die Bärte der Juden gehörten, von der schwarzen Farbe bis hin zu Erörterungen »Zur Frage der Herkunft des blonden Elements im Judentum«, zu den Lieblingsthemen der zeitgenössischen Debatten über die jüdische »Rasse«. Man lese in der »Traumdeutung« nach, wie sich zur Mischphotographie aus Onkel Josef und Freund R. bald ein weiterer jüdischer Kollege gesellt, der ebenfalls zum Professor vorgeschlagen wird, wie sich an diesen Kollegen N. der unberechtigte, erpresserische Vorwurf einer verbrecherischen Handlung heftet, wie Freuds Onkel Josef plötzlich beide nicht zu Professoren ernannte Kollegen darstellt, »den einen als Schwachkopf, den anderen als Verbrecher«, und wie hinter diesen dem Träumer so peinlichen Bezichtigungen schließlich der Wunsch sichtbar wird, der seinen Traum vorantreibt. Dieser Wunsch führt ihn am Ende der Deutung weit über den »Professor extraordinarius« hinaus, in das für Juden im Wien der 1890er Jahre unerreichbare Amt des Ministers, der die Professoren ernennt. Und er führt zurück an die Quelle der Hannibal-Identifizierung des jungen Freud, die der Leser der »Traumdeutung« schon kennt, in eines der Wirtshäuser im Prater, in der ein Mann, der für wenig Geld Verse improvisiert, dem Elfjährigen prophezeit, »dass ich noch einmal ›Minister‹ werde«. Die nahezu kriminalistische subtile Untersuchung, mit der Freud seiner Wunschenergie auf den Grund geht, entführt die Galtonsche Mischphotographie ihrem rassistischen und eugenischen Kontext und unterstellt sie den Gesetzen, nach denen die Mischbildungen der Traumarbeit hervorgebracht werden. Sie macht sie den Wunschenergien dienstbar, die im elfjährigen Sohn des Ostjuden mit der Pelzmütze und Neffen des Onkel Josef mit dem gelben Bart Fuß fassten, als Österreich im Jahr 1867 eine neue Verfassung erhielt und unter den bürgerlichen Doktoren, die im liberalen Kabinett Ministerposten erhielten, sogar Juden waren. Im Traum vom gelben Bart seines Onkels Josef kehrt er in die längst von der Gegenwart dementierte Welt zurück, in der Juden ministrabel waren: »Welch gründliche Rache an Seiner Exzellenz! Er verweigert es, mich zum *Professor extraordinarius* zu ernennen, und ich setze mich dafür im Traum an seine Stelle.«

Francis Galton hatte seine »composite portraits«, zumal die Bilder von Mitgliedern einer Familie, nicht nur an die Wissenschaft adressiert, sondern auch an das allgemeine Publikum. Durch periodische Selbstphotographien einer Familie und Verdichtung der Einzelbilder innerhalb der Generationenkette sollte in den Familienalben der Normtypus fixiert werden, den es eugenisch zu sichern galt. In Freuds Deutung des Traums von Onkel Josef zeichnet sich der psychoanalytische Familienroman als Alternative zu Galtons Projekt ab.

Im Rückblick hat dieser Vorgang eine verblüffende Ähnlichkeit mit der Katalysatorrolle, die Galtons Technik der »composite portraits« – noch zu Lebzeiten Freuds – bei der Herausbildung von Ludwig Wittgensteins Begriff der »Familienähnlichkeit« spielte. Wittgenstein ist, als dieser

Prozess ab etwa 1926 einsetzt, auf dem Weg, die Frage nach der »Sprachlogik« durch die Frage nach dem »Sprachspiel« zu ersetzen. Diese Frage steht für ihn dort, wo für Freud die Frage nach den Mechanismen der Traumarbeit steht. Am Ende des Prozesses, in den »Philosophischen Untersuchungen«, wird er sich weigern, den Begriff »Sprachspiel« durch eine Definition der Sprache zu bestimmen oder durch die Beantwortung der Frage, »was allem, was wir Sprache nennen, gemeinsam ist«. Er wird stattdessen davon ausgehen, dass es dieses Gemeinsame gar nicht gibt, und sich auf den Satz beschränken, die Sprachen seien »verwandt«. Was Verwandtschaftsbeziehungen sind, wird er im Nachdenken über den Begriff »Spiel« erörtern. Warum nennen wir Brettspiele, Kartenspiele, Ballspiele, Kampfspiele »Spiele«, aber auch Patiencen, oder sagen, dass ein Kind spielt, wenn es einen Ball wieder und wieder an die Wand wirft? Verwandtschaftsbeziehungen, wird es in den »Philosophischen Untersuchungen« heißen, werden durch komplizierte Netze von Ähnlichkeiten gebildet, die auftauchen und wieder verschwinden: »Ich kann diese Ähnlichkeiten nicht besser charakterisieren als durch das Wort ›Familienähnlichkeiten‹: denn so übergreifen und kreuzen sich die verschiedenen Ähnlichkeiten, die zwischen den Gliedern einer Familie bestehen: Wuchs, Gesichtszüge, Augenfarbe, Gang, Temperament etc. – Und ich werde sagen: die ›Spiele‹ bilden eine Familie.«

Bei Freud kamen die Mischphotographien ins Spiel, als es galt, die Traumbildung von den »logischen Relationen« abzusetzen und die Ausbeutung von Ähnlichkeiten und Verwandtschaften als wichtiges Instrument der Traumarbeit zu erweisen. Bei Wittgenstein tauchen die Mischphotographien in ebender »Lecture on Ethics« am 17. November 1930 in Cambridge auf, in der sich zum ersten Mal der Begriff der Familienähnlichkeit abzeichnet: »to make you see as clearly as possible what I take to be the subject matter of Ethics I will put

Die aus den vier Porträts hergestellte Komposit-Photographie

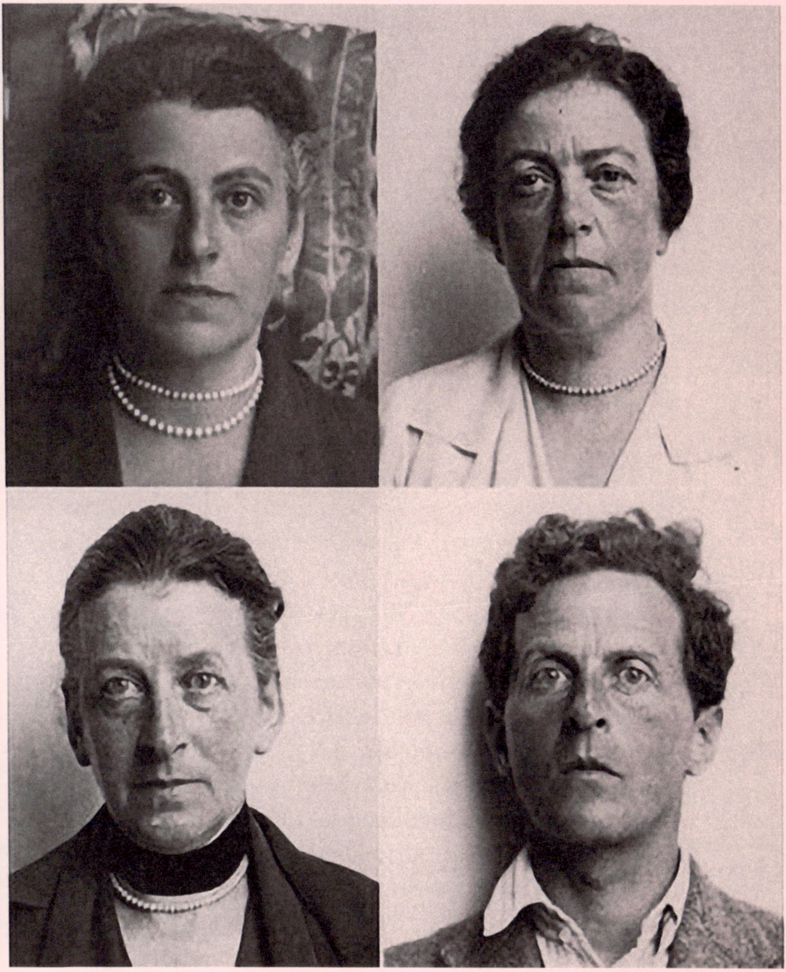

Oben: Wittgensteins Schwestern Margarethe Stoneborough
und Hermine Mining Wittgenstein
Unten: Die Schwester Helene Lanker Salzer und Ludwig Wittgenstein

before you a number of more or less synonymous expressions each of which could be substituted for the above definition, and by enumerating them I want to produce the same sort of effect which Galton produced when he took a number of photos of different faces on the same photographic plate in order to get the picture of the typical features they all had in common.«

Im »Blue Book«, das im akademischen Jahr 1933/34 seine Vorlesung ersetzte, wird Wittgenstein, wiederum unter Bezug auf die »Galtonian composite photographs«, zum ersten Mal den Grundgedanken der »Philosophischen Untersuchungen« formulieren: »We are inclined to think that there must be something in common to all games, and that this common property is the justification for applying the general term ›game‹ to the various games, whereas games form a *family* the members of which have family likeness.«

Während der Recherchen zur großen Wittgenstein-Ausstellung, die anlässlich seines 100. Geburtstags 1989 in der Wiener Secession stattfand, stellte sich heraus, dass die Verweise auf die Technik der Mischphotographie ein praktisches Pendant in den photographischen Experimenten hatte, die Wittgenstein in den 1920er Jahren gemeinsam mit dem befreundeten Photographen Moritz Nähr und seiner Schwester Helene Salzer unternahm: »Im Wittgenstein Archive findet sich eine merkwürdige Originalaufnahme, die lange nicht zugeordnet werden konnte. Die Züge der abgebildeten, anscheinend weiblichen Person sind ohne Zweifel Wittgensteinsche, passen aber auf keine der Schwestern oder andere Verwandte. Wittgensteins Hinweise auf die Galtonsche Komposit-Photographie zusammen mit vier Aufnahmen aus seinem eigenen Photoalbum lieferten schließlich den Schlüssel zur Lösung des Rätsels: Wittgenstein hatte sich in Galtonscher Weise zusammen mit seinen drei Schwestern Hermine, Helene und Margarethe abbilden lassen.«

## / Die Kamera und die Galtonsche Mischphotographie

Wie Freud zog Wittgenstein an einer entscheidenden Stelle seiner Theoriebildung die Technik der Mischphotographie als Modell heran. Seine skeptische Haltung gegenüber Freuds Lehre vom Unbewussten blieb davon unberührt. Sie wurde von dem Verdacht genährt, dass darin der Gegenstand ein Produkt der Darstellungseffekte sei. »Was Freud über das Unbewusste sagt, klingt wie Wissenschaft, ist aber eigentlich bloß ein *Mittel der Darstellung*. Es sind keine neuen Regionen der Seele entdeckt worden, wie seine Schriften suggerieren.« Ein Darstellungsmittel war aber auch für Wittgenstein die Galtonsche Mischphotographie. Diese Parallele rückt ihn Freud nicht näher, akzentuiert aber die beiden gemeinsame Inanspruchnahme des Pools von Analogien, den ihre Epoche, das Zeitalter von Wissenschaft und Industrie, durch ihre Erfindungen und Apparaturen hervorgebracht hat. Sie macht die Verbindungen sichtbar, die Theorien mit der materiellen Welt unterhalten, in der sie formuliert werden.

# DER CHEMISCHE KOLBEN UND DER SEZIERTISCH

»Nach vollendeter Deutungsarbeit lässt sich der Traum als eine Wunscherfüllung erkennen«. Wenn der Leser bei diesem triumphalen, gesperrt gedruckten Schlusssatz des zweiten Kapitels der »Traumdeutung« angekommen ist, hat er über viele Seiten hinweg immer neue Einsichten in den Traum von »Irmas Injektion« genommen. Es ist der erste große Mustertraum des Buches, das erste große Dokument der Selbstanalyse seines Autors. Die Titelfigur ist eine Patientin Freuds, die er wegen Hysterie behandelt hat, deren Kur aber einen zweideutigen Ausgang nahm und vor der Sommersaison in Uneinigkeit abgebrochen wurde. Am Abend vor dem Traum hat Freud die Krankengeschichte Irmas niedergeschrieben, »wie zu meiner Rechtfertigung«. Denn am Tag war Otto, einer seiner jüngeren Kollegen und besten Freunde, zu Besuch gekommen, der Irma beim Landaufenthalt ihrer Familie gesehen hatte und auf Freuds Frage, »wie er sie gefunden habe«, die Antwort gab: »Es geht ihr besser, aber nicht ganz gut.« Otto wird es sein, der Irma im Traum die Injektion gibt.

Der Mustertraum setzt den Träumer gleich zu Beginn der Angst aus, »daß ich doch eine organische Affektion übersehen habe«. Er stellt die psychoanalytische Behandlungsmethode unter Verdacht und verhandelt die Frage, ob die Hysterie-Diagnose Irmas ein Irrtum des Träumers war, der nicht zufriedenstellende Gesundheitszustand der Patientin also ihm anzulasten ist. Die Chemie und die Pharmakologie spielen in diesem Traum eine auffällig große Rolle. Aus der Erinnerung taucht der unglückliche Freund auf, der sich durch Kokain-Injektionen vergiftete, obwohl ihm der Träumer doch das Kokain nur zur oralen Anwendung bei der Morphiumentziehung empfohlen hatte. Eine Patientin, bei der er durch die fortgesetzte Ordination des Schlafmittels Sulfonal eine schwere Vergiftung hervorrief, gesellt sich hinzu. Die Injektionsspritze ist »mit einem Propylpräparat, Propylen ... Propionsäure ... Trimethylamin (dessen Formel ich fettgedruckt vor mir sehe)« gefüllt. Einer Flasche Ananas-Likör, die ebenjener Freund Otto dem Träumer und seiner Frau geschenkt hatte, entströmt ein Fuselgeruch, der den Traumdeuter an eine ganze Reihe riechender Substanzen erinnert, an Amyl, Propyl, Methyl. Warum aber ist die Formel für Trimethylamin im Traum fett gedruckt, »als wollte man aus dem Kontext etwas als ganz besonders wichtig herausheben«? Weil ein Freund des Träumers, hinter dem leicht Wilhelm Fließ zu erkennen ist, diese Substanz mit einer besonderen Bedeutung versehen hatte: »er hatte mir damals gewisse Ideen zu einer Sexualchemie mitgeteilt und unter anderem erwähnt, eines der Produkte des Sexualstoffwechsels glaube er im Trimethylamin zu erkennen.«

Freuds Kommentar zum »Traum von Irmas Injektion« soll hier nicht bis in seine feinsten Verästelungen verfolgt werden. Denn es ist sinnvoller, die Gesamtdeutung im Original zu lesen als in einer Zusammenfassung, und das entscheidende Stichwort ist mit den »Ideen für eine Sexualchemie« schon gefallen, die sich an die chemische Formel für Trimethylamin ($C_3H_9N$) heften. Wie verhält sich die »Sexualchemie« zum psychoanalytischen Deutungsverfahren, das Schlüsselbegriffe der Chemie in sich aufnimmt, in seinen Anfängen die Analyse und die Synthese, später die Sublimierung? Durch Anfeindungen wie durch Popularisierungen ging im Zeitraum zwischen der ersten und der zweiten Auflage der »Traumdeutung«, die 1909 erschien, der Begriff »Psychoanalyse« allmählich in den Wortschatz der Tagespresse ein. Das Vorwort zu Wilhelm Stekels Buch »Nervöse Angstzustände und ihre Behandlung« (1908) etwa, in dem Freud dem wohl wichtigsten frühen Popularisator seiner Schriften bescheinigte, er sei »einer der ersten Kollegen, die ich in die Kenntnis der Psychoanalyse einführen konnte«, wurde in der Bukowinaer Post vollständig abgedruckt. Vorträge gegen die Psychoanalyse wurden gelegentlich in den Veranstaltungsspalten angekündigt, manche knapp referiert.

## / Der chemische Kolben und der Seziertisch

In die zweite Auflage der »Traumdeutung« nahm Freud den Traum eines Chemikers auf. Er ist hier schon deshalb willkommen, weil ihn einer der wenigen Naturwissenschaftler träumt, die in Freuds Schriften unter seinen Patienten auftauchen. In der Deutung dieses Traums spiegelt sich die psychoanalytische Behandlung in den chemischen Begriffen Analyse und Synthese. Der Träumer ist ein junger Mann, »der sich bemühte, seine onanistischen Gewohnheiten gegen den Verkehr mit dem Weibe aufzugeben«. Am Tag vor dem Traum hat er einem Studenten die »Grignardsche Reaktion« erläutert, »bei welcher Magnesium unter katalytischer Jodeinwirkung in absolut reinen Äther aufzulösen ist«, am Tag nach dem Traum sollte er ein Rendezvous mit einer Dame haben. In seinem Traum hat der Chemiker sich selbst als aufzulösende Substanz in die chemische Apparatur hineinversetzt: »Er soll Phenylmagnesiumbromid machen, sieht die Apparatur besonders deutlich, hat aber sich selbst fürs Magnesium substituiert. Er ist nun in eigentümlich schwankender Verfassung, sagt sich immer: Es ist das Richtige, es geht, meine Füße lösen sich schon auf, meine Knie werden weich. Dann greift er hin, fühlt an seine Füße, nimmt inzwischen (er weiß nicht wie) seine Beine aus dem heraus, sagt sich wieder: Das kann nicht sein. – Ja doch, es ist richtig gemacht. Dabei erwacht er partiell, wiederholt sich den Traum, weil er ihn mir erzählen will. Er fürchtet sich direkt vor der Auflösung des Traumes, ist während dieses Halbschlafes sehr erregt und wiederholt sich beständig: Phenyl, Phenyl.«

Der Träumer hat seinem Psychoanalytiker vorgearbeitet, indem er diesen in seinen Traum hineingeträumt und die Auflösung des Magnesiums, das ihn im chemischen Experiment vertritt, mit der Auflösung des Traums parallelisiert hat. Tatsächlich wird Freud diese im Halbschlaf gezogene, den Träumer erregende Parallele aufgreifen und ihn mit den Assoziationen zu dem Tagesrest verbinden, der in den Traum eingegangen ist: »Der Student, dem er die Auskunft gab, ist ein besonders ekelhafter Kerl; er sagte ihm: Das ist nicht das Richtige, weil das Magnesium noch ganz unberührt war, und jener antwortete, als ob ihm gar nichts daran läge: Das ist halt nicht das Richtige. Dieser Student muss er selbst sein – er ist so gleichgültig gegen seine *Analyse*, wie jener für seine *Synthese* –, das Er im Traume, das die Operation vollzieht, aber ich. Wie ekelhaft muß er mir mit seiner Gleichgültigkeit gegen den Erfolg erscheinen! Andererseits ist er dasjenige, womit die Analyse (Synthese) gemacht wird. Es handelt sich um das Gelingen der Kur.«

Freud demonstriert in dieser Deutung zugleich die Nähe und die Distanz der Psychoanalyse zur chemischen Analyse und Synthese, die Umbesetzung der chemischen Begriffe. Obwohl sie die Sexualität zum Energiezentrum des psychischen Apparats macht, ist die Psychoanalyse gerade nicht die von Wilhelm Fließ anvisierte »Sexualchemie«. Sie kennt kein periodisches System der Elemente, aus dem sie eine Deutungsformel für das Trimethylanim als Traumelement gewinnen könnte. Das zeigt sich im Blick auf das Phenyl im Traum des Chemikers. Nicht seine chemischen Verwandtschaften sind für die Analyse von Belang, sondern seine sprachlichen, zunächst die innerhalb der Chemie, dann die im allgemeinen Wortschatz: »Zur Wiederholung des Namens Phenyl berichtet er: Alle diese Radikale auf yl haben ihm immer sehr gefallen, sie sind sehr bequem zu gebrauchen: Benzyl, Azetyl usw. Das erklärt nun nichts, aber als ich ihm das Radikal *Schlehmil* vorschlage, lacht er sehr und erzählt, daß er während des Sommers ein Buch von Prévost gelesen, und in diesem war im Kapitel: ›Les exclus de l'amour‹, allerdings von den *›Schlemiliés‹* die Rede, bei deren Schilderung er sich sagte: Das ist mein Fall.« Der Schlehmil, den Freud hier ins Spiel bringt, ist nicht der Held aus Chamissos berühmter Erzählung, der eine törichte Wette abschließt und damit nur eine Facette des

Schlehmil verkörpert. Freuds Schlehmil entstammt dem Jiddischen, wo er den Pechvogel und Verlierer in allen möglichen Varianten verkörpert. Der französische Schriftsteller Marcel Prévost ließ ihn in dem Roman, den der Chemiker gelesen hatte, als eine Figur des sexuellen Ungeschicks auftreten.

Es ist nicht selbstverständlich, dass die Traumerzählung des Chemikers mit dem Gelächter des Patienten endet. Immerhin steckt im Traumbild der Auflösung des Wissenschaftlers in seiner eigenen Apparatur der Stoff eines frühen Horrorfilms. Dieser aber wird im Prozess der Deutung neutralisiert. Die Abschirmung gegen das Grauen ist charakteristisch für Freuds Umgang mit Träumen, in denen die Körper der Wissenschaftler in die Apparaturen ihrer Laboratorien geraten. In der »Traumdeutung« widerfährt dies ihm selbst: »Der alte Brücke muss mir irgend eine Aufgabe gestellt haben; sonderbar genug bezieht sie sich auf Präparation meines eigenen Untergestells, Becken und Beine, das ich vor mir sehe wie im Seziersaal, doch ohne den Mangel am Körper zu spüren, auch ohne Spur von Grauen. Louise N. steht dabei und macht die Arbeit mit mir. Das Becken ist ausgeweidet, man sieht bald die obere, bald die untere Ansicht desselben, was sich vermengt. Dicke, fleischrote Knollen (bei denen ich noch im Träume an Hämorrhoiden denke) sind zu sehen. Auch musste etwas sorgfältig ausgeklaubt werden, was darüber lag und zerknülltem Silberpapier glich.«

Das Laboratorium Ernst von Brückes war für Freud nicht irgendein Ort, es war der Schauplatz seiner pathologischen und histologischen Forschungen, von Brücke, der in der »Traumdeutung« mehrfach auftaucht, ein zeitlebens geschätzter Lehrer. Freud baut ihn in die Deutung des Traums ein als denjenigen ein, der ihn früh zur Publikation seiner Funde drängte. Warum aber die Präparation des eigenen Beckens ohne »das dazugehörige Grauen« geträumt werden kann, erweist sich am Ende der Deutung. Der Traum wird vom Wunsch nach Fertigstellung und Publikation des Buches vorangetrieben, in dem er seinen Platz finden wird: »Die Präparation bedeutet die Selbstanalyse, die ich gleichsam durch die Veröffentlichung des Traumbuches vollziehe, die mir in Wirklichkeit so peinlich war, dass ich den Druck des bereitliegenden Manuskripts um mehr als ein Jahr aufgeschoben habe.«

Freuds Deutung identifiziert den Autor, der den Physiologen und Analytiker seiner selbst in die »Traumdeutung« hineinschreibt, als Wunschquelle. Aber wird dadurch die Abwesenheit des Grauens beim Anblick des eigenen ausgeweideten Beckens erklärt? Aus welcher Disposition resultiert die Fähigkeit, sich selbst als Leiche zu sehen und dabei das Grauen zu anästhesieren? Die Antwort kann nur sein: aus der Routine des Präparierens. Der Autor mag die Wunschquelle sein, der Präparator, der er im Laboratorium von Brückes war, steuert die affektive Distanz des Pathologen gegenüber der Leiche bei, die er seziert. Beide sind im Träumer anwesend, auch wenn der Autor der »Traumdeutung« das letzte Wort hat.

Von den Apparaturen in Klinik und Labor ist hier so ausführlich die Rede, weil sie zu den Geburtshelfern der Psychoanalyse gehören, die nicht durch etwas anderes hätten ersetzt werden können. Damit ist ein Einspruch gegen die einflussreiche Freud-Deutung verbunden, die Jürgen Habermas in seinem Buch »Erkenntnis und Interesse« (1968) entfaltet hat. Freud erscheint in dieser Lesart als eine Art Kolumbus der Moderne, der etwas vollkommen anderes entdeckt hat, als er glaubte entdeckt zu haben. »Im Laboratorium von Ernst Brücke hat er sechs Jahre lang an Fragen der Histologie des Nervensystems gearbeitet. Diese Zwiespältigkeit des Interesses mag dazu beigetragen haben, dass Freud in der Tat eine neue *Humanwissenschaft* begründet, aber in ihr stets eine *Naturwissenschaft* gesehen hat.« Habermas rückt Freud als Komplementär- und Kontrastfigur an die Seite seines Zeitgenossen Wilhelm Dilthey, des Biographen Friedrich Schleiermachers. Beide entwickeln die philologische Hermeneutik zu einer allgemeinen Lehre des Verstehens fort, in der die Psychologie als Rekonstruktion lebensgeschichtlicher Zusammenhänge ins Zentrum rückt. Die klassische Philologie war darauf geeicht, den Sinn korrumpierter, verderbter Texte zu rekonstruieren. Freud erweitert Habermas zufolge die Hermeneutik um eine ihr zuvor unbekannte Dimension, indem er den Sinn der Korruption und Entstellung selbst entdeckte. Die weit über Dilthey hinausgehende »Tiefenhermeneutik«, die daraus resultiert, gilt Texten, »die Selbsttäuschungen des Autors anzeigen«. Liest man Freuds Text über den Traum der Präparierung des eigenen Körpers mit den Augen von Habermas, dann muss er als ein drastisches Dokument der Selbsttäuschung seines Autors erscheinen, der sich immer noch als Pathologe in von Brückes Laboratorium hineinträumt, obwohl er doch längst dabei ist, die »Traumdeutung« zu vollenden.

Es ist aber fraglich, ob Diltheys Abdichtung der Geisteswissenschaften und des Verstehens gegen die Naturwissenschaften und das Erklären ein guter Ausgangspunkt ist, um die reale Wissenschaftsgeschichte des 19. Jahrhunderts zu schreiben. Die Psychoanalyse war keine Experimentalwissenschaft, sie verließ das Labor, um sich im bürgerlichen Alltag anzusiedeln. Aber es steckt mehr als »das szientistische Selbstmissverständnis der Metapsychologie« in Freuds Neigung, seine Deutungstechniken durch eine Vielzahl von Metaphern und Analogien an die Naturwissenschaften rückzubinden. Die Kolumbus-Theorie und die Eingemeindung Freuds in Philologie und Hermeneutik bagatellisieren die produktive Katalysatorfunktion, die Klinik und Labor für die Entwicklung der Psychoanalyse hatten. Freud hat zwar gelegentlich sein Verfahren mit der Übersetzung fremdsprachiger Autoren und Texte verglichen, aber die These, er habe »die Traumdeutung stets am Vorbild der philologischen Arbeit orientiert«, ist mehr als eine Übertreibung. Sie geht an der Grundeinsicht Freuds vorbei, dass die Traumarbeit bildzentriert ist. Es wird sich zeigen, wie konsequent alle seine Schriftanalogien, von den Hieroglyphen bis zu den rätselhaften Inschriften der »Fliegenden Blätter«, Richtung Bild gravitieren. Die Wortspiele, Verballhornungen von Namen und Kalauer, die Freud immer wieder gute Dienste leisten, verweisen eher auf die gesprochene als die geschriebene Sprache. Der »Traumtext«, der bei Habermas zum Zentrum der Deutungsarbeit avanciert, spielt unter den vielen Traum-Komposita, die Freud verwendet hat, nur eine auffällig marginale Nebenrolle. Die Worte, mit denen ihm die Patienten den manifesten Trauminhalt in Fragmenten mitteilen, führen immer wieder aus den Regionen heraus, für die allein die Texthermeneutik zuständig ist. Darum zieht er, um die Methoden der Traumarbeit zu entschlüsseln, die Mischphotographie Galtons heran. Und wenn er im Traum darüber stutzt, dass eine chemische Formel in einem Buch fett gedruckt ist, muss er nicht einen Text, sondern ein Schriftbild deuten. Nie zitiert Freud Wilhelm Dilthey, an Friedrich Schleiermacher interessieren ihn vor allem die gereimten Rätsel, die er produziert hat, und die ihm zugeschriebene Definition der Eifersucht als Leidenschaft, die mit Eifer sucht, was Leiden schafft. Eine Geisteswissenschaft, die Texte privilegiert, kann der Psychoanalyse Freuds nur bedingt helfen. Freud horcht jedem Wort, das die Patienten äußern, eine möglichst große Fülle von Bedeutungen ab, aber das allein führt nicht zur Lösung der Rätsel, die ein Traum oder ein Symptom der Hysterie oder Neurose aufgibt, wenn die Deutung nicht zugleich und vor allem Bilderdeutungskunst ist.

# DAS HERBARIUM, DIE TRAUMARBEIT UND DAS PERPETUUM MOBILE

Der Traum, in dem Freud sich selbst seziert, ist schon in der Erstauflage der »Traumdeutung« enthalten. Der ihm verwandte Traum des Chemikers gehört zu den zahlreichen Erweiterungen, die in den folgenden Auflagen hinzukamen, ist Teil der stetig wachsenden Traumsammlung. Das 19. Jahrhundert war insgesamt eine Epoche des Sammelns, von den Sammelalben und Sammeltassen des bürgerlichen Interieurs über die gymnasialen und universitären Sammlungen bis zu den größeren und kleineren Museen der Künste und des Kunstgewerbes. Im »Traum von der botanischen Monographie« taucht an prominenter Stelle ein Element dieser Sammlungskultur auf: »Ich habe eine Monographie über eine gewisse Pflanze geschrieben. Das Buch liegt vor mir, ich blättere eben eine eingeschlagene farbige Tafel um. Jedem Exemplar ist ein getrocknetes Specimen der Pflanze beigebunden, ähnlich wie in einem Herbarium.« Auch hier handelt es sich um einen Schlüsseltraum aus der Selbstanalyse Freuds. Er verknüpft die Erinnerung an seinen Aufsatz über die Coca-Pflanze und dessen Wirkungsgeschichte mit der Gegenwart des Träumers. Ebenso wichtig aber ist, dass das Buch in aufwendiger Gestaltung vor dem Träumer liegt, der am Tag im Schaufenster einer Buchhandlung eine Monographie über die Gattung Zyklamen gesehen hat, die Lieblingsblume seiner Frau. Nur so kann es in der Deutung mit dem »Traumbuch« verschmelzen, an dem der Träumer gerade arbeitet, das zwar noch nicht fertig ist, über das ihm aber gerade sein Freund aus Berlin geschrieben hat: »Ich sehe es fertig vor mir liegen und blättere darin.« Das Herbarium als naturkundlicher Sammlungsort verbindet die botanische Monographie mit der »Traumdeutung«, in der es vorkommt, gerade weil der Träumer bekennt: »Ich hatte niemals ein besonders intimes Verhältnis zur Botanik.« Statt eines botanischen hat Freud ein Herbarium der Träume angelegt. Das geträumte Herbarium verbindet diesen Traumsammler mit dem Sammler von Büchern und Antiquitäten, Fehlleistungen und Missgeschicken, Anekdoten und Witzen, der die Objekte aller seiner Sammlungen für die Psychoanalyse nutzbar machen wird. »Ein *getrocknetes Spezimen* der Pflanze liegt der Monographie bei, als ob es ein *Herbarium* wäre. Ans Herbarium knüpft sich eine Gymnasialerinnerung. Unser Gymnasialdirektor rief einmal die Schüler der höheren Klassen zusammen, um ihnen das Herbarium der Anstalt zur Durchsicht und zur Reinigung zu übergeben. Es hatten sich kleine *Würmer* eingefunden – Bücherwurm.« Bei der botanischen Vorprüfung an der Universität wird der Schüler eine ihm vorgelegte Kruzifere nicht erkennen, und es wäre ihm schlecht ergangen, »wenn nicht meine theoretischen Kenntnisse mir herausgeholfen hätten«.

Den theoretischen Ambitionen ihres Autors verdankt die »Traumdeutung«, dass sie über ein Herbarium der Träume weit hinausgeht. Als Freud im sechsten Kapitel noch einmal auf den Traum von der botanischen Monographie zurückkommt, fügt er in das immer dichter geknüpfte Netz der »Assoziationsverbindungen« die Bemerkung ein: »Man befindet sich hier mitten in einer Gedankenfabrik, in der wie im Weber-Meisterstück

*›Ein Tritt tausend Fäden regt,*
*Die Schifflein herüber, hinüber schießen,*
*Die Fäden ungesehen fließen,*
*Ein Schlag tausend Verbindungen schlägt‹.«*

Eine Quelle musste Freud für dieses Zitat nicht angeben. Er konnte damit rechnen, dass seine Leser die zweite Studierzimmerszene in Goethes »Faust I« kannten, in der Mephisto dem Schüler, der Wissenschaft und Natur erfassen will, den Prospekt seiner Erziehung zur Gelehrsamkeit entwirft. Die Ironie und den Sarkasmus, in die Goethe den Vergleich von

Gedankenfabrik und Webstuhl einbettet, lässt Freud beiseite. Ihm geht es um den Mechanismus, in dem unsichtbare Fäden fließen und ein Schlag tausend Verbindungen herstellt.

Der Begriff der Traumarbeit, mit dem Freud sein Versprechen erfüllt, »dass die Traumdeutung imstande sei, uns Aufschluss über den Bau unseres seelischen Apparats zu geben«, ist bisher eher en passant mitgelaufen. Es lohnt sich aber, ihn genauer zu betrachten. Das Erste, was an ihm auffällt, ist, wie wenig selbstverständlich er ist. Er steht so quer zum angestammten Wortfeld des Traums, dass er es nicht in den Band »T-Treftig« des Grimmschen Wörterbuchs geschafft hat, der 1935 erschienen ist, mehr als drei Jahrzehnte nach Erscheinen der »Traumdeutung«. Es gibt in diesem Band eine Fülle von Komposita des Traums, das »Traumbild« und das »Traumgespinst«, die »Traumerscheinung«, den »Traumgeist« und auch die »Traumgedanken« Freuds, die »Traumwelt« und das »Traumwerck« mit seiner Nähe zum »Teufelswerck« und »Schattenwerck«, die »Traumvorstellung« und den »Traumzustand«, aber nicht die Traumarbeit. Sie verbleibt im Reservat der Fachsprache und liegt im lexikographischen Schatten der Alltagssprache, weil sie nicht im »Luftreich des Traums« stattfindet, dem Heine die Deutschen zuordnet.

Schon Wilhelm Robert hatte in seiner Schrift »Der Traum als Naturnotwendigkeit erklärt« (1886) beiläufig von der »Arbeit des Traums« und der »Traumarbeit« gesprochen, aber erst Freud hat den Begriff Traumarbeit systematisch entfaltet und so den Traum, der in der romantischen Mythologie mit dem freien Spiel der Einbildungskraft im Bunde ist, an sein scheinbares Gegenteil, an den prosaischen Arbeitsalltag und an einen der Zentralbegriffe gebunden, in denen die technisch-industrielle Welt des 19. Jahrhunderts sich selbst erkundete. Das galt für die Volkswirtschaft und politische

Ökonomie wie für die Physiologie der Arbeitskraft, die Mechanik und die Maschinentechnik.

Im physiologischen Laboratorium seines Lehrers Ernst von Brücke herrschte das »Energieprinzip«, das Hermann von Helmholtz in seinem Vortrag »Über die Erhaltung der Kraft« (1847) vor der Berliner physikalischen Gesellschaft entwickelt hatte. Es verabschiedete die Automatenkonstrukteure des 18. Jahrhunderts und alle Hoffnungen auf ein Perpetuum mobile. Keine Maschine konnte nun noch nur aus sich selbst heraus arbeiten, jede benötigte eine externe Energiezufuhr. Diese Zufuhr aber war gesichert, das Universum wurde zu einem unerschöpflichen Reservoir von Energie, die sich nutzen ließ, wenn die Menschen die Gesetze der Natur begreifen und als Kraftquelle nutzen lernten. Das »Energieprinzip«, wie es abkürzend genannt wurde, verband Menschen und Maschinen, die Kraft, die es durch beide strömen ließ, erschien primär als Arbeitskraft, und es erhob, indem es die Gesetze der Kraft entdeckte, die Arbeit zu einem universellen Prinzip. Im »mechanischen Sinn«, erklärt Helmholtz in seinem populärwissenschaftlichen Vortrag »Über die Wechselwirkung der Naturkräfte und die darauf bezüglichen neuesten Ermittlungen der Physik« (1854), sei »der Begriff der Arbeit gleich dem des Kraftaufwandes geworden«. Die Konsequenz des Prinzips der Energieumwandlung war, wie Helmholtz genau sah, die Ausweitung und Übertragung des Arbeitsbegriffs auf die Maschinen. Eine Herabsetzung des Organischen war mit der Gleichsetzung von »Tierkörper« und »Dampfmaschine« nicht notwendig verbunden. Jede lebendige Arbeit ließ sich unabhängig von allen anderen, etwa moralischen Qualitäten dessen, der sie ausführt, in das universelle Energieprinzip einfügen, auch die Traumarbeit. Schon dass der psychische Apparat heißt, wie er heißt, rückt ihn in die Nähe der Übertragung des Arbeitsbegriffs auf die Maschinenwelt.

## 1 Die Lustpumpe und der seelische Apparat

Als »Apparat« definiert der Brockhaus des Jahres 1894 »die Gesamtheit der zu einer Arbeit, Verrichtung, praktischen Betreibung einer Wissenschaft u.s.w. nötigen Hilfsmittel und Werkzeuge; oft auch als Bezeichnung eines Instruments oder einer Maschine gebraucht.«

Die Traumarbeit verhält sich zum psychischen Apparat wie der Webstuhl im »Faust« zur Gedankenfabrik. Aber die Gedankenfabrik, in der sie stattfindet, erinnert eher an das Kapitel »Maschinerie und große Industrie« im »Kapital« von Marx als an die noch nicht mechanisierten Webstühle im »Faust I«. Wenn Freud im Schlusskapitel der »Traumdeutung« die Bedeutung der aus den Tagesresten stammenden Traumanregungen gegenüber den unbewussten Triebkräften herabstuft, führt er das Gleichnis einer kapitalgestützten Traumökonomie ein, auf das er mehrfach zurückkommen wird: »Es ist sehr wohl möglich, dass ein Tagesgedanke die Rolle des *Unternehmers* für den Traum spielt; aber der Unternehmer, der, wie man sagt, die Idee hat und den Drang, sie in die Tat umzusetzen, kann doch ohne Kapital nichts machen; er braucht einen *Kapitalisten*, der den Aufwand bestreitet, und dieser Kapitalist, der den psychischen Aufwand für den Traum beistellt, ist alle Male und unweigerlich, was immer auch der Tagesgedanke sein mag, ein Wunsch aus dem Unbewussten. Andere Male ist der Kapitalist selbst der Unternehmer; das ist für den Traum sogar der gewöhnlichere Fall. Es ist durch die Tagesarbeit ein unbewusster Wunsch angeregt worden, und der schafft nun den Traum. Auch für alle anderen Möglichkeiten des hier als Beispiel verwendeten wirtschaftlichen Verhältnisses bleiben die Traumvorgänge parallel; der Unternehmer kann selber eine Kleinigkeit an Kapital mitbringen; es können mehrere Unternehmer sich an denselben Kapitalisten wenden; es können mehrere Kapitalisten gemeinsam das für die Unternehmer Erforderliche zusammensteuern.«

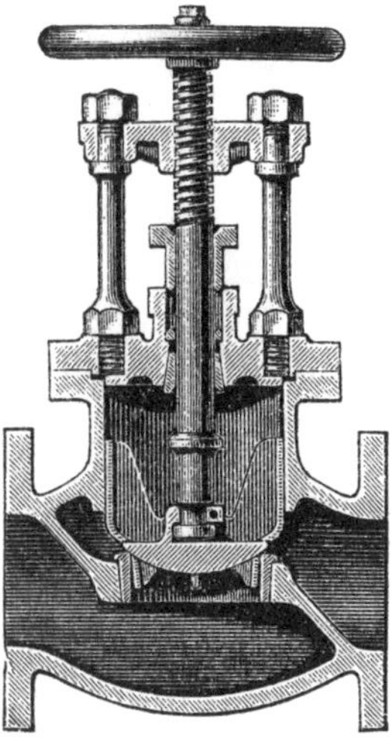

**Absperrventil für Dampfkessel**
»Alle Ventile werden ausnahmslos nach rechts geschlossen!«

Man lese im Eingangskapitel der »Traumdeutung«, das die wissenschaftliche Traumliteratur des 19. Jahrhunderts Revue passieren lässt, die Zusammenfassung von Wilhelm Roberts »Der Traum als Naturnotwendigkeit erklärt« (1886). Sie verdichtet Roberts These, Träume seien Entlastungen von Tageseindrücken, eine Art Ausscheidung von im Keim erstickten Gedanken, in den Satz: »Der Traum leistet dem überbürdeten Gehirn die Dienste eines Sicherheitsventils.« Freud wird sich von der Funktionstheorie Roberts absetzen, aber die Instrumente der Verdichtung, Verschiebung und Entstellung, die er als Werkzeuge der Traumarbeit vorführt, kann man sich gut mit Sicherheitsventilen vorstellen.

Wie so viele technische und wissenschaftliche Apparaturen haben die Sicherheitsventile in Freuds Werk zwei Orte.

Sie dienen zur Veranschaulichung der Arbeitsweise des psychischen Apparats, und sie begegnen in Fallgeschichten als Elemente in der Lebenswelt der Akteure. Die zweite Form der Anwesenheit arbeitet der ersten zu. Je vertrauter die Technik, desto attraktiver wird sie als metaphorische Ressource. Wie Ventile und Zylinder bei der Regulierung von Druckverhältnissen in geschlossenen Apparaturen funktionieren, erklärt in der »Psychopathologie des Alltagslebens« ein junger Techniker, der von der Fehlleistung eines Kollegen berichtet, der seinen Wunsch, an diesem Tag früher nach Hause zu gehen, im Zusammenspiel mit einem Ventil erfüllt: »Bei der Arbeitsteilung trifft es sich, dass der Kollege F. das Ventil der Presse zu steuern bekommt, d. h. er hat die Druckflüssigkeit aus dem Akkumulator durch vorsichtiges Öffnen des Ventils langsam in den Zylinder der hydraulischen Presse einzulassen; der Leiter des Versuchs steht beim Manometer und ruft, wenn der richtige Druck erreicht ist, ein lautes ›Halt‹. Auf dieses Kommando fasst F. das Ventil und dreht es mit aller Kraft – nach links (alle Ventile werden ausnahmslos nach rechts geschlossen!). Dadurch wird plötzlich der volle Druck des Akkumulators in der Presse wirksam, worauf die Rohrleitung nicht eingerichtet ist – so dass sofort eine Rohrverbindung platzt – ein ganz harmloser Maschinendefekt, der uns jedoch zwingt, nach Hause zu gehen.«

Vor allem zwei Bilderwelten ruft Freud auf, um Verdichtung und Verschiebung – »die beiden Werkmeister, deren Tätigkeit wir die Gestaltung des Traums hauptsächlich zuschreiben dürfen« – zu veranschaulichen. Eine geologische, in der Gesteinsmassen oder Eis von der Pressung »gedreht, zerbröckelt und zusammengeschoben werden«, und eine technisch-maschinelle, in der wie in einem Kompressor die »Verdichtungsquote« im Arbeitsprozess verschieden eingestellt sein kann. »Der Traum ist knapp, armselig, lakonisch im Vergleich zu dem Umfang und der Reichhaltigkeit der Traumgedanken.« Die Traumarbeit komprimiert die latenten Traumgedanken zum manifesten Trauminhalt, die Aufgabe der Deutungsarbeit ist es, den Weg der Traumarbeit in umgekehrter Richtung zu gehen. Die Intensität der Deutungsarbeit bemisst sich an der Verdichtungsquote der Traumarbeit: »In der Regel unterschätzt man das Maß der statthabenden Kompression, indem man die ans Licht gebrachten Traumgedanken für das vollständige Material hält, während weitere Deutungsarbeit neue hinter dem Traum versteckte Gedanken enthüllen kann.« Fast scheint es, als sei die Gedankenfabrik elektrifiziert, wenn Freud bei der Erörterung der Verschiebung psychischer Akzente beschreibt, wie »anfangs *schwach* mit Intensität geladene Vorstellungen durch Übernahme der Ladung von den anfänglich intensiver besetzten zu einer Stärke gelangen, welche sie befähigt, den Zugang zum Bewusstsein zu erzwingen«.

Das theoretische Bravourstück im Schlusskapitel der »Traumdeutung«, in dem der psychische Apparat von der Vorstellung gelöst wird, er sei ein Schauplatz, auf dem das Unbewusste und das Bewusstsein an verschiedenen Orten angesiedelt wird und um Terrainverschiebungen kämpfen, entwickelt das Modell mobiler, stets wechselnder Energiebesetzungen, in denen die psychischen Gebilde unter die Herrschaft mal der einen, mal der anderen Instanz geraten. Die Auffächerung des Unbewussten in zwei Systeme, eines, das gänzlich bewusstseinsunfähig ist, und ein Vorbewusstes, das »wie ein Schirm« das Unbewusste vom Bewusstsein absperrt, zu dem es selbst Zugang hat, scheint eine räumliche Veranschaulichung zu erzwingen. Aber gerade sie weist Freud in der Konstruktion des psychischen Apparats als dynamisches Kraftfeld immer wieder zurück. Die Instanz des Vorbewussten erschöpft sich nicht in mechanischen Sperrungen, die »mobilen Besetzungsenergien«, über die sie verfügt, können ganze Gedankenketten in Erregungszustände versetzen, mit unbewussten Wünschen verbinden und ins Unbewusste hineinziehen.

Nie hat in dieser dynamischen Apparatur die Traumarbeit Probleme mit dem Nachschub. Immer hat sie genug Material. Ihre unerschöpfliche Energiequelle ist die psychische Kraft des Wunsches, die im Unbewussten entspringt. Technisch gesehen kann sie sich auf einen unablässig arbeitenden Motor verlassen, ökonomisch gesehen auf die Zufuhr unbegrenzter Kapitalreserven. Die Kräfte im Unbewussten folgen ihrem eigenen Energieerhaltungsgesetz. Die Traumarbeit, die in der Nacht stattfindet, wenn der Träumer schläft, kann, was immer er bei Tage unbewusst denkt, für ihre Zwecke verwenden. Sie muss nichts Neues hervorbringen, sie hat keine andere Aufgabe als die Umformung des stets vorhandenen Materials. Aber sie muss erfinderisch sein bei der Verwandlung ihres Materials, der latenten Traumgedanken, in den manifesten Trauminhalt. Denn sie arbeitet unter den Bedingungen einer strengen Zensur. Das zwingt sie zu komplizierten Manövern, zum nichtschematischen, unberechenbaren Einsatz der Werkzeuge Verdichtung, Verschiebung und Entstellung. So wird der manifeste Trauminhalt, den sie produziert, zum Rätsel, das der Deutung bedarf.

Der psychische Apparat funktioniert teilautomatisch. Die »automatische Herrschaft des primären Unlustprinzips« kann durch »sensible Regulierungen« gebrochen werden, »die selbst wieder Automatismen sind«. Je näher man die Traumarbeit betrachtet, desto unabweisbarer wird die Frage: Wer ist das Subjekt der Traumarbeit? Wer arbeitet? In letzter Instanz der Träumer. Aber den »Traumarbeiter«, zu dem er werden könnte, gibt es nicht. Das Subjekt der Traumarbeit ist der Traum selbst. Er handhabt die Werkzeuge, die ihm der psychische Apparat zur Verfügung stellt. Der Träumer ist freilich unersetzbar als Quelle des Wissens über die Traumarbeit und den psychischen Apparat. Die Produktion dieses Wissens durch das Experiment der Selbstdeutung und durch die Behandlung einer Vielzahl von Patienten ist die Voraussetzung der »Traumdeutung«. Der Ort, an dem dieses Wissen entsteht, indem Arzt und Patient den Weg zurückzugehen suchen, auf dem die Traumarbeit den Traum produziert hat, ist Freuds Ordination in der Berggasse 19. An diesen Ort führt das nächste Kapitel. Freud bezog ihn im September 1891, mit seiner Frau Martha und den drei Kindern Mathilde, dem nach Charcot benannten Jean-Martin und dem Jüngsten, gut ein halbes Jahr alten Oliver. Dem Auszug aus dem Mietshaus zwischen Schottenring und Maria-Theresien-Straße war ein Ereignis vorangegangen, das zum Ruf des »Sühnhauses« als Unglücksort passte: Eine der Patientinnen Freuds, Pauline Silberstein, die Frau seines Jugendfreundes Eduard Silberstein, hatte sich am 14. Mai 1891 vom obersten Stockwerk des Hauses in den Tod gestürzt.

# 2

# IM INNERN DES HAUSES

# FREUDs TEPPICH, DER ORIENTALISMUS UND DAS TELEPHON DES UNBEWUSSTEN

## / Freuds Teppich, der Orientalismus und das Telephon des Unbewussten

Zu den Bestsellern im Shop des Freud-Museums in London gehört das Mousepad »Freuds Teppich«. Es verwandelt den Teppich mit dem charakteristischen Rautenornament, den die Besucher im Behandlungszimmer über der Couch haben liegen sehen, in ein Souvenir. Der Typus von Dingen, dem es angehört, erlebte im 19. Jahrhundert einen gewaltigen Aufschwung. Aus dem Andenken, das zuvor vor allem ein Gedenken war, das im Geiste stattfand, wurde ein greifbarer Gegenstand. Das Mousepad ist ein Merkzeichen, das den Käufer an seinen Besuch im Freud-Museum erinnert und womöglich an das Licht, das nach dem Gang durch das Haus in 20 Maresfield Gardens über Hampstead Heath lag. Und es will als Gebrauchsgegenstand in den Alltag seines Besitzers eingehen. Auf der Werbebanderole, die es trägt, sind seine Vorzüge notiert: »Functional, Decorative, Washable & Colourfast!« In diesem Parallelogramm von Eigenschaften passt das Abwaschbare zum Funktionalen, das Farbechte zum Dekorativen. Der rutschfesten Unterseite, in die das weltweit patentierte Markenzeichen eingeprägt ist, entströmt ein leichter Gummigeruch, über die nur ein wenig aufgeraute Oberseite wird die Computer-Mouse gut gleiten können. Das Mousepad, 26 × 18 cm groß, ist keine maßstabsgerechte Verkleinerung des Originalteppichs, sondern dem Normalformat des Computerzubehörs angepasst. In den 26 cm der Längsseite sind etwa 2 cm für die beidseitigen Fransen des Teppichs enthalten. Sie sind ein Tribut der funktionalen an die dekorative Seite des Mousepad. Sein Ort ist der Schreibtisch, nahe am Computer. Computer sind Schrift- und Bildmedien zugleich. Die Maus, die über das Teppichimitat gleitet, ist ein magisches Instrument. Sie eröffnet ihrem Besitzer den Zugang zum Gestöber des Aktuellen, zu den Schätzen der Archive, zu einem Reservoir unendlicher Verknüpfungen. Die Banderole des Mousepad koppelt die Magie der Computertechnologie an das Energiefeld der Objekte im Londoner Museum, an die »memories, dreams and fantasies« der Patienten auf Freuds Couch. Das Mousepad ist ein Kind des modernen Museums-Marketings, man kann Freuds Teppich auch als Lesezeichen oder Untersetzer erwerben. Die Originale von Couch und Teppich wurden zu Museumsobjekten, als 1986 das Londoner Freud-Museum in dem Haus eröffnet wurde, in dem Freud am 23. September 1939 gestorben war und seine Tochter Anna Freud bis zu ihrem Tod 1982 gelebt hatte. Fast ein halbes Jahrhundert lang changierten sie zwischen Relikt und unberührbarem, musealen Objekt. Zum Inventar in Freuds psychoanalytischer Praxis in London gehörten sie nur kurz. Erst im Juni 1938, gerade noch rechtzeitig, hatte Freud den Gang ins Exil angetreten. Es war angesichts der hohen Transportkosten nicht selbstverständlich, dass die Behandlungscouch ihn begleitete. Der Neukauf eines ähnlichen Möbels in London wäre billiger gewesen. Das legt die Vermutung nahe, es sei Freud wichtig gewesen, auch im Exil seine Patienten auf der Couch seiner Wiener Praxis behandeln zu können.

Die Photographie, zumal die Porträtphotographie, war schon im 19. Jahrhundert zu einem Schlüsselmedium der Herstellung von Andenken geworden. Als die Familie Freud Wien verlassen musste, veranlasste der Pädagoge und Psychoanalytiker August Aichhorn den jungen Photographen Edmund Engelman, die »Geburtsstätte« der Psychoanalyse zu dokumentieren, »damit ein Museum geschaffen werden kann, wenn der Sturm der Jahre vorüber ist«. Engelman photographierte nicht nur die Wohnung im Mezzanin der Berggasse 19, sondern auch das Treppenhaus und die Fassade des Gebäudes, von dessen Balustrade eine Hakenkreuzfahne herabhing und über dessen Eingangstür ein Tuch mit Hakenkreuz gespannt war.

Seit diese im Mai 1938 entstandenen Aufnahmen 1976

Der Teppich auf der Couch im Freud-Museum London,
im Museums-Shop als Mouse-Pad zu erwerben

erstmals publiziert wurden, trugen sie dazu bei, dass die Banderole zum Mousepad die Couch, die der Teppich bedeckte, als »das berühmteste Möbelstück der Welt« bezeichnen kann. Zu den Vorgaben Engelmans gehörten der Verzicht auf Blitzlicht und Scheinwerfer, das Auslassen der Intimräume Schlafzimmer und Toilette sowie die Separierung der Porträtaufnahmen Freuds, seiner Frau Martha und seiner Tochter Anna von der Dokumentation der Wohnung. Im Rückblick wirken daher die Räume, als seien sie von ihren Bewohnern schon verlassen. In der Abwesenheit von Menschen treten in Wohnungen die Dinge hervor, so auch hier. Der Koffer, der im Vorzimmer der Ordination Freuds vor der vergitterten Eingangstür steht, der von kleinen ägyptischen Figuren eingerahmte antike Chinese auf dem Beistelltisch rechts vom Schreibtisch, vor ihm die weiße Schale mit Rauchutensilien, die Antiquitätensammlung, die Arbeits- und Behandlungszimmer prägt, die Blumenvasen auf den runden Tischen im Behandlungszimmer Anna Freuds und im Zimmer »Tante Minnas«, der Schwester

**Freuds Behandlungszimmer in der Berggasse 19 in Wien**
Photographiert von Edmund Engelman im Mai 1938

von Martha Freud, die Vitrine mit Medaillen, Sammelstücken und Tassen, die vielen Photographien von Familienmitgliedern, Freunden und Kollegen Freuds an den Wänden, auf die der Blick der Kamera trifft, die zahlreichen Verwandten des Teppichs, der über der Couch im Behandlungszimmer liegt. Wer diese Dinge auf den Photographien Engelmans sieht, weiß, dass sie wenig später aus der Wohnung verschwanden. Die dadurch entstandene Leere ist im Wiener Sigmund Freud Museum von Beginn an spürbar gewesen und in die Ausstellung selbst eingegangen, nicht zuletzt in Gestalt der Photographien Engelmans, die im »materiell entkernten Erinnerungsort« das Abwesende zeigen.

Marie Bonaparte, Schülerin und Freundin Freuds, die maßgeblich an der Organisierung der Ausreise Freuds und seiner Familie beteiligt war, notierte kurz vor dem Umzug die Antwort Martha Freuds auf ihre Frage nach der Herkunft der

Couch: »Mme. Freud teilt mir mit, dass der analytische Diwan (den Freud nach London mitnehmen wird) ihnen von einer dankbaren Patientin, Madame Benveniste, um 1890 geschenkt worden ist.«

Marie Bonaparte nennt, wie Freud selbst, das Möbel nicht »Couch«, sondern »Diwan«. Das ist ein Sesam-öffne-dich-Wort. Es versetzt uns aus den Kliniken und Laboratorien, in denen wir Freud inmitten von Instrumenten und Apparaturen begegnet sind, in die Regionen des Fin de Siècle, in denen Sofa, Ottomane und Teppich das bürgerliche Interieur in eine Bühne des Orientalismus verwandelten. Sigmund Freuds Schwager Moritz Freud, der Mann seiner in Berlin lebenden Schwester Marie, handelte mit Teppichen, die er in Smyrna oder Thessaloniki erwarb. Eine Porträtphotographie, die sich in Freuds Besitz befand, zeigt ihn in weißer Djellaba, aus der nur sein bärtiges Gesicht heraussticht. Die Pose im Photoatelier schließt einen Hauch von Berufskleidung ein. Während Pariser Salonmaler wie Jean-Léon Gérôme in Gemälden wie »Teppichhändler in Cairo« (1887) den Berufsstand in das Bildprogramm des Orientalismus einbezogen, wuchs zugleich das wissenschaftliche Interesse an den Teppichen und verband sich mit dem der Industrie. Die große Ausstellung über orientalische Teppiche im Österreichischen Museum für Kunstgewerbe des Jahres 1891 in Wien war ausdrücklich zugleich an die Forscher wie als eine Art Musterkatalog von Ornamenten und Webtechniken an die heimische Teppichproduktion adressiert. Der Kunsthistoriker Alois Riegl, Kustos des Museums, publizierte neben seinem Buch »Altorientalische Teppiche« (1891) in mehreren Lieferungen Prachtbände aus den Beständen des Museums, die große Beachtung fanden und französische sowie englische Ausgaben nach sich zogen. Edmund Engelmans Photographien zeigen, dass die Couchbedeckung zu einem ganzen Ensemble von Teppichen gehörte.

**Jean-Léon Gérôme: »Teppichhändler in Cairo« (1887)**
Der Orientalismus der Salonmalerei

## / Freuds Teppich, der Orientalismus und das Telephon des Unbewussten

Auf die Wand neben der Couch war ein Teppich gespannt, ein weiterer bedeckte den Boden, ein vierter den Tisch, auf dem Antiquitäten stehen. Als einen Qashk'ai, den nomadische Stämme im Persien des 19. Jahrhunderts knüpften, stellt die Banderole des Mousepad das Original vor, diese Zuordnung haben aber erst neuere Expertisen ergeben. Freud selbst glaubte, es handele sich um einen jener Smyrna-Teppiche, die in den Reklame-Annoncen der Tagespresse allgegenwärtig waren.

Freud muss ein guter Kunde der Wiener Teppichhändler gewesen sein. Es fällt nicht schwer, seine analytische Couch in die orientalisierende Mode des Fin de Siècle einzuspinnen. Man muss nur hinter den Schwarz-Weiß-Photographien Engelmans die Farbe sichtbar machen, so wie Alois Riegl, der für die Abbildungen in seinem Buch Photographie und Lithographie kombinierte, dann tritt diese Stimmung sogleich intensiver hervor. Man ahnt das gedämpfte Licht in den Salons und die Angst vor dem »Verschießen« der Stoffe durch direkten Sonneneinfall, die Feindschaft, die zwischen den Dekorateuren und Tapezierern und der Farbe Weiß herrschte. Ist nicht die Stimmung, die Diwan und Teppiche ausstrahlen, ein ideales Medium der Kontemplation und Regression? Die Ottomanen und Sofas sind das Gegenteil von Stühlen, die aussehen wie stumme Imperative, die das Geradesitzen erzwingen. Ihre Polster und gebauschten Kissen scheuen den rechten Winkel, sind mit den geschwungenen Linien und Körperformen im Bunde. Mit unverhohlener Verachtung hat Sigfried Giedion, der Anwalt der »Patentmöbel« und der funktionalen Modernisierung, den Verlust der klaren Umrisse und straffen Binnenstrukturen in den Sofas und Diwanen beschrieben, das Fransenwerk, das über die zu Stümpfen rückentwickelten Beine herabhing, das »Knochenlose« der Polsterungen, die Herrschaft des Tapezierers, der seinen Namen vom Teppich herleitet, über das Mobiliar des Orientalismus, die Vorliebe für dämmerige Interieurs.

Das Mobiliar des Orientalismus lässt sich als Zwitter zwischen Sessel und Bett, Schlafmöbel und Sitzgelegenheit beschreiben, aber auch, wenn es sich wie die Chaiselongue dem Namen nach als ausgedehnter Stuhl vorstellt, begünstigt es die Horizontale und lädt die Vertikale ein, sich ihr zuzuneigen. Die Chaiselongue steht aber nicht im Schlafzimmer, sondern im Boudoir oder Salon. Als »Ruhebett«, das sich im Alltag angesiedelt hat, weicht sie die Grenze zwischen Schlafen und Wachen, Nacht und Tag auf. Die Historiker des Mobiliars, die ihre Genealogie erforscht und ihre aristokratisch-höfische Herkunft aufgezeigt haben, lokalisieren ihren Ursprung in der Trennung der öffentlich-repräsentativen Sphäre vom Privatbereich. Und sie haben gezeigt, wie das ursprünglich geschlechtsneutrale Bequemlichkeitsangebot des »lit de repos«, auf das seit dem 17. Jahrhundert Männer und Frauen gleichermaßen eingingen, sich im Orientalismus des 19. Jahrhunderts immer enger mit dem Bild der Odaliske und der erotischen Verlockung verband. Der Gravitationskraft des Mobiliars sind in den Romanen von Gustave Flaubert bis Theodor Fontane und darüber hinaus vor allem Frauen ausgesetzt, deren Träumereien auf Sofas und Ottomanen ihre Verführbarkeit begünstigen.

Die Lockerung des Tugendpanzers ist eng verbunden mit der Beflügelung der Einbildungskraft durch die Horizontale. Sie führt dazu, dass lange vor Freud Diwan und Sofa ein enges Bündnis mit dem Erzählen eingehen. Es wird vom literarischen Orientalismus des 18. Jahrhunderts in enger Anlehnung an die ersten Übersetzungen von Tausendundeiner Nacht geschlossen. Hier wird der Teppich zum fliegenden Teppich und zieht den Diwan, mag er auf noch so schwerfälligen Füßen stehen, in die Sprachbewegung der Libertinage hinein, die das Erzählen der galanten Abenteuer mindestens so sehr genießt wie die Abenteuer selbst. Das sprechende Sofa, das von den Abenteuern berichtet, deren Schauplatz es gewesen ist, wird zu einem bequemen Medium der Pornographie, aber auch zum Instrument der Sittenkritik wie in Claude Prosper de Crébillons Roman »Le Sopha« (1739).

Der Teppich, der die Couch bedeckt, ist ein Produkt der Verknüpfungskunst, die Freud als Bild für die Gedankenfabrik des Traums verwendet. Leicht lässt sich die Traumdeutung als Verfahren der Auflösung aller Knoten beschreiben, aus denen der Teppich und seine Ornamente hervorgegangen sind. Und wenn man bedenkt, dass die Rautenformen, die Freuds orientalischen Teppich prägen, die Einbildungskraft des Betrachters – anders als die großen europäischen Wandteppiche mit ihren Bilderzählungen – gerade nicht an konkrete Inhalte binden, wird die Analogie noch suggestiver. Die Muster der über die Couch gelegten und an die Wand gespannten Teppiche, die den Patienten während der Behandlung vor Augen standen, erscheinen dann als Entgrenzung der Einbildungskraft ohne Vorgabe einer Richtung.

Manchen seiner Leser ist Freud als ein Nachfahre des Sultans erschienen, dem seine Patienten aus der Scheherazade-Position heraus Geschichten erzählen, um ihr Leben zu retten. Andere sehen ihn als mächtige Autoritätsfigur, flankiert von den kolossalen Pharao-Figuren des Steintempels von Abu Simbel, die als Farblithographie nach dem Aquarell von Ernst Körner über der Couch hingen, oberhalb des Wandteppichs und im Blickfeld der Patienten.

So suggestiv solche Verknüpfungen sind – es führt kein direkter Weg vom Orientalismus des 19. Jahrhunderts zur Psychoanalyse Freuds. Zwar folgt Freud in der Möblierung seiner Ordination wie seiner Privatwohnung der orientalisierenden Mode seiner Zeit, zugleich aber steckt sein Verhältnis zum Orient voller Widerhaken und Ambivalenzen. Über die Kinder seiner Schwester und seines Schwagers Moritz Freud, dem er den Teppich auf seiner analytischen Couch verdankte, schrieb er im April 1898 an den Berliner Freund Wilhelm Fließ: »Die drei Mädchen sind hysterisch, am schwersten die recht begabte Kleine. Ob auch *hier* der Vater unschuldig ist, möchte ich bezweifeln, er ist ein Halbasiate – Phantasielügner, obwohl sonst gutmütig gegen die seinen.« Dieses wenig schmeichelhafte Porträt ist bemerkenswert. Denn Freud hatte gerade seine Verführungstheorie, derzufolge die Hysterie aus realen sexuellen Attacken Erwachsener, nicht zuletzt der Väter, hervorging, zugunsten der Annahme lediglich phantasierter Übergriffe revidiert. Hier aber deutet er an, für seinen Schwager könne diese Revision womöglich nicht zutreffen. Zugleich macht diesen Schwager seine Herkunft aus dem rumänischen, balkanischen Zweig der Familie zum »Halbasiaten«. Das berührt eine Bedeutungsschicht des Orientalischen, in der sich im Wien des Fin de Siècle die »Orientalen« und die osteuropäischen Juden überlappten und auch die assimilierten Westjuden leicht dem Verdacht ausgesetzt waren, bei aller scheinbaren Teilhabe an der modernen Zivilisation die orientalische Herkunft letztlich nie abschütteln zu können.

Was die in Stein gehauenen Kolossalfiguren des Felsentempels von Abu Simbel angeht, so ist es fraglich, ob sie über der Couch hingen, um den Herrschaftsanspruch Freuds über seine Patienten zum Ausdruck zu bringen. Denn es waren ja nicht die Pharaonen Ägyptens, die in das Selbstbild Freuds eingingen. Die Figur, auf die er immer wieder zurückkam, war Moses, der die Juden aus Ägypten herausführte, ohne das gelobte Land selber sehen zu dürfen. In der »Traumdeutung« ist der Auszug aus Ägypten noch fest in der Leidensgeschichte des jüdischen Volkes verankert. Man werfe nur einen Blick auf das dichte Geflecht der Assoziationen, die den Traum »Mein

Sohn, der Myop…« umranken. Darin träumt Freud, seine Kinder aus Rom retten und in Sicherheit bringen zu müssen, und erläutert in der ersten Schicht des Kommentars: »Dieser Traum baut sich auf einem Knäuel von Gedanken auf, die durch ein im Theater gesehenes Schauspiel ›Das neue Ghetto‹ angeregt wurden. Die Judenfrage, die Sorge um die Zukunft der Kinder, denen man ein Vaterland nicht geben kann, die Sorge, sie so zu erziehen, dass sie freizügig werden können, sind in den zugehörigen Traumgedanken leicht zu erkennen.« Die hochsprachliche Grußformel »Auf Wiedersehen« wird am Ende des Traums durch die Gegenüberstellung von »Auf G e s e r e s« und »A u f U n g e s e r e s« ersetzt. Freud kann diese Wendungen träumen, muss aber als Traumdeuter, dem das Hebräische fremd und das Jiddische nur kursorisch bekannt ist, Expertenrat einholen, um seinen eigenen Traumgedanken auf die Spur zu kommen: »Geseres ist nach den Auskünften, die ich mir bei Schriftgelehrten geholt habe, ein echt hebräisches Wort, abgeleitet von dem Verbum goiser, und lässt sich am besten durch ›anbefohlene Leiden, Verhängnis‹ wiedergeben. Nach der Verwendung des Wortes im Jargon sollte man meinen, es bedeute ›Klagen und Jammern‹. Ungeseres ist meine eigenste Wortbildung und zieht meine Aufmerksamkeit zuerst auf sich, macht mich aber zunächst ratlos.« Über das Gegensatzpaar »gesalzen – ungesalzen« findet er dann den Schlüssel für seine eigene Wortbildung durch einen vermittelnden Übergang: »Dieser findet sich in *›gesäuert* und *ungesäuert‹*; bei ihrem fluchtartigen Auszug aus *Ägypten* hatten die Kinder Israels nicht die Zeit, ihren Brotteig gären zu lassen, und essen zur Erinnerung daran noch heute ungesäuertes Brot zur Osterzeit.«

Ernst Körner, einer der eifrigsten zeitgenössischen Künstler, die sich auf Orient-Motive spezialisierten, hat das Bild des Felsentempels von Abu Simbel 1906 gemalt. Die lithographische Reproduktion im Behandlungszimmer Freuds gehörte nicht zur Grundausstattung, anders als das Bild auf der gegenüberliegenden Wand, die Radierung nach André Brouillets Ölgemälde »Une leçon clinique à la Salpêtrière«, das 1887 im Pariser Salon präsentiert wurde. Es zeigt im Format eines Historienbildes Jean-Martin Charcot, der seinen Zuhörern während einer Vorlesung in der Klinik eine Hysterikerin präsentiert, die er in Hypnose versetzt hat, damit sie ihre Symptome reproduzieren. Eine tragbare Liege ragt ins Bild, auf dem Tisch neben Charcot sind die Apparaturen der Elektrotherapie zu erkennen, Induktoren, die mit einer »Grenetschen« Batterie verbunden sind. Die Patientin, die sich in der zweiten, »lethargischen« Phase des Somnambulismus befindet, ließ sich identifizieren, ebenso die Kollegen und Schüler Charcots im Publikum samt einem anwesenden Journalisten. Das Bild zeigt eine imaginäre Szene mit historischen Akteuren. Seinen Ruhm aber verdankt es nicht seiner zeithistorischen Dimension, sondern der Konsequenz, mit der es die Klinik in eine Bühne verwandelt, auf die der Betrachter wie durch die vierte Wand einer Theateraufführung blickt. Hoch aufgerichtet steht Charcot als Autoritätsfigur und Verkörperung des erfolgreichen Arztes im Zentrum, neben sich den Assistenten, der die Hysterikerin stützt, sowie weibliche Staffage- und Helferfiguren, die wie die Liege vom Bildrand abgeschnitten werden. Schwarz gekleidet, füllt das männliche Publikum der Vorlesung die linke Bildhälfte.

Dieses Charcot-Bild begleitete Freud seit dem Fin de Siècle, im Londoner Exil nahm die Radierung anstelle des Felsentempels von Abu Simbel den Platz über der Couch ein. Sie bindet Freuds Ordination an seine Vorgeschichte, an die Klinik, die Laboratorien, die Hypnose und die Elektrotherapie. Der analytische Diwan sieht aus wie viele andere Möbel seiner Zeit und kann die Vertrautheitsanmutung, die ihm als Bestandteil der gängigen Mode zukommt, nutzen. Aber entscheidend ist, dass Freud ihn in etwas verwandelt, das es zuvor nicht gab: in ein Instrument zur Beobachtung und Darstellung des psychischen Apparates, das außer dem Arzt und seiner Patienten keiner weiteren Apparaturen bedarf, um seine Aufgabe zu erfüllen.

Zugleich aber gilt: Wie vom Orientalismus führt auch von der Salpêtrière Charcots kein direkter Weg zum analytischen Diwan Freuds. Schon im Nachruf auf Charcot hatte Freud seine Differenz zu dem Meister formuliert. Der Übergang von Klinik und Labor ins bürgerliche, alltägliche Interieur ist die praktische Konsequenz. Die Couch bewahrt noch eine Erinnerungsspur, die auf die Koppelung von Hysterie, Elektrotherapie, Suggestion und Hypnose zurückweist. Aber die Schwundstufe der Hypnose, die Ausübung von manuellem Druck auf die Patienten, um Verspannungen und Stockungen zu lockern, verschwindet zugunsten der reinen »talking cure«. Freuds Technik und ihr Instrument, der Diwan, stehen im Kontrast zur theatralischen Szene aus der Salpêtrière. Es gibt in seiner Ordination keine vierte Wand, die sich öffnen ließe, die Tür ist sorgfältig verschlossen. Die Ansiedelung im Interieur und die Verlagerung der Behandlung in die akustische Dimension ist mit einem Entzug von Sichtbarkeit verbunden. Und an die Stelle der dramatischen Momente, die in der Salpêtrière künstlich erzeugt wurden, tritt die gedehnte Zeit der Psychoanalyse. Auch dass sie vor diesem offenen Zeithorizont steht, sieht man der Couch nicht an. Der Zeitfaktor ist aber entscheidend für ihre Rolle als Instrument der Einsicht des Arztes in den psychischen Apparat seiner Patienten. Die populäre Kritik hatte die Hypnose als Humbug und Scharlatanerie geschmäht, dagegen hatte Freud sie in Schutz genommen. Sein eigener Einwand war, dass Hypnose und Suggestion zu gut, zu widerstandslos funktionierten. In dem Maß, in dem

Periode

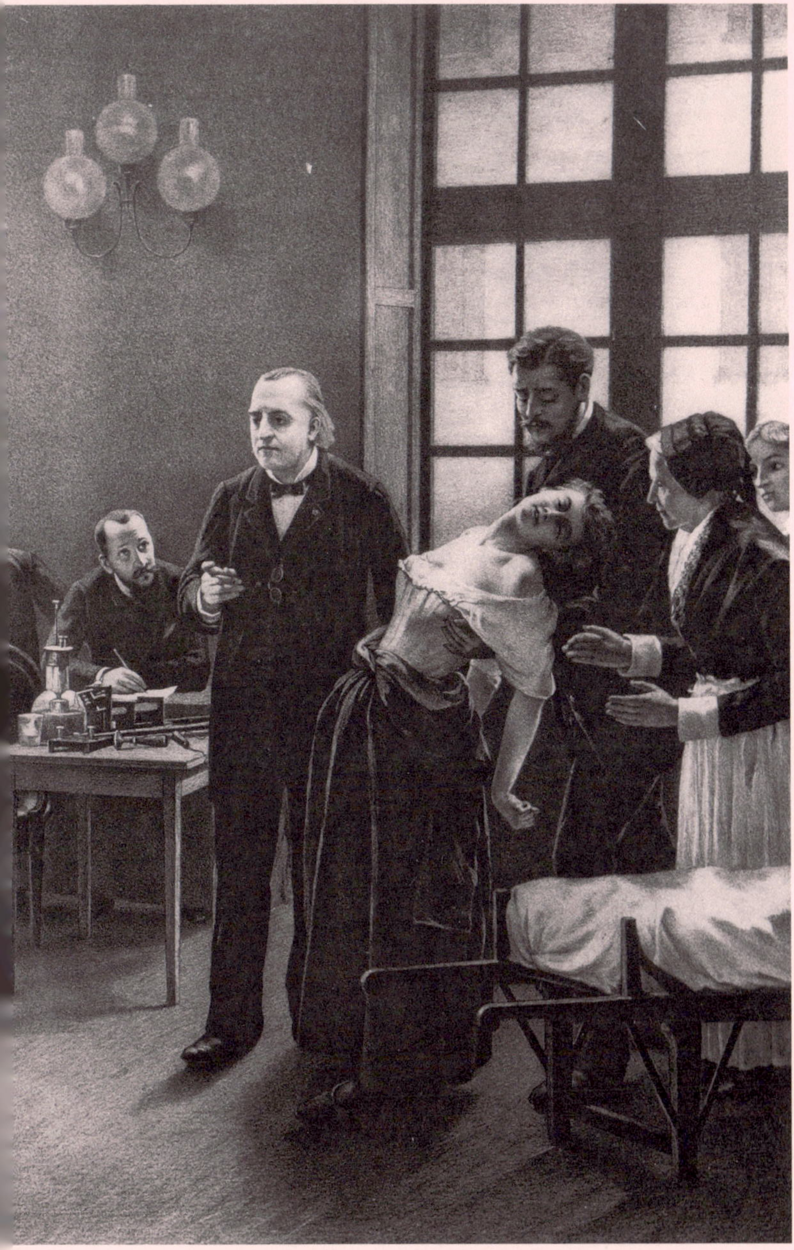

Die Klinik als Bühne: Die Radierung nach André Brouillets Gemälde »Une leçon clinique à la Salpêtrière« (1887) hat Freud bis in Exil begleitet.

er seine eigene Methode entwickelte, kritisierte er Hypnose und Suggestion als unzulässige Abkürzungen unvermeidlich langwieriger Prozesse, die nur Scheinerfolge erzielen könnten. Die gesamte vertikale Metaphorik Freuds, in deren Zentrum der Vergleich von Psychoanalyse und Archäologie steht, stützt die im Abschied von der Hypnose gewonnene Koppelung des analytischen Diwans an den offenen Zeithorizont, an das langsame Vorantasten und probeweise Zusammenfügen von Details, die immer wieder neu geordnet werden müssen.

Aus der Differenz von Hypnose und psychoanalytischer Kur resultiert der physiognomische Kontrast zwischen Freud und Charcot, dessen Bild er in seiner Ordination vor Augen hatte. Während Charcot stehend die Krankheit am Körper der Patientin demonstriert, verwandelt sich Freud, auf einem bequemen Sessel neben der Couch sitzend, in einen scheinbar passiven Zuhörer. Wie die Liegestühle auf den Balkons von Sanatorien oder an Deck von Passagierschiffen erlaubt der Diwan das Zurücksinken des Patienten in die Horizontale, die physiologische Entspannung und Entlastung der Muskeln, das Dämmern und den Halbschlaf mit geschlossenen Augen. Aber in den Texten, die Freud um 1910 über seine Behandlungstechnik publiziert, herrscht eine auffällig nüchterne, kühle Diktion. Die Verlegung der Erforschung des psychischen Apparats aus Klinik und Labor in das bürgerliche Interieur zieht den Aufbau eines Netzwerks der neuen Disziplin und ihre Professionalisierung nach sich. Sigfried Giedion hat Couch und Sofa als Gegenwelt zum bürgerlichen Berufsalltag und seinen Arbeitsimperativen beschrieben, in der die Lizenz zum »orientalischen« Müßiggang herrscht. Freud beschreibt den analytischen Diwan als Arbeitsplatz und empfiehlt den Kollegen, »sich während der psychoanalytischen Behandlung den Chirurgen zum Vorbild zu nehmen, der alle seine Affekte und selbst sein menschliches Mitleid beiseite drängt und seinen geistigen Kräften ein einziges Ziel setzt: die Operation so kunstgerecht zu vollziehen wie möglich«. Zur Apparatur der Deutungsarbeit gehört, dass der Arzt, der am Kopfende der Couch sitzt, für den Patienten nicht nur unsichtbar ist, sondern im vollen Wortsinn opak. Er darf nicht durch vertrauliche Mitteilungen aus seinem eigenen Seelenleben eine symmetrische Beziehung zum Patienten herstellen. »Der Arzt soll undurchsichtig für den Analysierten sein und wie eine Spiegelplatte nichts anderes zeigen, als was ihm gezeigt wird.«

Was aber tritt an die Stelle des Messers, das der Chirurg handhabt, der Suggestion und der elektrischen Apparaturen, die in der Neuropathologie Charcots Verwendung fanden? Ein bipolares Kraftfeld, das gerade nicht aus dem Zurücksinken der Patienten in den Diwan hervorgeht, sondern aus der Einspeisung aller ihrer Äußerungen in das immaterielle Transformationssystem der psychoanalytischen Kur. Der Arzt ist dabei kein Erbe der klinischen Aufzeichnungstechnologien, die in der Salpêtrière die Patienten erfassten. Die berühmte »freischwebende Aufmerksamkeit«, die er dem Patienten zuwendet, beruht auf dem Verzicht der schriftlichen Dokumentation des Gehörten während der Behandlung. Mit dem Gehör des Arztes ist dieses Wahrnehmungsorgan nicht identisch. Es steht vielmehr mit seinem eigenen Unbewussten in unmittelbarer Beziehung. Das ist die Pointe der immateriellen Apparatur, die Freud entwirft, und es dürfte kein Zufall sein, dass er sie in das Bild eines modernen akustischen Gerätes fasst, das erst vor kurzem in die Wohnungen seiner Patienten Einzug gehalten hat: »Wie der Analysierte alles mitteilen soll, was er in seiner Selbstbeobachtung erhascht, mit Hintanhaltung aller logischen und affektiven Einwendungen, die ihn bewegen wollen, eine Auswahl zu treffen, so soll sich der Arzt in den Stand setzen, alles ihm Mitgeteilte für die Zwecke der Deutung, der Erkennung des verborgenen Unbewussten zu verwerten, ohne die vom Kranken aufgegebene Auswahl durch eine eigene Zensur zu ersetzen, in eine Formel gefasst: er soll dem gebenden Unbewussten des Kranken sein eigenes Unbewusstes als empfangendes Organ zuwenden, sich auf den Analysierten einstellen, wie der Receiver des Telephons zum Teller eingestellt ist. Wie der Receiver die von Schallwellen angeregten elektrischen Schwankungen der Leitung wieder in Schallwellen verwandelt, so ist das Unbewusste des Arztes befähigt, aus den ihm mitgeteilten Abkömmlingen des Unbewussten dieses Unbewusste, welches die Einfälle des Kranken determiniert hat, wiederherzustellen.«

Dieses technische Gleichnis für das Ensemble von Couch und Sessel, Patient und Arzt ist gut gewählt, weil beim Telephonieren die Stimmen von der physischen Präsenz der Sprecher abgekoppelt sind. Das entspricht der Konstellation des psychoanalytischen Settings, bei dem der Arzt dem Gesichtsfeld des Patienten entzogen ist und sich zugleich hinter die »Spiegelwand« der chirurgischen Distanz zurückzieht. In den »elektrischen Leitungen« zirkuliert die Spannung, die den Austausch zwischen Sender und Empfänger der Mitteilungen des Unbewussten reguliert. Das bipolare Kraftfeld kann sich als »Kampf zwischen Arzt und Patient« aufbauen, es lebt davon, dass der Patient die affektiven Energien seines Unbewussten auf den Arzt überträgt und dieser seinerseits die Deutungsarbeit als Prozess der fortwährenden Umwandlung des Widerstands betreibt, den das Unbewusste der Aufhebung seiner Zensurmaßnahmen entgegensetzt.

Die Couch setzt die unsichtbaren Energien von Übertragung und Gegenübertragung frei, so wie zuvor die Influenzmaschine dem Arzt die Mechanismen der Hysterie vor Augen führte. Als Medium der physiologischen und atmosphärischen Entspannung begünstigt sie die Entstehung dieser bipolaren Dynamik, enttäuscht aber zugleich als Schauplatz von Widerstand und Übertragung alle Erwartungen, die ihr orientalisierendes Aussehen erweckt. Es hat in der modernen Geschichte der Psychoanalyse Versuche gegeben, sie unter der Formel »Die Couch im Laboratorium« wieder an die Experimentalwissenschaften zurückzubinden. Einen Weg zurück in die Welt der Labore aber kann es für die Psychoanalyse Freuds nicht geben. Sie hat ihre Ordination im bürgerlichen Interieur angesiedelt. Der Auszug aus Klinik und Labor ist dabei nur die eine Seite. Die andere ist das Hineinsaugen aller Orte, Figuren und Gegenstände des alltäglichen Lebens in das Kraftfeld des analytischen Diwans.

# DER ANKER-STEIN-BAUKASTEN, DAS INTERIEUR UND DAS FANCY PAPER

## / Der Anker-Steinbaukasten, das Interieur und das Fancy Paper

Bei einem Meskalinversuch, den der mit ihm befreundete Mediziner Fritz Fränkel protokollierte, baute der Schriftsteller Walter Benjamin am 22. Mai 1934 im Rausch das Nietzsche-Archiv um. Ausgangspunkt war ein Witz des Berauschten, den das Protokoll als »Versuchsperson (V.P.)« führt, über Elisabeth Förster-Nietzsche, die Schwester und Nachlassverwalterin des Philosophen. Sie hatte dessen Archiv zu einer deutschnationalen Kultstätte gemacht, deren Türen für Nationalsozialisten weit offen standen: »die Elisabeth wird nicht eher ruhen bis man aus dem Nietzsche Archiv ein Förster-Haus gemacht hat. Das Bild des Försterhauses ist in der V. P. von außerordentlicher Anschaulichkeit. Im Laufe ihrer Berichte erscheint es bald als Schule, bald als Hölle, bald als Bordell. Die V. P. ist ein verstockter, verbockter Pfosten am hölzernen Treppengeländer des Forsthauses. Sie denkt dabei an irgendeine Schnitzerei, in der sich unter Ornamenten auch Tierformen befinden, und erklärt sie für gleichsam heruntergekommene Abkömmlinge des Totem-Baums. Das Försterhaus hat etwas von jenen roten Ziegelbauten, die mit besonders dunklem, blutigen Rot auf den Modellierbilderbogen prangten. Es hat dann auch wieder etwas von Bauten, die man mit dem Anker-Steinbaukasten machte. Zwischen den Ritzen der Mauersteine wachsen Haarbüschel vor.«

Der Berauschte greift bei seiner Umbaumaßnahme auf Bildquellen aus seiner Kindheit zurück. Die Anker-Steinbaukästen der Firma Richter in Rudolstadt, die um 1880 auf den Markt kamen, gehörten zu den erfolgreichsten Kinderspielzeugen im späten 19. Jahrhundert. Sie kombinierten farbstarke Bausteine mit genauen Bauanleitungen und nutzten sowohl die Anregungen der modernen Pädagogik wie der Bautechnologie jener Zeit. Die Grundfarben rot, gelb und blau gingen wie das Baukastenkonzept auf den Kindergarten-Pionier Friedrich Wilhelm August Fröbel zurück, der Ende der 1830er

**Vater, Mutter, Sohn und Anker-Steinbauwerk im Salon**
Holzschnitt nach einer Photographie im Reklame-Artikel »Unserer Kinder Liebling« in der Zeitschrift »Das interessante Blatt«, 8. Dezember 1888

Jahre begonnen hatte, Elementarbaukästen als »Spielgaben« zu entwickeln. Das verwendete Material beruht auf Ideen der Brüder Otto und Gustav Lilienthal, die moderne Kunststeine aus Sand, pulverisiertem Kalk und Farbstoff an die Stelle von Holzklötzen setzten. Verbindungselemente benötigten die Bauten nicht, allein die Statik hielt sie zusammen. Das gesamte Repertoire des Historismus stand den Kindern zur Verfügung, Schlösser, Burgen, Mausoleen, Denkmäler, prächtige Häuser und Brücken. Als aktuelle Sondereditionen wurden das Geburtshaus des Papstes und eine römische Kirche oder die Gloriette im Schlosspark von Schönbrunn auf den Markt gebracht. Im Wiener ersten Bezirk, in der Nibelungengasse, unterhielt die Firma eine Niederlassung, in der Presse wurde sie hofiert, die Werbeschrift »Des Kindes liebstes Spiel« publizierte Zuschriften von Eltern an die Firma, Loblieder von Pädagogen auf die Schulung von Auge und Hand durch das Bauen.

Ein Anker-Steinbaukasten wurde auch im Hause Freud angeschafft. Im Kommentar zu einem der Träume aus der Selbstanalyse taucht er schon in der Erstauflage der »Traumdeutung« auf: »Meine Träume sind überhaupt weniger reich an sinnlichen Elementen, als ich die Anderer schätzen muss; aber in dem schönsten und lebhaftesten Traum dieser letzten Jahre wird es mir leicht, die hallucinatorische Deutlichkeit des Trauminhaltes auf sinnliche Qualitäten recenter und kürzlich erfolgter Einrücke zurückzuführen. Ich habe auf Seite 272 einen Traum erwähnt, in dem die tiefblaue Farbe des Wassers, die braune Farbe des Rauches aus den Kaminen der Schiffe und das düstere Braun und Roth der Bauwerke, die ich sah, mir einen tiefen Eindruck hinterließen. Wenn irgend einer, so musste dieser Traum auf Gesichtsreiz gedeutet werden. Und was hatte mein Sehorgan in diesen Reizzustand versetzt? Ein recenter Eindruck, der sich mit einer Reihe früherer zusammentat. Die Farben, die ich sah, waren zunächst die des Anker-Steinbaukastens, mit dem die Kinder am Tage vor meinem Traum ein großartiges Bauwerk aufgeführt hatten, um es meiner Bewunderung zu zeigen. Da fanden sich das nämliche Roth an den großen, das Blau und Braun an den kleinen Steinen. Dazu gesellten sich die Farbeneindrücke der letzten italienischen Reisen, das schöne Blau des Isonzo und der Lagune und das Braun des Karstes. Die Farbenschönheit des Traums war nur eine Wiederholung der in der Erinnerung gesehenen.«

Anders als seine Tochter Anna Freud hat Freud den »konstruktiven« Spielen wenig Aufmerksamkeit geschenkt. Wenn er von Spielen handelt, dann vor allem von Bewegungsspielen und Doktorspielen, wenn er über Spielzeug nachdenkt, etwa im Essay »Das Unheimliche«, dann eher über Puppen als über Bausteine, und die Holzspule beim »Fort-Da«-Spiel in »Jenseits des Lustprinzips«, von dem noch die Rede sein wird, hat mit Bau und Konstruktion nichts zu tun. Die Spiele, die eine Epoche entwirft, sind für ihre Traum- und Phantasiewelten nicht weniger aufschlussreich als ihre Kunstwerke und Erfindungen. Die Steinbaukästen mit ihren leuchtenden Farben gingen in die inneren Bilderwelten der letzten Generation ein, die noch im 19. Jahrhundert aufwuchs. Ein ganzseitiger Reklame-Artikel für die Anker-Steinbaukästen, der Anfang Dezember 1888 im illustrierten Wiener Magazin »Das interessante Blatt« das Weihnachtsgeschäft ankurbeln sollte, entwarf das Bild einer Familienidylle. Ein Junge von etwa zehn Jahren präsentiert den Eltern auf dem Wohnzimmertisch die Burg, die er soeben fertiggestellt hat. Steinbaukasten und Bauanleitung liegen geöffnet daneben. Der Sohn hat ein Bauwerk »aufgeführt«. Es ist eine Szene wie die in Freuds »Traumdeutung« enthaltene, und sie lässt sich in Freuds Terminologie beschreiben. Der Junge hat nicht nur Auge und Hand gebildet, sondern auch sein Ich. Über das Stadium, in dem Kinder Bauklötze lediglich als Wurfgeschosse benutzen oder den soeben aufgeschichteten Turm lustvoll zerstören, ist er hinaus. In gerader Haltung steht er da, schützend hat er seine Hand auf die Zinne der Burg gelegt.

Zu den allgegenwärtigen Freud-Zitaten gehört der Satz, dass das Ich nicht Herr sei in seinem eigenen Haus. Er stammt aus dem Aufsatz »Eine Schwierigkeit der Psychoanalyse«, der 1917 in der Zeitschrift »Imago« erschien. Berühmt geworden ist er vor allem durch die Klimax epochaler Illusionszerstörungen, an deren Ende er steht. Auf die kosmologische Kränkung des Narzissmus der Menschheit durch Kopernikus und die biologische durch Darwins Abstammungslehre lässt er die Zerstörung der Souveränitätsillusion des Ich als dritte, empfindlichste Kränkung der Menschheit folgen. Damit rückt die Psychoanalyse in ihrer selbst geschaffenen Mythologie an die Seite der großen wissenschaftlichen Revolutionen der Menschheitsgeschichte.

In dem berühmten Satz hat das Ich einen seiner ersten Großauftritte im Werk Freuds. Im psychischen Apparat, wie wir ihn bisher kennengelernt haben, stand es nicht im Vordergrund, in der »Traumdeutung« trat es im Rahmen der Selbstanalyse Freuds in der gewohnten Rolle als erste Person Singular der Traumerzählungen und Traumdeutungen auf. Nun aber ist es zum Substantiv geworden, das sich von der Hohlform des Individuellen ablöst und zur psychischen Instanz in einem neuen Strukturmodell wird. Dieser Prozess der Umformung und Neubestimmung des psychischen Apparates ist oft von seinem Endpunkt her beschrieben worden, der Eingliederung des Ich in das Drei-Instanzen-Modell von Ich, Es und Über-Ich. Hier interessiert die umgekehrte Perspektive, der Rückgriff der Formel vom Ich, das nicht Herr im eigenen Haus ist, auf die Bilderwelt der »Traumdeutung« und der voranalytischen Schriften und Briefe Freuds. Denn darin ist zwar noch nicht das zur psychischen Instanz erhobene Ich, wohl aber das Haus allgegenwärtig.

Am 18. August 1882 schreibt Freud an Martha Bernays, mit der er seit dem Frühjahr heimlich verlobt ist: »O mein teures Marthchen, wie arm sind wir! Wenn wir mitteilen sollten, wir wollen miteinander leben, und sie fragen uns: Was bringt ihr dazu mit? Nichts, als dass wir einander lieb haben. Und sonst nichts? Wir brauchen doch zwei oder drei Zimmerchen, um darin zu wohnen und zu essen und einen Gast zu empfangen, und einen Herd, auf dem das Feuer für die Mahlzeiten nicht ausgeht. Und was da alles drinnen sein soll. Tische und Stühle, Betten, Spiegel, eine Uhr, die die Glücklichen an den Lauf der Zeit erinnert, ein Lehnstuhl für eine Stunde behaglicher Träumerei, Teppiche, damit die Hausfrau leicht den Boden rein halten kann, Wäsche mit zierlichen Bändern gebunden im Kasten und Kleidchen von neuem Schnitt und Hüte mit künstlichen Blumen, Bilder an der Wand, Gläser für alltägliches Wasser und festlichen Wein, Teller und Schüsseln, eine kleine Vorratskammer, wenn uns plötzlich der Hunger oder ein Gast überfällt, ein großer Schlüsselbund, der hörbar klirren muss, und es gibt so viel, woran man sich freuen kann, die Bücherei und das Nähtischchen und die vertrauliche Lampe, und alles muss in gutem Stand gehalten werden, sonst kränkt sich die Hausfrau, die ihr Herz in kleine Stücke geteilt hat, für jedes Gerät eines. Und dies Ding muss von der ernsten Arbeit zeugen, die das Haus zusammenhält, dies andere von Kunstsinn, von teuren Freunden, an die man sich gerne erinnert, von Städten, die man gesehen, von Stunden, die man gerne zurückrufen möchte. Dies alles, eine kleine Welt von Glück, von stummen Freunden und Zeugen edler Menschlichkeit, es muss alles erst kommen, es ist noch das Fundament des Hauses nicht gelegt, nur zwei arme Menschenkinder sind da, die sich so unsagbar lieb haben.«

## / Der Anker-Steinbaukasten, das Interieur und das Fancy Paper

Leicht ließe sich diese Briefpassage in eine Anthologie literarischer Idyllen des 19. Jahrhunderts einfügen, die Bilder des geglückten Lebens in Entwürfe von Wohnungen, Häusern und Wohnungseinrichtungen einzeichnen. Sie stünde dann neben Gedichten auf Lampen, Lobliedern auf behagliche Lehnstühle, auf Deckchen gestickten Merksprüchen, Versen auf künstliche Blumen, Erzählungen, in denen der vertraute Schlag der Uhr die Zeit gliedert und eine Fülle von Andenken an vergangene Reisen und geliebte Personen erinnern. In den Zimmern, die Freud als künftiger Hausherr imaginiert, ist die Arbeit ebenso zu Hause wie die Kunst, es sind alle Dinge da, die im Alltag gebraucht werden. Gäste sind willkommen, Geschirr und Vorratskammer auf Feste vorbereitet.

Haus und Wohnung gehören, wie die Arbeit, zu den Schlüsselbegriffen des 19. Jahrhunderts. Wenn Freud schreibt, das Fundament des Hauses, das er imaginiert, sei noch nicht gelegt, ruft er den Gründungsakt auf, der allen Einrichtungsplänen vorausliegt. In der zeitgenössischen Literatur ist die Grundsteinlegung ein prekärer Moment, die sorgsame Fügung des Inventars eine Herausforderung, das Gelingen einer harmonischen Korrespondenz der Dinge untereinander nicht selbstverständlich. Als Freud seinen enthusiastischen Brief schrieb, war das Vertrauen in die Stabilität des bürgerlichen Hauses längst erschüttert. Der Kulturhistoriker Wilhelm Heinrich Riehl hatte in seinem populären Longseller »Die Familie« (1854) noch einmal die Idee des »ganzen Hauses« gegen die modernen Tendenzen des Transitorischen, der Zersplitterung und Erosion aller Stabilität und Solidität verteidigt, von denen die Romane erzählen. Aber die Drift von der Idylle zur Katastrophe hatte das Haus und die Familie, die bei Riehl die Rolle des Schlusssteins übernimmt, der alles zusammenhält, irreversibel erfasst. Die genealogischen Abbrüche und die Risse in der physischen Gestalt der Häuser verknüpften sich zu einer Motivreihe. Schon in Adalbert Stifters »Nachsommer« (1857) und vielen seiner Erzählungen gab es das autonome, in sich ruhende ganze Haus nicht mehr. Die Sorge um das Interieur, die penibel kalkulierte Einrichtung jedes einzelnen der unterschiedlichen Zwecken dienenden Räume musste immer neuen Gefährdungen abgerungen werden, und mochte auch die Erscheinungsform jedes einzelnen Zimmers die eines fugenlosen Ganzen sein, so war doch dieses Ganze unverkennbar ein Produkt resoluter Künstlichkeit und trug das Merkmal der Nicht-Selbstverständlichkeit auf der Stirn. In dem Maße, in dem Grund und Boden von der Zirkulationsbeschleunigung der Kapitalströme erfasst wurden, büßten – etwa in Gottfried Kellers Roman »Martin Salander« (1886) – die Immobilien die Festigkeit ein, der sie ihren Namen verdankten, und rückten an die Seite des Mobiliars.

Der junge Freud hat Wohnungen und Wohnungseinrichtungen aufmerksam studiert und auf die an ihnen ablesbare Lebensordnung bezogen. Während seiner Brautzeit entwarf Freud nicht nur häusliche Idyllen, er las auch leidenschaftlich die Romane von Charles Dickens, darunter »Bleak House«, in dem die Düsternis des Familiengeheimnisses in den Häusern und Zimmern der Akteure ihre Entsprechung hat. Als er im Oktober 1883 sein Zimmer im Wiener Allgemeinen Krankenhaus wechseln musste, fügte er dem Brief, in dem er seiner Verlobten den neuen Raum schilderte, eine Skizze bei, auf der Bett, Tisch, Waschtisch und Kasten auf der einen dem Schreibtisch samt kleinem und großem Bücherkasten auf der anderen Seite gegenüberstehen: »Der ›animalische‹ Teil dieser Höhle, die mir so passt wie ein Schneckenhaus der Schnekke, ist ziemlich gut gelungen, der ›vegetative‹, d.h. der für die gewöhnlichen Lebensfunktionen bestimmte (im Gegensatz zu den höheren animalischen wie Schreiben, Lesen, Denken) etwas weniger.«

## / Der Anker-Steinbaukasten, das Interieur und das Fancy Paper

In seinen Briefen an die Verlobte aus Paris vervollständigt die Schilderung der repräsentativen Privatwohnung Charcots am Boulevard Saint Germain die Berichte aus der Salpêtrière. Sie verhält sich in ihren Dimensionen zu Freuds Entwurf der eigenen Wohnung wie ein Stadtschloss zu einer Mietwohnung. In ihrem Zentrum steht das Studierzimmer: »Dasselbe ist so groß wie unsere künftige Wohnung, ein Stück, des ganzen Zauberschlosses, in dem er wohnt, würdig. Es zerfällt in zwei Abteilungen, von denen die größere der Wissenschaft, die kleinere der Gemütlichkeit gewidmet ist. Zwei leichte Vorsprünge trennen die beiden ab. Wenn man durch die Türe eintritt, sieht man zunächst durch ein großes dreigeteiltes Fenster, dessen Scheiben durch Glasmalereien unterbrochen sind, auf den Garten. Längs der beiden Seitenwände der größeren Abteilung steht die riesige Bibliothek in zwei Stöcken, zum zweiten Stockwerk führen auf beiden Seiten Treppen. Zur linken von der Tür führt dann ein riesig langer mit Zeitschriften und nicht eingereihten Büchern bedeckter Tisch, kleinere Tische mit Mappen vor dem großen Fenster. Nicht weit von der Tür rechts ist ein kleineres, ebenfalls bunt bemaltes Fenster, und vor dem steht Charcots Schreibtisch, ganz flach, mit Büchern und Manuskripten bedeckt, sein Lehnstuhl und eine Menge von anderen Stühlen. In der hinteren Abteilung Kamin, Tisch und Kästen mit Antiquitäten indischer, chinesischer Herkunft, die Wände mit Gobelins und Bildern bedeckt. Soweit man sie frei sieht, zeigen sie einen antikroten Anstrich. Was ich von den anderen Zimmern am Sonntag flüchtig sah, enthielt dieselbe Verschwendung von Bildern, Gobelins, Teppichen und Kuriositäten, mit einem Wort ein Museum.« Freud folgte bei der Einrichtung seiner Wohnung in der Berggasse 19 dem Modell des abgetrennten Nebeneinander von Räumen des Studiums und der Wissenschaft und Privaträumen, vermied aber den Eindruck des Verschwenderischen, Überladenen und, trotz seiner stetig wachsenden Antiquitätensammlung, auch des Musealen.

Die lebenspraktische Seite der Einrichtung und Abgrenzung von Ordination und Privatwohnung war, wie der Blick auf das wichtigste Möbel des Behandlungszimmers, die Couch, gezeigt hat, eng mit den theoretischen Motiven verknüpft, die zur Ansiedelung der Psychoanalyse in Räumen des Alltags führten. Das erste Kapitel dieses Buches hat nachverfolgt, wie Freud seine neue Disziplin aus den Kliniken und Laboratorien der zeitgenössischen Medizin und Experimentalwissenschaften auslagerte, ohne die Rückbindung an sie aufzugeben. Nun soll gezeigt werden, wie er mit Haus und Interieur Hauptschauplätze und Zentralmetaphern der symbolischen Ordnung des bürgerlichen Lebens in sein Projekt integriert.

Am 11. Oktober 1899 schreibt er an Fließ: »Es arbeitet merkwürdigerweise im untersten Stockwerk. Eine Sexualtheorie dürfte die nächste Nachfolgerin des Traumbuches werden.« Schon in dieser ersten Ankündigung der »Abhandlungen zur Sexualtheorie« ist, wie beiläufig auch immer, das Haus als Bild für das Ich anwesend. In der wenig später erscheinenden »Traumdeutung« hat es dann seinen ersten großen Auftritt als Reservoir für »die architektonische Symbolik des Körpers und der Genitalien«. Freud hat dieses Reservoir nicht entdeckt, Karl August Scherner hatte es in seiner Schrift »Das Leben des Traumes« (1861) mit Inbrunst beschrieben. In Freuds Überblick über die wissenschaftliche Traumliteratur spielt Scherner eine herausgehobene Rolle. Er mochte ein Wirrkopf, Schwarmgeist und schwülstiger Stilist sein, aber gegen seinen schlechten Ruf in der Wissenschaft verteidigte Freud seine grundlegende Intuition: »Der originellste und weitgehendste Versuch, den Traum aus einer besonderen Tätigkeit der Seele, die sich erst im Schlafzustand frei entfaltet, zu erklären, ist der von Scherner 1861 unternommene.« Scherner hatte die

»Leibreize«, die den physiologischen Traumtheorien als Traumquelle galten, deren Effekte im Träumer einer Deutung weder bedurften nochzugänglich waren, zum Spielmaterial der Traumphantasie gemacht. Dadurch wurden sie sinnvoll und deutbar. Aus einer mechanischen Reaktion wurde »productive Phantasie«, so der Philosoph Johannes Volkelt, der in seiner Abhandlung »Die Traum-Phantasie« (1875) Scherner ein eigenes, von Freud ausführlich zitiertes Kapitel widmete. Es enthält folgende Extrakt-Version von Scherners »Symbolisierung der Leibreize«: »Die allgemeine Phantasiebezeichnung für den menschlichen Leib ist das Haus. Wie jener, hat das Haus seine Architektonik und besitzt gleich jenem eine Menge innerer Höhlungen und Räume. Ebenso gut aber kann für den Leib (zur Bezeichnung seiner Schlankheit) der Turm stehen; ferner auch irgend ein Einzelteil des Hauses, eine Stube, ein Hausflur u.s.w. Umgekehrt benützt die Phantasie, um ein einzelnes Körperorgan zu bezeichnen, ganze Reihen von Häusern. So bezeichnet sich der Magenreiz durch einen geräumigen, länglichen, von Häusern umgebenen Platz, der Eingeweidereiz durch sehr lange Häuserstraßen. Doch drückt sich das einzelne Körperorgan auch durch einen Teil des Hauses aus. So wird in den Zahnreizträumen das Mundorgan durch einen hochgewölbten Hausflur und der Hinabfall des Schlundes zur Speiseröhre durch eine Treppe, im Gesichtsreiztraum das Faserwerk der erregten Netzhaut durch das Dachgebälk des Hauses dargestellt. Im Kopfschmerztraum wird zur Bezeichnung der Höhenstellung des Kopfes die Decke eines Zimmers gewählt, welche der Träumer mit ekelhaften, krötenartigen Spinnen bedeckt sieht.«

Freud revidiert Scherners Traumtheorie und seine Deutungsmethode und schreibt zugleich an der Haussymbolik fort. Zimmer sind bei ihm im Traum meist Frauenzimmer, wofür er sich auf die Alltagssprache berufen kann, Körperöffnungen und Fenster können füreinander einstehen, ein Traum, der durch eine Flucht von Zimmern führt, entpuppt sich als Bordell- oder Haremstraum. Glatte Mauern sind Männer, an Vorsprüngen der Häuser kann man sich in der Traumangst festhalten, sie sind wie Balkone oder Fensterbretter Stellvertreter der weiblichen Brust. Ob Eingänge offen oder verschlossen sind, ist nicht nur im Traum Doras im »Bruchstück einer Hysterie-Analyse« von Bedeutung, und »welcher Schlüssel das Zimmer aufsperrt, braucht dann nicht ausdrücklich gesagt zu werden«. Stiegen, Leitern und Treppen sind, ob auf ihnen auf- oder abwärts gestiegen wird, symbolische Darstellungen des Geschlechtsaktes. Und wenn ein Träumer erzählt: »Zwischen zwei stattlichen Palästen steht etwas zurücktretend ein kleines Häuschen, dessen Tore geschlossen sind. Meine Frau führt mich das Stück der Straße bis zum Häuschen hin, drückt die Tür ein, und dann schlüpfe ich rasch und leicht in das Innere eines schräg aufsteigenden Hofes«, dann lässt sich für einen geübten Übersetzer von Träumen »mit Leichtigkeit in diesem Traum eine Darstellung eines Koitusversuchs von rückwärts (zwischen den beiden stattlichen Hinterbacken des weiblichen Körpers) finden«.

Wer Freuds kritisches Referat der wissenschaftlichen Traumliteratur im Eingangskapitel der »Traumdeutung« nur auf seinen theoretischen Ertrag hin liest, dem entgeht eine wichtige Dimension. Denn die Quellen, die er heranzieht, enthalten nicht nur Traumtheorien, sondern zugleich empirische Traumsammlungen, aus denen das 19. Jahrhundert in phantasmagorischer Gestalt aufsteigt. In einem Schlüsseltraum seines französischen Gewährsmannes Alfred Maury ruft ein kleines Brettchen am Bettgestell die Guillotine und einen im Unbewussten fertig daliegenden Revolutionsroman auf den Plan, anderswo hallt das Echo von Attentaten, die mitten in Parlamentssitzungen ausgeführt werden, durch die Träume.

## / Der Anker-Steinbaukasten, das Interieur und das Fancy Paper

An Eisenbahnen und Fahrpläne lagern sich heimliche Wünsche an, auf Stiegen werden mit Dienstmädchen Kinder gezeugt. Es verwundert angesichts des weiten Spektrums der Traumlandschaften nicht, dass Freud wie der Philosoph Johannes Volkelt die allzu privilegierte Stellung kritisiert, die bei Karl August Scherner das Symbol des Hauses einnimmt. Die Kritik ist aber bei näherer Betrachtung eher eine Ergänzung. Sie stößt sich an der ausschließlich architektonischen Auffassung des Hauses. Was ihr fehlt, sind die Mobilien, die Geräte der Küche, die Instrumente der Musikzimmer, die Requisiten der Rauchzimmer, die Inhalte der Kleiderschränke. Alle diese Dinge werden im Traum zu Darstellern des Körpers: »So findet die atmende Lunge in dem flammenerfüllten Brausen ihr Symbol, das Herz in hohlen Kisten und Körben, die Harnblase in runden, beutelförmigen oder überhaupt nur ausgehöhlten Gegenständen. Der männliche Geschlechtsreiztraum läßt den Träumer den oberen Teil einer Clarinette, daneben den gleichen Teil einer Tabakspfeife, daneben wieder den Pelz auf der Straße finden. Clarinette und Tabakspfeife stellen die annähernde Form des männlichen Gliedes, der Pelz das Schamhaar dar.«

Wie die architektonischen Elemente des Hauses, die Stiegen, Kammern und Dachstuben, ist auch das Mobiliar im Traum nicht lediglich ein Körpersymbol. Die Architektur ist zugleich Schauplatz des Traumgeschehens, Mobiliar und Requisiten sind Akteure in der Gestalt von Dingen. Erst im Bündnis mit dem Traumgeschehen entfaltet die Haussymbolik ihr gesamtes Bedeutungsregister, und was für den Traum gilt, das gilt nicht minder für die Fehlleistungen und Missgeschicke, die Freud in der »Psychopathologie des Alltagslebens« als Botschaften des Unbewussten dechiffriert. Der Satz, das Ich sei nicht Herr im eigenen Haus, ist im Imago-Aufsatz, in dem er zuerst auftaucht, kein blitzartig auftauchendes Aperçu. Er zieht die Konsequenz aus einer Passage, die den Verlust der Herrschaft so beschreibt: »Das Ich fühlt sich unbehaglich, es stößt auf Grenzen seiner Macht in seinem eigenen Haus, der Seele. Es tauchen plötzlich Gedanken auf, von denen man nicht weiß, woher sie kommen; man kann auch nichts dazu tun, sie zu vertreiben. Diese fremden Gäste scheinen selbst mächtiger zu sein als die dem Ich unterworfenen; sie widerstehen allen sonst so erprobten Machtmitteln des Willens, bleiben unbeirrt durch die logische Widerlegung, unangetastet durch die Gegenaussage der Realität. Oder es kommen Impulse, die wie die eines Fremden sind, so dass das Ich sie verleugnet, aber es muss sich doch vor ihnen fürchten und Vorsichten gegen sie treffen. Das Ich sagt sich, das ist eine Krankheit, eine fremde Invasion, es verschärft seine Wachsamkeit, aber es kann nicht verstehen, warum es sich in so seltsamer Weise gelähmt fühlt.«

Die Pointe dieser Passage wie der berühmten Formel, in die sie am Ende gebannt wird, ist das stillschweigende Dementi des Begriffs Invasion. Nicht Fremde übernehmen die Herrschaft im eigenen Haus. Die Bedrohung durch Krankheit und Krisen kommt vielmehr aus dem Innern des Hauses selbst. Im Nachvollzug dieser Grundstruktur erweist sich die Psychoanalyse als Parallelaktion zur Erschließung von Haus und Interieur als Gefahrenzonen und Regionen des Unheimlichen in den Künsten und der Literatur der Moderne. Die Erosion der Idylle lagert sich an diese Grundstruktur ebenso an wie, bis hin zu Stephen King, der Horror der Dämonen, die aus Innenwelten hervorbrechen, statt von außen über die Häuser und ihre Bewohner hereinzubrechen. In den Gothic Novels des 18. Jahrhunderts lagen, wie in Horace Walpoles »The Castle of Otranto«, die Schlösser und Häuser noch abgelegen oder wurden zu Schauplätzen längst vergangener Schrecken. In den Romanen und Erzählungen des 19. Jahrhunderts, zumal im Detektivroman, nistet sich der Schrecken im zeitgenössischen Alltag ein.

In der Krankengeschichte der Frau Emmy von N. in den »Studien über Hysterie« trifft Freud die Patientin bei der Erstbegegnung »auf dem Divan liegend, eine Rolle unter dem Nacken« an. Später, wenn bei ihr der »Sturm im Kopfe« stattfindet und sie »mit verzerrten Zügen auf dem Divan in unaufhörlicher Unruhe des ganzen Körpers« daliegt, spielt das Mobiliar den Ängsten in die Hände. Wie die als Tiere verkleideten Indianer aus dem kulturhistorischen Atlas, den die Gouvernante den Kindern des Hauses gebracht hat, treten die Stühle und Sessel des Hauses in den Dienst der Krankheit, und sie können es tun, weil Tierköpfe und Tierformen im späten 19. Jahrhundert als Zierde an das Mobiliar angewachsen sind: »Sie hat schrecklich geträumt, die Stuhlbeine und Sessellehnen waren alle Schlangen, ein Ungeheuer mit einem Geierschnabel hat auf sie losgehackt und sie am ganzen Körper angefressen, andere wilde Tiere sind auf sie losgesprungen und dgl…«.

Unter dem Titel »Hochherrschaftlich möblierte Zehnzimmerwohnung« hat Walter Benjamin in seinem Buch »Einbahnstraße« (1928) den Mörder, der sein Opfer im Interieur heimsucht, als Vollstrecker der darin verborgenen Wünsche interpretiert: »Das bürgerliche Interieur der sechziger bis neunziger Jahre mit seinen riesigen, von Schnitzereien überquollenen Büfetts, den sonnenlosen Ecken, wo die Palme steht, dem Erker, den die Balustrade verschanzt und den langen Korridoren mit der singenden Gasflamme wird adäquat allein der Leiche zur Behausung. ›Auf diesem Sofa kann die Tante nur ermordet werden.‹ Die seelenlose Üppigkeit des Mobiliars wird wahrhafter Komfort erst vor dem Leichnam. Viel interessanter als der landschaftliche Orient in den Kriminalromanen ist jener üppige Orient in ihren Interieurs: der Perserteppich und die Ottomane, die Ampel und der edle kaukasische Dolch. Hinter den schweren gerafften Kelims feiert der Hausherr seine Orgien mit den Wertpapieren, kann sich als morgenländischer Kaufherr, als fauler Pascha im Khanat des faulen Zaubers fühlen, bis jener Dolch im silbernen Gehänge überm Divan eines schönen Nachmittags seiner Siesta und ihm selber ein Ende macht. Dieser Charakter der bürgerlichen Wohnung, die nach dem namenlosen Mörder zittert, wie eine geile Greisin nach dem Galan, ist von einigen Autoren durchdrungen worden, die als ›Kriminalschriftsteller‹ – vielleicht auch, weil in ihren Schriften sich ein Stück des bürgerlichen Pandämoniums ausprägt – um ihre gerechten Ehren gekommen sind.« Benjamins Gewährsautoren sind Edgar Allan Poe, Arthur Conan Doyle, Gaston Leroux und A.K. Green, deren Romantitel »Der Tag der Vergeltung« Kafka im Februar 1911 so nachdrücklich beeindruckte, als er einen ihm gegenübersitzenden Mann im Zug dieses Buch lesen sah.

Freud ist häufig mit den Detektiven und Spurenlesern der Kriminalliteratur verglichen worden, und er ist ihnen darin ähnlich, dass er die unscheinbaren, übersehenen, scheinbar bedeutungslosen Details ins Zentrum der Aufmerksamkeit rückt. Schon im Aufsatz »Über Deckerinnerungen« (1899) wird eine Konsequenz dieses Aufmerksamkeitstypus greifbar: die unendliche Auffächerung möglicher Geheimnisträger. Deckerinnerungen sind Erinnerungen an die Kindheit, »die ihren Gedächtniswert nicht ihrem eigenen Inhalt, sondern dessen Beziehung zu einem anderen, unterdrückten Inhalt verdanken«. Eindrücke und Gedanken aus dem Leben des Erwachsenen werden in Kindheitsszenen umgewandelt, hinter denen sie sich verbergen können. Nicht die dunklen Kammern, die verborgenen Ecken einer Wohnung oder die Geheimfächer eines Sekretärs sind die besten Verstecke, sondern die Tableaus scheinbar vollkommener Harmlosigkeit, die in überscharfer Deutlichkeit wiederkehren wie »die Erinnerung an den gedeckten Tisch, auf dem eine Schale mit Eis steht«. Die Genremalerei des 19. Jahrhunderts, aber auch die Photographie hält solche Tableaus fest. Die Tarnung der unterdrückten Inhalte durch Mimikry mit solchen Tableaus der Harmlosigkeit ähnelt dem offenen Daliegen des Briefes, der in Poes Detektiverzählung eben dadurch der Hausdurchsuchung entgeht. Aber anders als bei Poe ist in den Fallgeschichten Freuds das offen Daliegende nicht schon das Gesuchte. Was eigentlich Gegenstand der Aufklärung ist, wird erst nach und nach im Wechselspiel zwischen der freien Assoziation des Patienten und der Deutung des Analytikers sichtbar. Das Interieur steht dabei generell unter Verdacht. Denn aus den Mechanismen der Deckerinnerungen wie der Traumarbeit ergibt sich als logische Konsequenz die Grundvoraussetzung, unter der Freuds Psychoanalyse auf das Interieur seiner Zeitgenossen blickt: Es gibt keine harmlosen Dinge.

In die fünfte, 1919 erschienene Auflage der »Traumdeutung« hat Freud den Aufsatz »Zur Frage der Symbolik in den Träumen Gesunder« (1911) von Alfred Robitsek aufgenommen. Er deutet den Traum eines nicht neurotischen Mädchens, um die These zu bekräftigen, dass es nur quantitative, aber keine prinzipiellen Unterschiede zwischen normalem und neurotischem Seelenleben gibt und in den Mechanismen der Traumarbeit bei Gesunden und Kranken in gleicher Weise die verdrängten Komplexe wirksam sind. Der Traum ist ganz einfach: *»I arrange the centre of a table with flowers for a birthday.* (Ich richte die Mitte eines Tisches mit Blumen für einen Geburtstag her).« Die Deutung erkennt im Tisch mit dem Blumenmittelstück sogleich ein Symbol »für sie selbst und das Genitale«, im gesamten Arrangement den Gedanken an die Geburt eines Kindes und den Wunsch nach einem Bräutigam. Rasch führt die freie Assoziation des Mädchens, das Blumenarten ins Spiel bringt, die sich als Symbole der Sexualorgane deuten lassen, zur »Defloration« und damit zum Verlust der Unschuld der geträumten Interieur-Szene. Von besonderem Interesse ist die Koppelung der sexuellen Blumensymbolik mit einem Element des Interieurs, das mit den Mechanismen des Unbewussten in einer untergründigen Beziehung steht, weil es wie diese mit dem Verbergen und Verhüllen des Unreinen im Bunde ist: »Sie bringt später einen Nachtrag zum Traume: ›*I decorate the flowers with green crinkled paper.*‹ (›Ich verziere die Blumen mit grünem, gekräuseltem Papier.‹) Sie fügt hinzu, es sei ›*fancy paper*‹ (Phantasiepapier), mit dem man die gewöhnlichen Blumentöpfe verkleide. Sie sagt weiter: ›*to hide untidy things, whatever was to be seen, which was not pretty to the eye; there is a gap, a little space in the flowers.*‹ Also: ›um unsaubere Dinge zu verbergen, die nicht hübsch anzusehen sind; ein Spalt, ein kleiner Zwischenraum in den Blumen.‹ ›*The paper looks like velvet or moss*‹ (›das Papier sieht wie Samt oder Moos aus‹).«

Mit der Identifizierung von Samt und Moos als Stellvertretern der Schambehaarung ist die Analyse fast am Ziel. Aber das Fancy Paper ist zu aussagekräftig, als dass es hier übergangen werden könnte. Es gehört zu einer Klasse von Dingen, die das Interieur im späten 19. Jahrhundert nachhaltig geprägt hat. Wenige Jahre, nachdem er im Rausch das Nietzsche-Archiv umgebaut hatte, beschrieb Walter Benjamin diesen Typus: »Die Urform allen Wohnens ist das Dasein nicht im Haus, sondern im Gehäuse. Dieses trägt den Abdruck seines Bewohners. Wohnung wird im extremsten Fall zum Gehäuse. Das neunzehnte Jahrhundert war wie kein anderes wohnsüchtig. Es begriff die Wohnung als Futteral des Menschen und bettete ihn mit all seinem Zubehör so tief in sie ein, dass man ans Innere eines Zirkelkastens denken könnte, wo das Instrument mit allen Ersatzteilen in tiefe, meistens violette Sammethöhlen gebettet, daliegt. Für was nicht alles das neunzehnte Jahrhundert Gehäuse erfunden hat: für Taschenuhren, Pantoffeln, Eierbecher, Thermometer, Spielkarten – und in Ermangelung von Gehäusen Schoner, Läufer, Decken und Überzüge. Das zwanzigste Jahrhundert machte mit seiner Porosität, Transparenz, seinem Freilicht- und Freiluftwesen dem Wohnen im alten Sinne ein Ende.«

Indem Freuds Psychoanalyse das Haus insgesamt wie das Interieur in Orte verwandelt, an denen auf jedes noch so unscheinbare Requisit der Verdacht fällt, es könne verborgene Geheimnisse, Leidenschaften und Obsessionen maskieren, steht sie an der Seite der Literatur ihrer Epoche. Der Detektivroman, der die Wohnung in einen Tatort verwandelt, ist nur der vorgeschobene Posten in der Gesamtdrift, die von Heim und Wohnung als Idylle zum Unheimlichen und zum Haus als Schauplatz von Krisen und Katastrophen von Familie, Ehe und bürgerlicher Ordnung insgesamt führt. Als Leser von Charles Dickens, Gustav Freytag, Conrad Ferdinand Meyer, Theodor Fontane oder Wilhelm Jensen musste Freud wissen, dass die Literatur seiner Zeit ähnlichen Phänomenen auf der Spur war wie er selbst. In der »Psychopathologie des Alltagslebens« zitiert er aus Fontanes Roman »L'Adultera« die Szene, in der Melanie van Straaten ihrem Gatten einen Ball zuwerfen will, der aber aus Versehen bei ihrem künftigen Geliebten Rubehn landet, und aus Fontanes »Vor dem Sturm« den Justizrat Turgany, der einer zum Pfänderspiel versammelten Abendgesellschaft erläutert, »dass sich die tiefsten Geheimnisse der Natur in der Abgabe der Pfänder offenbaren«. Die Entdeckung dieser Geheimnisse und die Enträtselung der im Umgang mit den Dingen verborgenen Wünsche finden aber nicht nur bei den großen Autoren des bürgerlichen Realismus statt. Freuds im Blick auf Fontane geäußerte Einsicht, »wie schwer es für den Psychoanalytiker ist, etwas Neues zu finden, was nicht ein Dichter vor ihm gewusst hat«, gilt auch für die Unterhaltungsliteratur. Eines ihrer wirkungsmächtigsten Medien war die Familienzeitschrift »Die Gartenlaube«. Sie trug einen Bautypus im Titel, dessen Genealogie bis in das Paradies zurückreichte, aber der Geist der Idylle herrschte in ihr weit weniger unangefochten, als es ihr Ruf bei der Nachwelt erkennen lässt. Der Roman »Im Hause des Commerzienrathes« ihrer Star-Autorin, Eugenie Marlitt, eröffnete als Abdruck in Fortsetzungen den Jahrgang 1876. Die in der unmittelbaren Gegenwart, den Gründerjahren, angesiedelte Handlung wird durch eine Verkettung bedeutungsgeladener Fehlleistungen in Gang gesetzt. Der reiche Schlossmüller hat nach der Abfassung seines Testaments auf dem Krankenbett das wichtigste Blatt des Dokuments beim Wegräumen übersehen: »Wenn er auch äußerlich bei guter Fassung war, musste es doch im Innern des Patienten heftig gestürmt haben.« Der eine Generation jüngere Kommerzienrat wiederum, dem Alten – er nennt ihn »Papa« – durch seine verstorbene Frau verwandtschaftlich verbunden, will es im Geldschrank hinter dem Alkoven verschließen: »Sorgsam schob er das Papier auf die anderen Dokumente; dabei aber geschah es, dass er eines der Geldröllchen umstieß – klirrend rollte eine Anzahl Napoleondore auf die Dielen nieder.« Das Missgeschick hätte an der Seite der Fontane-Zitate seinen Platz in Freuds »Psychopathologie des Alltagslebens« finden können. Der Schlossmüller wird diese Anfangsszene, der Kommerzienrat den Roman nicht überleben. Die Katastrophe, durch die hindurch er am Ende zumindest für ein Paar ein Happy End bereithält, erfaßt die Mühle, die ihr gegenüberliegende moderne Fabrik des Kommerzienrates und seine Villa. Treibhaus und Boudoir, Arbeitszimmer und Alkoven, Salon und Dachboden, Filetgardinen und Mosaikfußböden kommentieren die Ideale und Illusionen ihrer Bewohner. Altmodisch-voluminöse Zimmereinrichtungen müssen modernen, einfachen Kirschmöbeln weichen. In den detaillierten Schilderungen von Kleidung und Interieur wetteifert die Literatur mit der Genremalerei. Einer hochmütigen Emanzipierten sprechen die Dinge, mit denen sie sich umgibt, das Urteil. Das Geld, das zu Beginn als Gold eines Schatzbildners auftritt, verwandelt sich in Papiergeld, Kreditwesen und riskante Spekulationsgeschäfte bergen Sprengstoff. Beim Ruin des frisch geadelten Kommerzienrats explodiert er im Turm des alten Herrenhauses und lässt aus dem architektonischen Spiel mit der Ruinenromantik Ernst werden. Dieser »Gartenlauben«-Roman ist ein beeindruckendes Zeugnis für die Schlüsselrolle von Haus und Interieur in den imaginären Welten des 19. Jahrhunderts. Er zeigt, wie gut bestellt der metaphorische Boden war, auf den Freuds Satz fiel, das Ich sei nicht Herr im eigenen Haus.

# DAS PRINZIP GSCHNAS, DER ZIMMER-TELEGRAPH UND DER SURREALISMUS

## / Das Prinzip Gschnas, der Zimmertelegraph und der Surrealismus

Der Traum produziert Gewebe und Gespinste. Aber ebenso oft wie als Weber erscheint er bei Freuds Gewährsleuten in der Traumliteratur des 19. Jahrhunderts wie in seinen eigenen Schriften als Architekt, der Bausteine aus Tagesresten, Erinnerungen und vergessen geglaubten Wahrnehmungen zu einem Ganzen zusammensetzt. Die frühen Einwände gegen die Psychoanalyse monierten häufig die Willkür oder den Schematismus ihrer Deutungsmethode. Im »Jahrbuch für Psychoanalytische und Psychopathologische Forschung« verteidigte im Januar 1910 Eugen Bleuler, Direktor der Psychiatrie an der Universitätsklinik Burghölzli in Zürich, Freuds Methode als eine Art Geduldsspiel: »Die Kritiker stellen sich die Arbeit des Zusammensetzens der verschiedenen Ideen zu einem logischen Ganzen ungefähr so vor, wie das Aufbauen eines Gebäudes mit dem Ankerbaukasten, wo man aus den gegebenen Steinen die verschiedensten Bauwerke konstruieren kann und die meisten Elemente durch andere beliebig ersetzbar sind, während in Wirklichkeit diese Arbeit (soweit sie nicht von den Versuchspersonen selbst getan wird) viel mehr ähnlich ist den alten Geduldspielen mit einer Menge von unregelmäßig geformten Steinen, von denen jeder mit vielen anderen in Berührung kommt, aber nur an einer ganz bestimmten Stelle, an die kein anderer hinpasst, eingeordnet werden kann.« Freud selbst hatte seinerseits schon in seinem Aufsatz »Zur Ätiologie der Hysterie« das Puzzle als Bild für die psychoanalytische Deutungsarbeit gebraucht. Es hatte gegenüber dem Anker-Steinbaukasten den Vorzug der scheinbaren Zusammenhanglosigkeit der Einzelteile. Und vor allem war es, wie so viele Gleichnisse, die Freud für die Traumarbeit und ihr Gegenüber, die Deutungsarbeit, heranzieht, eng mit der Bilderwelt verbunden. Der Analogiehunger der noch jungen Psychoanalyse ist mit diesem oder jenem Einzelbild nicht gestillt. Er greift, wie wir gesehen haben, weitläufig nach den Apparaturen von Klinik und Labor und ebenso energisch nach dem Angebot von Haus und Interieur. Freud entdeckt im Umgang des Traums mit den Bauformen eine Entsprechung zur Galtonschen Mischphotographie. Der Traum arbeitet nicht nur wie ein Photograph, der aus mehreren Personen eine einzige herstellt, er arbeitet auch wie ein Architekt, der Bauformen kreuzt, statt sich an die Bauanleitungen des Anker-Steinbaukastens zu halten. So entsteht als Pendant zu den Mischpersonen die Mischlokalität: »Eine andre Patientin schafft sich im Traum ein Mittelding aus *Badekabinen* im Seebad, ländlichen *Aborthäuschen* und den *Bodenkammern* unserer städtischen Wohnhäuser. Den beiden ersten Elementen ist die Beziehung auf menschliche Entblößung und Nacktheit gemeinsam; es läßt sich aus der Zusammensetzung mit dem dritten Element schließen, dass (in ihrer Kindheit) auch die Bodenkammer der Schauplatz von Entblößung war.«

Rasch findet die Patientin mit Hilfe Freuds zu der Kindheitsszene zurück, deren Schauplatz die Bodenkammer war. Hier interessiert das Verfahren, mit dem der Traum arbeitet. Die Leichtigkeit, mit der er Kabine, Abort und Bodenkammer zusammenfügt, rückt ihn an die Seite des Bühnenbildners, der Kulissen von geringem Eigengewicht verschiebt. Der Traum ist Dekorateur ebenso sehr wie Architekt, und es gibt keinen Alltagsgegenstand, den er nicht als Requisit verwenden könnte. Freud lässt sich denn auch eine stadtbekannte Attraktion der Kulissenschieberei und Inszenierung eines Karnevals der Dinge nicht entgehen: die Kostümfeste der Wiener Künstler. Im Inszenierungsprinzip dieser »Gschnasbälle« erkennt er die Struktur der hysterischen Phantasie: »Einem Wiener brauche ich das Prinzip des ›Gschnas‹ nicht auseinanderzusetzen; es besteht darin, Gegenstände von seltenem und wertvollem Ansehen aus trivialem, am liebsten komischem und wertlosem Material herzustellen, z.B. Rüstungen aus Kochtöpfen, Strohwischen und Salzstangerln, wie es unsere Künstler an ihren lustigen Abenden lieben. Ich hatte nun gemerkt, dass die Hysterischen es ebenso machen; neben dem, was ihnen wirklich zugestoßen ist, gestalten sie sich unbewusst grässliche oder ausschweifende Phantasiebegebenheiten, die sie aus dem harmlosesten und banalsten Material des Erlebens aufbauen. An diesen Phantasien hängen erst die Symptome, nicht an den Erinnerungen der wirklichen Begebenheiten, seien diese nun ernsthaft oder gleichfalls harmlos. Diese Aufklärung hatte mir über viele Schwierigkeiten hinweggeholfen und machte mir viel Freude. Ich konnte sie mit dem Traumelement des *›männlichen Glases‹* andeuten, weil mir von dem letzten ›Gschnasabend‹ erzählt worden war, es sei dort ein Giftbecher der Lucrezia Borgia ausgestellt worden, dessen Kern und Hauptbestandteil ein *Uringlas für Männer*, wie es in den Spitälern gebräuchlich ist, gebildet hätte.«

Wie das Prinzip Gschnas in den Händen einer eher harmlosen Bohème aussah, kann man dem reich bebilderten Bericht entnehmen, den die »Österreichische Illustrirte Zeitung« im März 1895 dem »Gschnasball« im Wiener Künstlerhaus widmete. Er stand unter dem Motto »Fin de Siècle«. Die Kandelaber der Treppenbalustrade waren in Pappenheimer-Kürassiere verwandelt, als Hommage an die moderne Eisenarchitektur war der Tanzsaal im 17. Stock des Eiffelturms in Paris aus Aluminium nachgebaut, die elektrische Telephonanlage reichte bis in die »echt hinterwäldlerisch« gestaltete Almhütte vor einem großen Alpenpanorama hinein, und in der »Kleindichter-Bewahranstalt« floss Gumpoldskirchener Wein aus dem »kastalischen Quell«, während ein weißer Pappmaché-Pegasus mit gebrochenen Flügeln und bandagierten Beinen Lorbeeren und Zeitungen fraß. Es gab ferner einen Aeronautic-Club, Ausblicke auf ferne Kontinente und eine »Originalkarte der Poulardfahrer der Alten Welt«, auf der die

Tanzsaal im siebzeh

Im Hintergrunde links das zum Tanze aufspielende Riesen-Orche

Nach photographischen Spe

Künstlerhause.

…ke des Eiffelthurmes.

…lische Aufzug in das im 24. Stockwerke gelegene Aluminium-Bräu.

…eichischen Illustrirten Zeitung".

Die »Österreichische Illustrirte Zeitung« beteiligte sich in ihren Bildunterschriften am Maskenspiel.

Der Pegasusstall in der Kleindichter-B

Nach einer photographischen Special-A

Künstlerhause.

stalt nächst dem kastalischen Quell.

„Oesterreichischen Illustrirten Zeitung".

aktuelle Nordpol-Obsession am »Tarno-Pol« endete. Eine der aufwendigsten Dekorationen war eine Mischlokalität, in der das Hotel Bellevue auf dem Kilimandscharo stand und über eine »Freie Bühne« mit der Riesenhalle eines Dampfbades samt Gletscherduschen verbunden war.

Die Dekorateure, die das alles arrangiert hatten, waren Kunstgewerbler, Aktzeichnungslehrer und Maler, die sich im Alltag innerhalb der Konventionen bewegten und in ihren Couplets die Grenzen des augenzwinkernden Humors nicht überschritten. In der Frauenuniversität »Alma mater emancipata« wurden Saugflaschen, Kämme, Bürsten und Parfümflacons für die »weiblichen Studenten« angeboten, der galizische Schnapsbrenner, der auf der Parodie des Gasteiger-Brunnens den Faun vertrat, war nach dem Karikatur-Schema des Ostjuden gezeichnet. Nicht in den Pointen, Refrains und Spottversen über das »Fin de Siècle« als Ära, in der es nichts gibt, was es nicht gibt, steckt der Kern des Prinzips Gschnas, sondern in der Technik der Dekorationen, in den verwendeten Materialien, in dem Prinzip, nach dem sich das Eisen des Eiffelturms vom Aluminium vertreten lassen muss. Das Feuilleton der »Österreichisch-Ungarischen Kunst-Chronik« hatte das in seinem Artikel »Die babylonische Verwirrung« bereits im Februar 1880 erkannt. In einer Persiflage auf die zeitgenössische Lust an Stildefinitionen stellte der Autor dem griechischen, gotischen und barocken Stil den »Gschnasstil« an die Seite: »Der Gschnas beruht, als Erfindung unserer Zeit, auf dem derbsten Realismus, und während alle anderen Stile das naturalistische Motiv stilisieren, sucht der Gschnas umgekehrt das stilistische Motiv zu naturalisieren, somit ist das Hauptgesetz des Gschnasstils: höchste und vollkommenste künstlerische Wirkung durch Anwendung des einfachsten, natürlichsten Behelfes. Die genaue Kenntniss und Anwendung des Materials ist also Grundbedingung zur Ausübung dieser

Kunstform, im Übrigen ist der künstlerischen Entfaltung volle Freiheit wie in keinem anderen Stile gewährt.«

Das Schlüsselwort dieser Definition ist der Begriff »Material«. Aus seiner nivellierenden Kraft geht die Freiheit des Gschnasstils hervor, Aluminium als Eisen auszugeben, billige Ersatzstoffe als Kostbarkeiten, das Uringlas aus dem Klinikalltag als den Giftbecher der Lucrezia Borgia. Die in Freuds Schriften allgegenwärtige Aufwertung der geringfügigen Details, der scheinbar unwichtigen Ereignisse und Erinnerungsreste erfasst im Gschnas-Prinzip die Welt der Dinge. Wie die Phantasie der Hysteriker ihre Einfälle »aus dem harmlosesten und banalsten Material des Erlebens« schöpft, greift es auf das scheinbar Wertlose, Herabgesunkene, Ausrangierte zurück. Eine Hierarchie der Dinge kennt es nicht.

Es ist der Gegenpol zum Fetischismus, der ein »Körperteil«, etwa den Fuß oder das Haar, oder ein »unbelebtes Objekt«, etwa einen Stiefel, ein Kleidungs- oder Wäschestück isoliert und exklusiv an die Stelle des eigentlichen Sexualzieles setzt: »Dieser Ersatz wird nicht mit Unrecht mit dem Fetisch verglichen, in dem der Wilde seinen Gott verkörpert sieht.« Der Fetisch ist kein verborgener, maskierter, verkleideter Gott, er liegt dem, der ihn begehrt, offen zutage, und »er ist leicht zugänglich, die an ihn gebundene sexuelle Befriedigung ist bequem zu haben«. Denn anders als für Faust, der mit seiner Fetisch-Forderung an Mephisto – »Schaff' mir ein Halstuch von ihrer Brust, Ein Strumpfband meiner Liebeslust!« – lediglich jenem Stadium normaler Verliebtheit Tribut zollt, bei dem »das normale Sexualziel unerreichbar oder dessen Erfüllung aufgehoben erscheint«, löst sich im entfalteten Fetischismus das unbelebte Objekt vollkommen vom »normalen Sexualziel« ab. Der Fetischismus ist in Freuds Theorie der Ort, an dem die Dinge restlos im psychoanalytischen Objektbegriff aufgehen – und in der Geschlechtermythologie, derzufolge der

Fetisch allein in der männlichen Sexualität vorkommt und aus dem nicht überwundenen »Kastrationsschreck beim Anblick des weiblichen Genitales« hervorgeht. Die Brücken, die aus der Welt des Fetisch zum Künstlerball führen könnten, hat Freud früh abgebrochen. In einem zu Lebzeiten nie publizierten Vortrag hat er 1909 alle Frauen zu »Kleiderfetischisten« erklärt, da sie den Diktaten der Mode wehrlos unterlägen. Eine tragfähige Theorie der Mode aber hat er nie entwickelt.

Freud ist an den ästhetischen Avantgarden seiner Zeit vorbeigegangen. Doch was er im eingehegten, auf die Ausnahmesituation des Karnevals beschränkten Wiener Gschnas-Prinzip als Analogon von Traumarbeit und hysterischer Phantasie erkennt, wird im 20. Jahrhundert in den bildenden Künsten wie in der Literatur Furore machen. Der vorerst noch schüchterne Auftritt des »banalen« Materials wird die Sphäre der Kunst entgrenzen und zur Nivellierung der Distanz zwischen Alltagsdingen und Kunstobjekten führen. Das Urinoir wird den Vorwand, unter dem es sich als kostbarer Giftbecher einer Schreckensfigur der Renaissance kostümiert, fallen lassen und unverkleidet als Pissoir seinen Platz in Kunstausstellungen und Museen beanspruchen. Marmor, Bronze, Öl und Leinwand werden ihre herausgehobene Position verlieren, Dinge von geringem Materialwert als »objet trouvés« Karriere in der Kunst machen.

Die Generation, die als letzte ihre Kindheit noch im späten 19. Jahrhundert verbrachte, die noch die schweren dunklen Möbel der Gründerzeit kannte und schon die lichte Welt der Reformmöbel, die mit der Stilvielfalt des Historismus aufgewachsen war und mit der Kritik am Ornament erwachsen wurde, betrachtete die Dinge und Interieurs ihrer Herkunftswelt mit Argusaugen, verwandelte sie in Traumbilder und machte ihnen nicht selten den Prozess. In den Lithographien von Max Ernst versinken Sessel, auf denen Schlafende liegen, in den Fluten des Traums, auf den Photographien von Man Ray nistet in den Interieurs des 19. Jahrhunderts das Unheimliche. Sigfried Giedion hat sich das Heft »Le Lion de Belfort« in Max Ernsts Collagenserie »Une semaine de bonté ou les sept éléments capitaux« (1934) bei seiner Abrechnung mit den »Phantasmagorien der Tapezier« nicht entgehen lassen: »Da steht im Halbdunkel dominierend ein *confortable* mit seiner bis zum Boden reichenden *frange royale*, und in ihm wird einer jener eindeutigen Akte postiert, die die gute Gesellschaft in ihren Salons an den Wänden hängen hatte. Umgeben von einer Flut von Kissen und Portieren ist die Schöne aus dem Goldrahmen in den Sessel gestiegen. Um ihre Nacktheit streichen die Löwenköpfe und Löwenfelle des lebendig gewordenen Monuments von Belfort. Wie es enden mag, deutet die abgehackte Hand an, die anstelle einer Quaste dem zur Bestie erwachten Löwenkopf der Armlehne entwächst.« Die Angstträume der Emmy N … aus den »Studien über Hysterie«, der es mit den in ihrem Mobiliar enthaltenen Schlangen ähnlich erging, gehören zur Vorgeschichte der hier beschriebenen Collage. Und verblüffend nah kommt Walter Benjamin in seinen Notizen zum Interieur des 19. Jahrhunderts den Mischlokalitäten beim »Gschnas-Ball«: »Der Wechsel der Stile, das Gotische, Persische, Renaissance etc. das hieß: über das Interieur des bürgerlichen Speisezimmers schiebt sich ein Festsaal Cesare Borgias, aus dem Boudoir der Hausfrau steigt eine gotische Kapelle heraus, das Arbeitszimmer des Hausherrn spielt irisierend in das Gemach eines persischen Scheichs hinüber.«

Der Surrealismus entdeckte die den Dingen zugewandte Seite in der Psychoanalyse Freuds. André Breton wollte durch die Lektüre der »Traumdeutung« die eigene ästhetische Strategie beglaubigen und den Schlaftraum in das Erleben des Alltags überführen. Das Ensemble um Ödipus und Narziss sowie die Dynamik des Unbewussten mitsamt dem architektonischen Gefüge von Es, Ich und Über-Ich treten in der Traumtheorie des Surrealismus zugunsten der Dinge zurück. Schön sei, sagt das Erste Surrealistische Manifest in den Worten von Isidore Ducasse, des Comte de Lautréamont, »die zufällige Begegnung einer Nähmaschine und eines Regenschirms auf einem Seziertisch«. Ding-Konstellationen wie diese gehen in Freuds »Traumdeutung« aus den Mechanismen der Traumarbeit hervor, denen die psychoanalytische Deutung den Schein des Zufälligen nimmt. Das Arrangement der Dinge wird vom Widerstreit der Wunschenergie des Unbewussten und den Zensurinstanzen gesteuert, die es zu überwinden hat. Walter Benjamin hat in seiner »Glosse zum Surrealismus«, die 1927 in der »Neuen Rundschau« erschien und später den Titel »Traumkitsch« erhielt, die Seele den Dingen nachgeordnet: »Vexierbilder als Schematismen der Traumarbeit hat längst die Psychoanalyse aufgedeckt. Die Sürrealisten sind mit solcher Gewissheit der Seele weniger als den Dingen auf der Spur. Den Totembaum der Gegenstände suchen sie im Dickicht der Urgeschichte auf. Die oberste, die allerletzte Fratze dieses Totembaums ist der Kitsch. Er ist die letzte Maske des Banalen, mit der wir uns im Traum und im Gespräch bekleiden, um die Kraft der ausgestorbenen Dingwelt in uns zu nehmen.«

Wenn Benjamin lapidar bemerkt, die Geschichte des Traumes bleibe noch zu schreiben, ist die Kritik an Freud unüberhörbar. Sie steckt in dem Satz: »Das Träumen hat an der Geschichte teil.« In diesem Satz steckt das Programm einer Deutung der Dinge als Chiffren der historischen Erfahrung statt des individuellen Unbewussten. Voraussetzung einer solchen Aufwertung banaler Dinge zu Kronzeugen der Geschichte ist die radikale Verabschiedung der Romantik, für die der Traum von der blauen Blume im »Heinrich von Ofterdingen« des Novalis einsteht. An die Stelle des Bündnis-

**Untergang des Interieurs**
»Quiétude« aus Max Ernsts Collagen-Band
»La femme 100 têtes« aus dem Jahr 1929

ses von Traum und Poesie tritt im Zeitalter von Technik und Industrie das Bündnis des Traums mit den Dingen, die eben noch Mode waren und wenig später schon ausrangiert sind. »Der Traum eröffnet nicht mehr eine blaue Ferne. Er ist grau geworden. Die graue Staubschicht auf den Dingen ist sein bestes Teil. Die Träume sind nun Richtweg ins Banale. Auf Nimmerwiedersehen kassiert die Technik das Außenbild der Dinge wie Banknoten, die ihre Gültigkeit verlieren.« Dinge, die einen Kursverfall erleiden und dem Abfall zugeschlagen werden, gehören zur Rückseite der Industrialisierung. Der technische Fortschritt bringt neben Innovationen, die wie das Telephon erfolgreich in das Alltagsleben eingehen und sich fortwährend modernisieren, eine Fülle von Novitäten hervor, die rasch wieder verschwinden. Zu den Klagen über den Verlust an Solidität im Leben zählt in der Epoche Freuds die Klage über die geringer werdende Lebensdauer der Dinge.

Der Lumpensammler, der in der Malerei und Literatur des 19. Jahrhunderts auftaucht, mit Höhepunkten in Baudelaires »Fleurs du Mal« und in Edouard Manets Gemälde »Le Chiffonnier«, ist ein Vorbote des Aufstiegs der niederen Dinge in den Künsten des 20. Jahrhunderts. Die »ausgestorbene Dingwelt«, deren Kraft Benjamin in sich aufnehmen wollte, fand in den Städten einen Ort, an dem sie wieder in die Zirkulation eingehen konnte. Dieser Ort war der Flohmarkt, die Lumpensammler hatten ihn mitgeformt. Auf dem Flohmarkt von Saint Ouen in der nördlichen Pariser Banlieue, einem Kind des späten 19. Jahrhunderts, fahndet der Held in André Bretons Romanen »Nadja« und »L'amour fou« nach altmodischen, zerbrochenen, unbrauchbaren und »fast unverständlichen« Dingen. Er findet unter anderem einen großen Holzlöffel, dessen Griff in einen kleinen Frauenschuh ausläuft. Ein beim Erwachen erinnertes Traumfragment wird sich an dieses Mischgebilde heften, das in Gestalt einer suggestiven Photographie Man Rays als

**Edouard Manet »Le Chiffonier« (1869)**
Der Lumpensammler, ins Bildzentrum gerückt, ein Vorbote der Aufwertung des Ausrangierten und der niederen Dinge im 20. Jahrhundert

Illustration in den Roman eingegangen ist. Das Traumfragment besteht aus nichts anderem als aus der Formel »le cendrier cendrillon« (»der Aschenbecher Aschenputtel«). Es wird zum Ausgangspunkt einer Tagträumerei, die den »armseligen« Holzlöffel und seinen kleinen Damenschuh in die Dingwelt des Aschenputtel-Märchens einspinnt, in den Kontrast zwischen der niederen Küchenarbeit und dem Tanz bei Hofe, dem Pantoffel und dem gläsernen Schuh. Für den Zusammenhang von Traum- und Dingwelt aufschlussreich ist vor allem die Formel »le cendrier cendrillon«. Sie stellt dem Mischobjekt aus Löffel und Schuh ein Mischgebilde aus Worten an die Seite, das die in der Flohmarkterwerbung schlummernden Potentiale der Phantasiestimulierung überhaupt erst entbindet.

Dieses Wechselspiel von Dingen und Worten ist schon in Freuds Theorie des Unbewussten von entscheidender Bedeutung. Bereits in der »Traumdeutung« hat er erkannt, dass die

**Photographie von Man Ray in André Bretons »L'amour fou« (1937)**
»Holzlöffel, von bäuerlicher Fertigung ..., dessen Stiel in einen kleinen Frauenschuh auslief«.

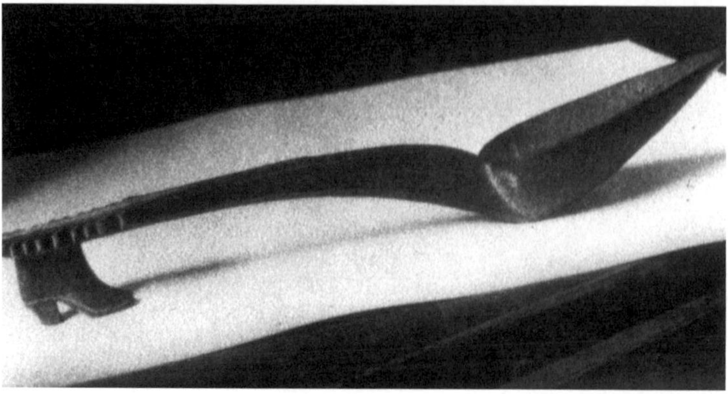

Traumarbeit die Worte nicht anders behandelt als die Dinge: »Am greifbarsten wird die Verdichtungsarbeit des Traums, wenn sie Worte und Namen zu ihren Objekten gewählt hat. Worte werden vom Traum überhaupt häufig wie Dinge behandelt und erfahren dann dieselben Zusammensetzungen wie die Dingvorstellungen. Komische und seltsame Wortschöpfungen sind das Ergebnis solcher Träume.« Es ist von dieser Einsicht nicht weit zu dem Gedanken, dass es das Gschnas-Prinzip auch in der Sprache gibt. Freud hat ihn in dem Aufsatz »Das Unbewusste« im Blick auf die Sprache der Schizophrenie erprobt, die er durch »das Überwiegen der Wortbedeutung über die Sachbedeutung« bestimmt sieht. Die Worte als akustische Gebilde lösen sich von den Gegenständen, die sie bezeichnen. Sie treten an die Seite der Sinneswahrnehmungen von Objekten, an die sich Erinnerungsspuren und Wünsche anlagern. Nur solche Wahrnehmungsreste machen es möglich, dass unbewusste Vorstellungen ins Bewusstsein gehoben werden können. Im von Zensurschranken geregelten Grenzverkehr zwischen den Regionen des Unbewussten, Vorbewussten und Bewussten können Reste von Wortwahrnehmungen die im Unbewussten zirkulierenden Sachvorstellungen affektiv verstärken. Nicht anders als die Traumarbeit behandelt die schizophrene Rede die Worte wie die Dinge, zerlegt sie und führt durch sie das scheinbar Entfernte und qualitativ Unterschiedene zusammen. Die Sprache wird Material, die Worte werden denselben Prozessen unterworfen, die latente Traumgedanken in manifeste Traumbilder verwandeln, auch um den Preis des Zerfalls der Syntax und der Unverständlichkeit. Wie die Urinflasche des Künstlerballs auf die bildende Kunst des 20. Jahrhunderts vorausweist, sind die Operationen, die Traum und schizophrene Rede am Material der Sprache vornehmen, mit der Entdeckung der Lautpoesie seit der Frühromantik und den Exerzitien verwandt, die im Surrealismus

André Bretons unverständliche Sätze oder Satzfragmente in den Regionen des Halbschlafs, an der Schwelle zwischen Wachen und Traum hervorbringen. Hier wie dort, in der Collage der Dinge wie in der Lösung der Worte von ihrer Sachbedeutung, ist bei Freud wie in der ästhetischen Moderne das Material gerade nicht den romantischen Regionen des Traums entnommen, sondern dem Alltag der Moderne.

Als kurz nach Erscheinen der »Traumdeutung« das »Trottoir roulant«, ein Vorläufer der Rolltreppe, zu den Hauptattraktionen auf der Weltausstellung in Paris im Jahr 1900 avancierte und die Wiener Zeitungen das in verschiedenen Geschwindigkeiten um das Ausstellungsgelände geführte Laufband ausführlich glossierten, tauchte die mobile Aussichtsplattform in einem der vielen Träume Freuds auf, die um seine akademische Beförderung und die Komplikationen seiner universitären Karriere kreisen: »So träumte ich einmal, dass ich mit einem meiner früheren Universitätslehrer in einer Bank sitze, die mitten unter anderen Bänken eine rasch fortschreitende Bewegung erfährt. Es war dies eine Kombination von Hörsaal und Trottoir roulant.« Freud träumte eine moderne Mischlokalität, eine entsprechende Beförderungstechnik gab es für ihn an der Universität jedoch nicht. Findige Wiener Veranstalter machten aus der in New York ersonnenen technischen Neuerung rasch ein Angebot im Repertoire der großstädtischen Vergnügungen. Als »elektrisch betriebene Stufenbahn mit feenhaften Ausstattungs- und Lichteffekten« gastierte das Trottoir roulant mehrfach in Wien, im Herbst 1907 an der Währinger Straße, unweit der Berggasse 19.

Die Elektrifizierung der Haushalte wie des städtischen Alltags ging mit der Elektrifizierung der Sprache in der populären Literatur über die Neurasthenie und die Nervosität als Zeitkrankheit einher. Die Verzweigungen der Eisenbahnschienen in der Außenwelt und die Nervenstränge der Innenwelt spiegelten sich ineinander. Der mit August Strindberg befreundete Chirurg Carl Ludwig Schleich, einer der Erfolgsautoren des frühen 20. Jahrhunderts, nannte seinen ersten an das allgemeine Publikum adressierten Essayband noch »Von der Seele« (1910), machte aber vor allem mit dem Nachfolger »Vom Schaltwerk der Gedanken« (1916) Furore. Darin ersetzte er die Frage »Was ist die Seele?« durch das Projekt, »von den Apparaten des Gehirns und der Nerven möglichst Präzises auszusagen«. Seine essayistische Fiktion ist die archäologische Rekonstruktion einer »elektrischen Kultur«: »Denken wir uns durch irgendein katastrophales Missgeschick, sagen wir durch die Cyangase eines geplatzten Kometen, erlösche mit einem Schlage alles Lebendige dieses Planeten, die Menschen sänken tot um oder erstickten in ihren Wohnungen, die Betriebe ständen still, die elektrischen Zentralen ließen noch eine Weile ihre Ströme zucken durch die künstlichen Nerven, mit denen der Menschengeist und die Technik die Erde zu einem gehirnartigen Wesen umgebildet hat, – dann stände alles still. Die Lampen verlöschen, die Kabelleitungen hörten auf, die Blechplatten und die Antennen der Telefunkapparate plapperten nicht mehr, alle Telephonleitungen schliefen. Und nun landete nach langer Frist ein Expeditionskorps vom Mars auf unserm Planeten unter einem Führer und Entdecker. Er fände, wie der Anatom vor dem toten Gehirn und Rückenmark alles – die Schienenstränge, die Säulen des Bogenlichts, die Drähte, die Zentralen, die Apparate zum Ein- und Ausschalten, die Telephone, die Marconiplatten, die Kabel. Die Scheinwerfer usw. Da er es soweit gebracht hat, ein Schiff zu konstruieren, welches ihn bis zu uns führte – so dürfen wir ihn uns im Besitze mancher wissenschaftlichen Methoden denken und wohl befähigt, viele Zusammenhänge zu rekonstruieren. So, meine ich, steht der rechte Forscher vor der Frage nach dem Verhältnis von Gehirn und Seele, Nerv und Geist.«

**Das »Trottoir roulant«**
Eine Attraktion der Weltausstellung in Paris 1900, in Photographien und im frühen Film festgehalten und in einem Traum Freuds mit der Universität zu einer Mischlokalität kombiniert.

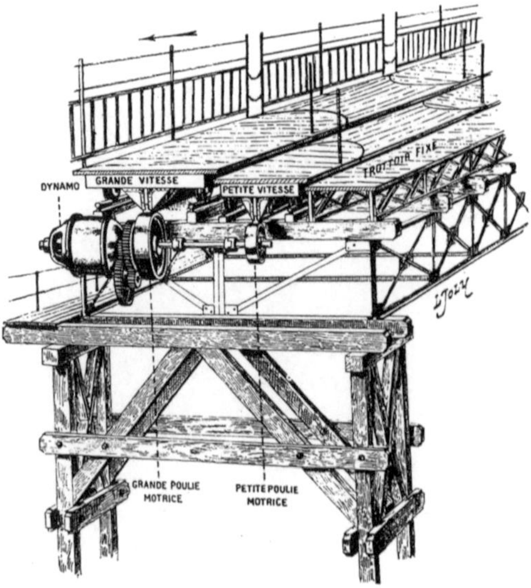


**Der Mechanismus des »Trottoir roulant«**
Ein Beitrag zur Elektrifizierung des Stadtraums: Ein Laufband mit geringer, eines mit erhöhter Geschwindigkeit und ein fixierter Seitenstreifen.

Das Klingeln eines Zimmertelegraphen, wie sie in Hotels üblich waren, hallt in Freuds »Traumdeutung« durch den Traum eines jungen Mannes, der als Kind einmal schlaftrunken ein Glas Wasser auf dem Boden verschüttet hat. Das fortwährende Läuten des Telegraphen, dessen Kabel durchtränkt worden war, hatte damals den Schlaf des Vaters gestört. Freud wird in dem Traum ein sexuelles Motiv entdecken, aber es heftet sich nicht an die Form der Apparatur und auch nicht an das Nasswerden des Kabels, sondern an das Kompositum »Zimmertelegraph«, dessen erster Teil eine gangbare Brücke zu den latenten Traumgedanken bildet. Die Dinge, die aus

Fig. 11.

**C. Theod. Wagners Haustelephon**
Das »in Stromkreisen mit 2500 Ohm kräftig läutet«.

den fortwährenden Innovationsimpulsen der technisch-zivilisatorischen Modernisierung hervorgehen, machen den Mechanismen der Traumarbeit ein doppeltes Angebot. Ängste, Neurosen und Wünsche können sich, etwa in Form bequemer Symbolisierungen, an ihre physische Gestalt und Funktion anlagern, sie können aber auch durch ihre Namen zu Vermittlern zwischen dem manifesten Trauminhalt und den latenten Traumgedanken werden. Denn der technische Fortschritt bringt nicht nur eine Fülle neuer Dinge hervor, sondern mit ihnen zugleich eine große Fülle neuer Namen.

Eine Apparatur, die sowohl durch ihre technische Funktion wie durch ihren Namen für die Mechanismen des Unbewussten attraktiv wurde, war der Lift. In der Fallgeschichte der Frau Emmy von N ... in den »Studien über Hysterie« heften sich die Ängste an den Lift einer Pension, mit dem ihre Kinder in den vierten Stock fahren sollen. Der Pensionsbesitzer selbst habe ihre Zweifel an der Verlässlichkeit des Lifts geweckt. Der Zeitungsleser Freud kennt die Annonce, mit der sich der Pensionsbesitzer des Aufzuges rühmt, und hat es leicht, anstelle des Lifts die tatsächliche Angstquelle aufzudecken. Es liegt eine gewisse Ironie darin, dass Freud seiner Patientin die von Unfallgeschichten genährte Liftphobie energisch ausredet, denn er selbst litt zu diesem Zeitpunkt noch unter der Eisenbahnphobie, die seiner notorischen Reiselust als unangenehmes Hemmnis gegenübertrat. In der ersten Auflage der »Traumdeutung« taucht der Lift wieder auf und macht der Traumarbeit wie den Neurosen sein zweites Angebot, das in seinem Namen enthalten ist: »Ich muss noch einen anderen Vorstellungskreis erwähnen, der im Träumen wie in der Neurose häufig zur Verhüllung sexuellen Inhaltes dient. Ich meine den des Wohnungswechsels. Seine Wohnung wechseln ersetzt sich leicht durch Ausziehen, also durch ein mehrdeutiges Wort, das in den Vorstellungskreis der Kleidung führt. Ist dann noch im Traume ein Lift dabei, so erinnert man sich, dass ›to lift‹ im Englischen aufheben bedeutet, also Kleider aufheben.« Diese nahezu akrobatische Deutungsvolte kann sich die Elektrifizierung der Häuser nur zunutze machen, weil ihr die Technik ein Wort zur Verfügung stellt, das sich widerstandslos in die Symbolik von Haus, Interieur und Kleidung integrieren lässt. An der Seite der Technik steht als Reservoir attraktiver Namen in der Psychoanalyse Freuds die antike Mythologie, der sich die folgenden Kapitel widmen. Dieser Streifzug durch die Welt von Haus und Interieur kann aber nicht enden ohne einen Gang ins Kinderzimmer. Dort wartet eines jener unscheinbaren Dinge, die durch die Deutungstechnik Freuds berühmt geworden sind.

# DIE HOLZSPULE UND DIE ENTTHRONUNG DES LUSTPRINZIPS

In einer Bewegung, die oft innehält, immer wieder neu ansetzt und gegen einen untergründig wirksamen Widerstand anzukämpfen scheint, arbeitet sich Freuds Schrift »Jenseits des Lustprinzips« (1920) zu dem Punkt vor, an dem die in ihrem Titel enthaltene Spannung unmissverständlich hervortritt. Als ein ungefähres »darüber hinaus«, ein »beyond« mochte das Jenseits dem Leser zunächst erschienen sein. Das ändert sich, wenn er verfolgt, wie der Autor, vorsichtig, als hantiere er mit einem hochexplosiven Stoff, die Schlinge der Einschränkungen des Lustprinzips immer enger zieht, bis er auf der letzten Seite die lange vorbereitete Konsequenz zieht: »Das Lustprinzip scheint geradezu im Dienste der Todestriebe zu stehen.« Angesichts der Wucht dieses Satzes klingt die in Überblicksdarstellungen zum Werk Freuds beliebte Formel, er habe in dieser Schrift den Todestrieb »eingeführt«, beschwichtigend. Gewiss, der Satz ist durch das »scheint« abgemildert und von Einschränkungen umgeben, die an eine Balance oder auch Kooperation von Lustprinzip und Todestrieben denken lassen. Aber auf dem Weg zu diesem Satz hat Freud die Grundthese seiner »Traumdeutung« ins Wanken gebracht, jeder Traum lasse sich als Wunscherfüllung deuten. Die Schrift »Jenseits des Lustprinzips« ist nicht die Komplettierung und Erweiterung eines Theoriegebäudes durch Ausgreifen in bisher unbearbeitete Gebiete, sondern die Zündung der zweiten Stufe psychoanalytischer Begriffsbildung, die das mühsam gelegte Fundament nicht unbeschädigt lässt.

Wie sind die kleine Holzspule und der Bindfaden in dieses Szenario geraten, und was ist ihre Rolle darin? Sie tauchen im zweiten der sieben Abschnitte des Textes auf, an einer Abbruchkante. Im ersten Abschnitt hatte Freud den Ausgangspunkt seiner bisherigen Lehre rekapituliert, »dass der Ablauf der seelischen Vorgänge automatisch durch das Lustprinzip reguliert wird«, und dann das Widerspiel von Lust und Unlust im Seelenleben im Rückgriff auf die ältesten Schichten seiner

Theoriebildung noch einmal vorgeführt. Es sind die, aus denen während der Arbeit am »Entwurf der Psychologie« die imaginäre Lustpumpe hervorging. Die nochmalige Lektüre von Gustav Theodor Fechners Schriften zur Psychophysik, zumal der kleinen Abhandlung »Einige Ideen zur Schöpfungs- und Entwicklungsgeschichte der Organismen« (1873) treibt nun die Suche nach Quellen der Unlustempfindung voran, die sich nicht mehr, wie noch in der »Traumdeutung«, am Ende doch dem Lustprinzip subsumieren lassen.

Einschränkungen der Herrschaft des Lustprinzips im psychischen Apparat hatte Freud längst anerkannt. Die Hemmungen, auf die es treffen muss, um nicht zerstörerisch auf den Gesamtorganismus zu wirken, hatte er im Begriff des »Realitätsprinzips« zusammengefasst. Aber diese Einschränkungen, etwa die Gewöhnung der »schwer erziehbaren« Sexualtriebe an den Aufschub der Befriedigung, erschienen lediglich als Umwege des Lustprinzips, und die neurotischen, aus Abspaltungen und Verdrängungen hervorgehenden Unlustempfindungen entpuppten sich in der Regel als Maskierungen der »Lust, die nicht als solche empfunden werden kann«.

Erst mit den nach Eisenbahnzusammenstößen und anderen Unfällen auftretenden »traumatischen Neurosen« des zivilen Lebens und den auf Schlachtfeldern und in Schützengräben erworbenen »Kriegsneurosen« kommt das »Jenseits des Lustprinzips« in den Blick. In ihrer Erörterung geraten wir an die Abbruchkante: »Ich mache nun den Vorschlag, das dunkle und düstere Thema der traumatischen Neurose zu verlassen und die Arbeitsweise des seelischen Apparates an einer seiner frühzeitigsten normalen Betätigungen zu studieren. Ich meine das Kinderspiel.« Dieser Abbruch ist ein Beleg für die schriftstellerische Brillanz Freuds, die sich nicht nur an den Erzählstrategien seiner Fallgeschichten ablesen lässt, sondern auch an den Retardierungen, Perspektivenwechseln und scheinbaren Richtungsänderungen, mit denen er die Arbeit am Begriff vorantreibt. Das Signal, das er hier dem Leser gibt, ist eindeutig. Er wechselt, nachdem er die Katastrophen der modernen Technik und die Schrecken des Weltkriegs aufgerufen hat, das Terrain, lässt Trauma und Neurose vorläufig auf sich beruhen und wendet sich den normalen, nichtpathologischen Regionen just an jenem Ort zu, an dem die Herrschaft des Lustprinzips noch ungefährdet ist: dem Kinderzimmer. Die Beschreibung und Deutung des Kinderspiels, das er dort beobachtet, ist Autobiographie, Fallgeschichte und Theorieentwurf zugleich. Es lohnt sich, ihr genau zuzuhören.

»Ich habe, ohne das Ganze dieser Erscheinungen umfassen zu wollen, eine Gelegenheit ausgenützt, die sich mir bot, um das erste selbstgeschaffene Spiel eines Knaben im Alter von 1 ½ Jahren aufzuklären. Es war mehr als eine flüchtige Beobachtung, denn ich lebte durch einige Wochen mit dem Kinde und dessen Eltern unter einem Dach, und es dauerte ziemlich lange, bis das rätselhafte und andauernde Tun mir seinen Sinn verriet.

Das Kind war in seiner intellektuellen Entwicklung keineswegs voreilig, es sprach mit 1 ½ Jahren erst wenige verständliche Worte und verfügte außerdem über mehrere bedeutungsvolle Laute, die von der Umgebung verstanden wurden. Aber es war in gutem Rapport mit den Eltern und dem einzigen Dienstmädchen und wurde wegen seines ›anständigen‹ Charakters gelobt. Es störte die Eltern nicht zur Nachtzeit, befolgte gewissenhaft die Verbote, manche Gegenstände zu berühren und in gewisse Räume zu gehen, und vor allem anderen, es weinte nie, wenn die Mutter es für Stunden verließ, obwohl es dieser Mutter zärtlich anhing, die das Kind nicht nur selbst genährt, sondern auch ohne jede fremde Beihilfe gepflegt und betreut hatte. Dieses brave Kind zeigte nun die gelegentlich störende Gewohnheit, alle kleinen Gegenstände, deren es habhaft wurde, weit weg von sich in eine

Zimmerecke, unter ein Bett usw. zu schleudern, so dass das Zusammensuchen seines Spielzeuges oft keine leichte Arbeit war. Dabei brachte es mit dem Ausdruck von Interesse und Befriedigung ein lautes, langgezogenes *o-o-o-o* hervor, das nach dem übereinstimmenden Urteil der Mutter und des Beobachters keine Interjektion war, sondern ›fort‹ bedeutete. Ich merkte endlich, dass das ein Spiel sei und dass das Kind alle seine Spielsachen nur dazu benütze, mit ihnen ›Fortsein‹ zu spielen. Eines Tages machte ich dann die Beobachtung, die meine Auffassung bestätigte. Das Kind hatte eine Holzspule, die mit einem Bindfaden umwickelt war. Es fiel ihm nie ein, sie zum Beispiel am Boden hinter sich herzuziehen, also Wagen mit ihr zu spielen, sondern es warf die am Faden gehaltene Spule mit großem Geschick über den Rand seines verhängten Bettchens, so dass sie darin verschwand, sagte dazu sein bedeutungsvolles *o-o-o-o* und zog dann die Spule am Faden wieder aus dem Bett heraus, begrüßte aber deren Erscheinen jetzt mit einem freudigen ›Da‹. Das war also das komplette Spiel, Verschwinden und Wiederkommen, wovon man zumeist nur den ersten Akt zu sehen bekam, und dieser wurde für sich allein unermüdlich als Spiel wiederholt, obwohl die größere Lust unzweifelhaft dem zweiten Akt anhing.«

Es gibt Tabus in dem Haus, in dem das noch sehr kleine Kind dieser Erzählung lebt, Gegenstände, die nicht berührt, Räume, die nicht betreten werden dürfen. Das Kind ist ein braves Kind, es hantiert nicht mit verbotenen Dingen, betritt nicht die verbotenen Räume. Das Brave entsteht durch das Unterlassen von Handlungen. Dazu passt der Verzicht auf das Weinen, wenn die Mutter fortgeht. Selbstverständlich ist er nicht. Denn in einer Zeit, in der die Mütter des gehobenen Bürgertums beim Aufziehen der Kinder häufig Ammen oder Kinderfrauen in Anspruch nahmen, ist diese Mutter mit dem Kind, das sie »nicht nur selbst genährt, sondern auch ohne jede fremde Beihilfe gepflegt und betreut hatte«, in einer Intensität verbunden, die der Erzähler ausdrücklich hervorhebt. Es gibt nur ein störendes Element in diesem Tableau der Bravheit: die Angewohnheit des Kindes, kleine Gegenstände fortzuschleudern und im Zimmer zu zerstreuen. Diese Verwandlung seines Spielzeugs in mutwillig im Raum verteilte Wurfobjekte nähert für einen riskanten Moment das brave Kind den ungehorsamen, mit verbotenen Gegenständen wie der Schere hantierenden, Tischtücher und Geschirr herabzerrenden Kindern an, die der Arzt Heinrich Hoffmann im »Struwwelpeter«, zu dessen Lesern Freud zählte, so bildkräftig im bürgerlichen Interieur hatte wüten lassen.

Aber was eine Unart sein könnte, die beim abendlichen Aufräumen den Ärger der Erwachsenen herausfordert, entpuppt sich in der psychoanalytischen Langzeitbeobachtung als ein Spiel. Erst diese Einsicht, die zur Gewissheit wird, als dem Beobachter die Holzspule auffällt, macht den Weg frei zur Deutung der störenden Angewohnheit. Rasch ist der erste Schritt getan. Der kleine Junge stellt durch das Wegschleudern und Wiederheranziehen der Holzspule das Verschwinden und Wiederkommen der Mutter dar. Die stete Wiederholung des »Fort-Da«-Spiels dient der Einübung in den Triebverzicht, dessen es bedarf, um »das Fortgehen der Mutter ohne Sträuben zu gestatten«. Die Holzspule begünstigt im Unterschied zu den anderen Spielobjekten, die abends mühsam zusammengesucht werden müssen, durch den ihr anhängenden Bindfaden ihre Wiederkehr. Sie erlaubt dem Kind, das, was es in der passiven Rolle des Verlassenen erlebte, in der Rolle des Akteurs zu wiederholen. So verwandelt es die Unlusterfahrung in eine lustvoll wiederholte Aktion. Der Bindfaden ist der stille Held in diesem Szenario, in dem das Kind sich für den erlittenen Schmerz schadlos hält, indem es sich im Spiel zum Souverän aufschwingt, der über das Verschwinden und Wiederkommen der Holzspule verfügt. Es folgt einem »Bemächtigungstrieb«,

»der sich davon unabhängig macht, ob die Erinnerung an sich lustvoll war oder nicht«.

Freud verweist, bevor er die Holzspule auftreten lässt, auf den Aufsatz »Äußerungen infantil-erotischer Triebe im Spiele« des Budapester Analytikers Sigmund Pfeifer in der Zeitschrift »Imago«. Darin kann man nachlesen, wie die Dinge des Kinderzimmers, die Spielzeuge, zu Stellvertretern affektbesetzter Objekte der Libido werden. Mustergültig diagnostiziert Pfeifer die Spiele des kleinen Hans aus Freuds »Analyse der Phobie eines fünfjährigen Knaben« als »Symptomhandlungen«, in denen die Dinge ihre Rolle nach Maßgabe der Wünsche spielen: »Bei diesem Spiel fällt zunächst seine lusterzeugende Natur auf, schon aus dem Grunde, da das Spiel unermüdlich wiederholt wird. Man muss sich die Frage stellen, wo diese Lust bei einer scheinbar so sinnlosen Tätigkeit, wie dieses Spiel, herstammt. Die Analyse hat zunächst ergeben, dass das Spiel hinter seinem manifesten auch einen verborgenen, unbewussten Inhalt hat, der einen in der Seele Hansens tiefbegründeten Sinn verrät, und aus welchem der erstere durch eine Entstellung entstanden ist. Wird die Entstellung durch die Analyse rückgängig gemacht, so verrät das Spiel seinen unbewussten Inhalt: dass die Puppe im Spiele für Hans, der an seinem Inzestkomplex erkrankt ist, seine Mutter repräsentiert, und die ganze Handlung nichts anderes ist, als die ersehnte, phantasierte und an diesem symbolischen Ersatz vollführte Vereinigung mit der Mutter, also der Inzest, mit der darauffolgenden Geburt. Er wählt zum Zwecke dieser Darstellung die ihm geläufige und mit so vielen, man kann sagen, mit den meisten Kindern gemeinsame sadistische Auffassung des elterlichen Koitus, dessen Versinnbildlichung dieses gewaltsame Eindringen mit dem Messer (einem bekannten Penissymbol) in den Mutterleib ist. Dadurch nimmt Hans die Mutter in Besitz und versetzt sich an die Stelle des Vaters.«

Es gibt in diesem Szenario keinen Deutungsrest. Widerspruchslos stehen die Dinge im Dienst der Wünsche des Unbewussten. Das Spiel ist wie der Traum nur scheinbar eine »sinnlose Tätigkeit«, es gibt in der Deutung seinen Sinn preis. Die Teller und das Geschirr, das in Freuds Aufsatz »Eine Kindheitserinnerung aus Dichtung und Wahrheit« (1917) der dreieinhalbjährige Goethe nach der Geburt seines Bruders Hermann Jakob in einer seriellen Zerstörungsaktion auf die Straße wirft, lassen sich der Puppe und dem Messer des kleinen Hans an die Seite stellen. Sie verhelfen dem »Wunsch nach Beseitigung des störenden Eindringlings zu kräftigem Ausdruck«.

Die Trias aus Souveränitätsfiktion, Wiederholung und Unlustabfuhr gilt auch in der ersten Deutungsstufe des »Fort-Da«-Spiels. Das Spielzeug verschmilzt mit dem Objekt der Libido, die Holzspule wird zur Mutter. Dann aber reißt der Bindfaden, dem im symbolischen Szenario die Rolle der Nabelschnur zufällt. Das Wegwerfen tritt gegenüber dem Heranholen in den Vordergrund, und Freud erwägt, ob nicht »die Befriedigung eines im Leben unterdrückten Racheimpulses gegen die Mutter« der Kern des Spieles sein könnte. Und mit diesem Impuls (»Ja, geh' nur fort, ich brauch dich nicht, ich schick dich selber weg«) taucht plötzlich der Krieg wieder auf, den Freud an der Abbruchkante hinter sich gelassen hatte: »Dasselbe Kind, das ich mit 1 ½ Jahren bei seinem ersten Spiel beobachtete, pflegte ein Jahr später ein Spielzeug, über das es sich geärgert hatte, auf den Boden zu werfen und dabei zu sagen: Geh' in K(r)ieg! Man hatte ihm damals erzählt, der abwesende Vater befinde sich im Krieg, und es vermisste den Vater gar nicht, sondern gab die deutlichsten Anzeichen von sich, dass es im Alleinbesitz der Mutter nicht gestört werden wolle.« Die Holzspule hat in dieser zweiten Beobachtung ausgedient, der Bindfaden, Voraussetzung des »Fort-Da«-Spiels, seine Funktion verloren. Geblieben ist eine Schwundstufe, das »Fort«-Spiel. Freud lässt offen, ob das »Fort-Da« oder das »Fort« der entscheidende Impuls für die Wiederholung ist, und bricht die Erörterung des Kinderspiels ab, um sich im nächsten Abschnitt dem Wiederholungszwang der Neurotiker zuzuwenden. Er ist auf das dunkle Feld von Trauma und Neurose zurückgekehrt. Und an die Stelle des Kindes, das mit der Holzspule spielt, tritt Tankred, der Held in Torquato Tassos Epos »Das befreite Jerusalem«, der unwissentlich seine große Liebe Clorinda getötet hat. Als er nach ihrem Begräbnis im Zauberwald, dem Schrecken der Kreuzfahrer, einen hohen Baum mit dem Schwert spaltet, klagen ihn das Blut, das dem Baum entströmt, und die Stimme Clorindas, die in den Baum gebannt war, der – wiederum unwissentlichen – Wiederholung seiner Tat an.

Wie so oft bei Freud zieht der Registerwechsel – hier der vom Kinderzimmer zum Zauberwald des großen Epos – weit voneinander entfernte Sphären in einem Punkt zusammen. Wie der Held im Epos unterliegt das spielende Kind dem Bann der Wiederholung. Unmittelbar, nachdem er Tankred hat auftreten lassen, findet Freud den »Mut zur Annahme«, »dass es im Seelenleben wirklich einen Wiederholungszwang gibt, der sich über das Lustprinzip hinaussetzt. Wir werden auch jetzt geneigt sein, die Träume der Unfallneurotiker und den Antrieb des Kindes auf diesen Zwang zu beziehen«. Damit ist der Bann gebrochen, unter dem Freuds Theoriebildung bisher gestanden hatte. Wiederholung und Wunscherfüllung sind entkoppelt, und es wird nur noch wenige Seiten dauern, bis er bereit ist zu tun, was er bisher stets vermieden hat, nämlich »eine Ausnahme von dem Satze, der Traum ist eine Wunscherfüllung, zuzugestehen«. Ausdrücklich wird er den Träumen der Unfallneurotiker (und der Kriegstraumatisierten), die ihn zu dieser Ausnahme bewegen, die in der Analyse produzierten Träume an die Seite stellen, »die uns die Erinnerung der psychischen Traumen der Kindheit wiederbringen«. Es muss hier nicht nicht im Einzelnen nachverfolgt werden, wie in die Position, die durch den Teilrückzug der Wunscherfüllung frei geworden ist, die Todestriebe einrücken und auf die Wiederherstellung des leblosen Zustandes drängen, aus dem alles organische Leben hervorging. Es genügt, den »dämonischen Charakter« zu notieren, den das »Fort-Da«-Spiels mit dem Wiederholungszwang der Neurotiker und Traumatisierten teilt, um zu erkennen, dass die Abbruchkante, an der die Holzspule zuerst auftauchte, gar keine Abbruchkante war. Der Unfallschauplatz im zivilen Leben, der Schützengraben im Krieg und das Kinderzimmer rücken in »Jenseits des Lustprinzips« zusammen. Freud hat Holzspule und Bindfaden nicht als Gegenwelt zu den Unfall- und Kriegsneurosen ins Spiel gebracht, sondern um die Entthronung des Lustprinzips in der tiefsten Schicht des Seelenlebens zu verankern, dort, wo schon die Kinder, die noch nicht sprechen können, dem »Dämonischen« der Wiederholung ausgesetzt sind, dem Widerstreit von Lustprinzip und Todestrieb. Er ist vorgegangen wie der Autor eines Horrorromans, der seine Figuren allein deshalb an einen geschützten Ort führt, um sie dort umso effektiver mit dem nur scheinbar abwesenden Schrecken konfrontieren zu können.

Wohl auch, weil die Holzspule an der Schwelle ins Spiel kommt, die Freud überschreiten musste, um als das »Jenseits« des Lustprinzips den Todestrieb identifizieren zu können, gehört sie zu den meistinterpretierten unter Freuds Dingen. Die Anonymität, in der er seinen Beobachterbericht belassen hat, ist dadurch verflogen, die autobiographische Dimension seiner Erzählung hervorgetreten. Aus dem Jungen von 1 ½ Jahren ist Freuds erster Enkel Ernst Halberstadt geworden, der in der Nacht vom 10./11. März 1914, wenige Monate vor Ausbruch des Ersten Weltkriegs, in Hamburg geboren worden war, als Sohn von Freuds Tochter Sophie und ihres Mannes, des Photographen Max Halberstadt. Freud hatte die Geburt mit einem Satz kommentiert, der den Umstand, dass er dadurch zum Großvater wurde, mit der Würdigung der Sexualität als produktiver Kraft verband: »Sehr merkwürdig! Ein ältliches Gefühl, Respekt vor den Wundern der Sexualität!«

Max Halberstadt war der abwesende Vater im Krieg. Er hatte, nachdem er im Dezember 1915 eingezogen und wenig später an die französische Front, nach Arras gekommen war, im Februar 1916 eine Streifschussverletzung am Kopf erlitten. Wegen seiner Kopfschmerzen und Depressionen wurde er felduntauglich geschrieben. Er war eines der Opfer der traumatischen Kriegsneurosen, über die Freud in »Jenseits des Lustprinzips« schrieb. Auch die Mutter des spielenden Kindes blieb darin namenlos, sie starb in einer Fußnote: »Als das Kind fünfdreiviertel Jahre alt war, starb die Mutter. Jetzt, da sie wirklich ›fort‹ (o-o-o-) war, zeigte der Knabe keine Trauer um sie. Allerdings war inzwischen ein zweites Kind geboren worden, das seine stärkste Eifersucht erweckt hat.« Die Trauer Freuds um seine Lieblingstochter ist breit dokumentiert. Sie starb Ende Januar 1920 an einer »Grippe-Lungenentzündung«, als eines der vielen Opfer der Grippewellen nach dem Ende des Ersten Weltkriegs. Die Abfassung der Urschrift von »Jenseits des Lustprinzips« im Frühjahr 1919 ging ihrem Tod voraus. Aber die Fußnote holte sie in die dunkle Seite des Textes nachträglich hinein und verknüpfte das »Fort-Da«-Spiel, Holzspule und Bindfaden mit den traumatischen Erfahrungen, die zu der Hypothese führen, es gebe ein »Jenseits des Lustprinzips«.

In der zweiten Lieferung seines Buches »Die Postkarte von Sokrates bis an Freud und jenseits« (1980) hat der französische Philosoph Jacques Derrida Einspruch gegen jede Deutung des »Fort-Da«-Spiels erhoben, in der es lediglich als illustratives Glied in einer argumentativen Kette erscheint, die Wiederholungszwang und Todestriebe verbindet, um das Lustprinzip zu entthronen. Seine eigene Lektüre von Freuds »bizarrem Dokument« geht von der autobiographischen Dimension des

Textes aus und versieht sie in einem subtilen »close reading« mit Kommentaren, die dem Spiel des kleinen Jungen das spekulative »Fort-Da«-Spiel des Großvaters mit dem Lustprinzip an die Seite stellen. Beide Spieler hantieren mit ihrem eigenen Spielzeug, beide folgen selbsterfundenen Regeln. Der Enkel spielt das »Fort-Da«-Spiel mit Holzspule und Bindfaden, der Großvater mit einem Gebilde, das er selbst geschaffen hat. Im Spiel des Enkels mit der Holzspule, der »bobine«, die auch im Französischen weiblich ist, sind die Tränen enthalten, die er bei den häufigen Abwesenheiten der Mutter nicht weint. Das Spiel des Großvaters mit Anwesenheit und Abwesenheit des Lustprinzips betrifft die Genealogie seines eigenen Schreibens. Derrida zieht die verborgene Anwesenheit Nietzsches in Freuds Text ans Licht, dessen Schriften bewusst gemieden zu haben Freud in seiner »Selbstdarstellung« (1925) behaupten wird. Und er hebt das Auftauchen von Schopenhauer in einer Nebenbemerkung im sechsten Abschnitt von »Jenseits des Lustprinzips« hervor, die besagt, »dass wir unversehens in den Hafen der Philosophie Schopenhauers eingelaufen sind, für den ja der Tod ›das eigentliche Resultat‹ und insofern der Zweck des Lebens ist, der Sexualtrieb aber die Verkörperung des Willens zum Leben«. Unter ständigen Dementis, das Spiel des Enkels mit der »bobine« und die Textbewegung in »Jenseits des Lustprinzips« analogisieren zu wollen, lässt Derrida beide doch einander kommentieren. Keine Abbruchkante, kein Zaudern, keinen Umweg Freuds lässt er aus, Holzspule und Bindfaden bleiben anwesend, während er die Funktion der Bindung und des Bindens in den Primärprozessen des psychischen Apparats und ihre Ablösung und Ersetzung in den Sekundärprozessen nachzeichnet. Das ist erhellend für die Gedankenbewegung in »Jenseits des Lustprinzips«, aber am Ende ist die Holzspule nicht mehr da.

Derridas Lektüre kommentiert Freuds Verwandlung eines Objekts der Lebenswelt in ein Ding im Text strikt aus der

Perspektive der Schrift. Die Holzspule tritt aus der Ordnung der Dinge, der sie entstammt, heraus und verschwindet in der Textbewegung. Auch in diesem Buch sollen die Strategien ergründet werden, denen Freud bei der Verwandlung von Dingen in Figuren seiner Texte folgt. Aber dabei gilt die Regel, die Dinge durch ihre Verbindungsfäden mit der Lebenswelt aus den Texten wieder zurückzuholen. Wie das Interieur, die technischen Apparaturen oder die Objektcollagen der »Gschnas«-Bälle interessieren hier die Spiele und die mit ihnen verbundenen Dinge als Zeugen der Epoche. Freud fiel auf, dass der kleine Junge Holzspule und Bindfaden nicht dazu verwandte, sie als rollenden Wagen hinter sich herzuziehen. Er wählte vielmehr das Register der Wurfspiele. Dadurch waren Bindfaden und Holzspule, auch wenn sie die Mutter repräsentierten, zugleich eine Herausforderung an die Hand und ihre Geschicklichkeit. Auch die Geschicklichkeitsübung, die im »Fort-Da«-Spiel mit der Inszenierung von Abwesenheit und Anwesenheit einhergeht, ist mit der Wiederholung im Bunde, und womöglich ist die Beherrschung der Dinge – hier des Ensembles aus Holzspule und Bindfaden – eine autonome Quelle der Lust. Einige Jahre, bevor Freuds Enkel sein »Fort-Da«-Spiel erfand, grassierte in Wien die Diabolo-Mode. Die Illustrierte Kronen-Zeitung widmete ihr anlässlich ihres Verbots »aus Gründen öffentlicher Sicherheit« im September 1908 ein spöttisches Titelbild, auf dem die gesamte Gesellschaft, von den kleinen Kindern über die feschen Fräuleins und jungen Herren bis zu den sich verheddernden Familienvätern vom Diabolo-Fieber erfasst ist. Im Diabolo-Spiel, das wie eine Kapriole des Übermuts auftrat, haben Holzspule und Bindfaden ihre feste Verbindung aufgegeben. Aber die »Fort-Da«-Struktur ist geblieben. Der Bindfaden wurde, zwischen zwei Stöcke gespannt, zum Katapult, von dem aus die Spule in die Luft geschleudert wurde, um bei der Rückkehr vom elastischen Faden wieder aufgefangen zu werden. Mit großer Inbrunst

Ein Exemplar 4 Heller.
IX. Jahrgang Nr. 3120.

Illustrierte
# Kronen Zeitung

Monatlich 1 Krone
mit Zustellung ins Haus.

Administration: IX/1, Pramergasse 23, Tel. 15744. Stadtbureau: I., Schulerstraße 19, Teleph. 7027.

Wien, Sonntag, den 6. September 1908.
Redaktion: Wien, IX/1, Pramergasse 23.
Int.-urb. Tel. 12805. Lokal-Tel. 1330. Manuskripte werden nicht zurückgestellt.

Monats-Abonnement: (für die Provinz mit täglicher Postversendung) 1 Krone 60 Heller.



O, dieses Diabolo!

»Die Sommerspielwaren bleiben liegen, es zieht nur der Diabolo. Der Erfolg dieser beiden durch eine Seidenschnur verbundenen Stäbchen, dieses Spielkörpers ist einfach beispiellos.«

wurde dieses Spiel, das in Frankreich im 19. Jahrhundert erstmals seinen Siegeszug angetreten hatte, um 1900 in Europa gespielt. Vielleicht dürfen wir uns den älter gewordenen Enkel Freuds, aus dem ein bedeutender Kinder-Analytiker wurde, als einen potentiellen Diabolo-Spieler vorstellen. Im Rückblick auf die Epoche jedenfalls stünde er in einer Geschichte der Wurfspiele an der Seite von Marcel Prousts Albertine. Proust, der für Dinge, Interieurs und alle Modephänomene ein feines Gespür hatte, lässt in seiner »Recherche« den Erzähler am Strand von Balbec just in dem Moment auf seine künftige Geliebte treffen, »als sie gerade mit einer Schnur einen merkwürdigen Gegenstand in die Höhe hob, der sie der ›Infidelitas‹ von Giotto ähnlich erscheinen ließ; das Ding nannte sich ›Diabolo‹ und ist derart aus der Mode gekommen, dass vor dem Porträt eines jungen Mädchens mit einem solchen Gegenstand künftige Kommentatoren gelehrte Ansichten werden äußern können, nicht anders als darüber, was irgendeine der allegorischen Figuren der Arena-Kapelle in der Hand halten mag.«

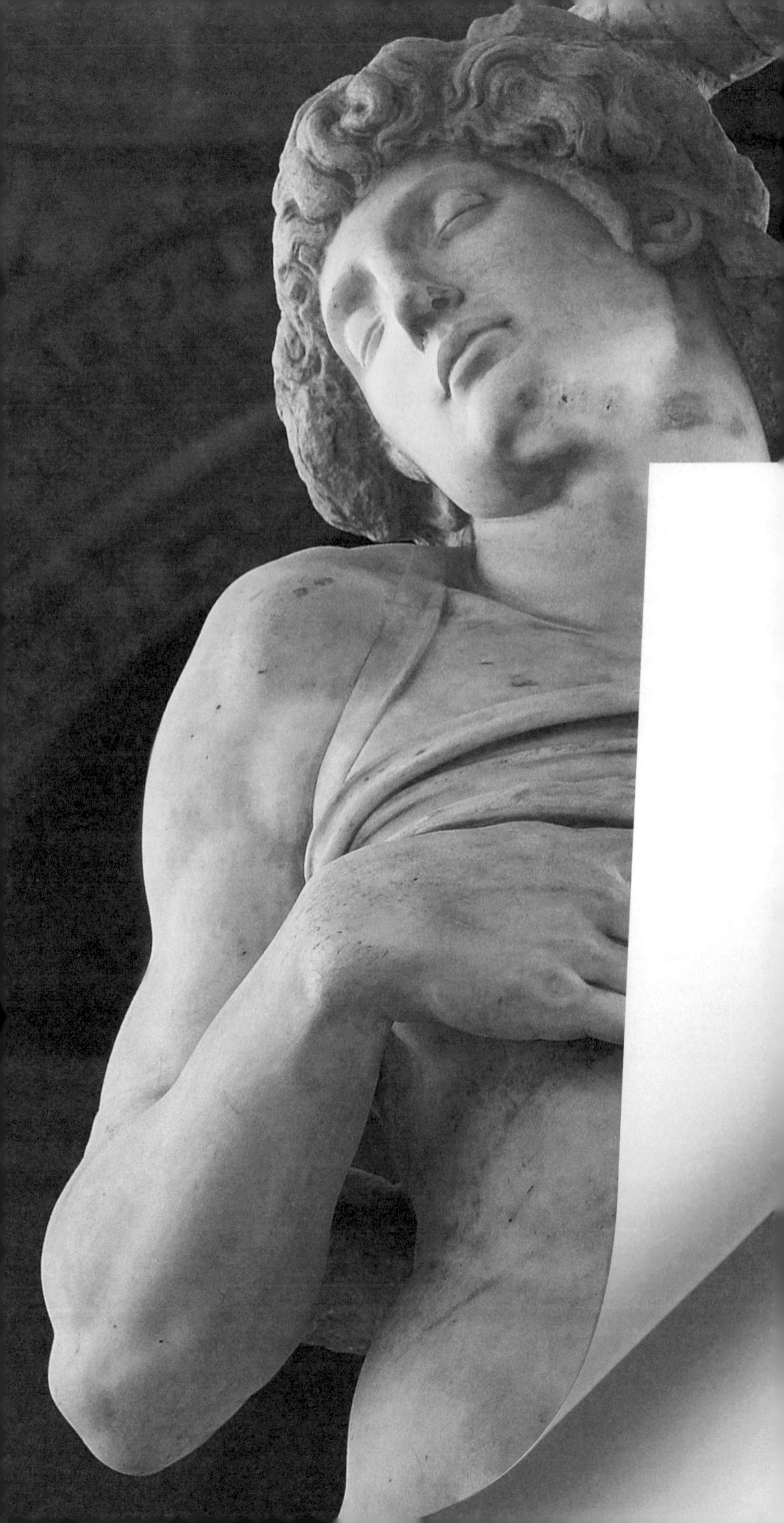

# 3

# DAS BÜNDNIS MIT DER ANTIKE

# DER NEUE MIDAS UND DIE PELZMÜTZE DES VATERS

## / Der neue Midas und die Pelzmütze des Vaters

Im April 1898 reiste Freud mit seinem Bruder Alexander über Ostern nach Aquileia und Grado und besuchte von dort aus die Tropfsteinhöhle im Karst. In der ausführlichen Schilderung dieser Unternehmung, die er an Wilhelm Fließ schickte, spielt der alkoholumnebelte Führer in der Rudolfshöhle die Hauptrolle. Das »verkommene Genie« ist zugleich der Entdecker der Höhle: »Als er äußerte, dass er schon in ›36 Löchern‹ im Karst gewesen, erkannte ich ihn als Neurotiker und sein Konquistadorentum als erotisches Äquivalent. Er gab wenige Minuten später die Bestätigung, denn als Alexander ihn fragte, wie weit man in der Höhle kommen kann, antwortete er: Es ist wie bei einer Jungfrau; je weiter man kommt, desto schöner ist es. Das Ideal des Mannes ist es, einmal nach Wien zu kommen, um sich dort in den Museen Vorbilder für die Namensgebung seiner Tropfsteine zu holen.«

Der Philosoph Hans Blumenberg zog in seinem Buch »Arbeit am Mythos« diese Briefstelle heran, um seine Charakteristik Freuds als Genie der Namensfindung zu untermauern. Es könne kein Zufall sein, dass Freud die Tropfsteinhöhle von St. Canzian, die er am Nachmittag sah, als »der reine Tartarus« erschien und er seinem Freund in Berlin »so ausführlich über die Höhlen, ihren Entdecker und Namensucher berichtet«. In der Tat hatte sich Freud, der in dieser Zeit intensiv am Manuskript der »Traumdeutung« arbeitete, Fließ gegenüber selbst mehrfach als Konquistador bezeichnet, und das Vergils Äneis entnommene, der Höhlenwelt nahe Motto, dem er das gedruckte Buch unterstellen würde, war bereits im Dezember 1896 im Briefwechsel mit Fließ aufgetaucht: »Flectere si nequeo superos/Acheronta movebo« (Wenn ich schon die Himmlischen nicht beugen kann, werde ich die Unterwelt bewegen). Blumenberg hat die obszöne Redewendung des verkommenen Genies fortgelassen, um sich ausschließlich dem Erfolg widmen zu können, mit dem Freud »das Amt des Namengebers an Unterweltlichem« antrat. Durch Namensgebung schlagen die Mythen bei Blumenberg eine Bresche in den Absolutismus der Wirklichkeit und mindern ihren Schrecken. Die Namen der Götter und Heroen sind der erste Distanzgewinn gegenüber der Übermacht des Namenlosen. Sie stehen am Ursprung der Verwandlung des Mythos in Geschichten, die nicht nur die Zeit vertreiben, sondern auch die Furcht.

»Kein Erfolg von Namenfindung kann mit dem Freuds in Vergleich treten.« Namen schaffen Vertrautheit. Indem er Freud vor allem als Namensfinder würdigt, lässt Blumenberg ihn als Erben der Grundstruktur mythischen Erzählens erscheinen. Die Pointe dabei ist, dass Freud Namen findet, nicht erfindet. Er ist ein Mythendeuter, der in der Aneignung der alten Namen selbst einen modernen Mythos in die Welt setzt. »Freuds allbekannter Rückgriff auf die Narziss-Mythe hat gewiss unsere Aufmerksamkeit für die poetische Verfeinerung durch Ovid geschärft; aber wie schon im Fall Ödipus hat Freud sich wenig um den detaillierten Bestand gekümmert, sich vor allem der Vertrautheit der Namen versichert.«

Der Satz findet sich in Blumenbergs Schriften zur Phänomenologie in unmittelbarer Nähe zu einer subtilen Interpretation der Erzählung über den Knaben Narziss und die Nymphe Echo im dritten Buch der »Metamorphosen« des Ovid. Ihr ließen sich die Einwände an die Seite stellen, die Blumenberg – oder auch der Philologe Jean Bollack – gegen Freuds Deutung der »Ödipus«-Tragödie des Sophokles machte. Die Würdigung des Namensfinders Freud wird aber durch diese Einwände nicht berührt. Gerade das Nicht-Philologische, Nicht-Subtile seines Vorgehens macht ihn erfolgreich. »Sich der Vertrautheit der Namen versichern« – das ist der Kern seiner Operationen. Sie sind nicht an die Philologie adressiert, sondern an das gebildete Publikum. Das Bündnis der Psychoanalyse mit den antiken Mythen schlägt eine Bresche in die Abwehr des Publikums gegenüber den Zumutungen, die mit der Entdeckung der infantilen Sexualität, der Todeswünsche des Kindes gegen den Vater und der libidinösen Besetzung der Mutter verbunden waren.

In der »Neuen Folge der Vorlesungen zur Einführung in die Psychoanalyse« (1932) koppelte Freud die Traumdeutung und die Mythendeutung unmittelbar aneinander: »ich kann es mir nicht versagen zu erwähnen, wie häufig gerade mythologische Themen durch die Traumdeutung Aufklärung finden. So lässt sich z. B. die Labyrinthsage als Darstellung einer analen Geburt erkennen; die verschlungenen Gänge sind der Darm, der Ariadnefaden die Nabelschnur.«

Eine Elementarvoraussetzung für den Erfolg des Namensfinders Freud und die prästabilisierte Harmonie zwischen den Ergebnissen der modernen Traumdeutung und der antiken Mythologie lässt sich leicht identifizieren. Sie liegt im Bildungssystem, dem Freud und die Mehrzahl seiner Patienten wie seiner Leser entstammten. Die Freud-Forscher haben ausführlich die Verbindungslinien aufgezeigt, die von den 43 Versen aus dem »König Ödipus« des Sophokles, die er in seiner Maturaprüfung übersetzen musste, ins spätere Werk führen. Die Beziehungen zwischen der Neuinterpretation der Katharsis-Lehre des Aristoteles durch den Altphilologen Jacob Bernays, einen Onkel von Martha Bernays, und der »kathartischen Methode« in den »Studien über Hysterie« wurden ebenso genau nachverfolgt wie Freuds soziale Beziehungen zu dem Wiener Gräzisten Theodor Gomperz und seine Rezeption von dessen Schriften. Der Kontakt zu den Fachgelehrten hatte aber einen Unterbau, den Freud mit vielen Zeitgenossen teilte, deren Bildungsvoraussetzungen einer der Gründe für die selbstverständliche Anwesenheit antiker Namen und Erzählungen in der alltäglichen Lebenswelt waren. Der nach Jean-Martin Charcot benannte älteste Sohn Freuds gibt in der »Traumdeutung« ein Beispiel für das Hineinwachsen in die Welt der antiken Mythologie: »Mein ältester, derzeit achtjähriger Knabe träumt bereits die Realisierung seiner Phantasien. Er ist mit dem Achilleus in einem Wagen gefahren, und der Diomedes war Wagenlenker. Er hat sich natürlich tags vorher für die Sagen Griechenlands begeistert, die der älteren Schwester geschenkt worden sind.« Gustav Schwabs Mythenparaphrasen in seinem Longseller »Die schönsten Sagen des klassischen Altertums«, der 1838–1840 erstmals erschien, wurden an Heranwachsende beider Geschlechter verschenkt. In der »Psychopathologie des Alltagslebens« zitiert Freud im Abschnitt über das Verlesen eine Notiz Georg Christoph Lichtenbergs: »Er las immer A g a m e m n o n statt »angenommen«, so sehr hatte er den Homer gelesen.« Freud sah darin »fast die ganze Theorie des Verlesens« enthalten: »Der Text selbst braucht dem Verlesen nur dadurch entgegenzukommen, dass er irgendeine Ähnlichkeit im Wortbild bietet, die der Leser in seinem Sinn verändern kann.« Mit dieser Deutung, die vom konkreten Inhalt abstrahiert, überdeckt Freud die satirische Intention Lichtenbergs, der den von seinen Lektüren der Klassiker durch und durch imprägnierten Typus des Buchgelehrten aufs Korn nahm. In den Bildungsanstalten des 19. Jahrhunderts wuchsen Jugendliche heran, die keine Gelehrten sein mussten, um Fehlleistungen dieser Art zu produzieren. Die Namen der antiken Götter und Heroen waren zur Manövriermasse ihres Unbewussten geworden. Darum konnte Freud ein so erfolgreicher Namensfinder – und eben nicht Namenerfinder – im Sinne Blumenbergs sein.

Ovid stattete in seinen »Metamorphosen« die sichtbare Welt mit mythologischen Herkunftserzählungen aus. In jeder Nachtigall steckte Prokne, in jeder Schwalbe Philomena, in jedem Wiedehopf Tereus, in jeder Spinne Arachne. Die Mythologie wurde zur Genealogie der Gegenwart, nicht nur im Tierreich. Ovids Publikum konnte in der Schilderung des Rates der Götter den römischen Senat wiedererkennen. Freud verschaffte durch sein Bündnis mit der antiken Mythologie seinen Einsichten in das Unbewusste eine tief verwurzelte Genealogie. Ende Januar und Anfang Februar 1899, in der letzten Phase der Arbeit an der »Traumdeutung«, schreibt er an Fließ: »Zu meiner Erholung lese ich Burckhardts Griechische Kulturgeschichte, die mir unerwartete Parallelen liefert.« Und wenige Tage später: »Ich bin tief in Burckhardts Griechischer Kulturgeschichte.«

Die Psychoanalyse ist ein markantes Beispiel für die moderne »Transformation der Antike«. Der Vorzug des von der neueren Kulturwissenschaft entwickelten Modells der Transformation ist die Ablösung der modernen Rückgriffe auf die Antike von der Vorstellung ihres »Nachlebens«. Die Antike erscheint nicht mehr als Strahlungskern, dessen Wirkungsgeschichte immer weitere Fernen erfasst, sondern als Gegenüber jeweiliger Gegenwarten, durch deren Zugriff die Überlieferungsbestände immer neue Gestalt gewinnen und zugleich, etwa durch archäologische oder philologische Erschließungen, materiell erweitert werden. Die Umschriften, Neuerfindungen, Umgruppierungen der antiken Überlieferung schließen Banalisierungen und Trivialisierungen ein. Sie müssen auf philologische oder archäologische Standards keine Rücksicht nehmen, sie können die Vertrautheit der Namen ebenso gut in die Industrie und die Warenwelt einspeisen wie in die bildende Kunst, die Romane oder in neue Medien wie das Kino.

Freuds Zugriff auf die antike Mythologie findet in einer Zeit statt, in der sich die wissenschaftlichen Disziplinen längst von Berufungen auf die Antike abgekoppelt hatten, aber er verbindet die anachronistische Geste gerade nicht mit einer Minderung des Anspruchs auf Wissenschaftlichkeit. Seine Neuerfindung der Antike folgt einer Doppelbewegung, in der das moderne Unbewusste mit Figuren der antiken Mythologie bevölkert wird und zugleich ihr Gründer seinerseits die Nähe zur Antike sucht. In das Bündnis, das er mit ihr schließt, gehen Energien der Rebellion ein. Das zeigt Freuds Erzählung der Straßenszene, in der Jakob Freud einen seiner prominentesten Auftritte in der »Traumdeutung« seines Sohnes hat.

Ein Kleidungsstück, die Pelzmütze von Freuds Vater, spielt darin eine markante Nebenrolle: »Ich mochte zehn oder zwölf Jahre gewesen sein, als mein Vater begann, mich auf seine Spaziergänge mitzunehmen und mir in Gesprächen seine Ansichten über die Dinge dieser Welt zu eröffnen. So erzählte er mir einmal, um mir zu zeigen, in wieviel bessere Zeiten ich gekommen sei als er: Als ich ein junger Mensch war, bin ich in deinem Geburtsort am Samstag in der Straße spazieren gegangen, schön gekleidet, mit einer neuen Pelzmütze auf dem Kopf. Da kommt ein Christ daher, haut mir mit einem Schlag die Mütze in den Kot und ruft dabei: Jud, herunter vom Trottoir! ›Und was hast du getan?‹ Ich bin auf den Fahrweg gegangen und habe die Mütze aufgehoben, war die gelassene Antwort. Das schien mir nicht heldenhaft von dem großen starken Mann, der mich Kleinen an der Hand führte. Ich stellte dieser Situation, die mich nicht befriedigte, eine andere gegenüber, die meinem Empfinden besser entsprach, die Szene, in welcher Hannibals Vater, Hamilkar Barkas, seinen Knaben vor dem Hausaltar schwören lässt, an den Römern Rache zu nehmen. Seitdem hatte Hannibal einen Platz in meinen Phantasien.«

Die Straßenszene findet an einem Sabbat statt. Die Pelzmütze und die schöne Kleidung des Vaters, die wie das Spazierengehen zum Feiertag der Juden gehören, treffen auf den alltäglichen Antisemitismus der Christen. In der Deutung Freuds ist diese Vater-Geschichte vor allem die Schlüsselszene seiner jugendlichen Identifikation mit Hannibal, der auszieht, Rom zu erobern. Sie lebt von der Gegenüberstellung des schwachen Vaters und des Sohnes, dessen Rebellionsenergien und Rachephantasien sie weckt. Dass Freuds Erzählung diesen Kontrast über Gebühr dramatisiert, hat der amerikanische Literaturwissenschaftler Sander Gilman gezeigt. Immerhin war der Vater selbstbewusst und stolz genug, um bei der Begegnung mit dem Christen auf dem Trottoir zu bleiben, auch wenn die Demütigung, die er damit riskierte, nicht ausblieb. Warum diese Dramatisierung? Der Gedanke liegt nahe, dass für den Erzähler ein Stück der Autorität des Vaters schon in dieser Szene gestorben ist, lange vor dem Tod des Vaters im Jahr 1896, zu dessen Beerdigung der Sohn nicht erschien. Freud hat aber in das Vorwort zur zweiten Auflage der »Traumdeutung« eine Passage eingefügt, die das Buch insgesamt als Reaktion auf den Tod des Vaters erscheinen lässt: »Für mich hat dieses Buch nämlich noch eine andere subjektive Bedeutung, die ich erst nach seiner Beendigung verstehen konnte. Es erwies sich mir als ein Stück meiner Selbstanalyse, als meine Reaktion auf den Tod des Vaters, also auf das bedeutsamste Ereignis, den einschneidendsten Verlust im Leben eines Mannes. Nachdem ich dies erkannt hatte, fühlte ich mich unfähig, die Spuren dieser Einwirkung zu verwischen.«

Die Szene der unrühmlichen Demütigung seines Vaters durch einen Christen hat der Sohn sorgfältig in eine Sequenz eigener Träume eingebettet, die noch die Wunschenergien des Erwachsenen aus der jugendlichen Identifikation mit Hannibal hervorgehen lassen: »*Hannibal* und *Rom* symbolisierten dem Jüngling den Gegensatz zwischen der Zähigkeit des Judentums und der Organisation der katholischen Kirche. Die Bedeutung, welche die antisemitische Bewegung seither für unser Gemütsleben gewonnen hat, verhalf dann den Gedanken und Empfindungen jener früheren Zeit zur Fixierung. So ist der Wunsch, nach Rom zu kommen, für das Traumleben zum Deckmantel und Symbol für mehrere andere heiß ersehnte Wünsche geworden, an deren Verwirklichung man mit der Ausdauer und Ausschließlichkeit des Puniers arbeiten möchte und deren Erfüllung zeitweilig vom Schicksal ebensowenig begünstigt scheint wie der Lebenswunsch Hannibals, in Rom einzuziehen.«

Hannibal ist in dieser Erzählung eine Figur der Bündelung aller Wunschenergien, in die der in der Straßenszene geborene Wunsch eingeht, den Vater zu rächen. Ein Detail dieser Straßenszene bleibt in der »Traumdeutung« unkommentiert. Der Christ schlägt dem Vater nicht einfach die Mütze vom Kopf, er schlägt sie »in den Kot«. Der Vater, der seiner Mütze in den Dreck der Straße folgt, verlässt vor den Augen des Sohnes den Bürgersteig und den Raum der bürgerlichen Rechtsgleichheit. Die Ära der Automobile ist noch nicht angebrochen, der Kot der Straße im Zeitalter der Pferdefuhrwerke noch keine Metapher. Es hat einen doppelten Grund, warum die im Kot liegende Mütze aus heutiger Perspektive ins Auge fällt. Der erste entstammt der Perspektive der Nachgeborenen. Wir können Freud nicht mehr so lesen, als habe der Antisemitismus sich mit den Äußerungsformen begnügt, die seine Schriften in sich aufgenommen haben. Wir verbinden das Bild des Vaters mit dem Bild des Sohnes, der als alter Mann ins Exil getrieben wird, und mit dem Wissen, dass seine jüngeren Schwestern Regina Debora, Marie, Esther und Pauline Regine der Judenvernichtung zum Opfer fielen. Der zweite Grund liegt darin, dass die Wortfelder »Kot« und »Dreck« in den Schriften Freuds von strategischer Bedeutung sind. Sie markieren das Schlachtfeld, auf dem dieser Hannibal agiert, auf dem er seine Truppen formiert, auf dem er seine Gegner herausfordert.

Das lässt die Selbstanalyse erkennen, der er sich ab 1897 unterzieht und deren Resultate in die »Traumdeutung« eingingen. In den Briefen an den Berliner Arzt Wilhelm Fließ formulierte Freud Anfang Dezember 1897 erstmals die Einsicht, seine Romsehnsucht sei »tief neurotisch«, und führt sie auf die »Gymnasialschwärmerei für den semitischen Heros Hannibal« zurück. Nur wenige Wochen später wird ihm das

Wort »machen« zweideutig. Ein Mädchen mit Zwangsvorstellungen hat durch die Erinnerung an Kinderszenen, in denen sie auf den Topf gesetzt wird (»Du mußt noch mehr machen«), eine seiner lange schon gehegten Ideen aktualisiert: ob nicht alle unsere Tätigkeitswörter »von solchen ursprünglich kopro-erotischen Terminis« abstammen könnten? Hier verhüllen sich Kot und Dreck noch in der griechischen, wissenschaftlichen Terminologie. Schon im nächsten Satz aber hat die mythologische Figur ihren Auftritt, die als eine Art Schutzgottheit über die Geburt der Psychoanalyse wacht: »Ich kann Dir kaum ausführen, was sich mir alles (ein neuer Midas!) in – Dreck auflöst. Es stimmt ganz zur Lehre vom innerlichen Stinken. Vor allem das Geld selbst. Ich glaube, dies geht über das Wort ›schmutzig‹ für ›geizig‹. Ebenso gehen alle Geburtsgeschichten, Fehlgeburt, Periode über das Wort ›Abort‹ (Abortus) auf den Lokus zurück.«

Midas taucht auf, als Freud die Hypothese, der Traum sei eine Wunscherfüllung, zur Gewissheit zu werden beginnt. Am 12. Juni 1895 berichtet er Fließ von einer seiner Patientinnen: »Sie hat mir übrigens gestanden, dass ihr Kopfschmerz ein *neurasthenischer* war. Ich bin doch eine Art von Midas, kein Goldmidas allerdings.« Wenig später gibt er der Hoffnung Ausdruck, seine psychologischen Theorien würden sich nicht als »Traumgold« erweisen. In der »Traumdeutung« wird er auf den »völkerpsychologisch reich belegten Zusammenhang von *Gold* und *Kot*« zurückgreifen. Als einen modernen Midas, der zwischen Kot und Gold oszilliert, stellt Freud sich in den Briefen an Fließ dar, als er zu den Grundeinsichten der Psychoanalyse vorstößt.

Der antike Midas ist eine Figur radikaler Wunscherfüllung und zugleich Wunschvereitelung. Für die Erfüllung seines Wunsches, alles, was er berührt, möge zu Gold werden, zahlt er einen hohen Preis. Die Befriedigung der Elementarbedürfnisse Hunger und Durst wird ihm unmöglich. Hunger-

und Durstträume spielen in den ersten Kapiteln der »Traumdeutung« eine große Rolle. Ab Ende Dezember 1897 nennt Freud die Berichte über seine Selbstanalyse und seine Patienten, die er auf dem Weg zur »Traumdeutung« an Fließ schickt, seine Beiträge zur »Δρεκκologie«, zur Lehre vom Dreck, die er in griechischen Buchstaben schreibt. Sie ist der Deckname für die entstehende Psychoanalyse. Nicht zuletzt wegen der griechischen Buchstaben ähnelt sie jenen zum Scherz erfundenen Disziplinen, wie sie die Studenten gern in ihren Bierzeitungen erfanden. Zu den Wissenschaften, die auf »-logie« endeten, gehörten die Philologie und die Biologie. Die engsten assoziativen Bindungen aber unterhält die Drekkologie zur Archäologie, der Freud die Metapher entnimmt, die den Aufstieg der Psychoanalyse begleiten wird. Aus dem Schutt und Dreck der Archäologen ist das Organische verschwunden. Die Drekkologie in ihrer Nähe zum Kot bringt unverblümt den Grabungsalltag der Psychoanalyse zur Sprache. Sie bringt nicht Steine zum Sprechen, sondern allen Unrat, der im Innern ihrer Patienten verborgen ist.

Es ist kaum vorstellbar, dass dem neuen Midas, während er im Kot und den dreckigen Phantasien wühlt, die alte alchimistische Verbindung von Kot und Gold nicht gegenwärtig ist. Im Januar 1897, als er sich, der im Charcot-Nachruf niedergelegten Linie seiner Version der »retrospektiven Medizin« folgend, mit dem Hexenglauben und den Besessenen des Mittelalters beschäftigt, um »die dunklen Symptome der Hysterie« besser zu verstehen, schlägt er eine Brücke vom alten Hexenglauben ins moderne Wien: »Die Idee der Hexeneinbeziehung gewinnt Leben. Ich halte sie auch für zutreffend. Details fangen an zu wimmeln. Das ›Fliegen‹ ist erklärt, der Besen, auf dem sie reiten, ist wahrscheinlich der große Herr Penis. Die geheimen Versammlungen mit Tanz und Amusements kann man alle Tage auf den Straßen, wo Kinder spielen, beobachten. Ich las eines Tages, dass das Geld, was der

Teufel seinen Opfern gibt, sich regelmäßig in Kot verwandelt; und am nächsten Tag sagt Herr E., der Gelddelirien von seiner Kinderfrau berichtet, plötzlich (auf dem Umweg über Cagliostro – Goldmacher – Dukatenscheißer), dass das Geld der Louise immer Kot war. Es verwandelt sich also in den Hexenbeichten nur zurück in die Substanz, aus der es entstanden ist.« Die enge Beziehung von Kot und Geld wird den neuen Midas in seiner psychoanalytischen Praxis begleiten. In einer seiner berühmtesten Fallgeschichten, der vom »Wolfsmann«, wird sie großen Raum einnehmen.

Die Reihe Vater-Mütze-Kot-Midas-Gold-Drekkologie-Psychoanalyse ist eine Konstruktion post festum. Freuds Midas-Identifikation bliebe eine Episode, die bei der Nachwelt wenig Beachtung fand. Dafür, dass der Sohn in seiner »Drekkologie« eine nicht nur metaphorisch ergiebige Goldader entdeckte, spricht die Schildmütze, die Sigmund Freud auf der Reise ins Londoner Exil begleitet hat. Sie war zu diesem Zeitpunkt die Kopfbedeckung eines berühmten Mannes. Als die Haushälterin Paula Fichtl im Mai 1938 die Tarotkarten aus dem Papierkorb der Wohnung in der Berggasse 19 zog, verpackte und mit »Letzte Karten von Prof. Freud 1938« beschriftete, mochte sie ahnen, dass die Dinge Freuds zu Museumsgegenständen werden würden. Anders als die nur in der Schrift des Sohnes überlieferte Pelzmütze Jakob Freuds ist Sigmund Freuds Schildmütze auf Photographien abgebildet und wird als Objekt in einem Museum aufbewahrt. Auf einer 1975 entstandenen Photographie hängt sie im Vorzimmer seiner Ordination in der Berggasse 19, gegenüber der Besuchergarderobe. Anna Freud hatte sie dem Wiener Museum zur Verfügung gestellt. Man darf vermuten, dass der Besucher, der sie im Sommer 1977 entwendete, eine exklusive, intime Nähe zu Freud suchte und das erregende Gefühl, eine Kopfbedeckung zu tragen, von der niemand wusste, dass Freud sie getragen hatte. Ein Psychoanalytiker, dem sich der

Dieb anvertraute, riet ihm dringend, die Schildmütze nach Wien zurückzuschicken. Erst als sie dort in Begleitung eines anonymen Bekennerschreibens wieder eintraf, verwandelte sie sich endgültig in ein Museumsobjekt, das durch eine Vitrine gesichert wurde. Sie bezeugt seitdem wie alle Objekte der Freud-Museen in Wien und London, dass die Theorie, die der neue Midas entwickelte, mehr als Traumgold war.

# DIE ARCHÄO-LOGISCHE SAMMLUNG, DIE GRADIVA UND DAS STUDIOLO

In der »Psychopathologie des Alltagslebens« hat der Antikenkenner, der in jedes »angenommen« den Namen »Agamemnon« hineinliest, einen Zwilling. Dieser Zwilling ist Freud selbst, der von sich berichtet: »Ärgerlich und lächerlich ist mir ein Verlesen, dem ich sehr häufig unterliege, wenn ich in den Ferien in den Straßen einer fremden Stadt spaziere. Ich lese dann jede Ladentafel, die dem irgendwie entgegenkommt, als Antiquitäten. Hierin äußert sich die Abenteuerlust des Sammlers.« Die Agamemnon-Fehlleistung entspringt der Homer-Lektüre des 18. Jahrhunderts. Sie kommt zustande, weil das Auge des Lesers im Text nach einem Anlass sucht, der Einbildungskraft das Bild des antiken Helden vor Augen zu stellen. Ihr Nährboden sind Philologie und Bibliothek. In der zweiten Fehlleistung spiegelt sich der Aufstieg der klassischen Archäologie, die im 19. Jahrhundert zu einer populären Disziplin wurde. Hier sucht das Auge eines Romreisenden und Museumsbesuchers, dem die Antike in Gestalt ihrer Statuen, Vasen, Ringe und Gewandfibeln vor Augen steht, nach einer Gelegenheit, seiner Privatsammlung neue Objekte zuzuführen. Ihr Nährboden sind die Aufwertung der materiellen Hinterlassenschaften der Antike gegenüber den schriftlichen Quellen und die Expansion des Kunsthandels.

Für Goethes Werther ging das Bild Trojas und seiner Helden aus der Homer-Ausgabe im Duodezformat hervor, die er in der Tasche trug und am liebsten in freier Landschaft las. Für die Generation Freuds trat durch die Grabungen Heinrich Schliemanns dem Schauplatz des Epos ein lokalisierbares Pendant an die Seite. Ende Mai 1899, drei Wochen nach seinem 43. Geburtstag, schrieb Freud an Fließ: »Ich habe mir Schliemanns Ilios geschenkt und mich an seiner Kindheitsgeschichte erfreut. Der Mann war glücklich, als er den Schatz des Priamos fand, denn Glück gibt es nur als Erfüllung eines Kinderwunsches.« Freud bezog sich damit auf die Passage in

»Ilios, Stadt und Land der Trojaner« (1881), in der Schliemann sein kindliches Versprechen, er werde Troja ausgraben, aus der Lektüre von Georg Ludwig Jerrers »Weltgeschichte für Kinder« hervorgehen ließ. Sie hatte ihm in Text und Bild vor Augen gestellt, »wie Aeneas mit seinem Vater auf dem Rücken aus dem brennenden Troja flieht«. Im Dezember 1899, wenige Wochen nach Erscheinen der »Traumdeutung«, taucht Schliemann wieder auf, als Freud bei einem seiner wichtigsten Patienten, Herrn E., auf ein für die Deutung entscheidendes Fragment stößt: »Tief unter allen Phantasien verschüttet fanden wir eine Szene aus seiner Urzeit (vor [dem Alter von] 22 Monaten) auf, die allen Anforderungen entspricht und in die alle übriggelassenen Rätsel einmünden; die alles zugleich ist, sexuell, harmlos, natürlich etc. Ich getraue mir noch kaum, daran ordentlich zu glauben. Es ist als hätte Schliemann wieder einmal das für sagenhaft gehaltene Troja ausgegraben.« Zu diesem Zeitpunkt ist die archäologische Metapher für die psychoanalytische Arbeit schon seit einigen Jahren etabliert. In Schliemann findet sie einen Bezugspunkt, der nicht lediglich den Vorgang des Grabens, sondern zugleich den Status der zutage geförderten Objekte beglaubigt, die Verwandlung der mythischen Überlieferung in einen Gegenstand empirischer Forschung. Ebendies reklamiert Freud für seine neue Wissenschaft. Wie Schliemann arbeitet er an der Erfüllung ehrgeiziger Kinderträume, und dazu gehört, die Skeptiker unter seinen Kollegen und die Öffentlichkeit davon zu überzeugen, dass die Psychoanalyse nicht nur »Traumgold« ausgräbt, sondern Realitätsschichten, die bisher als solche nicht anerkannt waren.

Seit 1896 begann Freud parallel zu seiner Selbstanalyse und Arbeit an der »Traumdeutung« seine archäologische Sammlung aufzubauen. Auch hierfür mag, wie oft angemerkt wurde, der Tod des Vaters ein Impulsgeber gewesen sein, womöglich auch der Eindruck, den die private Kunstsammlung Charcots in Paris auf ihn gemacht hatte, auch wenn in ihr die wenigen Stücke aus der Antike kaum hervorstachen. Das stärkste Motiv aber dürfte in dem Doppelsinn liegen, den Freud dem Begriff des »Prähistorischen« gegeben hat. Er benutzt ihn sowohl für die frühe Kindheit, zumal die frühkindliche Sexualität, die sich in der Psychoanalyse als richtungsbestimmend für das Seelenleben des Erwachsenen enthüllt, wie für die Frühzeit der Gattungsgeschichte. Im Aufsatz »Zur Laienanalyse« wird er das Studium der Märchen und der Mythologie mit dem Argument empfehlen, »dass im Seelenleben des Kindes noch heute dieselben archaischen Momente nachweisbar sind, die einst in den Urzeiten der menschlichen Kultur allgemein geherrscht haben. Das Kind würde in seiner seelischen Entwicklung die Stammesgeschichte in abkürzender Weise wiederholen, wie es die Embryologie längst für die körperliche Entwicklung erkannt hat.« Ernst Haeckels biogenetische Grundregel, derzufolge die Ontogenese der Lebewesen ihre Phylogenese rekapituliert, ist in die Psychoanalyse als Muster der kulturellen Reproduktion der Gattungsgeschichte in den Individuen eingegangen. Diese Regel ist einer der vielen Brückenschläge, mit denen Freud seine Entdeckung der Gesetze des Unbewussten in den Naturwissenschaften zu verankern suchte. Für seine archäologische Metapher wie für die physischen Objekte aus alten Kulturen, die er um sich versammelt, war diese Rückversicherung von erheblicher Bedeutung. Sie schließt die Distanz zur Philosophie ein, zumal zur Geschichtsphilosophie in der Tradition Hegels, in der Antike und Moderne als Epochen in unüberbrückbare Distanz rückten. Bei Freud gibt es die Ferne, aber nicht die unüberbrückbare Distanz. Die Objekte, mit denen er sich umgibt, unterstehen dem Gesetz der Vergegenwärtigung des Vergangenen. Als materiell-physische Botschafter ihrer Herkunftskulturen bevölkern sie die Räume, in denen Freuds Schriften entstehen und er seine Patienten behandelt.

Freud hat die obsessive Energie, die in den Aufbau seiner archäologischen Sammlung floss, mit seiner Sucht nach Zigarren verglichen. Ebenso eng aber waren Sammelleidenschaft und Reiselust verschwistert. Nicht von ungefähr las Freud in die Ladenschilder fremder Städte die Antiquitäten hinein. Zu den ersten Erwerbungen, von denen er Fließ Anfang Dezember 1896 berichtete, gehörten Gipsabgüsse von Statuen aus Florenz. Die Kopie des »Sterbenden Sklaven« Michelangelos, der auf einer Photographie hinter Freud zu sehen ist, könnte zu ihnen gehört haben. Untypisch ist sie zum einen, weil es sich um einen Gipsabguss handelt, zum anderen, weil die Statue trotz der Verkleinerung gegenüber dem Original recht groß ist. Freud ist von der Renaissance rasch zu den antiken Mittelmeerkulturen von Ägypten bis Rom übergegangen und hat Originale von Kleinplastiken aus Stein, Bronze und Terrakotta, Tempelgaben, Masken und zahlreiche Alltagsgegenstände gesammelt. Freud stand als Reisender vor den großen Werken der alten Kunst, in den vatikanischen Museen in Rom, wie zuvor bei seinem Paris-Aufenthalt im Louvre. An seine Verlobte schrieb er über den Louvre: »Da waren assyrische Könige – so groß wie die Bäume, die Löwen wie Schoßhunde im Arm halten, geflügelte Mannstiere mit schön frisierten Haaren, Keilinschriften so nett, als wären sie gestern gearbeitet, in Ägypten bemalte Basreliefs in brennenden Farben, ganze Königskolosse, wirkliche Sphinxe, eine Welt wie im Traum.« Anders als sein Freund Wilhelm Fließ, dessen Kunstgeschmack am klassischen Schönen orientiert blieb, vollzog Freud, als er seine Sammlung aufzubauen begann, die Öffnung der Archäologie für Relikte aller Art mit. Der Philologe August Friedrich Wolf hatte schon 1807 in seiner »Darstellung

Wohl um 1912 aufgenommene Photographie Freuds auf der Veranda, schräg hinter ihm eine verkleinerte Kopie von Michelangelos »Sterbendem Sklaven«.

der Altertumswissenschaft nach Begriff, Umfang, Zweck und Wert« im Blick auf »ein gewöhnliches Gerät alter Keller und Küchen, eine unförmliche Münze, eine beschriebene Ziegelmarke« geschrieben, dass sie »beinahe gar nicht unter ästhetische Betrachtung fallen«, aber vor der Verengung des Studiums gewarnt, die geschähe, »wenn man, wie bei der Notiz der alten Kunstwerke jetzt meistens geschieht, mit falschem Eckel bloß das Classische und Schöne aushöbe, alles übrige aber sogenannten Alterthums-Krämern überließe«. Freud wird Wolfs Plädoyer für die »Überbleibsel gemischter Art« kaum gekannt haben. Aber die Breite seines Sammlungsinteresses entspricht seiner Aufmerksamkeit auf die »Überlebsel« älterer Bewusstseinsinhalte in jüngeren Lebensepochen, von denen er in den Briefen an Wilhelm Fließ Ende 1896 spricht, als er das Schlusskapitel der »Traumdeutung« konzipiert und der Aufbau der Sammlung bereits begonnen hat. Die »Überlebsel« gehören wie die »Überbleibsel« zur Sphäre des scheinbar Unbedeutenden, Kleinen, des Abfalls, in dem der Analytiker das bedeutsame Detail zu entdecken hat.

Am Ende umfasste die Sammlung weit über 2000 Stücke, und sie war über ihr ursprüngliches Kerngebiet, die alten Kulturen des Mittelmeerraums von Ägypten über Griechenland bis in die römische und hellenistische Welt, hinausgewachsen. Kleinfiguren römischer Gottheiten, Sphinxe in Gestalt kleiner Anhänger, attische und unteritalische Vasen, archaische und hellenistische Terrakotten, Schüsseln, Öllampen, Pilgerflaschen, Phallusamulette, obszöne Satyrn und Silenen, archaische Fruchtbarkeitsgöttinnen, Schüsseln und Krüge aus Zypern, Amulette, Gemmen und Ringe, Skarabäen, ägyptische Sargmasken, Mumienporträts und vieles mehr. Seit den zwanziger Jahren weitete sie sich auf die außereuropäischen Kulturen hin aus, nahm südamerikanische Steinbeile und Idole, indische und chinesische Krieger- und Buddhafiguren auf. Einen systematischen Plan scheint Freud beim Aufbau der Sammlung nicht verfolgt zu haben. Ein Sammlungsverzeichnis aus dem Jahr 1914, das Ernest Jones in seiner Biographie erwähnt, ist verloren.

Greifbar wird der Sammler Freud vor allem in den privaten Korrespondenzen, in den Briefen an Fließ, an C. G. Jung oder an Sándor Ferenczi in Budapest, der ihm vor dem Ersten Weltkrieg als Mittelsmann für Ankäufe aus Grabungen in Ungarn diente. Der Briefwechsel mit Ferenczi zeigt, dass Freud den Grundstock seiner Sammlung legen konnte, ohne sich finanziell übernehmen zu müssen. Wie viele Liebhaber von Antiquitäten profitierte er davon, dass die Bauern auf den Feldern Südeuropas ihr Einkommen dadurch aufbesserten, dass sie auf eigene Faust Grabungen unternahmen und am etablierten Kunsthandel vorbei in den Markt einschleusten. Nach dem Ersten Weltkrieg versiegten diese Quellen weitgehend.

Mitte Januar 1910 schickte Sándor Ferenczi zwei Kleinfiguren aus Zrenjanin in der Vojvodina: »Der Händler verlangt für den Hermes 22 – für den primitiven Amor 28 Kronen.« Freud berechnete zu dieser Zeit 40 Kronen für eine Behandlungsstunde und sagte postwendend zu: »Die beiden Figuren sind gut und werden behalten. Bitte das dem Händler zu sagen.« Als wenig später in der Nähe von Duna Pentele, etwa 70 km südlich von Budapest an der Donau, Alltagsgegenstände aus einem römischen Militärlager des 1. bis 4. Jahrhunderts n. Chr. ausgegraben werden, war Freud sofort nachdrücklich interessiert. Ferenczis Mittelsmann hatte Tagelöhner für die Grabungen angeheuert, die sich auf den Friedhof des Lagers konzentrierten. Der Nachschub kam unregelmäßig. Als Nachrichten vom »Antiquitätengrund« ausblieben, war Freud enttäuscht. Aber dann kam eine Sendung aus Budapest an: »Lieber Herr Professor. Hier der archäologische Nachtrag zu meinem letzten Briefe. Der Ausgrabemann war bei mir und brachte einige nicht unschöne Tongefäße, eine Pfeilspitze, eine Schnur Glasperlen und einen bronzenen Schlüssel – die ich ihm zusammen um 20 Kronen abkaufte und Ihnen hiermit einsende. Diese Sachen soll er vor zwei Wochen ausgegraben haben. Bei schönem Wetter hofft er mehr leisten zu können. Er hat mir eine Menge sehr schöner silberner Münzen gezeigt; auch hat er eine Anzahl der bekannten Lämpchen, von diverser Form. Wollen Sie davon welche?« Freud wollte sich die Billigkäufe nicht entgehen lassen und kündigte die Übersendung einiger hundert Kronen als Vorschuss für den »Schatzgräber« an: »Wenn ihm die Bauern zutragen, was sie an besseren Objekten finden (Glas, Ringe, Statuetten), so muss er sich getrauen können, ihnen die Abnahme bei uns zu versprechen.«

Zwar behandelt Freud den Antiquitätenhandel demonstrativ als Nebensache, aber in diesem Brief vom 13. Februar 1910 steht er am Beginn, bevor es um die Libido als Urkomplex der Hysterie geht und um einen drohenden Angriff von Karl Kraus auf die Psychoanalyse. Außerdem lieferte er Ferenczi erste Eindrücke von der Behandlung des reichen jungen Russen, der später als »Wolfsmann« berühmt werden sollte. Die Sammelleidenschaft ist im Analytiker Freud stets wach. Nachdem er Ferenczi die seltsamen Symptome blasphemischer Beschimpfungen des jungen Russen geschildert hat und die noch seltsameren Übertragungen schon nach der ersten Sitzung (»Jüdischer Schwindler, er möchte mich von hinten gebrauchen und mir auf den Kopf scheißen«), fällt ihm das archäologische Angebot wieder ein: »Tonlämpchen eignen sich sehr zum Verschenken. Wenn der Mann wiederkommt, so bitte nehmen Sie nur von ihm, was Ihnen selbst gefällt.«

So geht es über Wochen fort. Bronzegefäße, Stücke aus Glas, auch teurere goldverzierte römische Gürtel werden als Angebote nach Wien gemeldet, ehe ein gezahlter Vorschuss »außer zwei mäßigen Glasgefäßen nichts« erbringt und die eher dubiose Quelle versiegt. Freuds Reaktion: »Dunapentele ist kränkend. Ich habe in den letzten Tagen sehr schöne Dinge erworben, wesentlich um mich bei guter Stimmung zu erhalten, die ich Ihnen in Wien demonstrieren werde. Antiquitäten und Herrenpilze müssen Sie noch von mir erlernen.« Damit ist Ferenczi vorläufig als archäologischer Gehilfe diskreditiert. Freud gibt ihm zu erkennen, dass er ihm nicht nur als Pilzsammler überlegen ist, sondern auch als Antiquitätensammler.

Auf Billigware aus ungarischen Raubgrabungen war er nicht angewiesen. Freud achtete stets darauf, das Familienbudget durch Ausgaben für seine Sammlung nicht zu gefährden. Er separierte – wie Ernest Jones in seiner Biographie berichtet und der Briefwechsel mit Ferenczi bestätigt – Erlöse aus psychoanalytischen Einzelkonsultationen als Rücklagen für die Anschaffung von Sammlungsobjekten. Das erlaubte ihm, anspruchsvolle Wiener Antiquitätenhändler zu frequentieren wie das Geschäft von Robert Lustiger in der Wipplingerstraße. Wie seine Wiener Kollegen Fröhlich und Glückselig trug er einen Namen, der zur guten Stimmung, in die Freud seine Käufe versetzten, beigetragen haben mag.

Als Freud 1930 den mit 10 000 Reichsmark dotierten Goethe-Preis der Stadt Frankfurt am Main erhielt, floss ein Großteil der Summe in seine Sammlung. Das Tagebuch von 1929–1939, die »Kürzeste Chronik«, verzeichnet seine Besuche beim Antiquitätenhändler Dr. Philipp Lederer am Kupfergraben in Berlin während seines Aufenthaltes im Sanatorium in Schloss Tegel im Sommer 1930. Freud konnte sich in diesen Jahren teure Stücke wie Buddhas aus Elfenbein, asiatische Jadestücke und ägyptische Mumienporträts leisten.

Von Beginn an war seine archäologische Sammlung mit seiner Rom-Sehnsucht eng verknüpft. Seit seinem ersten Rom-Aufenthalt im September 1901 war er Kunde der dortigen Händler. Eine der führenden Adressen war das Geschäft von Alfredo Barsanti in der Via Sistina 48, einem Haus, in dem Giovanni Battista Piranesi, Antonio Canova und Bertel Thorvaldsen gewohnt hatten. Von hier aus führten Wege zu den akademischen Gelehrten und gebildeten Antiquaren. Sie waren in dem Netzwerk, das Freud beim Aufbau seiner Sammlung knüpfte, wichtiger als die Gelegenheitshändler der ungarischen Provinz. Mit Barsanti teilte Freud einen seiner wichtigsten Berater, den Archäologen, Privatgelehrten und Antiquar Ludwig Pollak, der erst langsam aus dem Schatten wieder heraustritt, in dem er nach seiner Ermordung in Auschwitz 1943 verschwunden war. Pollak, 1868 als Sohn eines jüdischen Woll- und Tuchhändlers in Prag geboren, hatte in Wien studiert und früh Proben seines Talents bei der Erkennung von Fälschungen abgegeben. Er war in den 1890er Jahren nach Rom gekommen und dort ab 1904 als Kustos im neu gegründeten Museo Barracco angestellt. Für Barsanti erstellte Pollak den Verkaufskatalog zu dessen Sammlung italienischer Renaissancebronzen, Freuds Antiquitäten sichtete er in den letzten Kriegsjahren 1917/18, als viele Wiener Sammler ihre Bestände schätzen ließen, um Notverkäufe vorzubereiten. Durch Vermittlung Pollaks erwarb Freud im Januar 1930 die römische Bronzestatuette eines Akrobaten im Handstand, deren Ankauf das Wiener Kunsthistorische Museum abgelehnt hatte. Zudem verdankte er dem Spürsinn Pollaks die Komplettierung des Fragments eines römischen Sarkophagdeckels, das ihm 1930 – womöglich von Marie Bonaparte – geschenkt worden war. Pollak entdeckte das dazu passende Stück des Grabreliefs auf dem römischen Antiquitätenmarkt, im November 1930 konnte Freud notieren: »Fortsetzg des Grabreliefs von Rom«. Das Relief stellte eine Szene aus der Ilias dar, aus dem Umkreis der Tötung des Hektor durch Achill, wohl den Freikauf des Leichnams durch Priamos. Freud sah darin aber eher den Tod des Patroklos, also das Motiv für Achills Rache.

Zum unsystematischen Charakter der Sammlung gehörte, daß sie kein Endziel hatte, bei dessen Erreichen sie hätte vollständig sein können. Bis zu Freuds Tod wuchs sie an, blieb durch Tausch und Wiederverkauf ständig in Bewegung, viele Objekte wurden ihr durch Impulskäufe zugeführt, manches Stück wurde verschenkt. Ein Erwerbungsgrundsatz aber blieb stabil: Fälschungen wurden ausgesondert. Für manche seiner Objekte ließ er sich Echtheitszertifikate von Julius Banko und Hans Demel ausstellen, den Kuratoren des Wiener Kunsthistorischen Museums. Und er hatte von Beginn an in seinem Freund und Generationsgefährten, dem Archäologen Emanuel Löwy, zu dessen Spezialgebieten die griechische Plastik und Malerei gehörte, einen gelehrten Kenner an seiner Seite. Löwy war 1887 auf den Lehrstuhl für Klassische Archäologie an der Universität in Rom berufen worden, musste aber 1915 nach der Kriegserklärung Italiens an Österreich-Ungarn wie Pollak das Land verlassen und wurde 1918 außerordentlicher Professor an der Universität Wien. Nach einem seiner jährlichen Besuche in den Vorkriegsjahren schrieb Freud im Oktober 1910 erleichtert an Ferenczi, Löwy habe seine jüngsten Erwerbungen bis auf eine Ausnahme gebilligt: »Der kleine Merkur ist von allen Seiten anerkannt, nur für die Tanagrafigur will niemand die Verantwortung übernehmen.«

Das Misstrauen gegen die Tanagrafigur war begründet. Hier überschnitt sich Freuds anthropologisch orientiertes Sammlungsinteresse mit einer zeitgenössischen Modeströmung. Seit den Grabungen im böotischen Tanagra ab Winter 1873 hatten die Terrakotta-Figuren einen steilen Aufstieg in der Gunst des europäischen Publikums erlebt. Rilke hatte in den »Neuen Gedichten« den Tanagra-Figuren gehuldigt, Hugo von Hofmannsthal in seinem Hymnus auf Ruth St. Denis

**Bronze-Statuette eines Akrobaten im Handstand**
Von Freud durch Vermittlung Ludwig Pollaks 1930 erworben, jetzt im Freud-Museum London. Die Hände sind abgebrochen.

**»Griechische Thonfiguren aus Tanagra«**
Reinhard Kekulé, Stuttgart 1878, Tafel IX

»die kleinen Tänzerinnen von Tanagra« als Vergleich herangezogen. In den Annoncenteilen der Tageszeitungen bot die Wiener Firma Lechner Tanagra-Repliken an, im Prater hatte ein »Tanagra-Theater« eröffnet, es kursierten zahlreiche Fälschungen.

Freuds Sammlung ist weit mehr als eine Illustration seiner archäologischen Metapher. Sie ist eine große Parallelaktion zu seinen Schriften, die ihren eigenen Gesetzen folgt. Wie die Couch ist sie nicht nur Requisit, sondern agierendes Element in seiner psychoanalytischen Praxis, sie wächst in ihren räumlichen Kontext in der Berggasse 19 in Wien hinein und wird ihren Besitzer ins Exil und bis in den Tod begleiten.

Während aber die archäologische Metapher in Freuds

Werken auf Schritt und Tritt begegnet, ist die Sammlung darin allenfalls im Hintergrund anwesend. In der »Selbstdarstellung« aus dem Jahr 1925 taucht sie nicht auf. Die Bronzefigur des ägyptischen Amon-Re, die auf seinem Schreibtisch steht, erwähnt Freud nicht, wenn er in »Der Mann Moses und die monotheistische Religion« den Namen des thebanischen Hauptgottes Amon-Re erläutert. Diese Asymmetrie zwischen exzessiver Sammeltätigkeit und allenfalls beiläufiger Aufnahme der Sammlungsobjekte ins schriftliche Werk hat Konsequenzen. In der Regel lassen sich Freuds Dinge in seinen Texten aufsuchen und zu ihrem lebensweltlichen Status in Beziehung setzen. Hier ist es anders. Die Objekte der Sammlung tauchen nicht als solche in den Schriften Freuds auf, wohl aber haben sie dort Doppelgänger und Verwandte in den Figuren der Mythologie, die dort auftreten, auch wenn Freud selbst die Verbindungslinien nicht zieht. Die Antiquitäten haben ihren angestammten Ort nicht in der Schrift, sondern im Raum.

Es ist von Belang, dass Freud die Sammlung ausschließlich in seinem Arbeitszimmer und im Behandlungszimmer unterbrachte, die durch eine meist offenstehende Tür miteinander verbunden waren. Er zog damit nicht nur eine Grenze zu den Privaträumen seiner Familie, sondern auch zu traditionellen Modellen der Sammlungspräsentation.

Englische Aristokraten hatten im 18. Jahrhundert ihre Antikensammlungen in Studierzimmern und Bibliotheken aufgestellt, aber zugleich in den Zimmerfluchten, Treppenaufgängen, Rotunden, Salons und Musikzimmern oder auch in den Gärten der Landhäuser verteilt. In der bürgerlichen Großstadtwohnung, auch wenn sie wie in der Berggasse 19 viele Zimmer hatte, war weniger Platz. Freuds Konzentration auf Kleinplastiken, Schmuck und Alltagsgegenstände trug dem Rechnung. Die Abtrennung der Sammlung vom Familienbereich der Wohnung aber war nicht vorgegeben. Freud folgt mit ihr der humanistischen Tradition der Nähe von Bibliothek und Studienobjekten sowie dem »studiolo« der Renaissance, in dem im Rückgriff auf die Antike Arbeitszimmer und Ruheraum aneinandergrenzen und eine Einheit bilden. Die Couch steht an der Stelle des Ruhebettes, im Raum des Schreibens, in der Bibliothek ist Stille das Ideal, um die Couch im Behandlungszimmer entsteht im Duett der Stimmen das Gespinst aus Worten von Arzt und Patient. Nicht nur die Familie ist davon ausgeschlossen, sondern zugleich die Geselligkeit insgesamt, das Leben des Salons.

Die Inszenierung der antiken Statuen in einer der größten Privatsammlungen im Wien der Jahrhundertwende beschrieb Hugo von Hofmannsthal in der Ansprache, die er im Mai 1902 auf Wunsch des Hausherrn im neobarocken Palais des Grafen Karl Lanckoronski vortrug, der wie Freud Beziehungen zu Ludwig Pollak in Rom unterhielt. Die Rede war an ein Publikum adressiert, das zur Besichtigung der Kunstwerke geladen war, sie wurde gehalten, »bevor wir uns in den Räumen dieses Hauses zerstreuen, um seinen Inhalt zu genießen«. Zum Flanieren durch das Haus und seine Sammlung hat man sich die Darbietung von Musik hinzuzudenken. Der Dreiklang von Salon, Musik und bildender Kunst umspielt Hofmannsthals Rede. In ihr wird greifbar, wogegen Freud seine Sammlung abgrenzt: »am stärksten leben die stummen Dinge unter der Faszination der Musik. Sie macht die Dimensionen fühlbar: das Hohe, das Tiefe. Sie leitet den Blick zum Fenster, zur Nische, an die Wölbung. Sie lässt die Statuen in ihren Nischen horchend leben. Sie gibt den Schatten ein Dasein. Sie stellt ein wunderbares Verhältnis zwischen Blumen und Steinen her; und zwischen den Blumen und dem Licht; zwischen den Farben, die hervorquellen, und der leeren Luft, in die sie sich ergießen wollen.« Die Musik, die Blumen und die

Farben integrieren in Hofmannsthals Ansprache die Statuen in die Atmosphäre des Salons. Im Palais Lanckoronski waren die aus der Antike stammenden Stücke neben Kunstwerken aus vielen anderen Epochen und Kulturen an das moderne Kunstpublikum adressiert, als Gegenstände von Kunstgenuss und Kunstgespräch. Wie sein Biograph Ernest Jones berichtet, war auch im sozialen Leben Freuds die archäologische Sammlung häufig Gesprächsanlass, und die Grenze zu den Familienräumen war durchlässig. Aber die Sammlung gravitierte in Richtung Arbeitszimmer. Sie verwandelte die Räume, in denen Freud las, schrieb und seine Patienten behandelte, in einen Echoraum der Gattungsgeschichte. Seit der Arbeit an der »Traumdeutung« waren ihre Objekte mit der Herausbildung der Psychoanalyse als Wissenschaft wie als Praxis eng verknüpft. Am 1. August 1899 schrieb Freud aus dem Sommerurlaub in Berchtesgaden an Fließ: »Ich arbeite in einem großen ruhigen Parterreraum mit Bergaussicht an der Vervollständigung der Traumarbeit. Meine von Dir so wenig anerkannten alten und dreckigen Götter beteiligen sich als Manuskriptbeschwerer an der Arbeit.«

Damit war die entstehende Sammlung in den Horizont der »Drekkologie« und der mit ihr verbundenen Midas-Mythologie gerückt. Einzelne Objekte mit auf Reisen zu nehmen wird wie das Erwerben von Antiquitäten in fremden Städten eine Gewohnheit Freuds werden. Er kann auf sie nicht verzichten, sie sind seine Mitarbeiter, Schutzgötter der Erforschung des Unbewussten.

Die Photographien Edmund Engelmans aus dem Frühjahr 1938 zeigen, dass Freud die Sammlung hatte anwachsen lassen, ohne dass sie über die ihr zugewiesenen Räume hinausgewuchert wäre. Dicht gefüllt sind die fünf Vitrinen und reichen doch bei weitem nicht aus, um alle Figuren und Objekte in sich aufzunehmen. Auf dem Schreibtisch, auf den

Edmund Engelmans Photographie von der Vitrine der archäologischen Sammlung im Behandlungszimmer, neben der Tür zum Arbeitszimmer. Unten links neben dem geflügelten Armor die kleine Artemis-Figur

Vitrinen, auf den Ablagen der Buchregale, in den Regalen, auf Beistelltischen stehen Figuren, auf Stelen Masken, Sphinxe, Schalen, Krüge, Vasen, Kamele oder Pferde. Sie rücken ein in das Ensemble aus Büchern, Bildern, Teppichen, die über der Couch und den Tischen liegen, an die Seite der graphischen Kunst und der Photographien.

Die Photographien sind ein kurzes Innehalten wert. Eine ihrer Aufgaben ist es, zumal im Arbeitszimmer, die Gegenwart in das Ensemble zu holen. Porträts von Lou Andreas-Salomé, Marie Bonaparte und der Diseuse Yvette Guilbert, die Freud sehr schätzte, stehen gerahmt in den Bücherregalen. Der weitaus größte Teil der Photographien aber ist in den Aufnahmen Engelmans unsichtbar. Sie sind in der Bibliothek zwischen Buchdeckeln anwesend, vor allem in der stetig wachsenden archäologischen Abteilung, die Freud beim Gang ins Exil, anders als die naturwissenschaftliche Abteilung, nicht durch Verkäufe verkleinert hat. Wie gezeigt wurde, wanderte seit Darwin die Photographie in die naturwissenschaftliche, die medizinische und zumal die neuropathologische Literatur ein. Mindestens so eng war die Beziehung von klassischer Archäologie und Photographie. Emanuel Löwy, dessen wichtigste Werke, mit Widmungen versehen, in Freuds Bibliothek standen, war ein Virtuose der Integration von Photographien in archäologische Überblicksdarstellungen. Sein zweibändiges Werk »Die griechische Plastik« (1911) war nicht an die Gelehrten, sondern an das gebildete Publikum adressiert. Der Textband und der »Tafelband« waren eng aufeinander bezogen, Ziffern im Textband verwiesen auf die Abbildungen. Löwy nutzte das internationale Spektrum von Anbietern photographischer Reproduktionen, das sich seit dem mittleren 19. Jahrhundert herausgebildet hatte. Für die italienischen Museen war die Firma der Brüder Alinari in Florenz Marktführer. Sie hatte im mittleren 19. Jahrhundert das Geschäftsmodell be-

**Tafelband von Emanuel Löwy »Die griechische Plastik« (1911)**
Kopf des Giganten Klytios vom Pergamonfries in Berlin (links) und Kopf des Laokoon aus den vatikanischen Museen in Berlin

gründet. Längst aber waren andere hinzugekommen, Gargiolli für das Nationalmuseum in Rom, Vasari für die vatikanischen Museen, in Wien die Lichtbildanstalt Frankenstein. Für das British Museums und seine Elgin Marbles gab es die Firmen Mansell & Co. sowie Ad. Braun & Co. In Griechenland lieferte das Museum in Olympia selbst die Photographien. Im Anhang listete Löwy die besprochenen Werke nach Aufbewahrungsorten auf. Um 1800 hatte im Louvre in Paris nach dem Kunstraub Napoleons erstmals die Idee des Universalmuseums Gestalt angenommen. Durch das Bündnis von Archäologie und Photographie wurden ein Jahrhundert später Klassische Archäologen wie Emanuel Löwy zu Cicerones in einem virtuellen Universalmuseum zwischen Buchdeckeln. Längst setzten die Archäologen die Photographien nicht mehr lediglich zu dokumentarischen Zwecken ein, sie inszenierten sie wie Ausstellungskuratoren. Aus zweidimensionalen Surrogaten dreidimensionaler Objekte war ein Medium der Verlebendigung der Kunstwerke gewonnen, wie es im 18. Jahrhundert die Betrachtung der römischen Statuen im Fackelschein gewesen war. In Löwys Tafelband wurden die Buchseiten zur Bühne, auf der die Kunstwerke in Gesamtansichten und Details auftraten, in Vorder-, Rück- und Seitenansicht, als drehten sie sich auf dem Papier. Gern arrangierte er Begegnungen, die nur im Buch möglich waren, wenn er etwa Bildern vom Gigantenkampf auf dem Sockelfries des Pergamonaltars, die von dem Berliner Photographen Waldemar Titzenthaler stammten, eine Seite folgen ließ, auf der, von viel Weißraum umgeben, dem Berliner Kopf des Giganten Klytios der Kopf des Laokoon aus dem Vatikan gegenüberstand. Auf 168 Tafeln versammelte Löwy knapp 300 Bilder, ohne den Eindruck gedrängter Fülle zu erwecken.

In Freuds Bilderkosmos der Antike sind die dreidimensionalen Objekte und die zweidimensionalen Abbildungen, seien es Kupferstiche oder Photographien, aufeinander bezogen. Wie der Mnemosyne-Atlas des Kunsthistorikers Aby Warburg schließt das Ensemble der Reproduktionsmedien, die Freud nutzte, eine Fülle von Ansichtspostkarten ein. Seine Bildvorstellung von Ägypten und der griechisch-römischen Antike war nicht nur durch seine Reisen, durch die Museumsbesuche in Wien, Rom, Sizilien, London und auch New York geprägt, sondern zudem durch die zahlreichen mit Abbildungen versehenen Bände seiner Bibliothek. Sie zeigten ihm nicht nur zahllose Kunstobjekte, sondern auch die Ausgrabungsstätten. Freud, der im Sommer 1901 aufmerksam die Zeitungsnachrichten über die Grabungen der Engländer auf Kreta verfolgt und Fließ mitgeteilt hatte, sie glaubten, »das richtige Labyrinth des Minos« gefunden zu haben, zählte zu den Käufern der vierbändigen, mit zahlreichen Abbildungen versehenen Prachtausgabe von Sir Arthur Evans' »The Palace of Minos« (1921–36).

Zu den von der Firma Alinari angebotenen Photographien römischer Kunstwerke gehörte das Marmorrelief der »Gradiva« im Vatikan. Als Freud im September 1907 das Original im Museo Chiaramonte sah, kannte er es bereits aus Reproduktionen. Sein Aufsatz »Der Wahn und die Träume in W. Jensens ›Gradiva‹« war bereits geschrieben. Seiner Frau berichtet er auf einer Briefkarte aus Rom: »Denk dir nur meine Freude, als ich nach langer Einsamkeit heute im Vatikan ein bekanntes liebes Gesicht sah; das Erkennen war aber einseitig, denn es war die Gradiva, hoch oben an einer Wand.« Ein dichtes Geflecht von Bezügen umgibt die Gipskopie des Reliefs, die in Freuds Behandlungszimmer oberhalb der Couch und unweit des Porzellanofens an der Wand hing und auf die kleinformatige Reproduktion des Ingres-Gemäldes »Ödipus und die Sphinx« herabblickte.

Den Namen »Gradiva« trug die auf dem Relief dargestellte Figur erst, seit die Novelle Wilhelm Jensens im Sommer 1902 in Fortsetzungen in der Wiener »Neuen Freien Presse« und ein Jahr später im Druck erschienen war. Ihr Held, Dr. Norbert Hanold, Dozent der Archäologie, hatte das Relief in Rom gesehen und sich, fasziniert von der leichtfüßig voranschreitenden Gestalt, einen Gipsabguss anfertigen lassen, der fortan »an einem bevorzugten Wandplatz seines sonst zumeist von Bücherständern umgebenen Arbeitszimmers« hing. Der Erzähler beschrieb die Figur so: »Ungefähr in Drittel-Lebensgröße stellte das Bildnis eine vollständige, im Schreiten begriffene weibliche Gestalt dar, noch jung, doch nicht mehr im Kindesalter, andrerseits indes augenscheinlich keine Frau, sondern eine römische Virgo, die etwa in den Anfang der Zwanziger-Jahre eingetreten.« Die Novelle verwandelte das Museumsobjekt in ein Liebesobjekt. Zu ihrer Ausgangssituation gehört, dass der Kennerblick des Archäologen an dem Relief nicht haften geblieben wäre, denn »für seine Wissenschaft« fand er daran »nichts Beachtenswertes«. Ihn zog nicht die »plastische Formenschönheit« an, sondern al-

**Aufnahme aus dem Nachlass von Emanuel Löwy**
Geflügelte antike Göttin in freier Landschaft mit ihrem modernen Gegenüber, dem Photographen und klassischen Archäologen in Personalunion

**»Ödipus und die Sphinx« von Ferdinand Gaillard**
Nach dem Gemälde von Jean-Auguste-Dominique Ingres

lein der Gestus der Bewegung, die von der Haltung des Kopfes über die Falten des Gewandes auf die darunter sichtbar werdenden Füße in schlichten Sandalen zuführte, die den Boden »nur lose mit den Zehenspitzen« zu berühren schienen. Der Wahn des Helden bestand in dem Glauben, das dem Ausbruch des Vesuvs im Jahre 79 n. Chr. zum Opfer gefallene Urbild der »Gradiva« sei ihm im Pompeji der Gegenwart wiederbegegnet. In seinen Träumen, die diesen Wahn unterfüttern, erlebt er das antike Pompeji und seinen Untergang in der Katastrophe, und er kehrt aus dem Wahn erst zurück, als er erkennt, dass er in Wahrheit nicht einer Wiedergängerin aus der Antike begegnet ist, sondern seiner Jugendfreundin. Das vermeintliche Liebesabenteuer mit einem Museumsobjekt entlässt den Helden am Ende ins Leben mit dem in der Wirklichkeit wiedergefundenen Liebesobjekt seiner eigenen Vergangenheit. Aus der Welt des antiken Pompeji, in die er sich hineinphantasiert hat, findet er in die Gegenwart des Jahres 1879 zurück.

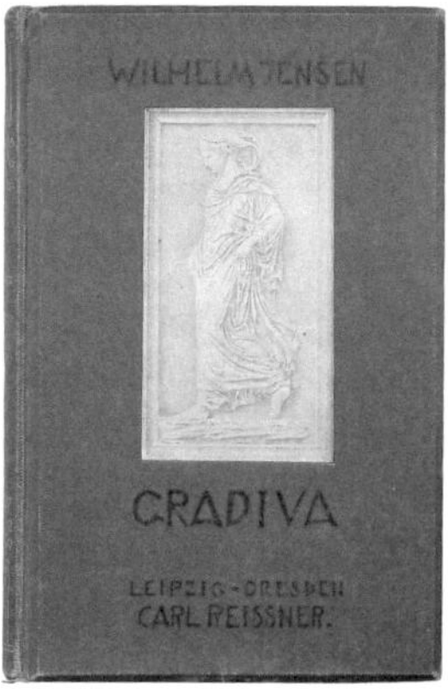


**Wilhelm Jensens »Gradiva«**
Titel der Erstausgabe aus dem Jahr 1903

In Freud fand diese Novelle, in der ein Archäologe von dem Wahn geheilt wird, in den ihn die Abdichtung seiner Wissenschaftler-Existenz gegen alle affektiv-erotischen Verlockungen geführt hat, einen idealen Leser. Er behandelte die Träume des Dr. Hanold nicht anders als den Traum des realen Chemikers, den er in die »Traumdeutung« eingefügt hatte, und zeichnete nach, wie der junge Archäologe, ganz ähnlich wie der Chemiker, der sich in seinem Kolben auflöste, in der Angleichung an die Objekte seiner Disziplin zu versteinern drohte.

Freuds Deutung, die sich ganz auf den Archäologen und seine Jugendfreundin Zoë Bertgang konzentriert, ist ihrerseits zu einem beliebten Interpretationsobjekt geworden. Allzu gut eignet sich die lebendige Doppelgängerin der »Gradiva«, in deren Vorname das Leben und in deren Nachname die Obsession durch Fuß und Gangart anklingt, das psychoanalytische Modell der Heilung einer neurotischen Abspaltung zu verkörpern. Auch blieb nicht unbemerkt, dass Freud an vielen Motiven der Novelle – dem Ausbruch des Vesuvs, am Mohn, an den Fliegen, an der Asche und ihren untergründigen Verbindungen – vorbeiging. Als ihm sein Kollege Karl Abraham aus Berlin im Dezember 1908 die Abbildung der Gradiva-Skulptur eines Berliner Bildhauers schickte, dankte Freud für »die Pompejanerin«, bekannte aber, die Frage der Selbstständigkeit gegenüber dem Original nicht beantworten zu können: »Ich bin leider auch nicht spurweise Fußverehrer und darum so ratlos in allem, was diese Probleme angeht.« Doch in der Analyse eines Falles von Fußfetischismus, der sich an »dem eigentümlich schönen Gang mit steil gestelltem Fuß« entzündete, erschöpfte seine Deutung sich nicht. Zu unverkennbar war die Novelle ein Erprobungsfeld für ein Zentralmotiv seiner Selbstreflexion: die archäologische Metapher.

An Jensens Novelle und Freuds Abhandlung darüber, auf die wir lediglich im Vorbeigehen hindeuten, ist für uns vor allem der Effekt bedeutsam, den beide für die Gradiva-Kopie in Freuds Behandlungszimmer haben. Der Effekt besteht in der Verdoppelung ihres Objektbezuges. Sie war zum einen in den archäologischen Diskurs der Zeit eingebettet, auf den Freud im Nachwort zur zweiten Auflage der Abhandlung 1912 ausführlich hinwies und über den ihn sein Freund Emanuel Löwy auf dem Laufenden hielt. Zum anderen waren viele Patienten und Besucher Freuds zugleich seine Leser. Sie sahen in der »Gradiva« über der Couch nicht lediglich die Gipskopie des römischen Originals, sondern zugleich die Heldin der Novelle und mehr noch der Deutung, die Freud ihr gewidmet hatte. Freuds Kopie trat der des fiktiven Archäologen an die Seite, auch sie hing »an einem bevorzugten Wandplatz« in den Arbeitsräumen eines Archäologen, auch sie war das Andenken einer Italienreise. Freud hatte diesen Andenkencharakter betont, indem er an den oberen Rahmen eine ge-

**Gipsabdruck der Gradiva in Freuds Behandlungszimmer**
Mit Papyrusstaude als Andenken einer Italienreise

**Aquatinta-Radierung von Max Pollak, 1914**
Ziel des Spottes von Karl Kraus: Sigmund Freud am Schreibtisch

trocknete Papyrusstaude angeheftet hatte, die wie ein Haarbüschel hinter der Kopfbedeckung der »Gradiva« herabfiel. Man darf annehmen, dass dieser Papyrus der gemeinsam mit Sándor Ferenczi unternommenen Sizilien-Reise im Herbst 1910 entstammt, auf die Freud, zurückgekehrt nach Wien, im Brief an Ferenczi zurückblickte: »Lieber Freund, Ihr Brief hat mich daran gemahnt, dass ich derselbe bin, der in Siracusa Papyrus gepflückt, sich in Neapel mit dem Bahnpersonal herumgerauft und in Rom Antiquitäten eingekauft hat.« Papyrus war der am weitesten verbreitete Schriftträger der Antike, in Rom war er nach der Eroberung Ägyptens allgegenwärtig. Es ist vielleicht nicht unerlaubt, in der Papyrusstaude über der

»Gradiva« ein Zeichen für die Personalunion von Sammler, Psychoanalytiker und Autor in den Arbeitsräumen Freuds zu sehen. Jedenfalls musste Paula Fichtl, die letzte Haushälterin, den Patienten einschärfen, sie dürften den Papyrus keinesfalls berühren, da dieser sonst zerfallen könne.

Im Juli 1899 schrieb Freud an Wilhelm Fließ: »Es gibt noch alte Götter, denn ich habe unlängst einige bekommen, darunter einen Janus aus Stein, der mit seinen zwei Gesichtern mich sehr überlegen anschaut.« Man darf annehmen, dass der Schwellengott Janus bei diesem Blickkontakt auf dem Schreibtisch stand, an dem Freud den Brief verfasste. Die Radierung Max Pollaks aus dem Jahr 1914, die ihn am Schreibtisch zeigt, wie er die vor ihm stehenden Figuren auf seinem Schreibtisch fixiert, wird das Bild des im Angesicht der alten Götter schreibenden Freud ratifizieren. Der Wiener Buchhändler Hugo Heller, Freud eng verbunden, Mitglied seines Mittwochskreises und Verleger der »Schriften zur angewandten Seelenkunde«, als deren erstes Heft Freuds »Gradiva«-Aufsatz erschien, wird die Radierung vertreiben. Durch die Literatur über Freuds Sammlung geistert eine Beschreibung, die Karl Kraus dieser Radierung gewidmet haben soll. Kraus hat aber in der Fackel vom 28. März 1914 lediglich den Reklametext Hellers für das Porträt abgedruckt und unter dem Titel »Von den Nachdenklichen und den Betriebsamen« mit einem beißenden, im Stil von Goethes »Zueignung« zum »Faust« gehaltenen Kommentar versehen: »Soll ich das Porträt des Professors Freud auf Kaiserlich Japan oder auf van Geldern Bütten kaufen, das mir Hugo Heller offeriert, der mir bald als Buchhändler, bald als Kunstsalon, eben noch als Literaturverein, jetzt wieder als graphisches Kabinett entgegentritt? Versuch' ich wohl ihn diesmal festzuhalten? Fühl' ich mein Herz nach jenem Wahn geneigt? Er drängt sich zu! nun gut, so mag er walten, wie er aus Dunst und Nebel um mich steigt. Er bringt mit sich die Bilder froher Tage. Eins kostet 100, hundert Kronen sage.« Nicht nur der Buchhändler, auch Freud selbst war damit in die Nähe von Spuk und Wahn gerückt. Wie stets, so war auch hier der Sperrdruck im Zitat von Hellers Anzeige das Gefäß, in das Kraus seinen Hohn goss: »Max Pollak hat den Forscher in seinem Arbeitszimmer, an seinem Schreibtisch sitzend, porträtiert. Der Vordergrund wird durch die auf dem Schreibtisch stehenden antiken und archaischen Figuren seltsam belebt. Aus dem Helldunkel des Arbeitszimmers hebt sich kräftig der durchgeistigte Kopf des Gelehrten ab mit jenem gewissermaßen nach innen gekehrten nachdenklichen Blick, der die konzentrierte geistige schöpferische Arbeit kennzeichnet.«

Max Pollaks Radierung ist in die Schauseite eingegangen, die Freuds Psychoanalyse dem Publikum zuwendet. Für seine Patienten und Besucher war sie ein Ausschnitt des Interieurs, in dem ihnen Freud entgegentrat. Eine weiße Wand, auf die seine Patienten ihr Inneres projizierten, war er nicht. Im Gefüge der Blickachsen und Sichtfelder zwischen Arbeits- und Behandlungszimmer ließ sich der Arzt nicht vom Sammler und Gelehrten Freud ablösen. Der »Wolfsmann«, den Freud Anfang 1910 in Behandlung nahm, während er das Eintreffen von Grabungsfunden in der ungarischen Provinz erwartete, schilderte Jahrzehnte später seine Verwunderung darüber: »Ich kann mich noch, als wäre es heute, an die durch eine stets geöffnete Tür verbundenen beiden Arbeitsräume Freuds erinnern, deren Fenster einem kleinen Hof zugekehrt waren, in dem heilige Ruhe herrschte. Schon diese beiden Räume mussten eine Überraschung bringen, denn sie erinnerten einen in nichts an das Ordinationszimmer eines Arztes, sondern vielmehr an ein archäologisches Kabinett. Man entdeckte hier nämlich allerlei Statuetten und sonstige recht eigenartige Gegenstände, die jedoch jeder, auch ein Laie, als archäologische Funde aus den längst verklungenen Zeiten des alten Ägypten sofort erkennen konnte. Auch entlang den Wänden waren hier und da steinerne Platten angebracht, die verschiedene Szenen aus derselben Epoche darstellten. Einige Gewächse belebten die beiden Räume, und Vorhänge und Teppiche verliehen ihnen eine anheimelnde Note. So trug alles dazu bei, dass man sich hier dem Hasten des modernen Lebens entrückt und vor den Sorgen des Alltags geborgen fühlte. Freud selbst deutete seine Vorliebe für Archäologie dahin, dass der Analytiker, ähnlich dem Archäologen, gezwungen sei, viele Schichten in der Psyche seines Patienten bloßzulegen, bevor er zu dem Wertvollsten, aber zugleich auch am tiefsten Verborgenen gelangen könne.«

Der Wolfsmann beschrieb als gelehriger Schüler Freuds das »Kabinett« im Horizont der archäologischen Metapher. Ein Museum aber, in dem für die archäologischen Objekte ein Berührungstabu galt, war Freuds Sammlung gerade nicht.

# DIE AMERIKANISCHE PATIENTIN, ATHENE UND DAS ORAKEL VON DELPHI

## / Die amerikanische Patientin, Athene und das Orakel von Delphi

Die Mitarbeiter-Funktion, die Freud seinen »dreckigen Göttern« zuschrieb, beschränkte sich nicht darauf, als Manuskriptbeschwerer auf seinem Schreibtisch zu dienen. Das zeigt der Bericht der amerikanischen Dichterin H. D. über ihre Analyse bei Freud in den Jahren 1933 und 1934. Ihr 1956 erschienenes Buch »Tribute to Freud« kombiniert zwei Texte. »Writing on the Wall« entstand während des Krieges 1944 in London und wurde 1945/46 als Zeitschriftenserie erstmals veröffentlicht. Freuds Gang ins Exil, H. D.s Besuche in London und sein Tod waren in diesen Rückblick eingegangen. »Advent« enthielt die im Frühjahr 1933 unmittelbar nach den Sitzungen bei Freud in Wien niedergeschriebenen Aufzeichnungen, die an ihrem Wohnsitz in der Schweiz verblieben waren und der Autorin in London nicht zur Verfügung gestanden hatten. Beide Texte zusammen enthalten, ergänzt man sie durch die Briefe, die H. D. aus Wien an ihre Freunde schrieb, die dichteste Beschreibung des Zusammenspiels von Interieur, Antiquitätensammlung und psychoanalytischer Behandlung im Corpus der Schriften, die Patienten Freuds über ihn verfassten. Die zwei Behandlungssequenzen im Frühjahr 1933 und von Ende Oktober bis Anfang Dezember 1934 sind von der Zuspitzung der politischen Situation in Österreich und vom Machtantritt Hitlers in Deutschland überschattet. H. D. sieht in der Berggasse Hakenkreuze auf die Straße gemalt, die auf Freuds Haus zuführen, ein Gestöber von Zetteln wirbt mit Pro-Hitler-Parolen für den Anschluss Österreichs an das Deutsche Reich. Zwischen die Behandlungssequenzen fallen die Februarkämpfe des Jahres 1934, über die Freud H. D. brieflich berichtet. In der Analyse ist davon nicht die Rede, mit den Ausschreitungen gegen Juden in Berlin, von denen sie in der Zeitung liest, will H. D. Freud nicht behelligen.

Amerikanische und englische Patienten trugen dazu bei, dass Freud, der gut Englisch sprach, nach dem Ersten Weltkrieg die ökonomischen Fundamente seiner Praxis trotz der in Österreich 1921 einsetzenden Hyperinflation sichern konnte. Eine der Voraussetzungen dafür war, dass er auch in England und den Vereinigten Staaten Fürsprecher unter seinen Kollegen und Lesern gefunden hatte. Hilda Doolittle, die unter dem Pseudonym »H. D.« publizierte, ist mit seinem Werk vertraut, als sie Ende Februar 1933 in Wien eintrifft. Sie gehörte zu den ersten Abonnentinnen des »British Journal of Psychoanalysis« und kennt die Kollegen Freuds, die aus den Photographien in seinem Wartezimmer auf sie herabblicken. Bei Hanns Sachs, dem aus Wien stammenden Juristen, der 1910 zum Kreis um Freud gestoßen und 1920 als Laienanalytiker nach Berlin gegangen war, absolvierte sie einige Stunden, ehe er die Weiterbehandlung bei Freud empfahl, weil er selbst nach Amerika emigrierte. Havelock Ellis, der Fürsprecher Freuds im postviktorianischen England, gehörte zu ihren engsten Londoner Freunden. Ihre Lebensgefährtin Bryher, die Tochter eines der reichsten Männer in England, die als Mäzenin viele Künstler und Autoren unterstützte, darunter James Joyce, war von Havelock Ellis in die Psychoanalyse eingeführt worden, ließ sich seit Jahren von Hanns Sachs behandeln und hatte 1927 Freud in Wien aufgesucht. Sie ersuchte ihn brieflich um einen Termin für H. D., finanzierte die Behandlung und schickte Freud einige der Bücher H. D.'s.

In »Tribute to Freud« erscheint Freud nicht als körperlose Stimme und unsichtbare Instanz, an die der Patient seine Einfälle und Assoziationen adressiert. »Er schlägt mit der Hand, mit der Faust auf das Kopfende des altmodischen Pferdehaarsofas, das mehr Geheimnisse gehört hat als je der Beichtstuhl eines volkstümlichen römisch-katholischen Beichtvaters auf dem Gipfel des Erfolgs.« Die drastische Handbewegung steht in dieser Szene in Kontrast zur Analogie von Couch und Beichtstuhl. Dieser Freud ist – im Text von H. D. – gerade nicht nur Ohr und schon gar nicht unsichtbar. Er beklagt sich bei seiner Patientin, dass sie »sich nicht die Mühe macht, mich zu lieben«, er bewegt sich mit ihr durch die Räume, bezieht sein Arbeitszimmer, den Schreibtisch, die Vitrinen in ihre Analyse ein. »Manchmal erscheint das Zimmer drüben sehr dunkel, manchmal herrscht dort auch ein Wechselspiel von Licht und Schatten. Und manchmal betritt man gar leibhaftig jenes Zimmer, wie ich eines Tages, als mich der Professor einlud, die Dinge auf seinem Tisch anzusehen.« Wie die Bücher seiner Bibliothek werden die Sammlungsobjekte zu Anknüpfungspunkten für Gespräche und Assoziationen. Das weitgespannte Netz aus Erinnerungen, Träumen und Reflexionen, das so entsteht und die Moses-Erzählung des Alten Testaments, in die sich H. D. hineinträumt, mit dem Ehrgeiz der Patientin wie mit dem Judentum Freuds verknüpft, die imaginären Reisen an Orte, die auf Bildern in Behandlungsraum und Arbeitszimmer dargestellt sind, wären einen ausführlichen Kommentar wert. Hier soll es vor allem um das Zusammenspiel von Analyse, Mythologie und Objekten der archäologischen Sammlung gehen. Die Voraussetzungen dafür wurden gleich zu Beginn geschaffen. In ihrem unmittelbar nach der ersten Sitzung am 1. März 1933 verfassten Brief an Bryher schreibt H. D.: »I said he was not a person but a voice and that in looking at antiquity, I was looking at him. He said I had got to the same place as he, we met, he in the childhood of humanity – antiquity – I in my own childhood.«

Beide haben auf der Akropolis gestanden, Freud im September 1904, H. D. im Frühling 1920. Was Reisen im Mittelmeerraum betrifft, ist sie ihm indessen voraus. Im Jahr 1923, zur Zeit der Tut-ench-Amun-Ausgrabungen, war sie in Ägypten, im Frühling 1932 in Ägina. Drei Wochen nach Beginn der Analyse notiert sie: »Wir sprachen von Kreta. Ich erzählte ihm, wie enttäuscht ich auf der Kreuzfahrt letzten Frühling war.

**»Wir sprachen von Kreta …«**
Die »Schlangengöttin« aus Sir Arthur Evans
»The Palace of Minos« (1921–1936)

Die See war zu rau, um zu landen. Delfine waren da und umspielten das Boot, das vor der Felsenküste vor Anker lag; die zerstäubenden Meereswellen bildeten einen unaufhörlichen Regenbogen. Hoch oben am Hang sahen wir die Kapelle, wo Zeus geboren oder gesäugt worden sein soll. Wir sprachen von Sir Arthur Evans und seiner Arbeit dort. Der Professor sagte, dass wir zwei uns in unserer Liebe zum Altertum träfen. Er sagte, seine kleinen Statuen und Bildwerke helfen, die verfliegende Idee zu festigen oder vor dem gänzlichen Verschwinden zu bewahren. Ich fragte, ob er eine kretische Schlangengöttin habe. Als er verneinte, sagte ich, dass ich in London Leute kenne, die früher einmal einige Beziehungen zu Kreta gehabt hätten, und dass ich Himmel und Erde in Bewegung setzen wolle, um ihm eine Schlangengöttin zu beschaffen. Er sagte: ›Ich fürchte, selbst Sie können das nicht‹.« Noch am selben Tag schrieb H. D. an Bryher, ob sich nicht in einer der ihr bekannten Privatsammlungen eine kretische Schlangengöttin auftreiben lasse oder sich Arthur Evans durch die Mitteilung, alle seine Werke stünden in der Bibliothek Freuds, womöglich dazu bewegen lasse, eine solche Figur zu beschaffen. Als sie auf einem Regal der Bibliothek ein Buch des englischen Sinologen Arthur Waley liegen sah, konnte sie Freud von ihrer persönlichen Bekanntschaft mit dem Autor berichten, die auf ihre Streifzüge durch das British Museum nach ihrer Ankunft in London 1911 zurückging.

Im Jahr 1886 in Bethlehem, Pennsylvania als Kind einer Familie geboren, die der mährischen Brüdergemeinde angehörte, war Hilda Doolittle bereits im Alter von 15 Jahren dem jungen Ezra Pound begegnet, den die Eltern nicht als Schwiegersohn akzeptierten. Er entführte ihre Tochter in die Welt der Troubadoure, Dantes und der Antike und nannte sie »Dryad«, nach der griechischen Baumnymphe. In den literarischen Zirkeln im London der Vorkriegsjahre wurde sie als »H. D.« mit Gedichten wie »Hermes on the Way« zu einer Protagonistin des »Imagism«, mit dem Pound die moderne Poesie auf das scharf umrissene, prägnante Bild festlegte. Ihr Pseudonym war aus ihren Initialen gebildet, aber sowohl Hermes und das Hermaphroditische klangen darin an wie die Dryade.

H. D. war weder Hobby-Archäologin noch gelehrte Antiquarin. Aber ihre schriftstellerische Karriere war aus einer der großen zeitgenössischen Bewegungen hervorgegangen, für die wie für die Psychoanalyse Freuds die Transformation der Antike konstitutive Bedeutung hatte, aus dem Hellenismus der angelsächsischen ästhetischen Moderne. Als Autorin eines Werks, das ins Stocken geraten war, reiste H. D. nach Wien. Freud schrieb ihr einige Monate zuvor, im Dezember

1932: »You will understand that I did not ask for your books in order to criticise or to appreciate your work, which I have been informed is highly praised by your readers. I am a bad judge on poetry especially in a foreign language. I wanted to get a glimpse of your personality as an introduction to making your personal acquaintance. Your books will be waiting with me for your arrival. (An American friend of mine brought me today ›Palimpsest‹.)« Falls Freud den Band »Palimpsest« (1926) las, der nicht Gedichte enthielt, sondern drei Novellen, dann konnte er in »Hipparchia« eine Griechin entdecken, die es nach Rom verschlagen hat, und zwischen den Zeilen London im Ersten Weltkrieg, in »Murex« das London der letzten Kriegsjahre und der Nachkriegszeit, in »Secret Name« die Welt der Ausgrabungen im zeitgenössischen Ägypten, und in allen drei Geschichten weibliche Protagonistinnen. Die Reinkarnationen und Spiegelungen der Gegenwart in der Antike mochten ihn in der Grundstruktur an Jensens »Gradiva« erinnern, aber der Bewusstseinsstrom, der durch diese Prosa ging, kam aus literarischen Regionen, die Freud eher fremd waren, aus dem »Ulysses« von James Joyce, dessen Dublin in H. D.s London ein Echo fand: »Faces, people, London. People, faces, Greece. Greece, people, faces. Egypt. James Joyce was right.«

Am 22. März 1933 erzählt H. D. Freud einen Traum, den sie mit Ezra Pound assoziiert, und berichtet von dem »Hausverbot«, das er in ihrem Elternhaus erhielt. »Der Professor kannte den Namen Ezra Pound. Er sagte, er habe einmal einen Essay von ihm gesehen, wolle aber nicht behaupten, dass er ihm folgen könne.« Die Beziehungen zwischen H. D., ihrer Gefährtin Bryher und Pound sind zu diesem Zeitpunkt gespannt, wegen Pounds Antisemitismus und seiner Parteinahme für Mussolini.

Eher als Gerücht denn als Person oder Autor mit fest umrissenen Zügen geistert Ezra Pound durch die Analyse. Anders verhielt es sich mit D. H. Lawrence. Zwar ist ungewiss, welche Lektüre Freud zu der Bemerkung veranlasste, »dass Lawrence ihn am Schluss eines Buches beeindruckt habe«. Aber gewiss ist, dass Lawrence, den H. D. 1914 in London kennengelernt hatte und der 1930 gestorben war, eine Schlüsselfigur in der Analyse war. Dass zu den Figuren seines letzten Romans »The Man who died« über den wiederauferstandenen Jesus eine Isispriesterin gehörte, in der H. D. sich selbst wiedererkennen zu können glaubte, trug dazu bei.

Seinen großen Romanen konnte sie wenig abgewinnen, seine Polemiken gegen die Psychoanalyse lehnte sie ab. Auch nachdem er sich brüsk von ihr abgewandt hatte, verkörperte er für sie das Modell einer literarischen Produktivität, die sich gegen alle Widerstände behauptet. Im Behandlungszimmer im Wien suchte sie ihre Autorenchiffre »H. D.« an das »D. H.« von Lawrence anzunähern. Nach der ersten Begegnung hatte sie notiert, Freud habe sie an D. H. Lawrence erinnert. Seine Sammlung trug dazu bei, die Koppelung des Projektes der Rückgewinnung literarischer Produktivität mit der Erinnerung an D. H. Lawrence zu festigen.

Als H. D. an einem Sonntag das Kunsthistorische Museum in Wien besucht und dort Tizians Porträt des Jacopo Strada und andere Gemälde von Renaissance-Figuren mit Statuen sieht, kommt ihr sogleich Max Pollaks Freud-Radierung in den Sinn, »wie er hinter seiner Reihe von kleinen Bildwerken am Tisch sitzt«. Wenig später träumt sie von »meinem kleinen Riechsalzfläschchen«, es ist für sie ein Übertragungssymbol, das sie mit Freud verbindet, und mit ihrer Schreibkrise eng verbunden. »In meinem Traum salze ich meine Schreibmaschine. So, vermute ich, wollte ich gern meine fade Schriftstellerei mit dem Salz der Erde, Sigmund Freuds geringfügigster Äußerung, salzen.« Gleich am nächsten Tag findet dieser

Traum seine Fortsetzung, und aus den Flaschen werden die Objekte, die in Max Pollaks Radierung wie im Arbeitszimmer in der Berggasse 19 auf dem Schreibtisch stehen: »In meinem Traum assoziiere ich plötzlich des Professors Halbkreis von kleinen Bildwerken mit Flaschen.«

Der Halbkreis von Statuen auf dem Schreibtisch Freuds hat sich zwei Tage zuvor mit der Erinnerung an ein anderes Statuenarrangement verknüpft: »Da waren jene Statuen in dem Landhaus in Cornwall. Sie standen in einer Reihe auf dem Kaminsims eines leeren Zimmers. Das Haus war nur teilweise eingerichtet. Im März 1918 ging ich dorthin. Es war D. H. Lawrence, der mir von dem alten Haus erzählt hatte, es hieß Rosignan. Lawrence sagte, es sei verwunschen. Hatte ich Angst vor Gespenstern? Ich sagte, ich sei noch nie einem begegnet. Hier gibt es, in dem Halbkreis auf dem Tisch im anderen Zimmer, das gleiche oder in etwa das gleiche Aufgebot von Bildwerken. Osiris, Iris. Vielleicht habe ich Angst vor Gespenstern.«

Diese in den abendlichen Aufzeichnungen im Hotel Regina festgehaltene Reminiszenz wandert sogleich in die Analyse ein. Freuds en passant entworfene Theorie, die Funktion der Objekte seiner Sammlung sei es, »die verfliegende Idee zu festigen oder vor dem gänzlichen Verschwinden zu bewahren«, scheint nicht nur für die Arbeit am Schreibtisch zu gelten, sondern auch für die Arbeit im Behandlungszimmer. H. D. arbeitet an der Idee, die von D. H. Lawrence und die von Freud ausgehenden Energien durch die Verbindung der beiden Arrangements zu koppeln. Und Freud, der schon mehr als dreißig Jahre zuvor die »dreckigen Götter« zu seinen Mitarbeitern gemacht hat, kommt ihr entgegen. Da seine Patientin viel über ihn gelesen hat, weiß sie, dass die Couch der dafür zuständige Ort ist. Es ist offenkundig ein Sonderfall von Analyse, der ihr zuteil wird. »Ich wusste nicht immer, ob ich die Ausflüge des

**Tizians Portrait des Architekten**
**und Kunsthändlers Jacopo Strada (1567/68)**
Aus dem Kunsthistorischen Museum Wien

**Löwenköpfige Sekhmet-Statuette**
mit Sonnenscheibe und Uräus aus Freuds Sammlung

Professors mit mir in das andere Zimmer als Ablenkungen, als ernst gemeinte soziale Veranstaltungen oder als Teil eines Plans auffassen sollte. Wollte er herausfinden, wie ich auf bestimmte Ideen reagieren würde, die in den kleinen Statuen verkörpert waren, oder wie tief ich die lebendige *Idee* fühlte, die ihnen immer noch innewohnte, mochten auch Jahrhunderte oder Äonen über viele von ihnen hinweggegangen sein?«

Freud wählt einen mimetischen Weg, der die Trias Wiederholen, Erinnern, Durcharbeiten in die Welt der physischen Objekte seiner Sammlung verlegt. Er geht daran, das von seiner Patientin erinnerte Arrangement auf dem Kaminsims von

Cornwall in der Berggasse 19 zu rekonstruieren: »Er fragte mich, was die Bildwerke dargestellt hätten. Ich sagte, auf einem Regal habe ein bemalter Osiris gestanden; am anderen Ende saß eine bronzene Iris – es gab auch, glaube ich, eine eiförmige Eulenmumie. Der Professor sagte: ›Kommen Sie und sehen Sie nach, ob wir sie finden können.‹ Wir gingen in das andere Zimmer, er holte verschiedene Schätze aus den Glasschränken hervor. Wir sprachen über eine Sekhmet, die er mir zeigte. Ich erzählte dem Professor von dem katzenköpfigen Standbild in dem kleinen Tempel, abseits von dem großen Tempel in Karnak. Wir durchmusterten die Bildwerke der anderen Schränke, da gab es eine geflügelte griechische Figur – Tanagra? Der Professor holte einen Osiris aus Holz hervor (oder ein Bildwerk, das wie ein Osiris aussah), schwarz geworden im Lauf der Zeit oder auch absichtlich bemalt wie mit einer Art Teer oder Pech. Dann stand da auch noch ein grünblauer Osiris aus Stein. Der Professor sagte: ›Sie heißen die Antworter, weil ihre Doppelgänger oder Ka's bei Anruf erscheinen.‹ Wir gingen zur Couch zurück.«

H. D. hatte zu diesem Zeitpunkt in einer Wiener Buchhandlung den Abzug eines Freud-Porträts – wohl die Radierung von Ferdinand Schmutzer aus dem Jahr 1926 – bestellt, das sie wenig später als »Antworter« in ihrem Zimmer im Hotel Regina aufstellte. Sie nannte Freud in ihren Aufzeichnungen wie in den Wiener Briefen an ihre Freunde »Papa« oder »Professor« und überblendete seinen Schreibtisch mit dem ihres Vaters, der Astronom gewesen war. Zudem hatte sie ihn in die Mythologie des antiken Arztes Asklepios eingezeichnet, so wie Havelock Ellis in London für sie und ihren Kreis »Chiron« war. Ihre Mutter, die Helen hieß, las sie in das gleichnamige Gedicht von Edgar Allan Poe hinein, eine andere Helen, Miss Helen, die Lehrerin aus der Kindheit, blieb für immer mit Nathaniel Hawthornes Mythen-Nacherzählungen

**Gustave Dorés Illustration zu Edgar Allan Poes »The Raven«**
»But, with mien of lord or lady, perched above my chamber door –
Perched upon a bust of Pallas just above my chamber door –
Perched, and sat, and nothing more.«

»Tanglewood Tales, for Boys and Girls: Being a Second Wonder-Book« verknüpft, die sie nachmittags in der Schule den Kindern vorlas: »Jene Erzählungen sind meine Grundlage oder Vorbildung, Pandora, Midas, das Medusenhaupt – jene sonderbare Geschichte von Perseus und der Beschützerin Athene.« Kaum eine Figur dieser Aufzählung war in der Analyse bei Freud nicht mittelbar oder unmittelbar anwesend. Die Allgegenwart der griechischen Namen wurde Ende März 1933 erörtert, und die amerikanische Patientin rückte die Figuren der Sammlung in ihren Assoziationshorizont hinein: »Da ist die Pallas Athene auf seinem Schreibtisch, hinter der Doppeltür, die vom Sprechzimmer in sein Allerheiligstes führt. *Just above my chamber door* – da stand in Poes ›Raven‹ eine Pallas-Büste, wenn ich mich nicht irre. Ein *Quoth-the-Raven*-Mysterium umgibt jede seiner Äußerungen, obwohl er freilich in seiner Ecke hinter der Couch eher zu kauern als zu thronen scheint und mehr einer alten Eule gleicht, ›hibou sacré‹.«

Die Sprache der archäologischen Sammlung ging als eine Lingua franca, die beide beherrschten, in die Dialoge zwischen Freud und seiner amerikanischen Patientin ein. Eine Eule konnte unter diesen Bedingungen kaum auftauchen, ohne die Assoziation an die Eule der Minerva wachzurufen. Und Freud selbst arbeitete mit an der Verwandlung seiner Sammlung in ein Spiegelkabinett: »eine koptische Tonfigur, die ihm ein ehemaliger Schüler geschenkt hat, ist sein ganzes Entzücken. Das kleine Bildwerk gleicht in verblüffendem Maße Jofi.« Und wie der Hund war sein Herr in der Sammlung enthalten: »ich kann auch nicht umhin, mich zu fragen, ob der Geber der Figur auf dem Regal gegenüber der Couch wohl bemerkt hatte, wie schlagend die Ähnlichkeit zwischen diesem etruskischen Bildwerk mit dem spitzen Kopf und dem dünnen, gestochenen Lächeln und unserem Professor ist«. Im Zentrum der Analyse stand die Erinnerung H. D.s an eine Halluzination, die von der obsessiven Identifikation mit Griechenland genährt wurde. Im Frühjahr 1920 hatte sie bei einer Reise zu den ionischen Inseln mit ihrer Freundin Bryher auf Korfu eine Folge von Bildern auf der Wand des Hotelzimmers wie auf einer Kinoleinwand vorbeiziehen sehen, die »farblosen Abziehbildern« ihrer Kindheit glichen. In ihrem Bericht »Writing on the Wall«, der diesem Erlebnis seinen Titel verdankte, schrieb sie: »Ich war leibhaftig in Griechenland, in Hellas (Helen). Ich war heimgekommen in die Herrlichkeit, die Griechenland war.« Wegen der Anwesenheit des Namens ihrer Mutter im Namen des Landes hatte Freud die Bilder an der Wand, die er als gefährliches Symptom ansah, als »Verlangen nach der Vereinigung mit meiner Mutter« gedeutet. H. D., die wie so viele Autoren der ästhetischen Moderne an Okkultismus, Spiritismus, Telepathie und esoterischen Lehren interessiert war, brachte die antiken Mysterienkulte ins Spiel. Alles Material, das sie in die Analyse einbrachte, war mit Elementen der antiken Mythologie imprägniert. Es lässt sich nicht feststellen, ob sie die in »Writing on the Wall« enthaltene Schilderung eines der »Bilder an der Wand« Freud gegenüber wörtlich so formulierte. Aber die Darstellung ist ein schlagendes Beispiel dafür, dass das Bündnis der Psychoanalyse mit der Antike in der kulturellen Praxis mancher Patienten, die in der Kunst der Namensfindung ebenso bewandert waren wie Freud, eine Entsprechung hatte. Noch unbenannt, sieht der Gegenstand, der auf der Hotelwand auftaucht, so aus: »Es ist ein Kreis, oder zwei Kreise, der größere der beiden bildet den Fuß; dazu kommen drei Linien, nicht flach, wie gesagt, sondern perspektivisch, ein einfach zu zeichnender Gegenstand, wenn man erst einmal darauf gekommen ist, wie man die Ebenen kippen muss, um eine Raumvorstellung zu erzeugen.« Schon mehrfach, etwa beim Lift, der die Assoziation zum Ausziehen der Kleidung erlaubt, ließ sich beobachten, wie die Namen Kupplerdienste leisten bei der Zusammenführung von Alltagsgegenständen mit der Traum- oder Deutungsarbeit. Hier rufen die Kreise mit dem Fuß eine Vertrautheitsanmutung hervor, die zur raschen Identifikation des halluzinierten Gegenstandes mit einem Objekt der unmittelbaren Umgebung führt. Und schon schießen auf das triviale Objekt die mythologischen Assoziationen zu wie Eisenspäne auf einen Magneten: »das exakte Doppel dieser Form stand auf dem oberen Brett des altmodischen Waschtischs, neben Zahnbecher und Seifenschale und all dem verschiedenen Krimskrams. Es war haargenau das Gestell der kleinen Spirituslampe, die wir mithatten. (*Spirit*-Lampe?) Und ich weiß, wenn diese Gegenstände aus meinem eigenen Kopf nach außen projiziert werden, so ist das ein sauberer Streich, ein Kurzschluss, ein Witz, eine Art Scherz. Denn das dreibeinige Lampengestell aus dem zusammengewürfelten Wirrwarr auf dem Waschtisch ist nichts anderes als unser alter Freund, der klassische Dreifuß von Delphi. So wird assoziativ der Dreifuß, dieser Gegenstand der Verehrung im Kult des Sonnengottes, das Symbol von Dichtung und Weissagung, verknüpft mit diesem ganz gewöhnlichen Metallrahmen, der dem kleinen Kessel eingepasst ist und uns als Ständer dafür dient, wenn wir für jene Extratasse Tee zur Stärkung oben in unserem Zimmer Wasser kochen.«

H. D. war nicht nur Patientin Freuds, sondern zugleich als Autorin seine gelehrige Schülerin. Die Überblendung von »Spiritus« und »Spirit« ähnelt, wie sie selbst andeutet, den Mechanismen, die Freud in der »Traumdeutung«, der »Psychopathologie des Alltagslebens« oder in »Der Witz und seine Beziehung zum Unbewussten« so oft demonstriert hatte. Der Sonnengott Apoll, der bei dieser Überblendung ins Spiel kommt, war zugleich der Gott der Poesie und der Weissagung. Und er war durch seinen Sohn Asklepios, den Gott der Heilkunde, zudem mit der Medizin eng verbunden.

Sigmund Freud, »dem Arzt ohne Fehl und Tadel«, widmete H. D. ihre Erinnerungsschrift »Writing on the Wall«. Im Text selbst verknüpfte sie ihr Porträt Freuds leitmotivisch mit der Asklepios-Mythologie. »Es war der Asklepios der Griechen, den man den Arzt ohne Fehl und Tadel nannte. Er war der Sohn der Sonne, der Phöbus Apoll, und Musik wie Medizin waren dieser Quelle des Lichts gleichermaßen geweiht. Jener Halbmensch, Halbgott ging (so sprach das Fatum) ein wenig zu weit, als er anfing, die Toten tatsächlich aufzuerwecken. Er wurde von dem Donnerkeil einer rächenden Gottheit zerschmettert, doch Apoll missachtete den Zorn seines Vaters und versetzte Asklepios unter die Sterne. Unser Professor stand diesseits der Pforte. Er gab nicht vor, er könne die Toten zurückholen, die bereits die Schwelle überschritten hatten. Aber aus toten Herzen, wunden Seelen und ungelenken Körpern erweckte er eine Schar lebendiger Kinder.«

Freud, der große Arzt, der alte, weise Professor, der einer Eule gleicht, ist in »Writing on the Wall« eine doppeldeutige Figur. Es gibt eine Textbewegung, in der die Autorin die größtmögliche Nähe sucht, den Kachelofen neben der Couch und den Schreibtisch mit dem Kachelofen und dem Schreibtisch im Arbeitszimmers ihres Vaters, des Astronomen, aneinanderrückt, den Wiener Professor an die Seite des verstorbenen Vaters stellt und sich an die Stelle von Freuds Tochter Sophie setzt, die an der Nachkriegsgrippe verstarb, der sie selbst und die Tochter, die sie im März 1919 zur Welt brachte, gegen alle Prognosen entkamen. In dieser Bewegung, die auch auf die Briefe an ihre Freundin Bryher ausgreift, ist er mit Apoll im Bunde und ihr delphisches Orakel: »he told me very, very, very sweetly that of course, one interpretation of ANY thing with a person like myself was not sufficient, that there must be ›two or multiple interpretations‹. Oh, my god, talk of the two-faced oracle of Delphi ... Papa has a hundred.«

Zu dieser Verschmelzung mit Freud als Vaterfigur gibt es im Text von H. D. die Gegenbewegung, in der die Distanz zwischen der Asklepios-Figur und der Patientin groß ist und sie ihre eigenen Deutungen ihrer Träume und Erinnerungen mit dem lapidaren Satz verteidigt: »der Professor hatte nicht immer recht.« Die Rivalität, die in dieser Distanz steckt, hat in der ersten Sitzung begonnen, beim Eintritt in den Raum mit der Couch: »Automatisch gehe ich durch die Tür. Sie schließt sich. Sigmund Freud sagt nichts. Er wartet darauf, dass ich spreche. Ich schaue mich im Zimmer um. Als eine Liebhaberin griechischer Kunst mache ich automatisch eine Bestandsaufnahme dessen, was das Zimmer enthält.« Die Erzählung dieser Erstbegegnung ist die Geschichte einer Herausforderung. Ob sie eine historische Quelle ist, muss offen bleiben. Ihr Gehalt ist die Überquerung einer riskanten Schwelle, die von einem Hund bewacht wird. Die neue Patientin wird den Test, ob der Hund, der Chowchow Jofi, ihr gewogen ist, bestehen. Und das Schweigen, das durch die Abschätzung der Sammlung entstanden ist, wird Freud brechen, nicht die Patientin: »Was er sagte – und ich glaube, etwas traurig –, war: ›Sie sind der einzige Mensch, der je in dieses Zimmer kam und die Dinge im Zimmer ansah, bevor er mich ansah.‹«

Die archäologische Sammlung ist im Text von H. D. nicht nur ein Reservoir, aus dem Anregungen und Erinnerungen geschöpft werden können. Sie ist zugleich Instrument ihrer Selbstbehauptung und Rivalität im Prozess der Deutungsarbeit. Im Zentrum dieser Rivalität steht die Figur, die Freud am meisten bedeutete und Teil des Ensembles auf seinem Schreibtisch war, die nur gut 10 cm hohe kleine Athene, eine römische Bronzekopie nach einem griechischen Original aus dem 5. Jahrhundert v. Chr. Sie war Freud so wichtig, dass er beim Gang ins Exil, als die Verhandlungen mit den Behörden über die Ausfuhr seiner Sammlung noch nicht abgeschlossen waren, dankbar die Hilfe von Marie Bonaparte in Anspruch nahm, die sie vorab nach Paris schmuggelte, von wo Freud sie in sein neues Londoner Domizil überführte.

Die kleine Athene hält in der rechten Hand eine Opferschale und der erhobene linke Arm lässt erkennen, dass er einmal einen Speer hielt. Zur kriegerischen Geste passt der in korinthischem Stil gehaltene Helm. Auf der Brust trägt sie die Aigis, das magische Ziegenfell, das sie von ihrem Vater Zeus gelegentlich erhält, der damit, wenn er Blitze schleudert, das Sturmgewölk hervorruft. Die schildartige Brustbedeckung zeigt ein Medusenhaupt und erinnert so an den glänzenden Schild, den Athene Perseus gegeben hat. Indem er es als Spiegel benutzte, konnte er der Gorgo Medusa das Haupt, das jeden in Stein verwandelte, der es sah, abschlagen, ohne es direkt anblicken zu müssen, und es seinerseits in eine Waffe verwandeln, die er seinen Gegnern entgegenhielt.

Das Manuskript, das Freud im Mai 1922 über das Medusenhaupt verfasst hatte, konnte H. D. zum Zeitpunkt ihrer Analyse nicht kennen, wohl aber, als sie »Writing on the Wall« schrieb: Der Text wurde 1940 aus dem Nachlass publiziert. Als »Kastrationsschreck« hatte Freud darin den Schrecken gedeutet, der aus dem Anblick der Medusa hervorgeht. Und die Figur, die den Schrecken erlebt, war der Knabe, der zum ersten Mal ein weibliches Genital erblickt. Die Schlangen, von denen das Haupt der Medusa umgeben war, konnten den Schrecken nicht mildern, denn »Vervielfältigung der Penissymbole bedeutet Kastration«. Die Figur der Athene war in Freuds Sammlung eine Verwandte der Schreckmasken, der »Gorgoneia«, die der Unheilsabwehr dienten. Es gehörte in seiner Lesart zu ihren Aufgaben, den Schrecken zu bannen, der vom weiblichen Geschlecht ausgeht. »Dies Symbol des Grauens trägt die jungfräuliche Göttin Athene an ihrem Ge-

**Die kleine bronzene Athene-Statue aus Freuds Sammlung**
»Sie ist vollkommen, sagte er, nur hat sie ihren Speer verloren.«

wand. Mit Recht, sie wird dadurch zum unnahbaren, jedes sexuelle Gelüste abwehrenden Weib. Sie trägt doch das erschreckende Genitale der Mutter zur Schau.«

Athene, die direkt dem Haupt des Zeus entsprungen ist, keine Mutter hat und als Jungfrau nicht selbst Mutter werden kann, ist die den Männern nächste unter den antiken Göttinnen. Sie ist Herakles gewogen, hält ihre Hand über Odysseus und steht ebenso sehr für den Krieg wie für die Weisheit. In »Der Mann Moses und die monotheistische Religion« wird Freud an ihr, von der er annimmt, dass sie ursprünglich eine lokale Muttergottheit war, die Ablösung der Muttergottheiten durch männliche Götter exemplifizieren. Wir haben bereits gehört, wie H. D. die Pallas Athene auf Freuds Schreibtisch mit der Statue in Poes Gedicht »The Raven« verknüpft. Freud hatte ihr die kleine Figur gleich zu Beginn der Sitzungen zusammen mit einem Vishnu aus Elfenbein gezeigt und sie, so die knappe Aufzeichnung vom 2. März 1933 in »Advent«, als »mein Lieblingsstück« identifiziert. In »Writing on the Wall« wird daraus ein großer Auftritt: »›*Das* ist mein Lieblingsstück‹. Er hielt mir den Gegenstand entgegen. Es war eine kleine Bronzestatue, behelmt, bis zum Fuß in ein gemeißeltes Gewand gekleidet, über dem sie den eingekerbten Chiton oder das Peplum trug. Eine Hand war ausgestreckt, als hielte sie einen Stab oder Stecken. ›Sie ist vollkommen‹, sagte er, *nur hat sie ihren Speer verloren*. Ich sagte nichts. Er wusste, dass ich Griechenland liebte. Er wusste, dass ich Hellas liebte. Ich stand da und schaute Pallas Athene an, sie, deren geflügeltes Attribut Nike, der Sieg war oder flügellos, Nike Apteros in den alten Tagen, in dem kleinen Tempel auf der Seite stand, wenn man die Stufen zu den Propyläen auf der Akropolis in Athen hinaufsteigt. Auch er war einmal jene Stufen hinaufgestiegen, hatte er mir erzählt, um mit einem Blick die Herrlichkeit, die Griechenland war, zu überschauen.«

Athene ist in dieser Passage nicht nur die Schutzgöttin Athens. Sie gehört auch zu der Seite in Freuds Werk, in der er seine eigene Geschlechtermythologie in der Antike spiegelte. Es war in der lingua franca, die Freud und seine Patientin benutzten, unmöglich, die Göttin der Weisheit ohne ihre Begleiterin, die Eule aufzurufen. Und ebenso unmöglich war es für die Freud-Leserin H. D., in seinem Arbeitszimmer eine Athene-Statue, deren Vollkommenheit er durch den Verlust ihres Speeres einschränkte, zu betrachten, ohne Freuds Theorie des weiblichen Penisneids zu assoziieren, das Gegenstück zur Kastrationsangst der kleinen Jungen. Am 10. März 1933 notiert sie: »Ich ärgerte mich ziemlich über den Professor in einem seiner Bände. Er sagte (soweit ich mich erinnere), dass Frauen nur dann schöpferisch etwas erreichen oder

Beträchtliches erreichen, wenn sie ein männliches Gegenstück oder einen männlichen Gefährten haben, der sie inspiriert. Vielleicht hat er recht, und mein Traum, wie ich meine Schreibmaschine mit dem vielsagenden Übertragungssymbol ›salze‹, ist ein weiterer Beweis für seine Unfehlbarkeit.«

Freuds Lieblingsstatue und die ihr zugeordneten Theorien müssen eine Herausforderung für die Autorschaft H. D.s dargestellt haben, die ihre Gefährten der Anfänge, Ezra Pound und D. H. Lawrence, verloren hatte. Wie Freud verfügte sie über ein literarisches Werk, zu dem sie die Figuren seiner Sammlung in Beziehung setzen konnte. Und sie war nicht nur mit der prononciert virilen Seite der angelsächsischen Moderne im Bunde, die Pound und Lawrence repräsentierten, sondern auch mit den weiblichen Stars des europäischen Kinos, mit Elisabeth Bergner, zu der ihre Freundin Bryher eine enge Beziehung unterhielt, mit Marlene Dietrich, deren Kleidungsstil sie bewunderte und imitierte. Während der Griechenland-Reise im Jahr 1920, in das ihr Korfu-Erlebnis mit dem Dreifuß fiel, hatte sie in Athen ihr Gedicht »Helios and Athene« geschrieben, eine Aneignung Athenes als Göttin nicht nur der Weisheit, sondern auch der Leidenschaft. Es war eine Variation auf die von Nietzsche stammende Polarität des Apollinischen und Dionysischen, in der die Gegenüberstellung von Delphi und Athen in den Appell mündete, die griechischen Statuen den Akademikern zu entführen: »Let daemons possess us! Let us terrify like / Erinyes, the whole tribe of academic Grecians!«

Es muss nicht lediglich eine Gefälligkeit gegenüber Freud gewesen sein, dass H. D. »Himmel und Erde in Bewegung setzen« wollte, um Freuds Sammlung durch die Statue einer kretischen Schlangengöttin zu komplettieren. Die kretisch-minoische Schicht der Sammlung war eng mit Freuds Publikationen zur weiblichen Sexualität in den 1920er und frühen 1930er Jahren verknüpft. In seinem Aufsatz »Über die weibliche Sexualität« (1931) hatte er geschrieben: »Die Einsicht in die präödipale Vorzeit des Mädchens wirkt als Überraschung, ähnlich wie auf anderem Gebiet die Aufdeckung der minoisch-mykenischen Kultur hinter der griechischen. Alles auf dem Gebiete dieser ersten Mutterbindung erschien mir so schwer analytisch zu fassen, so altersgrau schattenhaft, kaum wiederbelebbar, als ob es einer besonders unerbittlichen Verdrängung erlegen wäre.« Der Vergleich von »präödipaler Vorzeit« der Mutterbindung und minoischer Vorzeit der klassischen, griechisch-römischen Antike war naheliegend. Denn die kretische Kultur sah Freud durch die Herrschaft der Muttergottheiten charakterisiert, für deren Ablösung durch Zeus als Herrscher des griechischen Olymp Pallas Athene stand. Hätte Bryher, die Freundin von H. D., in London Erfolg gehabt bei dem Versuch, durch Sir Arthur Evans, den Ausgräber der Minos-Palastes höchstpersönlich, eine kretische Schlangengöttin zu erwerben, so wäre in Freuds Sammlung die Seite der Muttergottheiten durch ein prominentes Stück gestärkt worden. Zudem gehörte die positiv gedeutete Schlange zur Privatmythologie von H. D. Sie musste weder – wie der Python von Phöbus Apoll – getötet werden noch war sie in eine Theorie des Penisneids und der Kastrationsangst eingewoben. Die zusammengerollte Schlange, die an einem Felsen, in den eine Distel eingekerbt ist, den Kopf in die Höhe streckt, war ein Traumbild, zu dem H. D. ein reales Gegenüber in den Museen suchte und nur einmal, im Louvre, auf einem unbedeutenden Siegelring fand. Dieses Bild ihrer Privatmythologie war mit Asklepios verknüpft, der sich auf einen Stab stützt, um den sich eine Schlange windet. Ausgerechnet der junge Ezra Pound hatte noch in Amerika diese Verknüpfung für sie hergestellt. In der Sprache der archäologischen Objekte, die Freud selbst in Analyse seiner amerikanischen Patientin eingeführt hatte, war die kretische Schlangengöttin eine Figur der Selbstbehauptung H. D.s gegenüber der Athene Freuds. Über ihre Psychoanalyse bei Freud schrieb H. D. nicht nur »Advent« und »Writing on the Wall«, sondern auch ein Gedicht, das sie erst nach ihrem Tod publiziert wissen wollte. Es heißt »The Master« und setzt beiden Freud-Figuren der Prosatexte ein Denkmal, dem Asklepios ohne Fehl und Tadel (»I found measureless truth / in his words«) wie dem Mythologen der weiblichen Sexualität, gegen den sie sich behaupten musste: »I was angry with the old man / with his talk of the man-strenght, / I was angry with his mystery, his mysteries / I argued till day-break«. Die Refrain-Zeile des Gedichts lässt sich als eine Replik auf Freuds ganz aus der männlichen Perspektive entwickelte Deutung von Athene und Medusa lesen, in der das weibliche Genital als Zeichen eines Mangels zum Schreckbild wird. Sie lautet: »Woman is perfect.«

# 4

# DIE GÖTTER IM EXIL DES ALLTAGS

# DIE DIANA DER EPHESER UND DIE MASKEN MERKURS

# / Die Diana der Epheser und die Masken Merkurs

In Myrina, der Hauptstadt der Insel Lemnos in der Ägäis, kann man noch heute die Reste eines antiken Artemis-Tempels besichtigen. Von hier stammt die 25 cm hohe rötliche Terrakotta-Figur der Göttin Artemis in Freuds Antiquitätensammlung. Auf den Photographien von Edmund Engelman kann man sie gut erkennen. Sie stand im Behandlungszimmer in Wien in der Vitrine neben der Tür zum Arbeitszimmer, im Gesichtsfeld der Patienten auf der Couch, neben dem etwas größeren geflügelten Eros, auch er eine hellenistische Tonfigur aus Myrina. Artemis war wie ihre römische Entsprechung Diana eine naturnahe Göttin, gelegentlich wurde sie mehrbrüstig dargestellt. An Freuds Figur ist der rechte Arm, der eine weite Ausholbewegung gemacht zu haben scheint, abgebrochen. Als Göttin der Jagd und Schutzherrin der wilden Tiere trägt sie Stiefel und einen Chiton ohne Ärmel, der die Bewegungen erleichtert und von einem Gürtel zusammengehalten wird. Um ihren linken Arm ist ein Mantel drapiert.

Wann Freud die aus dem 2. Jahrhundert v. Chr. stammende kleine Figur erwarb, ist unbekannt. Bilder der Göttin, die sie darstellte, hatte er bereits in seiner Kindheit gesehen. Die »Israelitische Bibel« Ludwig Philippsons, die sein Vater erworben hatte, enthielt neben dem hebräischen und dem deutschen Text Martin Luthers über 500 Holzschnitte. Sie stellten, um den Zusammenhang der »syrischen, orientalischen Götter« mit den griechisch-römischen zu illustrieren, nicht nur Figuren und Schauplätze des Alten Testaments dar, sondern auch Gottheiten der Griechen, darunter in den Anmerkungen zum Buch Daniel und zur Geschichte des Königs Antiochus eine alte Statue der Artemis von Ephesus als vielbrüstige Göttin der Fruchtbarkeit und Ausschweifung.

»Die Diana von Ephesus« stand unter der Abbildung in der Philippson-Bibel. Gewiss ist, dass Freud seine Artemis-Statue mit den Augen eines Goethe-Lesers betrachtete, der wusste, dass Goethe dem Hauptheiligtum der Artemis in

**Götter in Terrakotta**
Artemis aus Freuds Sammlung

Ephesus im Jahr 1812 sein Gedicht »Groß ist die Diana der Epheser« gewidmet hatte. Den Stoff hatte Goethe, worauf er im Untertitel ausdrücklich hinwies, dem 19. Kapitel der Apostelgeschichte entnommen. Ephesus gehörte in der Zeit der Entstehung des Christentums zu den größten Städten im Römischen Reich, darum trägt in der Luther-Übersetzung die Göttin ihren römischen Namen. Dem folgte Goethe.

*Zu Ephesos ein Goldschmied saß*
*In seiner Werkstatt, pochte*
*So gut er konnt', ohn' Unterlaß,*
*So zierlich er's vermochte.*
*Als Knab' und Jüngling kniet' er schon*

*Im Tempel vor der Göttin Thron*
*Und hatte den Gürtel unter den Brüsten,*
*Worin so manche Tiere nisten,*
*Zu Hause treulich nachgefeilt,*
*Wie's ihm der Vater zugeteilt;*
*Und leitete sein kunstreich Streben*
*In frommer Wirkung durch das Leben.*

*Da hört er denn auf einmal laut*
*Eines Gassenvolkes Windesbraut,*
*Als gäb's einen Gott so im Gehirn*
*Da! hinter des Menschen alberner Stirn,*
*Der sei viel herrlicher als das Wesen,*
*An dem wir die Breite der Gottheit lesen.*

*Der alte Künstler horcht nur auf,*
*Läßt seinen Knaben auf den Markt den Lauf,*
*Feilt immer fort an Hirschen und Tieren,*
*Die seiner Gottheit Kniee zieren;*
*Und hofft, es könnte das Glück ihm walten,*
*Ihr Angesicht würdig zu gestalten.*

*Will's aber einer anders halten,*
*So mag er nach Belieben schalten;*
*Nur soll er nicht das Handwerk schänden;*
*Sonst wird er schlecht und schmählich enden.*

Die Hauptfigur der Vorlage, der Apostel Paulus, ist in Goethes Version abwesend. Von seinen Jahren in Ephesus, wo er sich länger aufgehalten hat als an jedem anderen Ort seiner Missionstätigkeit, ist nicht die Rede. Überhaupt griff Goethe kaum etwas von dem Bericht der Apostelgeschichte auf, weder die Predigten, die Paulus in der Schule eines gewissen Tyrannos hielt, noch das Aufsehen, das die von ihm

**Götter in Terrakotta**
Der geflügelte Eros aus Freuds Sammlung

gewirkten Wunder erregten, noch die scheiternden Versuche lokaler Anhänger magischer Praktiken, den Namen Jesu zur Austreibung von Dämonen zu benutzen. Unerwähnt bleibt ferner, wie die bösen Geister diejenigen heimsuchten, die den Namen Jesu missbraucht hatten, und wie die Enttäuschten daraufhin eine große Anzahl von Zauberbüchern öffentlich verbrannten. Einzig die Episode über den Goldschmied Demetrius, der aus seinen kleinformatigen Silberrepliken des Tempels der Diana großen Gewinn schlägt, legt er seinem Gedicht zugrunde. Demetrius wiegelt in der Apostelgeschichte seine Handwerkerkollegen gegen Paulus auf, weil er erkennt, dass dessen Lehre nicht nur in Ephesus, sondern »in gantz Asia« sein Gewerbe bedroht. Denn die Essenz seiner Missionstätigkeit ist: »Es sind nicht Götter, welche von Händen gemacht sind.« Der Volksbewegung entstammt die Parole »Groß ist die Diana der Epheser«, in ihr verdichtet sich der Widerstand gegen Paulus, den die Apostelgeschichte als ernsthafte Bedrohung seiner Mission darstellt. Sie wird am Ende abgewehrt, indem die Stadtoberen die Christen als loyale Bürger anerkennen, »die weder Kirchenräuber noch Lästerer eurer Göttin sind«.

In Goethes Gedicht kommt die Parole nicht vor, sie gibt ihm lediglich den Titel. Und nicht nur wird Paulus durch den Goldschmied als Hauptfigur ersetzt, auch der Goldschmied selbst ist umgedeutet. Aus dem namentlich benannten Urheber einer antichristlichen Opposition wird ein anonymer Repräsentant des alten Handwerks der bildenden Kunst, die mit den antiken Göttern im Bunde war. Der Goldschmied ist das Glied einer genealogischen Kette, Sohn eines Vaters, der ihn die Kunst lehrte, die Statue der Göttin im Tempel nachzubilden, bis in die feinen Details des mit Tierbildern geschmückten Gürtels hinein, der ihr Gewand zusammenhält, und seinerseits Vater, dessen Sohn zur Werkstatt gehört. Der Störenfried in Goethes Version ist der Lärm des neuen Gottes, der wie ein Windstoß von der Straße aus die ruhige Werkstatt erfasst. Es ist der Einbruch des Monotheismus und seines abstrakten Gottes in die sinnliche, mit der bildenden Kunst verschwisterte Götterwelt des antiken Polytheismus, der Wind des Gottes, der allein »im Gehirn« existiert, »hinter des Menschen alberner Stirn«. Zwei Jahre, bevor er sein Gedicht schrieb, hatte Goethe die kleine Schrift des Archäologen Alois Hirt »Der Tempel der Diana zu Ephesus« (1809) gelesen. Hirt hatte die Episode der Apostelgeschichte als Beleg dafür gewertet, dass »das ephesische Heiligthum als einer der bewährtesten Standhalter des sinkenden Polytheismus anzusehen war«.

Diese Bastion der antiken Götter gegen das Christentum ist Ephesus bei Goethe nicht durch Rebellion, sondern durch

„Die Diana von Ephesus."

**Diana-Statue aus der »Israelitischen Bibel« (1854)**
Von Ludwig Philippson in den Erläuterungen zum Buch Daniel

die Kontinuität des Bündnisses zwischen Diana/Artemis und der bildenden Kunst. Von diesem Bündnis, nicht von der Göttin als solcher handelt das Gedicht. Provoziert worden war es durch die Schrift »Von den göttlichen Dingen und ihrer Offenbarung« (1811) seines alten Freundes Friedrich Heinrich Jacobi, in der Goethe die Unterordnung der Kunst unter die Religion witterte. Im Mai 1812 schrieb er an den alten Freund: »Ich bin nun einmal einer der ephesischen Goldschmiede, der sein ganzes Leben im Anschauen und Anstaunen und Verehrung des wunderwürdigen Tempels der Göttin und in Nachbildung ihrer geheimnisvollen Gestalten zugebracht hat, und dem es unmöglich eine angenehme Empfindung erregen kann, wenn irgend ein Apostel seinen Mitbürgern einen anderen und noch dazu formlosen Gott aufdringen will.«

Goethes Selbstvergleich mit dem Goldschmied aus der Apostelgeschichte stand im Echoraum der heftigen öffentlichen Debatte um Schillers Gedicht »Die Götter Griechenlandes«. Darin hatte Friedrich Leopold Graf zu Stolberg die 1788 in Wielands »Teutschem Merkur« erschienene Erstfassung scharf kritisiert und dem Autor »Missbrauch der Poesie« und Lästerung des Gottes, »den wir Vater nennen«, vorgeworfen: »Dieser Kindschaft entsagen zu wollen, um, wenn das möglich wäre, dass Bacchus mit frechen Mänaden schwärme, und Venus mit Gnade auf den Dienst ihrer unzüchtigen Priesterinnen herab schaue, ist der abentheuerlichste Wunsch, dem sich ein Mensch überlassen kann«.

Längst hatte zu diesem Zeitpunkt der europäische Klassizismus dafür gesorgt, dass die Götter und Heroen der antiken Mythologie in Literatur, bildender Kunst, aber auch im Kunsthandwerk allgegenwärtig waren. Wedgwood-Geschirr wurde in Schloss Wörlitz aufgetragen, der Kunsthandel blühte, gebildete Italienreisende lasen Winckelmanns »Geschichte der Kunst des Alterthums« und standen mit seinen Statuenbeschreibungen im Kopf vor dem Laokoon, dem Apoll und dem

Torso im römischen Belvedere. In Kupferstichen und Gipsabgüssen waren lange vor dem Aufkommen der Photographie die in Kunstwerken dargestellten Götter ins Zeitalter ihrer technischen Reproduzierbarkeit eingetreten. Auch fromme Christen wie Friedrich Heinrich Jacobi wussten, dass an ein Rollback ihres ästhetischen Imperiums nicht zu denken war.

Schiller hatte im Rückblick auf das »glücklichere Menschenalter« das Bild eines harmonischen Einklangs von Natur, Kunst und Götterwelt gezeichnet. Sein Gedicht feierte die Erhöhung des Lebens, in die selbst der Tod einbezogen war. Wie Lessing im »Laokoon« stellte er dem schönen Bild des antiken Genius, der trauernd die Fackel senkt, das grässliche Gerippe der christlichen Welt gegenüber. In ihr ist die bunte Vielfalt ausgestorben und die Natur zum mechanischen Uhrwerk entgöttert. Der Monotheismus tritt in Gestalt eines eisigen Windes auf. »Alle jene Blüten sind gefallen / Von des Nordens winterlichem Wehn. / *Einen* zu bereichern, unter allen, / Mußte diese Götterwelt vergehn.« Stolberg hatte mit seinem Argwohn nicht unrecht, die ästhetische Apotheose des Polytheismus erfolge bei Schiller auf Kosten des christlichen Gottes. Aber nicht dessen Entthronung war das Ziel, sondern die in den Kontrast von Antike und Moderne eingezeichnete Apotheose des Künstlers: »Jenem Gotte, den sein Marmor preist, / Konnte einst der hohe Bildner gleichen.« Das Verspaar, in dem sich der polemische Impuls der Feier des Schönen verdichtete, ließ Schiller aus dieser Teilhabe der Kunst an der Götterwelt, die sie darstellte, hervorgehen: »Da die Götter menschlicher noch waren, / Waren Menschen göttlicher«. Diese Verse verblieben zwar im elegischen Imperfekt des Rückblicks auf eine ferne Vergangenheit, konnten aber als Stoßseufzer gelesen werden, der eine Wiederkehr des Verlorenen erhoffte. Schiller hat sie 1793 bei der Umarbeitung und Straffung des Gedichts geopfert. Die Zweitfassung endete nun mit einer eindeutigen Verabschiedung der antiken Götter:

»Aus der Zeitflut weggerissen, schweben / Sie gerettet auf des Pindus Höh, / Was unsterblich im Gesang soll leben, / Muss im Leben untergehn.«

Diese neue Formel hat eine Generation später Hegel in seinen Vorlesungen zur Ästhetik ratifiziert. Sie erschien ihm als poetische Formulierung seiner eigenen Historisierung der klassischen Kunstform und der aus ihr hervorgehenden These, »die griechischen Götter hätten ihren Sitz nur in der Vorstellung und Phantasie, sie könnten weder in der Wirklichkeit des Lebens ihren Platz behaupten noch dem endlichen Geist seine letzte Befriedigung geben«. Wichtiger aber als die geschichtsphilosophische Verabschiedung der Antike war in Schillers Formel die Lizenz zur ästhetischen Verewigung, immer neuen Aneignung und Reproduktion des antiken Götterhimmels. Sein Gedicht wie später Goethes Apologie des Goldschmieds der Artemis hatten den Kontrast zwischen antikem Polytheismus und christlich-jüdischem Monotheismus ja nicht mobilisiert, um die alten Götter als Kultobjekte und Glaubensgegenstände zu empfehlen. Wenn hier ein Plädoyer für eine Religion im Spiel war, dann das für die moderne Kunstreligion. Und was die prosaische Praxis betraf, also die Nachfahren des Goldschmieds der Artemis, so hatten sie im zunehmend industriell betriebenen Kunsthandwerk des 19. Jahrhunderts eine große Zukunft vor sich. Nicht nur in der Vorstellung und Phantasie fanden sie dauerhaft ihren Platz, sondern zugleich in der Welt der Dinge.

Freud hat Schillers Formel, dass im Leben untergehen müsse, was im Gesang unsterblich werden soll, an prominenter Stelle, in »Der Mann Moses und die monotheistische Religion«, auf den von ihm unterstellten Mord an Moses und den »vermeintlichen Justizmord« an Jesus als Gründungserzählungen am Ursprung des Monotheismus bezogen. Die klassisch-romantische Inanspruchnahme der antiken Götter war ihm ein selbstverständlicher Bezugspunkt. Sein 1911 niedergeschriebener Text »Groß ist die Diana der Epheser«, der 1912 im »Zentralblatt für Psychoanalyse« erschien, legt dem Leser durch Hinweis auf Band und Seitenzahl der Sophien-Ausgabe die Parallellektüre von Goethes Gedicht nahe. Freud erweist gleich im ersten Satz den Grabungen in Ephesus Reverenz, die seit 1885 österreichische Archäologen der Akademie der Wissenschaften durchführten. Anlass seines Textes aber ist das Buch des französischen Ingenieurs und Amateurarchäologen Félix Sartiaux, »Villes mortes d'Asie mineure« (1911), das er bereits kurz nach Erscheinen zur Kenntnis genommen haben muss. Sartiaux hatte auf die Standards der Gelehrsamkeit wenig Rücksicht genommen. Schon sein Titel zeigte, dass er das in der zeitgenössischen Erzählliteratur beliebte Motiv der »toten Städte« aufnahm, die er mit der Nacherzählung der an ihnen angesiedelten Mythen bevölkerte. Er popularisierte die Ergebnisse der Archäologie und zeigt ihre Schauplätze in aktuellen Photographien, die er selbst erstellt hatte. Freuds nur zwei Druckseiten umfassender Text ist ein Extrakt des Ephesus-Kapitels aus diesem Buch, in der Form einer paraphrasierenden Nacherzählung. Die Mythenparaphrase war in der klassisch-romantischen Epoche, etwa in der »Götterlehre« von Karl Philipp Moritz, ein beliebtes Genre der Popularisierung des Klassizismus gewesen. Freud füllte es mit den Elementen aus dem 19. Kapitel der Apostelgeschichte, unter Hinzufügung von Details zur Geschichte der lokalen Gottheiten und der exakten Lokalisierung des Geschehens, die er von Sartiaux übernahm. Anders als Goethe beließ Freud in seiner Prosaerzählung, die ein Beispiel dafür ist, dass sich die literarische Qualität seiner Texte aus vielen Quellen, nicht nur der Krankengeschichte speiste, dem Apostel Paulus die Hauptrolle: »Um das Jahr 54 unserer Zeitrechnung kam der Apostel Paulus zu mehrjährigem Aufenthalt nach Ephesus. Er predigte, tat Wunder, und gewann einen großen Anhang im Volke. Von den Juden verfolgt und verklagt, trennte er sich von ihnen ab, und gründete eine unabhängige Christengemeinde. Unter der Ausbreitung seiner Lehre begann das Gewerbe der Goldschmiede zu leiden, die für die Gläubigen und Pilger aus aller Welt die Andenken an den Gnadenort, die kleinen Nachbildungen der Artemis und ihres Tempels fabriziert hatten. Paulus war viel zu sehr starrer Jude, um die alte Gottheit unter anderem Namen neben seiner Gottheit fortbestehen zu lassen, sie umzutaufen, wie die jonischen Eroberer mit der Göttin Oupis verfahren hatten. Da musste es den frommen Handwerkern und Künstlern der Stadt um ihre Göttin wie um ihren Erwerb bange werden. Sie empörten sich und strömten unter dem unaufhörlich wiederholten Ruf ›Groß ist die Diana der Epheser‹ durch die Hauptstraße Arkadiane zum Theater, wo ihr Führer Demetrios eine Brandrede gegen die Juden und gegen Paulus hielt. Mit Mühe gelang es der Behörde, den Aufruhr durch die Versicherung zu dämpfen, dass die Majestät der großen Göttin unantastbar und über jeden Angriff erhaben sei.«

Wann auch immer Freud die kleine Artemis-Figur für seine Sammlung erwarb, sie verweist, betrachtet man sie im Lichte seines Textes über die Diana von Ephesus, auf die Ausweitung der Psychoanalyse in die Regionen von Anthropologie und Religionswissenschaft um 1910. Das gilt zunächst für das Thema des Monotheismus. Aus der klassisch-romantischen Epoche, deren Texte Freud im Lichte der aktuellen Archäologie liest, stammten nicht nur Goethes Diana-Gedicht und Schillers »Die Götter Griechenlands«, sondern auch Schillers Essay »Die Sendung Moses« (1790). Freud zitierte ihn in seinem letzten Buch »Der Mann Moses und die monotheistische Religion« (1939) nicht. Er stand aber in der Tradition der Diskussionen des 18. Jahrhunderts über Moses und Ägypten. Der »starre Jude«, als den er Paulus, den Missionar des aufsteigenden Christentums, porträtiert, weist voraus auf sein letztes Buch. Darin ist Paulus die Schlüsselfigur der Ablösung des Christentums aus dem Judentum, und er agiert bei der Ersetzung der alten Vaterreligion durch die neue, um Jesus zentrierte Sohnesreligion ausdrücklich als Jude: »Paulus, der Fortsetzer des Judentums, wurde auch sein Zerstörer.«

Die christliche Religion ist in Freuds »Der Mann Moses« nicht einfach ein Ableger der jüdischen Religion. Sie universalisiert vielmehr den jüdischen Monotheismus, dem sie entstammt, indem sie ihn verwässert. Zum einen gibt die neue Religion die Bindung an die Idee des auserwählten Volkes und ihr sichtbares Zeichen, die Beschneidung, auf und ersetzt sie durch die Adressierung an alle Menschen. So wird Paulus zum Missionar. Zum anderen wird in Freuds Darstellung das Christentum universell, indem es den strengen Monotheismus, den die mosaische Religion Ägypten verdankte, zugunsten der Offenheit für alle möglichen lokalen Traditionen lockerte, mit denen es in Berührung kam: »Die christliche Religion hielt die Höhe der Vergeistigung nicht ein, zu der sich das Judentum aufgeschwungen hatte. Sie war nicht mehr streng monotheistisch, übernahm von den umgebenden Völkern zahlreiche symbolische Riten, stellte die große Muttergottheit wieder her und fand Platz zur Unterbringung vieler Göttergestalten des Polytheismus in durchsichtiger Verhüllung, obzwar in untergeordneten Stellungen. Vor allem verschloss sie sich nicht wie die Atonreligion und die ihr nachfolgende mosaische dem Eindringen abergläubischer, magischer und mystischer Elemente, die für die geistige Entwicklung der nächsten zwei Jahrtausende eine schwere Hemmung bedeuten sollten.«

Der strenge Monotheismus ist in dieser Lesart eine Religion der männlichen Götter. Das gilt für den Gott der Juden wie für Aton, um dessentwillen der Pharao Echnaton den ägyptischen Polytheismus samt seiner Bilder zerstört, um den Sonnengott als monotheistischen Gott des Lichtes zu etablieren. Im September 1911 trug Freud auf dem Dritten Internationalen Psychoanalytischen Kongress in Weimar den Nachtrag zu seinem Aufsatz »Psychoanalytische Bemerkungen über einen autobiographisch beschriebenen Fall von Paranoia (Dementia Paranoides)« (1911) vor. Es ging darin um den »Fall Schreber«, anhand der autobiographischen »Denkwürdigkeiten eines Nervenkranken« des Senatspräsidenten Daniel Paul Schreber. Der Nachtrag behandelt ausschließlich ein Motiv, »das besondere Verhältnis des Kranken zur Sonne«, die Freud als Vatersymbol gedeutet hatte. Von dieser Deutung rückt er nicht ab, es geht ihm nun aber darum, sie mythen- und religionsgeschichtlich zu unterfüttern. Schreber hatte sich gerühmt, er habe nach seiner – freilich illusionären – »Genesung« ruhig in die Sonne schauen können, ohne geblendet zu werden. Freud setzt das zum Tiermythos vom Adler in Beziehung, der seine Jungen in die Sonne schauen lässt und von ihnen verlangt, sich nicht blenden zu lassen. Zudem verweist er auf einen alten Schlangenmythos aus dem vorderen Orient. Ausdrücklich bekräftigt er durch diesen Exkurs die These C. G. Jungs, der ihm in Weimar als Redner nachfolgte, »dass die mythenbildenden Kräfte der Menschheit nicht erloschen sind, sondern heute noch in den Neurosen dieselben psychischen Produkte erzeugen wie in den ältesten Zeiten«. Und er fügte hinzu: »Ich möchte eine früher gemachte Andeutung wieder aufnehmen, indem ich ausspreche, dass für die religionsbildenden Kräfte dasselbe gilt.«

Freuds Weimarer Zuhörer mögen sich gewundert haben, warum er andeutete, die Abkunftsproben der Tiermythen, in denen sich spiegele, was bei den Menschen »heiliger Gebrauch« sei, führten »tief in die totemistische Denkweise primitiver Völker hinein«. Sie konnten nicht wissen, dass er zu diesem Zeitpunkt bereits an »Totem und Tabu« (1912) schrieb. Das Interesse an der Sonne ging Anfang 1912 in die energische Ermunterung ein, mit der Freud auf die Ankündigung seines Berliner Kollegen Karl Abraham reagierte, er habe die Vorarbeiten zu seinem Aufsatz über Amenhotep IV. und den Aton-Kultus abgeschlossen. Der Aufsatz, der wenig später unter dem Titel »Amenhotep IV. (Echnaton). Psychoanalytische Beiträge zum Verständnis seiner Persönlichkeit und des monotheistischen Aton-Kultus« in der Zeitschrift »Imago« erschien, markierte einen der Einsatzpunkte für Freuds späte Schrift über den Mann Moses. Der kleine Text über die Diana von Ephesus ist dazu ein Gegenstück. Er stellt der in »Totem und Tabu« zentralen Erzählung über die Urhorde von Brüdern, die den Vater töten, und dem Rückblick auf den strengen Monotheismus des Lichtgottes Aton die Genealogie einer Muttergottheit gegenüber, die ihrerseits vom Alten Orient bis in die Gegenwart reicht. In dieser genealogischen Kette ist die Artemis oder Diana von Ephesus eine Nachfolgegöttin der alten vorderasiatischen Muttergottheit Oupis, und das bleibt nicht ihre letzte Metamorphose.

In der Erzählung, die Freud seinem Gewährsmann Félix Sartiaux entnimmt, bleibt der Angriff des Paulus auf den Dianakult langfristig erfolglos, und zwar durch die Entwicklung der christlichen Religion selbst. Ausgangspunkt dafür ist die im Johannesevangelium enthaltene Szene, in der Jesus am Kreuz seine Mutter Maria dem Jünger Johannes anvertraut. Einer frühchristlichen Tradition zufolge, die den Apostel mit dem Evangelisten Johannes identifiziert, hat dieser seine letzten Lebensjahre in Ephesus verbracht und liegt dort auch begraben. Mit ihm kam Maria dorthin. So wird Ephesus zum Schauplatz der Integration alter Muttergottheiten in das Christentum. Sartiaux hatte in seine Version dieser Erzählung die alte Gleichsetzung des Verfassers der Apokalypse mit dem Apostel Johannes aufgenommen und gegen Paulus gewendet. Freud folgt ihm, wenn er anmerkt, dass die Apokalypse »von Invektiven gegen den Apostel Paulus strotzt« und die Entstehung des Marienkultes in Ephesus als Wiederkehr der antiken Göttin auslegt: »In Ephesos erhob sich also neben der Kirche des Apostels die erste, schon im vierten Jahrhundert bezeugte, Basilika zu Ehren der neuen mütterlichen Gottheit der Christen. Die Stadt hatte ihre große Göttin wieder, es hatte sich außer dem Namen wenig verändert; auch die Goldschmiede fanden wieder Arbeit, Abbilder des Tempels und der Gottheit für die neuen Pilger zu schaffen.« Die Widerständigkeit der alten Göttin ist das Zentralmotiv in Freuds Text. Schon im ersten Absatz wird ihr Tempel nach mehreren Zerstörungen immer wieder neu aufgebaut, auch nach der berühmten Nacht des Jahres 356 v. Chr., in der er von Herostrat in Brand gesetzt wurde.

Der Marienkult in Ephesus, auf den die Erzählung bei Sartiaux zulief, erreichte seine volle Blüte erst im späten 19. Jahrhundert. Die französische Übersetzung der nachgelassenen Schrift Clemens von Brentanos »Leben der heil. Jungfrau Maria« (1852) war dafür der Auslöser. Brentano hatte darin die Visionen der im westfälischen Dülmen lebenden Nonne Anna Katharina Emmerick mitgeteilt, darunter eine detaillierte Beschreibung des Sterbehauses der Maria in Ephesus. Französische Geistliche machten 1891 in Ephesus eine Entsprechung zu dieser Vision ausfindig und brachten sie gegen das in Jerusalem verehrte Mariengrab in Stellung.

Sartiaux, der diese Publikationen kannte, hatte auch diese Geschichte erzählt und zu den zahlreichen Photographien der antiken Ruinen, die sein Buch enthielt, auch eine Aufnahme des Eingangs zu der Grotte hinzugefügt, in der man den Wohnsitz Marias lokalisiert zu haben glaubte. Freud ließ seinen Text nach einer knappen Erwähnung der Eroberung von Ephesus durch den Islam und seinen Untergang durch die Verödung und Versandung des Flusses mit dieser Episode ausklingen und versetzte in den letzten Sätzen seines Textes die von Brentano verehrte Nonne aus dem frühen 19. Jahrhundert in die jüngste Vergangenheit: »Aber die große Göttin von

Ephesus hatte ihren Anspruch noch immer nicht aufgegeben. Noch in unseren Tagen erschien sie als heilige Jungfrau einem frommen deutschen Mädchen, Katharina Emmerich in Dülmen, beschrieb ihr ihre Reise nach Ephesus, die Einrichtung des Hauses, das sie dort bewohnte und in dem sie starb, die Form ihres Bettes usw. Und Haus und Bett haben sich wirklich gefunden, sowie sie die Jungfrau beschrieben hatte, und sind wiederum das Ziel von Pilgerfahrten der Gläubigen.« Der Exkurs über das dichte Überlieferungsgewebe, in das die kleine Artemis-Figur in Freuds Sammlung eingehüllt ist, führt an dieser Stelle in die Gegenwart zurück, in der Freud seinen kleinen Text schrieb. Der Bogen zwischen Antike und Moderne, den Freud darin schlägt, ist schon im ersten Absatz in der Schilderung des alten Ephesus erkennbar: »Mit ihrem Getriebe von Priestern, Magiern, Wallfahrern, ihren Kaufläden, in denen Amulette, Andenken, Weihgeschenke feilgeboten wurden, konnte sich die Handelsgroßstadt Ephesus einem modernen Lourdes vergleichen.«

Von den Götterbildern berichten alle Texte, die wir hier haben Revue passieren lassen: die Apostelgeschichte, Goethes Diana-Gedicht, Schillers »Die Götter Griechenlands«, das Buch von Félix Sartiaux und Freud, der das Ephesus-Kapitel von Sartiaux paraphrasiert. Das Spektrum reicht von den antiken Statuen, an denen der Klassizismus den Begriff des höchsten Schönen veranschaulichte, bis zu den massenhaft reproduzierten Kleinplastiken des Devotionalienhandels, der seinerseits Wurzeln in den Kleinplastiken der Antike hatte. Freud hatte an beiden Polen dieses Spektrums Anteil. Die kleine Artemis-Figur seiner Antiquitätensammlung dürfte dem hellenistischen Devotionalienhandel ihre Existenz verdanken, für Freud selbst waren wie für Goethe die großen Statuen in den vatikanischen Museen ein Ziel der Rom-Sehnsucht. Als er im September 1901 nach vielen Anläufen in Begleitung seines Bruders Alexander erstmals nach Rom kam, konnte er auf Postkarten an Martha endlich vermelden, er habe »Apollo v. Belvedere, Laokoon etc.« gesehen. Das verknappende »etc.« konnte er sich leisten, weil er den Kanon Winckelmanns als bekannt voraussetzen durfte und er in den vatikanischen Museen ja nicht auf Unbekannte stieß, sondern auf die Originale von Werken, die er längst kannte. Als er im September 1907 zum dritten Mal in Rom war, schrieb er an seine Tochter Mathilde: »Heute habe ich im Vatikan den Laokoon wiedergesehen u alle die großen Götter. Man muss es den Päpsten lassen, sie haben ihre überwundenen Gegner schön beigesetzt.« In dieser lapidaren Bemerkung über die Päpste als Totengräber der antiken Götter ist das Echo auf die klassisch-romantischen Elegien über den Untergang des sinnenfreudigen Polytheismus in der modernen Welt nicht zu überhören. Nicht nur im Gesang, wie Schiller prophezeite, wurden die antiken Götter dem ewigen Nachleben überantwortet, sondern zugleich im Museum. Und, wie wir im Blick auf die Apollokerzen im kommenden Abschnitt werden beobachten können, in der Warenwelt und Industrie und damit im Alltag des 19. Jahrhunderts. Der Autor, der zwischen der klassisch-romantischen Epoche und der Welt Freuds die Brücke schlug, war Heinrich Heine. Mit genialer Intuition hatte er den Prozess der Veralltäglichung der antiken Mythologie als Grundzug der Moderne erfasst. Schon in seinem »Buch der Lieder« tauchten im Zyklus »Die Nordsee«, hervorgerufen von der Lektüre der Odyssee, Poseidon und die Figuren der antiken Mythologie auf. Unter dem Schiller-Titel »Die Götter Griechenlands« zogen sie als Gespenster in den Wolkenformen über den nördlichen Himmel, und aus Groll über »die neuen, herrschenden, tristen Götter« rief das Ich des Nordens die Vision einer Wiederkehr der untergegangenen Götter des Südens auf: »Und brechen möchte ich die neuen Tempel, / Und kämpfen für euch, ihr alten Götter, / Für euch und euer gutes ambrosisches Recht, / Und vor euren hohen Altären /

Den wiedergebauten, den opferdampfenden / Möchte ich selber knien und beten, / Und flehend die Arme erheben –«.

Heines Werk ist vom Gegensatz zwischen heidnischer Antike und siegreichem Christentum geprägt. Der für uns entscheidende Einsatzpunkt findet sich in seinem späten Essay »Die Götter im Exil«, der in die Erörterung der alten Frage, was mit den Göttern der Antike nach ihrem Untergang geschieht, ein neues Motiv einführt. Im Essay »Elementargeister« hatte Heine ihre Umwandlung in Teufel und Dämonen verfolgt und von der Attacke des noch jungen Christentums auf die antiken Statuen und Tempel und der Weigerung der Christen in Rom, vor den Bildsäulen zu knien, »vor dem Teufel Jupiter und der Teufelin Diana«, eine Linie zur deutschen Volkssage vom Venusberg und zum Tannhäuser gezogen. In den Sagen und den Kunstmärchen und Erzählungen der literarischen Romantik sah er die Götter hier Asyl finden. Im Gott Apollo, der in »Die Götter im Exil« nach dem endgültigen Sieg des Christentums als Hirt in Niederösterreich lebt, dort von einem Mönch entdeckt, den geistlichen Gerichten überliefert, gefoltert und hingerichtet wird, mag auch ein Selbstporträt des Exilanten Heine enthalten sein. Das neue Motiv dieses späten Essays ist die Verbürgerlichung der Götter. Sie ist ihre letzte Metamorphose.

Der Fremde, der bei einem ostfriesischen Fischer und Gelegenheitsfährmann vorspricht, ist ein jugendlicher Greis, dessen altmodische Kleidung die Insignien des Wohlstands zitiert. Er trägt einen gelben Überrock, ein seidenes papageigrünes Röckchen, kurze schwarze Hosen, eine blumengestickte Weste, gestreifte Strümpfe und Schnallenschuhe. »Dass der Fremde ein holländischer Kaufmann ist, bezeugt nicht bloß seine Kleidung, sondern auch die merkantilische Genauigkeit und Umsicht, womit er das Geschäft so vorteilhaft als möglich für seinen Kommittenten abzuschließen weiß, er ist nämlich, wie er sagt, Spediteur und hat von einem seiner

Handelsfreunde den Auftrag erhalten, eine bestimmte Anzahl Seelen, soviel in einer gewöhnlichen Barke Raum fänden, von der ostfriesischen Küste nach der Weißen Insel zu fördern.«

Aus den Kaufmannsporträts der niederländischen Malerei des 17. Jahrhunderts und aus deutschen Wandersagen hat Heinrich Heine den Seelen-Spediteur collagiert, der sein Geschäft mit exakter Buchhaltung und genauer Kontrolle der Verzeichnisse betreibt, in denen die Namen der Verstorbenen enthalten sind. Alles an ihm ist Verkleidung, Vermummung. Seine »plumpen Schuhe mit den stählernen Schnallen« erinnern in nichts an geflügelte Sandalen, sein dreieckiges Hütchen hat keine Federn, die sie als »Fittiche der göttlichen Kopfbedeckung« verraten könnten. Die mythologische Person, die im Spediteur steckt, hat sich unkenntlich gemacht, ihre Demaskierung ist Heines Pointe. »Dieses ist keine geringere als der Gott Mercurius, der ehemalige Seelenführer, Hermes Psychopompos. Ja, unter der schäbigen Houppelande und in jener nüchternen Krämergestalt verbirgt sich der brillanteste jugendliche Heidengott, der kluge Sohn der Maja.«

Mit dem zum Seelen-Spediteur avancierten Hermes bringt Heine die Verbürgerlichung der Götter als Alternative zu ihrer Verteufelung und Dämonisierung ins Spiel. Sie gewinnt ihre Kräfte eher aus der Zukunft als aus der Vergangenheit. Durch seine Mimikry mit den prosaischen Verhältnissen der Moderne, zumal mit den Figuren der Ökonomie, überlebt Hermes als Psychopompos in der christlichen Welt. Die Gespenster der Bürokratie, der Buchhaltung und des Kapitals umgeben ihn. Er ist ein Verwandter ebensosehr des Tschitschikow aus Gogols Roman »Tote Seelen« wie des Fliegenden Holländers, den der Fährmann in ihm zu erkennen glaubt. Seelenspediteur wird er nicht bleiben, er wird zum Namensgeber einer Versandhandelsfirma werden.

Als Nachtrag zu den »Göttern im Exil« publizierte Heine im Frühjahr 1854 die Pantomime »Die Göttin Diana«, die er acht Jahre zuvor für das Ballett des Royal Theatre in London geschrieben hatte. In vier knapp skizzierten Tableaus bringt die Pantomime die antike Diana, die er schon im »Atta Troll« hatte auftreten lassen, mit ihrem Gefolge aus Nymphen und einen germanischen Ritter zu einem Pas de deux zusammen, in dem zunächst der spiritualistisch-sinnenfeindliche Geist über Apoll und die Musen, Bacchus und Venus zu triumphieren scheint, ehe am Ende Diana und der Ritter als Liebende im Venusberg von Frau Venus, die Tannhäuser an ihrer Seite hat, bekränzt werden. In den »Göttern im Exil« hatte Heine die dionysischen Tänze als den »Cancan der antiken Welt« apostrophiert, nun überführte er seine Figuren aus dem Essay in das Ballett, eines der Lieblingsmedien des großstädtischen Publikums. Es wurde nichts aus der getanzten Version, aber die Szenenanweisung lässt erahnen, wie Heine die »tolle Lust«, die am Ende die »schneidende Trauermusik«, von der sie unterbrochen wird, zum Verstummen bringt, dargestellt wissen wollte: »Die Musik drückt das süßeste Dolcefarniente aus, geht aber plötzlich über in die wollüstigsten Freudenlaute. Dann erscheint Frau Venus mit dem Tannhäuser, ihrem Cavaliere servente. Diese beiden, sehr entblößt und Rosenkränze auf den Häuptern, tanzen ein sehr sinnliches Pas de deux, welches schier an die verbotensten Tänze der Neuzeit erinnert.« Das ist nicht sehr weit entfernt von der frechen Heiterkeit der Operetten Jacques Offenbachs, bei dem in »Orpheus in der Unterwelt« (1858) und »Die schöne Helena« (1864) der antike Olymp an die Karikaturen in Daumiers »Histoire ancienne« heranrückte von ihnen gezeichnet hatte. Aus dem Liebesduett von Paris und Helene im II. Akt von »La belle Hélène« zitiert Freud in der »Traumdeutung« die Wendung: »Das ist ja nur ein Traum.«

Heines Intuition öffnet den Blick für die Ablösung des Nachlebens der antiken Götter von der Opposition zwischen heidnischer Welt und Christentum. Sie werden durch diese

Ablösung, statt ewig nur im Gesang zu leben, verfügbar für die moderne Industrie, die Bürokratie und das Unterhaltungsgewerbe. In Joseph Conrads Roman »The Shadow-Line« (»Die Schattenlinie«, 1917) muss der Held, ehe er das erste Mal ein Schiff als Kapitän führt, im Hafenamt von Singapur beim Leiter des Büros vorsprechen. Diesem »deputy-Neptune« ist sein Widerpart, der christliche Monotheismus, längst abhandengekommen. Er scheint direkt aus der heidnischen Welt in die Moderne übergesiedelt zu sein und verwaltet nun die Meere mit den Methoden von Buchhaltung und Bürokratie. Er kann es sich leisten, auf den wellenartig herabwallenden Bart, der zu seinem antiken Vorläufer gehört, zu verzichten. Sein berühmter Dreizack, das andere unverzichtbare Element seiner Ikonographie, hat als Requisit ausgedient. Er dirigiert die Welt der Seeleute von seinem Büro, vom Land aus. Sein Dreizack ist der Federhalter, der die Macht seines Amtes enthält und mit dem er sie exekutiert. Wenig später sitzt in einer der Mythenreprisen Franz Kafkas Poseidon an seinem Arbeitstisch und rechnet, sein Amt gibt ihm unendliche Arbeit. Er liebt sein Amt nicht, aber alle Angebote zu einer fröhlicheren Arbeit hat er ausgeschlagen. Er ist nun einmal seit Urbeginn zum Gott der Meere bestimmt. An seine Amtsenthebung ist nicht zu denken. So sitzt er in der Tiefe der Weltmeere, ununterbrochen rechnend, ein Sekretär der Moderne, der wie Conrads »deputy-Neptune« den Dreizack durch die Feder ersetzt hat und der Eintönigkeit seines Büros allenfalls durch gelegentliche Dienstreisen zu seinem Vorgesetzten Jupiter entkommt, die allerdings meist unerfreulich enden. »Am meisten ärgerte er sich – und dies verursachte hauptsächlich seine Unzufriedenheit mit dem Amt – wenn er von den Vorstellungen hörte, die man sich von ihm machte, wie er etwa immerfort mit dem Dreizack durch die Fluten kutschiere.« Nichts erinnert im Unterwasserbüro von Kafkas Poseidon an alte Kämpfe zwischen den heidnischen Göttern der Antike und der Welt des Christentums. Umso mehr zeichnet sich in ihm die Zukunft der Weltmeere ab. Die literarische Veralltäglichung der antiken Götter und Heroen, die im »Ulysses« von James Joyce einen ihrer Höhepunkte erreichen sollte, hatte in der Lebenswelt des 19. Jahrhunderts ihre sichtbare Entsprechung. Karyatiden und Atlanten bevölkerten die Fassaden der Häuser, Nymphen zogen in Girlanden über Majolikafriese, und der antike Lichtgott machte auf Aktiencoupons und Plakaten Reklame für die Fortschritte der Elektrifizierung.

I

VII

IACOBVS DE
CIVIS ROMANVS
ANTIQVARIVS

# DIE TÜCKE DES OBJEKTS, DIE VENUS VON MEDICI UND DIE APOLLOKERZEN

Wie in der »Traumdeutung« tritt Freud auch in der »Psychopathologie des Alltagslebens« immer wieder selbst auf. Als Reisender, der in Ladenschilder seine Sammlerwünsche hineinliest, ist er uns hier bereits begegnet. Er trägt aber auch zum Fehlgreifen und zum Zerbrechen von Dingen seiner näheren Umgebung bei. Schon bevor ihn Max Pollaks Radierung am Schreibtisch im Blickkontakt mit den Statuen seiner Sammlung zeigte, hatte Freud selbst seinen Arbeitsplatz beschrieben: »Mein Tintenzeug besteht aus einer Platte von Untersberger Marmor, die für die Aufnahme des gläsernen Tintenfässchens ausgehöhlt ist; das Tintenfass trägt einen Deckel mit Knopf aus demselben Stein. Ein Kranz von Bronzestatuetten und Terrakottafigürchen ist hinter diesem Tintenzeug aufgestellt. Ich setze mich an den Tisch, um zu schreiben, mache mit der Hand, welche den Federstiel hält, eine merkwürdig ungeschickte, ausfahrende Bewegung und werfe so den Deckel des Tintenfasses, der bereits auf dem Tische lag, zu Boden. Die Erklärung ist nicht schwer zu finden. Einige Stunden vorher war meine Schwester im Zimmer gewesen, um sich einige neue Erwerbungen anzusehen. Sie fand sie sehr schön und äußerte dann: ›Jetzt sieht dein Schreibtisch wirklich hübsch aus, nur das Tintenzeug passt nicht dazu. Du musst ein schöneres haben.‹ Ich begleitete die Schwester hinaus und kam erst nach Stunden zurück. Dann aber habe ich, wie es scheint, an dem verurteilten Tintenzeug die Exekution vollzogen. Schloss ich etwa aus den Worten der Schwester, dass sie sich vorgenommen habe, mich zur nächsten festlichen Gegenwart mit einem schönen Tintenzeug zu beschenken, und zerschlug das unschöne alte, um sie zur Verwirklichung ihrer angedeuteten Absicht zu nötigen? Wenn dem so ist, so war meine schleudernde Bewegung nur scheinbar ungeschickt; in Wirklichkeit war sie höchst geschickt und zielbewusst und verstand es, allen wertvolleren, in der Nähe befindlichen Objekten schonend auszuweichen.«

Die Fehlleistung, als Agentin der Wunscherfüllung entschlüsselt – jedem Leser der »Traumdeutung« wird das Schicksal des marmornen Tintenzeugs eingeleuchtet haben. Ein Begriff aber sticht aus der Schilderung dieser Fehlleistung heraus, die wie der Rückgriff eines Erwachsenen auf die Tricks der Kindheit wirkt: die »Exekution«. Er verschärft das ästhetische Urteil der Schwester über den Kontrast zwischen der alten Schreibtischgarnitur und den neuesten Errungenschaften der archäologischen Sammlung zum Todesurteil. Im Blick auf seinen Stock mit dem beschädigten, nur schlecht reparierten Silbergriff, dessen er sich durch eine ähnliche Fehlleistung entledigte, wird Freud einige Seiten später die Herkunft dieses Begriffs erläutern. Er entstammt dem Roman »Auch einer. Eine Reisebekanntschaft« (1878) des Ästhetik-Professors Friedrich Theodor Vischer, durch den die Formel »die Tücke des Objekts« zu einer in den gebildeten Kreisen gern gebrauchten Redewendung wurde. Der Erzähler begegnet der Titelfigur des Romans, die ihm zugleich seinen Untertitel gibt, auf einer Reise in die Schweiz, zu den Schauplätzen von Schillers »Wilhelm Tell«. Der Schauplatz ist kein Zufall. »Auch einer«, abgekürzt als »A. E.«, dessen Initialen im zweiten Band in den Namen »Albert Einhart« aufgelöst werden, unterminiert den Idealismus der Philosophen, die Souveränität des Geistes und das Erhabene der klassischen Tragödie. Von den niederen Kräften der physiologischen Existenz, von Schnupfen und Katarrh geplagt, befindet er sich im Kriegszustand »mit dem Bagatell« und arbeitet durch seine Theorie der »Tücke des Objekts« dem Satz Freuds zu, das Ich sei nicht Herr im eigenen Haus. Franz heißt die »Kanaille« in Schillers Erstling »Die Räuber« und ist ein Ungeheuer an Bosheit, für A. E. lauern die Ungeheuer in der Dingwelt: »Meine Brille, meine Brille! Die Kanaille hat sich ja wieder einmal verkrochen, – vom Schlüssel, dem kleinen Teufel, vorerst nicht zu reden!« Und kaum ist die Kanaille mit Hilfe des Erzählers wieder aufgetaucht, spricht er ihr mit feierlicher Stimme das Todesurteil »und zertrat sie mit dem Absatz, dass das Glas in kleinen Splittern und Staub umherflog«. Verglichen mit den Fehlleistungen Freuds, in denen die Wünsche den Dingen hinter der Maske des Ungeschicks den Garaus machen, sind die Exekutionen in Vischers Roman unbarmherzige Racheakte, hilflos-drakonische Reaktionen auf die Rebellion der unscheinbaren Dinge. Dabei kann es sich um einen Knopf handeln, den Knäuel eines Bandes oder die »Lorgnettenschnur, die sich um meinen Westenknopf wickelt, just wenn es auf der Eisenbahn aufs Äußerste eilt, einen kleingedruckten Fahrplan nachzusehen«. Wie das Dampfboot, mit dem der Erzähler und A. E. den Vierwaldstättersee überqueren, signalisiert die Verbindung von Eisenbahn und Eile, dass A. E. mit der Dingwelt der Gegenwart im Clinch liegt. Er hat Kant gelesen und wohl auch die Abschnitte zur Dialektik von Herr und Knecht in Hegels »Phänomenologie des Geistes«. Als gebildetem Autor, der Novellen schreibt, werden ihm vor allem die Requisiten von Arbeitszimmer und Schreibtisch zur Gefahrenzone. In seinem Furor der Unterminierung aller Souveränitätsillusionen des schreibenden Ich überbietet dieser Radikalist des Ungeschicks lässig die Tintenzeugszene an Freuds Schreibtisch: »haben Sie denn auch nur schon beobachtet, wie das fallende Papierblatt uns verhöhnt? Sind sie nicht wahrhaft graziös, die Spottbewegungen, womit es hin und her flattert? Sagt nicht jeder Zug mit blasiert eleganter Frivolität: doch noch gewonnen? O, das Objekt lauert. Ich setze mich nach dem Frühstück frisch, wohlgemut an die Arbeit, ahne den Feind nicht. Ich tunke ein, zu schreiben, schreibe: ein Härchen in der Feder, damit beginnt es. Der Teufel will nicht heraus, ich beflecke die Finger mit Tinte, ein Flecken kommt aufs Papier, – dann muss ich ein Blatt suchen, dann ein Buch und so weiter, kurz der schöne Morgen ist hin. Von Tagesanbruch bis in die späte Nacht, so lang irgend ein Mensch um den Weg ist, denkt das Objekt auf Unarten, auf Tücke. Man muss mit ihm umgehen wie der Tierbändiger mit der Bestie, wenn er sich in ihren Käfig gewagt hat; er lässt keinen Blick von ihrem Blick und die Bestie keinen von seinem; was man da von der moralischen Gewalt des Menschenblickes vorbringt, ist nichts, ist Märchen; nein, der starre Blick sagt dem Vieh nur, dass der Mensch wacht, auf seiner Hut ist, und Blick gegen Blick, gleich fix gespannt, lauert es denn, ob er sich einen Augenblick vergesse. So lauert alles Objekt, Bleistift, Feder, Tintenfass, Papier, Zigarre, Glas Lampe – alles, alles auf den Augenblick, wo man nicht Acht gibt.«

In Freuds »Psychopathologie des Alltagslebens« sind die Fehlleistungen mit den Wünschen, den Rivalitäten, der Selbstbehauptung der Akteure im Bunde. Nachdem er mit seiner Methode das Motiv für das Verlegen und Unauffindbarbleiben eines ihm zugeschickten Bücherkatalogs aufgedeckt hat, merkt er an: »Für vielerlei Zufälligkeiten, die man seit Th. V i s c h e r der ›Tücke des Objekts‹ zuschreibt, möchte ich ähnliche Erklärungen vorschlagen.« Es schreibt aber nicht Friedrich Theodor Vischer die Zufälligkeiten und Missgeschicke der Tücke des Objekts zu, sondern dessen Hauptfigur. Der fiktive A. E., in dessen Physiognomie der Erzähler das Porträt des wahnsinnig gewordenen Dichters Friedrich Hölderlin auf dem Titelkupfer der in seinem Todesjahr 1843 erschienenen Ausgabe seiner Gedichte wiedererkennt, kann der Rebellion der Dinge nur so wortreich trotzen und ihr doch immer wieder zum Opfer fallen, weil er als Figur der Exekution des philosophischen Idealismus konzipiert ist. Die Wucht, mit der er die Tücke der Objekte an sich selbst zur Darstellung bringt und Schillers

»Wilhelm Tell« in einen Slapstick umdichtet, in dem der Held beim Sprung vom Schiff auf die Platte ausgleitet und ins Wasser stürzt, resultiert aus der Fallhöhe der Begriffe, mit denen er operiert. Er entführt sie der Sphäre der Philosophie, die Freud eher gemieden hat. Ob Ding, Gegenstand oder Objekt, jeder dieser Begriffe hat eine philosophisch-metaphysische und eine empirische Seite, von den letzten Dingen über das Ich, das sich in der Reflexion zum Gegenstand seiner selbst macht, bis zum Objekt, das in Vischers Roman eine Brille sein kann oder Bestandteil der Dialektik von Subjekt und Objekt. Dieses Doppelgängertum macht sich A. E. zunutze. In seinem Clinch mit den Dingen steckt der Hohn auf das »Ding an sich« der Transzendentalphilosophie, in der Tücke des Objekts der Hohn über das Subjekt, das in der Welt sein Gegenüber findet. In der Verwandlung der Requisiten des Alltags in Dämonen, Kobolde und böse Geister steckt der Hohn auf die moderne Physik, die glaubt, die alte Dingmagie durch die Gesetze der Statik und Gravitation entzaubert zu haben: »Sie geben also zu, dass die Physik eigentlich Metaphysik ist, Lehre vom Geisterreich. Das heißt, ich vermute, dass Sie es zugeben, wiewohl ich es Ihnen philosophisch eigentlich noch nicht begründet habe, denn was Sie sicherlich bereits erkannt haben, das ist die allgemeine Tendenziösität, ja Animosität des Objekts, des sogenannten Körpers, was die bisherige Physik geistlos mit Namen wie: Gesetz der Schwere, Statik und dergleichen bezeichnet hat, während es vielmehr aus Einwohnung böser Geister herzuleiten ist.« Hier, in der Anknüpfung der »Tücke des Objekts« an den alten Volksaberglauben, der stets mit den Dingen innewohnenden Dämonen rechnet, berühren sich Freuds »Psychopathologie des Alltagslebens« und Vischers Roman. Freuds – abgemilderte – Übernahme des Szenarios der »Exekution« ist eine Reverenz weniger an die Lehre von der »Tücke des Objekts« als an die darin enthaltene

Kassierung der Illusion des souveränen Ich-Bewusstseins. In den Deutungsraum, den Vischers Formel eröffnet, schießen Freuds Analogien der Funktionsweise des psychischen Apparates mit mythischen Konstellationen ein.

Dafür steht der scheinbar willkürliche Zerstörungsakt, der in der »Psychopathologie des Alltagslebens« die Brücke schlägt vom komischen Absturz des philosophisch und ästhetisch Erhabenen in Vischers Roman zum Slapstick, zu den Bildergeschichten von Wilhelm Busch. Er stellt der Exekution der Dinge ihre Opferung an die Seite.

Auch hier ist wie beim Tintenzeug Freud selbst der Akteur, und wieder ist das Manöver von großer Durchsichtigkeit. Der vernunftgeleitete Aufklärer erlaubt sich im Schutz einer unwillkürlich-spontanen Fehlleistung ein Ritual magischer Beschwörung, die Erfüllung eines Gelübdes, das er explizit nie geben würde. »Es ist mir in den letzten Jahren, seitdem ich solche Beobachtungen sammle, noch einigemal geschehen, dass ich Gegenstände von gewissem Werte zerschlagen oder zerbrochen habe, aber die Untersuchung dieser Fälle hat mich überzeugt, dass es niemals ein Erfolg des Zufalls oder meiner absichtslosen Ungeschicklichkeit war. So habe ich eines Morgens, als ich im Badekostüm, die Füße mit Strohpantoffeln bekleidet, durch ein Zimmer ging, einem plötzlichen Impuls folgend, einen der Pantoffel vom Fuß weg gegen die Wand geschleudert, so daß er eine hübsche kleine Venus von Marmor von ihrer Konsole herunterholte. Während sie in Stücke ging, zitierte ich ganz ungerührt die Verse von Busch:

*»Ach! Die Venus ist perdü –*
*Klickeradoms! – von Medici!«*

Dieses tolle Treiben und meine Ruhe bei dem Schaden finden ihre Aufklärung in der damaligen Situation. Wir hatten eine Schwerkranke in der Familie, an deren Genesung ich im

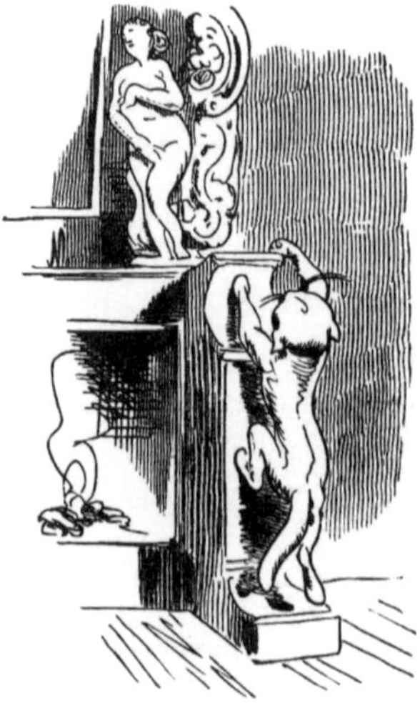

Sehr in Ängsten sieht man ihn
Aufwärts sausen am Kamin.

stillen bereits verzweifelt hatte. An jenem Morgen hatte ich von einer großen Besserung erfahren, ich weiß, dass ich mir gesagt hatte: also bleibt sie doch am Leben. Dann diente mein Anfall von Zerstörungswut zum Ausdruck einer dankbaren Stimmung gegen das Schicksal und gestattete mir, eine ›Opferhandlung‹ zu vollziehen, gleichsam als hätte ich gelobt, wenn sie gesund wird, bringe ich dies oder jenes zum Opfer! Dass ich für dieses Opfer die Venus von Medici ausgesucht, sollte gewiss nichts anderes als eine galante Huldigung für die Genesende sein; unbegreiflich scheint mir auch diesmal, dass ich so rasch entschlossen, so geschickt gezielt und kein anderes der in so großer Nähe befindlichen Objekte getroffen habe.«

Die Freud-Biographik hat den situativen Kontext der Opferszene identifiziert. Die Genesende war Freuds älteste Toch-

Ach! – Die Venus ist perdü! –
Klickeradoms! – von Medici!

ter Mathilde, die in der Kindheit zweimal lebensgefährlich an Diphtherie erkrankte. Das Register, das Freud durch die Opferung just einer griechischen Schönheitsgöttin zog, hatte wohl kaum der Zufall diktiert. Die Vehemenz, mit der er den Pantoffel in ein Wurfgeschoss verwandelte, entsprach der Intensität der affektiven Bindung. Als die Tochter zehn Jahre alt war, im Mai 1897, schrieb Freud an Fließ: »Unlängst träumte ich von überzärtlichen Gefühlen für Mathilde, sie hieß aber Hella, und ›Hella‹ sah ich dann nochmals fett gedruckt vor mir. Auflösung: Hella heißt eine amerikanische Nichte, deren Bild wir bekommen haben. Mathilde könnte Hella heißen, weil sie unlängst über die Niederlagen der Griechen so geweint hat. Sie begeistert sich für die Mythologie des alten Hellas und sieht in allen Hellenen natürlich Helden.«

In welchem Raum der Wohnung Freuds Opferung der kleinen Marmor-Venus stattfand, ist nicht ersichtlich. Es ist naheliegend, dass die Objekte, die unberührt blieben, zu seiner Antiquitätensammlung gehörten. Die Überblendung der Szene mit der »Interimistischen Zerstreuung« aus der »Frommen Helene« von Wilhelm Busch hat eine eindeutige Funktion. Das »ungerührte« Zitat ist ein Beleg für das heimliche Einverständnis des Akteurs mit seinem Zerstörungswerk. Es kommt damit aber zugleich ein Element ins Spiel, das den Sammler Freud charakterisiert, ohne dass ihm selbst dies auffiele. Die Venus, die er geopfert hat, ist aus Marmor. Die Venus in der Bildergeschichte von Wilhelm Busch ist aus Gips. Sie ist eine industriell gefertigte Replik, die nicht in eine Vielzahl von Stücken zerspringt, sondern an der Stelle, an der die Hohlform aus Unter- und Oberteil zusammengefügt wurde, auseinanderbricht. Ihr Sturz gibt den Blick in ihre leere Innenwelt frei. Die Interjektion »Klickeradoms«, die in den beiden sprichwörtlich gewordenen Versen den Namen der Venus von Medici wie das Objekt in zwei Teile auseinanderbrechen lässt, entspricht kongenial dem Leichtgewicht der hohlen Venus, sie ist das akustische Äquivalent zum Gips. Kurz, die Venus, die Freud herbeizitiert, stammt nicht aus der Welt seiner eigenen Antiquitätensammlung. Ihr Ort ist nicht eine Bibliothek oder ein Arbeitszimmer.

Es kann angesichts des Lochs, das in der Venus nach dem »Klickeradoms« klafft, nicht verwundern, dass diese Episode – sie markiert den Übergang der Bildergeschichte von der unverheirateten zur verheirateten Helene – zum Gegenstand psychoanalytischer Deutungen geworden ist, nicht zuletzt wegen der guten Beziehungen, die in der bildenden Kunst des 19. Jahrhunderts die Kater zur Sphäre des Erotisch-Sexuellen und zu den Kurtisanen unterhalten. Ebenso lohnend aber ist ein Blick auf den Schauplatz des Geschehens. Das Zerstörungswerk des Katers Munzel beginnt mit den Kanarienvögeln der frommen Helene, setzt sich im Esszimmer mit der Zerstörung des Sahnetopfes fort, dehnt sich am Büfett auf Flaschen, Teller, Krüge und Kelche aus und wird am Ende den Kristalllüster von der Decke holen. Es trifft das gutbürgerliche Interieur insgesamt. Die Venus von Medici stürzt, anders als ihr Gegenstück in der Berggasse 19, nicht von einer Konsole herab, sondern von ihrem zeittypischen Ort, dem Kaminsims im Salon. Ein zufälliges Opfer war sie nicht. Der Aufstieg der Venus im Interieur des 19. Jahrhunderts setzte den Kontrapunkt zur Entstehung der großen öffentlichen Museen seit der Französischen Revolution. Er ist ein Triumphzug, der die Antike in den Besitz und die Privaträume des einzelnen Bürgers überführt. Auf die Politisierung der Statuen im »Musée Napoléon« um 1800, bei der die männlichen Statuen des Winckelmannschen Kanons – der Apoll, der Torso, die Laokoon-Gruppe – im Vordergrund gestanden hatten, folgte mit dem Aufstieg der Liebesgöttin ihre Erotisierung und Einbettung in den Familienkult. Die 1820 aufgefundene, rasch populär gewordene Venus von Milo spielte den Part der reifen Frau, die Venus von Medici den der Jungfrau, die noch Mädchen ist, aber an der Schwelle zum Frauendasein steht. Wilhelm Busch hat sie mit Bedacht zum Gegenüber der Frommen Helene gemacht und ihren Sturz als Fall einer Jungfrau inszeniert. Junge Paare aus dem Bildungsbürgertum konnten bei ihrer Reise zum Original in Florenz in Jacob Burckhardts »Cicerone« über die mediceische Venus lesen: »Hier erreicht der Liebreiz seine höchste Stufe durch das Mädchenhafte, welches sich in den noch nicht vollständig ausgebildeten Formen und in dem feinen Köpfchen ausspricht. Der kleinere Maßstab gehört wesentlich dazu, um den Charakter zu vervollständigen. Von der Göttin sind wir hier allerdings wieder um eine Stufe weiter entfernt, und ein ernster Blick mag sich wohl gern zurückwenden von dem Mädchen zu jenen reifen göttlichen Weibern, zur siegreichen und zur knidischen Aphrodite. Allein auch hier hat die Kunst ihr Höchstes gegeben.«

Miniaturisierung und industrielle Reproduktion der antiken Statuen trugen dazu bei, dass der Kaminsims im bürgerlichen Interieur zur Ausstellungsfläche wurde. Der Objekttypus, dem die Venus der frommen Helene angehörte, ist das »Kaminstück«. Es war ein ideales Hochzeitsgeschenk. Am 1. Dezember 1887 schrieb das seit gut einem Jahr verheiratete Ehepaar Sigmund und Martha Freud an Minna Bernays und Marthas Mutter nach Wandsbek: »Unser Hochzeitsgeschenk für Julius und Sara ist sehr schön ausgefallen, es sind Kaminstücke, eine wunderbare Vase und zwei Aufsätze dazu, sie werden sich freuen.«

Wenn die Repliken antiker Statuen zerbrechen, wie in der Geschichte von Wilhelm Busch, ist der Nachschub gesichert. Die dafür zuständige Instanz ist das »Art industriel«, das in Flauberts »Education sentimentale« auf dem Ladenschild von Monsieur Arnoux in Paris steht. Das deutsche »Kunstgewerbe« oder »Werkkunst« gibt die Bindung seines Gewerbes an die Industrie und die modernen Produktionsmethoden nicht wieder. Die Allgegenwart der antiken Götter in der Lebenswelt von Friedrich Theodor Vischer, Wilhelm Busch und Sigmund Freud beruhte auf den Technologien der industriellen Reproduktion. Die originale Venus von Medici, vor der Freud bei seiner ersten Italienreise im September 1896 gestanden hatte, war 1,51 Meter, die überlebensgroße Venus von Milo, die der Volksmund in Paris »die Riesin« taufte, 2,02 Meter hoch. Für ihren Siegeszug auf den Kaminsimsen der bürgerlichen Wohnungen war die Verkleinerung Voraussetzung. Durch sie konnten sie in die Welt des »Nippes« einrücken. Das Wort fand erst im 19. Jahrhundert Eingang in die deutsche Sprache. Von Frankreich kommend, wo »les nippes«

die abgetragenen, zweitrangigen Kleidungsstücke meinte, waren die Nippsache und der Nippes im Deutschen mit dem Diminutiv im Bunde. In den Erzählungen von Berthold Auerbach werden »Nippsächelchen« von Schränken und Glasgestellen gestreift, und das Kompositum »Nipptischsächelchen« zeigt an, dass die Kleinkopien ihren Ort in den Wohnungen gefunden hatten. Auch Freuds Kleinplastiken erlaubten die Einfügung ins Interieur. Aber sie waren, auch wenn sie größere Originale kopierten, ihrerseits Originale aus der antiken Welt. Nur so waren sie Entsprechungen zur archäologischen Metapher in Freuds Studiolo.

Freud besaß allerdings eine Büste, die zeigt, dass seine Sammlung eine Richtung hätte nehmen können, in der wie im bürgerlichen Interieur Kopien im Mittelpunkt gestanden hätten. Die Büste ist verschwunden, ihre Existenz aber schriftlich überliefert. Der Anlass, zu dem er sie geschenkt bekam, war sein dreißigster Geburtstag, die drei Schenkerinnen, die sich zusammengetan hatten, um die nicht ganz billige Kopie zu finanzieren, waren seine Verlobte Martha Bernays, deren Schwester Minna und seine designierte Schwiegermutter Emmeline Bernays, die in ihrem Teil des Begleitbriefs am 6. Mai 1886 schrieb: »Mein lieber Sigi! Mit den herzlichsten Wünschen zu Deinem heutigen Geburtstag send ich Dir ein Drittel *Klytia*.Deine und meine liebe Familie, Deine holde Braut nämlich und dito Schwester, hatten sich in die Idee einer Büste festgerannt und glaubten, es sei ein kleiner Ersatz für Martha. Nun, das ist's wohl nicht, da wird es hoffentlich nicht mehr lang dauern, dann packen wir die Martha eben vorsichtig ein und senden sie als Wertpaket!« Das Geschenk war keine Überraschung. In seinem ebenfalls am 6. Mai 1886 verfassten Gegenbrief schrieb Freud: »Herzlichen Dank für deinen lieben Brief und für die angekündigte Sendung, deren Inhalt ich so sicher kannte, als wäre ich dabei gewesen. Du weißt, eine Clythia habe ich mir immer gewünscht, und ich weiß, dass Du es wusstest.« Man muss annehmen, dass die drei Damen in Wandsbek die mythologische Bedeutung der Büste, die sie verschenkten, nicht kannten. Denn Clytie wird im vierten Buch der Metamorphosen des Ovid trotz ihrer Schönheit vom Sonnengott Apollon, zu dem sie in Liebe entbrannt ist, verschmäht und in eine Blume verwandelt, die sich fortan immer der Sonne zuwendet. Als Geschenk, das dem Verlobten beim Warten auf die Hochzeit die Geliebte verkörpern und ihr vorangehen sollte, war sie eher ungeeignet. Minna Bernays, die Schwester, merkte denn auch in ihrem Part des Begleitbriefes an: »meine kleine Gabe besteht auch in einem Anteil an Frau oder Fräulein Klytia (meine mythologischen Kenntnisse lassen mich im Stich), die schöne Dame wird hoffentlich den ihr gebührenden Platz in einem Zimmer finden.« Die Ovid-Passage war für den englischen Sammler und Kenner der antiken Mythologie Charles Townley, der das Marmororiginal 1772 in Neapel erworben hatte, der Grund, ihm den Namen Klytia zu geben. Denn die Büste wuchs aus einem Blumenkelch hervor, und ihre Kopfhaltung und ihr Gesichtsausdruck ließen sich leicht als Trauer und Versonnenheit deuten. Als sie aus der Sammlung Townleys ins British Museum kam, trat sie von dort aus als eine zur Blume verwandelte, der Sonne und dem Licht zugewandte antike Schöne in zahlreichen Kopien ihren Siegeszug an. Sie wurde eines der beliebten Sammler- und Geschenkstücke des 19. Jahrhunderts. Goethe, Autor einer »Metamorphose der Pflanzen«, fügte gleich zwei Gipsabgüsse der »schönen Klytia« in das Bildprogramm seines Wohnhauses am Frauenplan ein, das im Sommer 1886 als Museum für die Öffentlichkeit zugänglich wurde. Als Freud sich eine Kopie wünschte, war die Klytia-Büste längst zu dem geworden, was die Engländer ein »period piece« nennen, ein Stück, in dem sich der Zeitgeschmack verkörpert. Un-

**Aus einem Blätterkelch emporwachsend**
Die als »Klytia« bezeichnete Marmorbüste
im British Museum

ter dem Pseudonym George Taylor hatte der protestantische Heidelberger Theologieprofessor Adolf Hausrath seinen in den Feuilletons ausgiebig diskutierten historischen Roman »Klythia« (1883) veröffentlicht, der die antike Schöne in eine »Wegwarte« – so der deutsche Name der sonnenzugewandten Blume – verwandelte und in eine antikatholische Handlung im 16. Jahrhundert versetzte. Freuds früh verstorbener Kollege, der Mediziner und Physiologe Josef Paneth, der 1886 bei seiner Habilitation die Probevorlesung »Über den derzeitigen Stand der Lehre von der Localisation der Großhirnrinde« hielt und dafür wie Freud mit Mikroskop und Mikrotom arbeitete, hinterließ eine – damals unveröffentlichte – Autobiographie, in der er sein Arbeitszimmer der frühen 1880er Jahre beschrieb: »Es enthielt alles, was ein Mensch braucht (ähnlich wie mein jetziges): Bett, Kasten, Bücherei, Schreibtisch. Als künstlerischer Schmuck auf dem Bücherkasten die Clytia.« In den Brautbriefen Freuds an Martha Bernays ist der enge Kontakt zwischen Paneth und Freud in diesen Jahren dokumentiert. Ob er Paneths Klytia kannte, ist ungewiss, aber die Büste, die er sich wünschte, war ein Pendant zu der des Freundes.

Wenig später hatte Klytia im öffentlichen Raum Wiens einen großen Auftritt. Der Bildhauer Johannes Benk vollendete 1885 seine große Ganzkörperstatue aus Marmor, die bei der Eröffnung des neu errichteten Hofburgtheaters 1888 ihren Platz im kaiserlichen Logenaufgang finden sollte. Sie wurde zuvor in der Skulpturenausstellung im Ausstellungspavillon gezeigt, der das Ringstraßenprojekt und die Stadterweiterung feierte. Der Blumenkelch war in dieser modernen Statue zu einem metallenen Gürtel geworden, der die Hinwendung zum Lichtgott Apoll elektrisch erleuchtete. »Das meisterhaft ausgeführte Werk«, schrieb das Feuilleton der »Neuen Freien Presse«, »zeigt uns eine von hellenischem Geist erfüllte blühende Frauengestalt, eine berückende Nymphe, deren hüllenlosen Körper nur einige glänzende Metallspangen zieren. Das idealschöne Weib steht aufrecht und hebt in heißer Liebessehnsucht ihre weichen schneeigen Arme verlangend empor zu den großen Blüten der Sonnenblumen, welche sie wie üppiges Geranke umgeben. Aus den großblätterigen Blumensternen werfen in abendlicher Zeit leuchtende Glühflämmchen ihren sonnengoldigen grellen Schein über die Marmorfee, deren wonneseliger Blick gleichfalls nach aufwärts gerichtet ist.«

Die verschollene Klytia-Büste macht darauf aufmerksam, dass die archäologische Ausrichtung von Freuds Sammlungsimpuls nicht selbstverständlich war. Als selbstverständlich erscheint sie nur im Horizont der archäologischen Metapher. Die »Drekkologie«, die archäologische Metapher und die Antiquitätensammlung bilden am Ursprung der Psychoanalyse eine Einheit. Als Freud sich seine Klytia wünschte, hatten die alten Steine für ihn noch nicht zu sprechen begonnen. Das zeigt sein Brief an Martha Bernays vom 10. März 1886 aus Berlin, wo er, von Paris kommend, im Anschluss an seinen Aufenthalt an der Salpêtrière einen Monat lang in Kinderkliniken hospitierte: »Heute vormittag habe ich mich so weit aufgerafft, ins königliche Museum zu gehen, wo ich die verschiedenen antiken Scherben flüchtig besehen habe, mit lebhaftem Bedauern, nichts davon zu verstehen und mit einer Art von wehmütiger Erinnerung an den Louvre, das viel prächtiger und inhaltsreicher ist. Am interessantesten sind natürlich die pergamonischen Ausgrabungen, lauter Trümmer, die den Kampf der Götter mit den Giganten darstellen, intensiv bewegte Szenen. Man kann ja, wie mein Kollege Dr. Türkheim zu sagen pflegt, nicht immer Arzt sein. Mehr als die Steine sprechen mich aber die Kinder an, die ich schon wegen ihres Formats, und weil sie meist rein gewaschen sind, für ein anmutigeres Material halte, als die großen Ausgaben der Kranken sind.« Es war ein langer Weg von der Welt der Klytia und der sauberen Anmut bis zu den »dreckigen Göttern«, zu denen Freud sich gut ein Jahrzehnt später bekannte. Er setzte die Entfernung von den teuer oder massenhaft reproduzierten »period pieces« des Zeitgeschmacks voraus.

Sigfried Giedion, der Historiker des Interieurs im 19. und frühen 20. Jahrhundert, war einer der wenigen, denen auffiel, dass Freud und Frederick Winslow Taylor, der auszog, die Binnenstruktur von Arbeits- und Organisationsprozessen zu optimieren, demselben Jahrgang entstammten. Über die Zufälligkeit des Geburtsdatums hinaus sah er das Gemeinsame an ihnen darin, »dass sie sich ungewohnt differenzierter Analyse bedienen, um in das Innere von Prozessen einzudringen«. Die massenhaft produzierte Venus von Medici aus Gips steht im Kontrast zur teuren Kopie der Klythia. Sie entstammt der Welt Taylors und repräsentiert den Alltag der Götter im Exil im industriellen Zeitalter. Dass es schon in der Antike Reproduktion und Miniaturisierung gab, nützt ihr wenig. In der Berggasse 19 steht sie im Schatten der archäologischen Sammlung Freuds, es gibt sie nur im Text der »Psychopathologie des Alltagslebens«. Es konnte aber nicht ausbleiben, dass der durch sie repräsentierte Typus von Dingen in den Fallgeschichten Freuds auftauchte.

Ein Beispiel findet sich im fünften Kapitel der »Traumdeutung«. Darin stellt Freud mit kalkulierter Vehemenz als Konsequenz seiner bisherigen Erörterungen die Behauptung auf, »es gebe keine indifferenten Traumerreger, also auch keine harmlosen Träume.« Wie so oft greift er auf eine volkstümliche Redewendung zurück, um seine Einsicht zu bekräftigen: »Die scheinbar harmlosen Träume erweisen sich als arg, wenn man sich um ihre Deutung bemüht; wenn man mir die Redensart gestatte, sie haben es ›faustdick hinter den Ohren‹.« Wenig später wird er seine wichtigste Kronzeugin auftreten lassen, eine anonym bleibende »kluge und feine junge Dame, die aber auch im Leben zu den Reservierten, zu den ›stillen Wassern‹ gehört.« Das unscheinbare »aber« in diesem Satz ist mit dem Volksmund im Bunde. Was er den stillen Wassern zutraut, weiß jeder Leser. Die Kronzeugin weiß es auch, aber nicht von sich selbst. In vier der fünf *»harmlosen Träume«*, die Freud aus seiner Sammlung anführt, um den erwarteten Widerspruch des Publikums zu entkräften, spielt sie die Hauptrolle. Wir konzentrieren uns auf den Traum von der abgebrochenen Kerze, der mit geradezu aufreizender Widerstandslosigkeit seine Bedeutung preisgibt: *»Sie steckt eine Kerze in den Leuchter; die Kerze ist aber gebrochen, so daß sie nicht gut steht. Die Mädchen in der Schule sagen, sie sei ungeschickt; das Fräulein aber, es sei nicht ihre Schuld.* Ein realer Anlass auch hier; sie hat gestern wirklich eine Kerze in den Leuchter gesteckt; die war aber nicht gebrochen. Hier ist eine durchsichtige Symbolik verwendet worden. Die Kerze ist ein Gegenstand, der die weiblichen Genitalien reizt; wenn sie gebrochen ist, so dass sie nicht gut steht, so bedeutet dies die Impotenz des Mannes (*›es sei nicht ihre Schuld‹*).«

Die harmlose Träumerin hat ihre Schuldigkeit getan. Sie hat einen mustergültig nichtharmlosen Traum geträumt. Als »Fräulein«, noch im Mädchenpensionat, hat sie im Traum die Ungeschicklichkeit begangen. Als Frau im Ehestand hat sie die durchsichtige Symbolik ins Spiel gebracht. Die einzige Frage, die übrigbleibt, ist die, wie weit ihre Harmlosigkeit reicht. Es ist die Frage nach ihrem sexuellen Wissen. Weiß sie, was Freud weiß: dass die Kerze in diesem Traum eine Doppelrolle spielt, als Symbol für die Impotenz des Mannes und als Dildo? Freud nutzt die Gelegenheit, um seine Behandlungstechnik zu demonstrieren, das Fortschreiten der Deutung des Arztes durch den Rückgriff auf die Assoziationen und Erinnerungen der Patienten. »Ob nur die sorgfältig erzogene und allem Hässlichen fremd gebliebene junge Frau diese Verwendung der Kerze kennt? Zufällig kann sie noch angeben, durch welches Erlebnis sie zu dieser Erkenntnis gekommen ist. Bei einer Kahnfahrt auf dem Rhein fährt ein Boot an ihnen vorüber, in dem Studenten sitzen, welche mit großem Behagen ein Lied singen oder brüllen:

*›Wenn die Königin von Schweden,*
*bei geschlossenen Fensterläden*
*mit Apollokerzen …‹*

Das letzte Wort hört oder versteht sie nicht. Ihr Mann muss ihr die verlangte Aufklärung geben. Diese Verse sind dann im Trauminhalt ersetzt durch eine harmlose Erinnerung an einen Auftrag, den sie einmal im Pensionat *ungeschickt* ausführte, und zwar vermöge des gemeinsamen: *geschlossene Fensterläden*. Die Verbindung des Themas von der Onanie mit der Impotenz ist klar genug. ›Apollo‹ im latenten Trauminhalt verknüpft diesen Traum mit einem früheren, in dem von der jungfräulichen Pallas die Rede war. Alles wahrlich nicht harmlos.«

In dieser kleinen Erzählung zirkuliert das sexuelle Wissen auf interessante Weise. Zu Freuds Definition der Kerze (»ein Gegenstand, der die weiblichen Genitalien reizt«) liefert das gegrölte Studentenlied die Gassenhauer-Variante, während der unter dem Verdacht der Impotenz stehende Ehemann seine Gattin darüber aufklärt, wie sie sich Ersatz verschaffen kann. Die Leichtigkeit, mit der Freud seinen Nachweis des Zusammenspiels von Onanie und Impotenz in der scheinbar harmlosen Pensionatserinnerung durch das Herbeizitieren von Pallas Athene mit dem Thema der Jungfräulichkeit verknüpfen kann, hat aber eine Voraussetzung. Diese Voraussetzung sind die Apollokerzen im studentischen Gassenhauer, die das mythologische Element der Deutung ins Spiel bringen.

Freud musste seinen Lesern nicht erklären, um welche Art von Kerzen es sich handelte, der Ehemann musste es seiner Gattin nicht erklären. Die Apollokerzen gehörten zu den erfolgreichsten Markenprodukten des 19. Jahrhunderts. Sie stammen aus Österreich, aber deutschen Studenten am Rhein sind sie genauso vertraut wie den Hausfrauen in Wien. Sie sind ein Beispiel für das doppelte Angebot, das die vielen neu auf den Markt kommenden Dinge im Zeitalter der Industrialisierung den Mechanismen des Unbewussten machen. Durch ihre physische Gestalt bieten sie sich als Symbol für das männliche Glied an, ihr Name stiftet in den Träumen sorgfältig erzogener junger Ehefrauen Verbindungen zwischen den latenten Themen Jungfräulichkeit, Impotenz und Onanie. Die Rolle der Kupplerin spielt dabei die antike Mythologie. Die Apollo-

**Modernisierung des Lichtgottes**
Werbung für Apollokerzen aus der österreichischen Tagespresse

kerzen rufen Athene auf die Traumbühne. Damit ist ihre Rolle für Freud erfüllt. Er geht an ihnen vorbei und kommt auf sie nicht zurück. Sie nehmen in seiner Erzählung die Position jener unscheinbaren Details ein, die in den Träumen und Assoziationen seiner Patienten seine besondere Aufmerksamkeit finden. Interessiert ist er an ihnen als Bündnispartner des Unbewussten und Kronzeugen für die Nicht-Existenz harmloser Träume, desinteressiert an der Frage, welchem Typus von Dingen sie angehören. Die Frage ist aber ertragreich. Sie ruft in dem Echoraum, zu dem die »Traumdeutung« in jeder Lektüre wird, die Erinnerung an einen Traum aus dem ersten Kapitel auf: »Ein Patient träumte in einem längeren Zusammenhange, dass er sich in einem Kaffeehaus eine ›*Kontuszówka*‹ geben lasse, fragte aber nach der Erzählung, was das wohl sei; er habe den Namen nie gehört. Ich konnte antworten, *Kontuszówka* sei ein polnischer Schnaps, den er im Traume nicht erfunden haben könne, da mir der Name von Plakaten her schon lange bekannt sei. Der Mann wollte mir zuerst keinen Glauben schenken. Einige Tage später, nachdem er seinen Traum im Kaffeehaus hatte zur Wirklichkeit werden lassen, bemerkte er den Namen auf einem Plakate, und zwar an einer Straßenecke, welche er seit Monaten wenigstens zweimal am Tage hatte passieren müssen.«

Wie der polnische Schnaps führen uns die Apollokerzen in die Welt der Marken und Markennamen, der Reklame im Stadtraum und im Annoncenteil der Zeitungen.

In den Marken verdichtet sich die Energie der industriellen Warenproduktion, sie werden massenhaft produziert und legen doch Wert darauf, Originale zu sein. In Österreich wie im Deutschen Reich ist das Fin de Siècle das Jahrzehnt der endgültigen Verabschiedung lange vorbereiteter Markenschutzgesetze. Die Waren mit eingetragenen Markenzeichen sind Newcomer in der Welt der Dinge, sie haben um 1890 eine

Kontuszówka
Ein preisgekrönter polnischer Likör, der in die »Traumdeutung« einging

große Zukunft vor sich. C. G. Jung wird im frühen 20. Jahrhundert für seinen Begriff des kollektiven Unbewussten die Archetypen und Restbestände des Archaischen ins Spiel bringen. In den Schriften Freuds, zumal in der »Traumdeutung«, liegt unausgeschöpftes Material bereit für eine Geschichte des kollektiven Seelenlebens im technisch-industriellen Zeitalter, die statt vom Archaischen von der modernen Lebenswelt ausgeht. Die Wahrnehmung der Dinge wird in der Entstehungszeit der Psychoanalyse durch die Inszenierung ihres Warencharakters umfassend revolutioniert. Nicht nur Freuds Patient, auch er selbst ist ein Zeuge für die selbstverständliche Anwesenheit der Reklamen im modernen Stadtraum. Auf seiner Italienreise des Jahres 1907 begegnete er in Rom auf der Piazza Colonna, wo er logierte, einer avancierten Werbetechnik, die den Reiz der gerade aufgekommenen Kinematographie in ihre Dienste nahm. In seinem Brief an die Familie vom 22. September 1907 erstattete er ausführlich Bericht: »Hinter der Säule ist ein Gerüst für Militärmusik, die also jeden Abend spielt, und am anderen Ende des Platzes wird auf dem Dache eines Hauses eine Leinwand aufgezogen, auf welcher eine Società Italiana di Fotoreclami Bilder projiziert. Eigentlich Reklamen, aber um das Publikum zu bestechen, sind zwischen zwei Annoncen immer Bilder eingeschoben von Landschaften, Kongonegern, Gletscherbesteigungen usw. Das würde aber nicht hinreichen; somit wird die Langeweile durch kurze kinematographische Vorführungen unterbrochen, wegen welcher sich die großen Kinder, u Euer Vater mit dabei, die Reklamen und eintönigen Photographien ruhig gefallen lassen. Mit diesen Leckerbissen sparen sie freilich, ich habe schon wiederholt dasselbe Stück mit ansehen müssen. Kehre ich dann um, so macht mich eine Art Spannung in der Menge aufmerksam, dass ich wieder hinsehe, u wirklich hat eine neue Vorstellung begonnen, bei der ich also noch bleibe.« Für die Tricks der Reklametechniken im modernen Rom, der Hauptstadt des noch jungen Nationalstaates Italien, war Freud empfänglich und hatte ein aufmerksames Auge auf sie, etwa, wenn er von seinem Besuch einer »Carmen«-Aufführung im Teatro Quirino berichtet: »Der Bühnenvorhang trägt allerlei Annoncen: Nähmaschinen, Wäsche, Möbel auf Raten, auch ein römischer Dr. Stern empfiehlt sich für Stotterer u versichert glänzenden Erfolg.«

Reklame und Antike vertrugen sich nicht nur in Rom gut. Das zeigt schon ein kurzer Aufriss zur Warenkunde der Apollokerzen. Ihren Namen verdanken sie der Allgegenwart der antiken Götternamen im Alltag des 19. Jahrhunderts. Im Jahr 1808 hatte ein englischer Ingenieur im Wiener Vorort Schottenfeld den »Apollosaal« mit mehreren Nebensälen

**Der Apollosaal am Schottenfeld in Wien**
Ausgangspunkt einer erfolgreichen Firmengeschichte

eröffnet, mit 48 Götterstatuen im Innern, als ein großes Vergnügungsetablissement, das vom Wiener Kongress genutzt, dann aber zum gewöhnlichen Tanzsaal verkleinert wurde. Im Cholerajahr 1831 diente der Saal als Spital und ging nach mehreren Besitzerwechseln an die »Erste Österreichische Seifensieder-Gewerks-Gesellschaft«, die dort ihre Stearinkerzenproduktion ansiedelte. Sie nahm Apollo sogleich in ihren Firmennamen auf und nannte ihr Produkt »Apollokerzen«. An das Gebäude war der Name nicht gebunden. Als es 1876 abbrannte und die Produktion nach Simmering verlegt wurde, waren die Apollokerzen, deren Hauptvorzug darin lag, dass man den Docht beim Abbrennen nicht nachschneiden musste, längst mit der Mythologie des Lichtgottes fest verknüpft. Das Verpackungsdesign und Reklamekampagnen hatten dazu beigetragen. Der Aufstieg der Firma, die 1870 zum Hoflieferanten avancierte, war von Prozessen gegen Konkurrenten und Nachahmer begleitet. Bereits 1854, Jahrzehnte vor dem Markenschutzgesetz, ließen die Betreiber die Lyra, die Harfe Apolls, in Kombination mit dem Götternamen als erste Schutzmarke in Österreich überhaupt registrieren. In den Tageszeitungen waren die Apollokerzen wegen der Prozesse häufiger Berichtsgegenstand, im Annoncenteil wurde bekräftigt, was die Firma ihren Kunden auf dem Packungsmaterial und auf Werbeplakaten durch ihr Logo mitteilte: »Apollo-Kerzen sind nur echt, wenn jede Kerze am Boden die Lyra, an der Seite das Wort Apollo trägt.« Der Vorgang ist charakteristisch für die Mythologie des industriellen Zeitalters. War der Göttername zunächst mit dem Firmennamen verschmolzen, so wurde er nun in Wort und Bild als sichtbares Element dem physischen Produkt aufgeprägt. Apollokerzen waren nicht einfach Kerzen, in ihnen verschmolz der Allgemeinbegriff mit dem Markenzeichen.

Kerzen spielen eine Hauptrolle in der berühmten Traumgeschichte, mit der Freud das Schlusskapitel seiner »Traumdeutung« eröffnet: »Ein Vater hat tage- und nächtelang am Krankenbett seines Kindes gewacht. Nachdem das Kind gestorben, begibt er sich in einem Nebenzimmer zur Ruhe, lässt aber die Tür geöffnet, um aus seinem Schlafraum in jenen zu blicken, worin die Leiche des Kindes aufgebahrt liegt, von großen Kerzen umstellt. Ein alter Mann ist zur Wache bestellt worden und sitzt neben der Leiche, Gebete murmelnd. Nach einigen Stunden Schlafs träumt der Vater, *daß das Kind an seinem Bette steht, ihn am Arme fasst und ihm vorwurfsvoll zuraunt: Vater siehst du denn nicht, dass ich verbrenne?* Er erwacht, merkt einen hellen Lichtschein, der aus dem Leichenzimmer kommt, eilt hin, findet den greisen Wächter eingeschlummert, die Hüllen und einen Arm der teuren Leiche verbrannt durch eine Kerze, die brennend auf sie gefallen war.« In wenigen Sätzen verknüpft Freud diese Erzählung mit der Zentralthese seines Buches, der Lehre vom Traum als Wunscherfüllung: Der Vater produziert einen Traum, in dem sich sein totes Kind wie ein lebendes verhält. Und ist nicht der greise Wächter, der eingeschlummert ist, ein suggestives Bild für den Traum als Hüter des Schlafes? Uns interessiert aber vor allem die sprachliche Gestalt, die Freud der Erzählung gegeben hat. Darin rücken die Kerzen, das tote Kind, die Bahre und der Schlafraum des Vaters an die Seite der Mär-

**Die erfolgreiche Kerzengießmaschine der Firma Wünschmann**
Moderne Kerzen werden nicht gezogen, sondern gegossen

chen und der Volkslieder, in denen falsche Nonnen die Kerzen löschen, die zwei liebende Königskinder zusammengeführt hätten. Die Kerzen sind hier anonyme Dinge, die man geneigt ist, sich als Wachskerzen vorzustellen. Der Raum, der sie umgibt, ist durch die »einfachen Formen« aus Märchen, Sage und Legende bestimmt, mit denen Freud hier Mimikry betreibt. Wie die Sage von den Königskindern sind die Kerzen seiner Traumgeschichte tief in der Vergangenheit verwurzelt. Dazu passt die mitgelieferte Genealogie der Erzählung, die sich im Unbestimmten verliert. Freud ist der Traum von einer Patientin erzählt worden, die ihn wiederum selbst in einer Vorlesung über Träume kennengelernt hatte: »seine eigentliche Quelle ist mir unbekannt geblieben«.

Zur Modernität der Apollokerzen gehört die Datierbarkeit ihrer Ursprünge. Sie kamen 1839 auf den Markt. Das Medium, das entscheidend zu ihrem Erfolg beitrug, waren die Gewerbeausstellungen im Inland und die Weltausstellungen in London 1851, Paris 1855 und später 1873 in Wien, wo Freud sie bei seinem Besuch gesehen haben mag. Apollokerzen waren Stearinkerzen. Wie später die Tempo-Taschentücher, die zum Synonym des Papiertaschentuchs wurden, signalisierten sie den Übergang eines traditionellen Gebrauchsgegenstands in eine neue Materialität. Die ihnen angemessene literarische Form war nicht das Märchen oder Volkslied, sondern das Feuilleton. In der satirischen Tageszeitung »Der Humorist«, die er selbst 1837 in Wien gegründet hatte, berichtete Moritz Gottlieb Saphir, einer der Pioniere des deutschsprachigen Feuilletons, in seinen »Pariser Briefen« von der Weltausstellung des Jahres 1855. Im Nebeneinander von »Wein«, »Kerzen«, »Schwefelhölzchen«, »Eisen«, »Ziegel« und »Seife« annoncierte er das panoramatische Prinzip der Warenpräsentation und zoomte dann zielgerichtet auf die Apollokerzen: »In der Mitte dieser Aufklärungs-Anstalten für verwahrloste Jahrhunderte erhebt sich Apollos Beleuchtungs-Olymp: ›Die Apollo-Kerzen-Pyramide‹ der Erzeugnisse der ersten Apollo-Kerzen- und Seifen-Fabrik in Wien. Ist es nicht billig, dass ein Jünger Apollos ein wenig länger bei den Kerzen Apollos verweilt? Dass er diese Reinheit und Weiße des Erzeugnisses, die Vorzüglichkeit der Flamme und des Brennens mit besonderer Anerkennung erwähnt? Daß er eine gewisse Satisfaktion darin findet, dass Apollo, sein Bruder im Licht, schon drei Medaillen, von Wien, London und die große goldene von München durch sein Lichtverbreiten gewonnen hat?«

Die industrielle Mythologie, in die sich die Stearinkerzen hüllten, war attraktiv für das Feuilleton, weil sie in die Zuständigkeit Apolls die Poesie fiel. Die Chance, die Kerzenfabrikanten und die Textfabrikanten der modernen Welt rhetorisch zu verbrüdern und sein eigenes Feuilleton in gespielter Konkurrenz mit den Waren der Weltausstellung zu profilieren, ließ sich Moritz Gottlieb Saphir nicht entgehen: »dass Apollo in einer Zeit, wo seine ›Lichter‹ ausgehen, solche ausgezeichnete, helle, nicht aus Angst abschmelzende und nicht stets einen Putzer erheischende, allgemein nützliche, überall gerngesehene Kerzen produziert, dass Apollo dieses Nebengeschäft der Poesie mit solcher industrieller Vollkommenheit, mit solcher praktischer Vervollkommnung betriebt, dass Apollo dafür die allgemeinste Anerkennung und noch obendrein Medaillen, goldene Medaillen, große Preis-Medaillen bekömmt, das freut mich, seinen Jünger und Schüler, ungemein! Freilich, wenn ich jenseits einmal Apollo oben im Olymp sehen werde und er wird drei Medaillen auf dem poetischen Busen aufgenäht haben und ich, ich ich, der ich 40 Jahre Apollo-Kerzen für Deutschland fabriziert habe, werde nicht um einen Groschen Medaillen aufzuweisen haben! Das wird grässlich sein! Ich werde mich schämen, werde noch 70 Jahre Urlaub von Apollo nehmen, werde wieder heruntergehen auf Erden, auf Dingsda, auf Deutschland, und werde noch 40 Jahre ›Apollokerzen‹ fabrizieren, lyrische Apollokerzen, dramatische Apollokerzen, humoristische Apollokerzen, kritische Apollokerzen, patriotische Apollokerzen, aber wenn dann eine Jury mir kommen wird und sagen: ›da hast Du eine Medaille!‹ werde ich nicht wollen und werde sagen: ›schenkt es einer Wohltätigkeitsanstalt!‹ So rächt sich ein deutscher Apollokerzen-Lehrling!«

Die »Pariser Briefe« Saphirs sind ein frühes Beispiel für die Einspeisung von Markennamen in die zeitgenössische Literatur. Die Weltausstellungen, die Zeitungen und die Reklame trugen dazu bei, dass die Markennamen in den allgemeinen Sprachschatz und den aktuellen Bilderkosmos eingingen. Die Apollokerzen-Pyramide, von der Saphir berichtet, illustriert das Bündnis der Waren mit der Sichtbarkeit, dem Arrangement, der Vitrine und dem Schaufenster. In seinem Bericht über die Berliner Gewerbeausstellung des Jahres 1896 wird der Philosoph und Soziologe Georg Simmel als Prinzip der modernen Warenpräsentation die ästhetische Inszenierung der »Schaufensterseite der Dinge« analysieren. Die Apollokerzen wurden als Industrieprodukte mit modernen Technologien massenhaft hergestellt. Sie zirkulierten aber nicht nur als greifbare Waren, die in Geschäften erworben und in Haushalten verbraucht wurden, sondern zugleich in Wort und Bild im Stadtraum wie in den Zeitungen und Zeitschriften. Sie unterstanden dabei nicht allein den ökonomischen Gesetzen der kapitalistischen Warenproduktion, die den Tauschwert und alles, was ihm diente, dem Gebrauchswert überordneten. Sie folgten zugleich den Gesetzen der Bildwahrnehmung, der Koppelung von Erinnerungen und Wünschen an Alltagsgegenstände, der Assoziationen, die sich an die Lautgestalt von Werbesprüchen oder -reimen heften. Diese Gesetze führen in die Nähe der Mechanismen, die Freud in der Traumarbeit am Werke sah. Der Patient Freuds, der im Traum im Kaffeehaus einen polnischen Schnaps bestellt, dessen Namen er im Wachzustand nicht kennt, ist ein Zeitzeuge für die Einwanderung der Markennamen in das Unbewusste. Er hat auf den Plakaten mit der Schnapsreklame den Namen des beworbenen Produktes nicht bewusst gelesen, ihn aber dennoch zum Material seines Traums gemacht. Ein Opfer der geheimen Verführer der Werbung muss er deshalb nicht sein. Er kann auch umgekehrt den Markennamen für seine eigenen geheimen Zwecke in Dienst nehmen. Die Produzenten der Apollokerzen werden Moritz Saphirs »Pariser Briefe« gern gelesen haben, aber sein Text, der »unter dem Strich« erschien, gehorchte den Gesetzen des Feuilletons. Die anonymen Verfasser des Gassenhauers über die Königin von Schweden bauten die Apollokerzen als sprachliches Readymade mit willkommener Silbenzahl in das gewählte metrische Schema ein und inszenierten durch die Verwandlung des nach Apollo benannten Produktes in ein Lustinstrument, sei es bewusst oder unbewusst, die im späten 19. Jahrhundert beliebte Opposition des Apollinischen und Dionysischen. Die Autoren des bürgerlichen Realismus von Gottfried Keller bis Theodor Fontane nutzten die Warennamen nach den Gesetzen der Erzählkunst, als Chiffren zeithistorischer Lokalisierung wie zur Charakterisierung ihrer Figuren.

Die Markenprodukte Odol, Aspirin, Erdal, Kaffee Hag, Persil und Nivea Creme kamen zwischen 1890 und dem Ersten Weltkrieg auf den Markt. An jedes dieser Produkte, an das Mundwasser Odol wie an das Waschmittel Persil, heftet sich eine Fülle von Bildern und Geschichten, sie alle fanden Eingang in den Bilderkosmos der Moderne wie in ihre Literatur. Die Apollokerzen waren Vorboten des Aufstiegs der Markennamen, der nicht erst seit der Pop Art des 20. Jahrhunderts und der Popliteratur der neunziger Jahre sein

Echo in den Künsten fand und die Selbstwahrnehmung von Alterskohorten prägte, lange bevor der Essay »Generation Golf« zu einem Bestseller der jüngsten Jahrhundertwende wurde. Von den Kunstnamen Odol oder Persil unterschieden sich die Apollokerzen durch ihren Rückgriff auf das Namensreservoir der antiken Mythologie. Ein Blick in die Warenwelt der Weltausstellungen des 19. Jahrhunderts zeigt, dass sie Teil einer inflationären Vervielfältigung der Götternamen waren.

In seinem Buch »Götternamen. Versuch einer Lehre von der religiösen Begriffsbildung« (1896) zeigte der klassische Philologe und Religionswissenschaftler Hermann Usener, dass in der Antike die Bändigung der überbordenden Vielheit von Göttern zugunsten persönlicher Gottheiten Kern der Herausbildung der Götternamen war. Die Fülle der »Sondergötter«, von denen in eng umgrenzten Bereichen des Ackerbaus oder des häuslichen Kultus Hilfe und Förderung erwartet wurde, und die noch größere Fülle der »Augenblicksgötter«, die sich an Einzelheiten im Nahbereich heftete, beschrieb er als »Unterlage der späteren persönlichen Götter«. An der Herausbildung des Namens Apollon stellte er diese Bewegung exemplarisch dar. Sie ist in seiner Darstellung mit der »Entwicklung einzelner Götter zu monotheistischer Ausdehnung« verbunden. Über die Namen der persönlichen Götter schreibt Usener: »Farbe und Charakter erhält der Polytheismus durch die Entwicklung und Ausgestaltung persönlicher Götter. Erst im Eigennamen verdichtet sich die flüssige Vorstellung zu einem festen Kern, der Träger einer Persönlichkeit werden kann. Der Eigenname nötigt, wie der Rufname des Menschen, an eine bestimmte Persönlichkeit zu denken, für welche er ausschließlich gilt.«

Der Historiker Heinz Dieter Kittsteiner übertrug in seinem Buch »Weltgeist Weltmarkt« Useners Augenblicksgötter in die moderne Warenwelt: »Die Ware *ist* der Augenblicksgott; zugleich fungiert sie als der die Übel abwehrende Fetisch.« Mit Blick auf die Waren, die Markennamen tragen, lässt sich der Gedanke fortspinnen. Als Waren, die eng an den häuslichen Bedarf gebunden sind, erscheinen die Apollokerzen zunächst als moderne Analogien zu den Augenblicksgöttern, die in großer Fülle den Alltag durchziehen. Zugleich aber haben sie, darin den persönlichen Göttern bei Usener ähnlich, die Tendenz, die Vielfalt des Warenangebots, hier des Gebrauchsgegenstandes Kerze, durch die exklusive Bindung des Götternamens an ein Produkt zu verengen, das in der Moderne freilich nicht im Kult, sondern im Konsum, im Kaufakt seine Verehrung erfährt. Die Markenprodukte sind die Nachfolger der persönlichen Götter in der modernen Warenwelt, allerdings mit einer Einschränkung. Das Apriori der Herausbildung der Götternamen in der Antike ist, dass die Götter nicht getauft werden, ihre Namen nicht in einem datierbaren Akt der Benennung erhalten. Das ist in der modernen Warenwelt anders. Die Apollokerzen sind repräsentativ für eine im 19. Jahrhundert weit verbreitete Benennungsstrategie in der industriellen Warenproduktion. Das Grundmuster der Inanspruchnahme der Antike für moderne Zwecke verbindet sie mit den Entdeckungen des Namensfinders Freud und seiner Formulierung der Gesetze des Unbewussten.

# ÖDIPUS, DIE SPHINX UND DIE SIEBEN RINGE

## / Ödipus, die Sphinx und die sieben Ringe

Midas war nur eine der mythologischen Figuren, in denen Freud sich selbst spiegelte. Diese Figuren standen an der Seite der Repräsentanten moderner Wissenschaft, die er wie den Chirurgen oder Chemiker zu Paten seiner neuen Wissenschaft, der Psychoanalyse, machte. In seinem Vortrag auf dem Internationalen Psychoanalytischen Kongress 1918 in Budapest bekräftigte Freud die Analogie von Psychoanalyse und chemischer Analyse und relativierte sie zugleich. Die Bekräftigung der Schnittmenge im Begriff »Analyse« war mit der Abweisung der Forderung verbunden, am Ende der psychoanalytischen Behandlung müsse die »Synthese«, die »Wiederherstellung des gleichsam durch die Vivisektion Zerstörten« stehen. Im Konflikt mit den Züricher Analytikern um C. G. Jung hatte diese Abweisung eine wichtige Rolle gespielt. Für unseren Zusammenhang entscheidend ist aber das Zugleich von Strenge in der Verteidigung des Sachgehaltes der eigenen Lehre und großzügiger Lizenz zur Spiegelung des Psychoanalytikers in immer neuen Analogien: »Das Psychische ist etwas so einzig Besonderes, dass kein vereinzelter Vergleich seine Natur wiedergeben kann.«

Als Entdecker der ödipalen Konstellation im Unbewussten seiner Patienten wird Freud in den Briefen an Fließ zum Midas. Hier ist Ödipus die Figur der Verblendung, deren Schicksal Aufschluss gibt über das Kindheitsdrama, in dem er während der Selbstanalyse ein allgemeines Muster zu erkennen beginnt, »die Verliebtheit in die Mutter und die Eifersucht gegen den Vater«. In seinem Arbeits- und Behandlungszimmer in der Berggasse 19 tritt in dem Maße, in dem sich die Hypothese zur Gewissheit festigt, die andere Seite des Ödipus in den Vordergrund, der Rätsellöser, der die Macht der Sphinx bricht. In Freuds Antiquitätensammlung ist er auf mehreren Vasen zu sehen. Die kleine Reproduktion des berühmten Gemäldes von Jean-Auguste-Dominique Ingres »Ödipus und die Sphinx« oberhalb des Fußendes der Couch führte ihn den Patienten vor Augen. Sie mussten nicht die Passagen in Freuds Schriften gelesen haben, in denen er als Löser der Rätsel auftritt, die ein Traum, eine Fehlleistung oder eine Zwangsneurose aufgibt, um zu ahnen, dass er sich in dieser Seite des Ödipus spiegelte. Das Rätsel der Sphinx hatte gelautet: »Es ist am Morgen vierfüßig, am Mittag zweifüßig, am Abend dreifüßig. Von allen Geschöpfen wechselt es allein mit der Zahl seiner Füße; aber eben wenn es die meisten Füße bewegt, sind Kraft und Schnelligkeit seiner Glieder ihm am geringsten.« Der antike Ödipus hatte den Menschen als Lösung erkannt, freilich ohne das Rätsel seines eigenen Schicksals lösen zu können. Freud hatte das Rätsel des Unbewussten gelöst und seine Lösung in den Begriff »Ödipuskomplex« gefasst. In diesem Kompositum verschmolz der Name der antiken Figur mit der psychoanalytisch-medizinischen Kategorie »Komplex«.

Die Erfolgsgeschichte dieses Kompositums, das bald in den allgemeinen Wortschatz einging, setzte sich darüber hinweg, dass Freud selbst dem Begriff »Komplex« mit einer gewissen Reserve gegenüberstand. Als Rätsellöser wurde er in der Selbstmythologisierung der Psychoanalyse zu einem modernen Ödipus. Die Geschichte eines der Objekte, in denen sich diese Identifizierung materialisierte, erzählt Ernest Jones im zweiten Band seiner Freud-Biographie: »Im Jahre 1906 schenkte ihm die kleine Gruppe seiner Anhänger in Wien zu seinem fünfzigsten Geburtstag eine Medaille, entworfen von Karl Maria Schwerdtner, einem bekannten Bildhauer, das auf der Vorderseite Freuds Profil in Basrelief und auf der Rückseite eine griechische Zeichnung des Ödipus vor der Sphinx zeigt. Diese Zeichnung ist umrahmt von einem Vers aus ›König Ödipus‹ von Sophokles: ›Der das berühmte Rätsel löste und ein gar mächtiger Mann war!‹« Die Geschichte endet nicht mit der Übergabe der Medaille. Denn als sie ihm überreicht wurde, soll Freud beim Blick auf die Inschrift erblasst sein, mit erstickter Stimme gefragt haben, wer die Idee dazu gehabt

**»Der entwirrt die hohen Rätsel und der Erste war an Macht«**
Vorder- und Rückseite der zum 50. Geburtstag im Mai 1906 geprägten Freud-Medaille mit einem griechischen Vers aus dem Schlusschor des »König Ödipus« von Sophokles

habe, und schließlich der kleinen Versammlung seine Reaktion so erklärt haben: »Als junger Student sei er einmal um die großen Arkaden der Wiener Universität herumgegangen und habe, die Büsten früherer berühmter Personen betrachtet. Damals habe er sich in der Phantasie ausgemalt, dass dort seine künftige Büste stände, was für einen ehrgeizigen Studenten an sich noch nichts Besonderes gewesen wäre – aber auch, dass darunter gerade eben diese Worte graviert seien, die er nun auf der Medaille vor sich sehe.« Als Freud in seinen Briefen an Fließ erstmals die Ödipus-Deutung erprobte, aus der dann der »Ödipuskomplex« wurde, war er über vierzig Jahre alt. Hier datiert er seine Identifikation mit dem Rätsellöser als einer Figur der Macht auf den Beginn seines Studiums. Ödipus rückt so in den Zusammenhang der Ehrgeiz-Träume ein, die in seiner Selbstanalyse eine so große Rolle spielen.

In seinem Aufsatz »Freuds wissenschaftliche Anfänge« (1949) schreibt Siegfried Bernfeld: »Freuds Kindheitsphantasien und die Tagträume seiner Pubertätsjahre lassen, soweit wir sie kennen, nichts vom zukünftigen Begründer der Psychoanalyse ahnen. Sie würden eher zu einem General, einem Reformer oder einem Unternehmer passen als zu dem geduldigen Zuhörer, der tagaus tagein aufmerksam den Bagatellklagen seiner Patienten, ihren eintönigen Geschichten und Berichten von scheinbar unsinnigen Leiden lauscht. Es war ein langer Weg von dem Kind, das Thiers Geschichte von Napoleons Taten verschlang, sich mit General Masséna, Herzog von Tivoli und Fürsten von Eßling identifizierte – bis zu dem Psychoanalytiker, der gelassen einräumen konnte, über jene Symptome und Störungen, die er so gut zu verstehen gelernt, nur wenig Macht zu besitzen.« Die These, dass Freuds Ehrgeiz erst durch die Abkehr von den Idolen seiner Kindheit und Jugend das ihm gemäße Ziel gefunden habe, ist wenig überzeugend. Er war kein General, kein Reformer, kein Unternehmer. Aber hat er nicht in den harten Abspaltungskämpfen, von denen die Institutionalisierung der Psychoanalyse begleitet war, die strategischen Operationen eines Generals auf zivilem Terrain ausgeführt? Hat er nicht in den Briefwechseln mit seinen Mitstreitern während der Zuspitzung des Konflikts mit C. G. Jung von Angriff und Sieg, Niederlage und Nachschub gesprochen und seinen polemischen Aufsatz »Zur Geschichte der psychoanalytischen Bewegung« als »Bombe« bezeichnet? War er nicht ein Reformer innerhalb seiner Disziplin, der Neuropathologie, der sich noch in der Abkehr von Klinik und Laboratorium auf ihre Fragestellungen bezog? Und wirkt er nicht in seiner Korrespondenz mit den Mitgliedern der »Internationalen Psychoanalytischen Vereinigung« oder dem »Geheimen Komitee« wie ein Patriarch, der sein noch junges Unternehmen wie einen Familienbetrieb führt und es durch die nachfolgende Generation gesichert wissen will?

Freuds Spiegelfigur Midas steht nicht nur mit der Goldader wissenschaftlicher Erkenntnis in Beziehung, sondern auch mit den Träumen, in denen Freud als Entdecker zu Geld zu kommen sucht. Anders als seine Biographen hat er daraus kein Hehl gemacht, sondern diese Ambition dem Publikum früh zu erkennen gegeben. Im Aufsatz »Über den Traum« (1901), mit dem er seine »Traumdeutung« zu popularisieren suchte, berichtete er: »Ein andermal sitze ich im Waggon und halte auf dem Schoß einen Gegenstand von der Form eines Zylinderhutes, der aber aus durchsichtigem Glas besteht. Die Situation lässt mir sofort das Sprichwort einfallen: Mit dem Hute in der Hand kommt man durch das ganze Land. Der *Glaszylinder* erinnert auf kurzen Umwegen an das *Auersche* Licht, und ich weiß bald, daß ich eine Erfindung machen möchte, die mich so reich und unabhängig werden läßt wie meinen Landsmann, den Dr. *Auer von Welsbach*, die seinige, und daß ich dann Reisen machen will, anstatt in Wien zu bleiben.« Das Glasglühlicht, das nach seinem Erfinder auch »Auer-Licht« genannt und von der Deutschen Glasglühlicht-Actiengesellschaft vermarktet wurde, war als Straßenlicht ein Gegenstand des öffentlichen Interesses. Der Glaszylinder, als dessen Inhaber Freud sich träumte, verwies auf eines der prominentesten Patente der Lichtindustrie. Der Reichtum, den er versprach, überstieg weit die Honorare, die Freud in seiner Privatpraxis erwirtschaften konnte. Er hätte es erlaubt, die Praxis zu schließen, um auf Reisen zu gehen.

H. D. berichtet in »Writing on the Wall«, Freud habe gelegentlich wie ein Unternehmer über die Psychoanalyse gesprochen: »Er schöpfte, bei all seiner verblüffenden Originalität, aus einer Quelle, die in einer solchen Tiefe des menschlichen Bewusstseins entsprang, dass die äußere Felsen- oder Schieferdecke, die jahrhunderte- oder jahrtausendelange Anhäufung nachlässigen, trägen oder gar falschen oder böswilligen Denkens die ursprüngliche Wasserader längst verschüttet hatte. Er nannte es ›auf Öl stoßen‹, aber schon andere waren – vor langer Zeit – in denselben Springquell eingetaucht. Sie nannten ihn in den alten Zeiten, eine Quelle lebendigen Wassers' oder einfach ›frische Wasser‹. Der Professor verwendete für diese Quelle der Inspiration die Metapher des Öls. Sie konzentrierte die abstrakte Vorstellung, machte sie konkret, verwandelte sie in ein Symbol aus der modernen Geschäftswelt. Obwohl es offensichtlich war, dass er von einer vagen, unauslotbaren Abstraktion sprach, verwendete er dafür ein gemeingebräuchliches Symbol, fast einen Gemeinplatz. Er verwendete die Sprache oder den Jargon des Bankhauses, der Wallstreet, das konkrete bestimmte Bild eines Geschäftsmannes für eine Glückssträhne oder die Hoffnung auf Erfolg.«

In Freud, der sich als Erfinder träumt oder Psychoanalyse und Ölindustrie assoziiert, steckt etwas von der Figur des Unternehmers, zu der ihn seine frühen Bewunderer in möglichst große Distanz setzen wollten. Dieses Unternehmertum schloss die materielle Sicherung und publizistische Bekräftigung seiner Lehre ebenso ein wie ihre soziale Stabilisierung. Da die Etablierung der Psychoanalyse als Disziplin im Fächerkanon der Universitäten illusionär war, musste die Psychoanalyse ihre eigene Infrastruktur herausbilden. Sezessionsbewegungen brauchen Organisationsformen, um ihre Existenz zu verstetigen. Mit einer religiösen Sekte, die sich um ihren Begründer schart, oder einer revolutionären Partei, die von einer starken Innen-Außen-Differenz, Kämpfen um die Reinheit der Lehre und Binnenkonflikten geprägt ist, wurde die noch junge Psychoanalyse häufig verglichen. Über die Abspaltungen, zumal die Trennung von der Zürcher Gruppe um C. G. Jung, berichtet eine weit ausgedehnte Spezialliteratur. Es gibt eine Schnittstelle zwischen diesen Konflikten und Freuds Dingen. Sie liegt dort, wo sich der konstitutive Bezug der Psychoanalyse auf die antike Mythologie in Objekten materialisiert, die bei der Herausbildung ihrer Infrastruktur eine sozial bedeutsame Rolle spielten. Von einer solchen Schnittstelle berichtet Hanns Sachs, der im Oktober 1910 als Laienanalytiker Mitglied in der Wiener Psychoanalytischen Vereinigung wurde und seit 1920 in Berlin praktizierte, in seinem Erinnerungsbuch »Freud. Meister und Freund« (1944). Darin beginnt das Kapitel »Die sieben Ringe« mit der Verwandlung antiker Gemmen aus Freuds Sammlung in Symbole sozialer Distinktion innerhalb der psychoanalytischen Bewegung: »Jede Sammlung griechisch-römischer Kunstwerke enthält etliche geschnittene Halbdedelsteine, die von der künstlerischen und handwerklichen Höhe jener Epoche zeugen. Freud besaß mehrere solcher Gemmen, und da er es liebte, ein Zeugnis antiker Schönheit mit sich zu haben, hatte er eine davon in einen Ring fassen lassen. Sie war offenbar für diesen Zweck geschaffen worden, und ihre Verwendung als Siegelring ging auf die Tage des alten Rom zurück. Die aufs feinste ausgeführte Gravierung stellte einen bärtigen Kopf dar – ich glaube, es war Jupiter –, und Freud wurde niemals müde, jede Einzelheit mit Augen und Fingern zu prüfen. Später gab er einigen seiner Schüler ähnliche Steine als Zeichen besonderer Freundschaft und Achtung. Es war damals eine begrenzte Gruppe von Intimen, der diese Auszeichnung zuteil wurde; sie bestand aus Abraham, Eitingon, Ferenczi, Jones, Rank und mir.«

So könnte auch eine Künstlernovelle beginnen, deren Erzähler zunächst den Blick über eine Antiquitätensammlung gleiten lässt, dann deren Besitzer als Kenner porträtiert, um schließlich seine Vertrauten ins Auge zu fassen, die er durch die Verteilung sorgfältig ausgewählter Objekte zu einer Gruppe zusammenschließt, von deren Abenteuern die weitere Handlung berichten wird. Hanns Sachs gehörte zu den Anhängern Freuds, die seit 1912 in der Zeitschrift »Imago« seine Lehre in der Interpretation von Mythen, Werken der bildenden Kunst und der Literatur erprobten. Zum Eindruck, dass hier ein empirischer Sachverhalt nach Maßgabe eines literarischen Formmodells erzählt wird, tragen der Titel des Kapitels und der Umstand bei, dass die Entstehung der Gruppe undatiert bleibt. Sie wird dem Leser in einer ebenfalls undatierten Photographie vor Augen gestellt, die ihrerseits einem Formmodell der bildenden Kunst ähnelt, dem holländischen Gruppenporträt des 17. Jahrhunderts. Sie trägt den gleichen Titel wie der Text: »Die sieben Ringe.« Hier wie dort sind die Vornamen der Gruppenmitglieder fortgelassen. Wie stets bei Texten der Erinnerungsliteratur, so empfiehlt es sich auch hier, ästhetische Inszenierungen soziologisch zu lesen.

Der erste Schritt ist die Vervollständigung der Namen. Sie versetzt die Ringträger in die Infrastruktur der Psychoanalyse zwischen der Zeit vor dem Ersten Weltkrieg und den Jahren um 1920. Karl Abraham, seit 1907 einer der wichtigsten Briefpartner und Dialogpartner Freuds, arbeitete als Facharzt für nervöse und psychische Leiden in Berlin. Er schrieb Ende 1913 die scharf polemische Rezension der Fordham-Vorlesungen Jungs, ihm bot Freud, nachdem Jung die Redaktion des Jahrbuchs niedergelegt und das Amt des Vorsitzenden der Internationalen Psychoanalytischen Vereinigung aufgegeben hatte, beide Funktionen an. Max Eitingon, wie Abraham Gründungsmitglied der Berliner Ortsgruppe der Psychoanalytischen Bewegung, wurde 1919 Mitglied des Komitees. Von Sándor Ferenczi, Nervenarzt in Budapest und mit Freud in einem intensiven Briefwechsel verbunden, stammte im Juli 1912 die Idee zur Gründung des Komitees, die Freud sogleich aufgriff. Er gehörte zu den Redakteuren der »Internationalen Zeitschrift für Psychoanalyse« und wurde 1919 der weltweit erste Universitätsprofessor für Psychoanalyse. Otto Rank, ursprünglich Gewerbeschüler und Maschinenbauer, stieß 1905 zum Kreis um Freud in Wien, wurde 1912 mit einer Arbeit über Lohengrin zum Doktor der Philosophie promoviert und im gleichen Jahr Herausgeber der Zeitschrift »Imago«. Er schrieb 1913 zusammen mit Hanns Sachs ein Buch über die Bedeutung der Psychoanalyse für die Geisteswissenschaften. Nach seiner Schrift »Das Trauma der Geburt« verschlechterte sich die Beziehung zu Freud, er schied 1924 aus dem Komitee aus. Der aus Wales stammende Neurologe Ernest Jones hatte wie Karl Abraham und Max Eitingon einige Zeit an der Klinik Burghölzli in Zürich, in der Welt Jungs verbracht, er war der Begründer der Amerikanischen und der Londoner Psychoanalytischen Vereinigung. Als er in den 1950er Jahren seine dreibändige Freud-Biographie schrieb, merkte er an, er sei »der einzige Nicht-Jude« im engeren Kreis um Freud gewesen. Im Konflikt zwischen den Psychoanalytikern um Freud und ihren Kollegen in Zürich tauchten bereits die Differenz »arische oder jüdische Wissenschaft« und die Opposition »christlich-jüdisch« auf. Am 22. August 1912 schrieb Freud an Rank: »Das Bedauerlichste an den Wandlungen in Zürich ist die Sicherheit, dass mir die Zusammenfassung von Juden und Antisemiten, die ich auf dem Boden der Psychoanalyse zu vereinigen hoffte, misslungen ist.« Zu diesem Zeitpunkt glaubte Freud noch, der endgültige Bruch ließe sich vermeiden. Mit dem Beginn der Tätigkeit des Komitees im Frühjahr 1913 änderte sich das. Es begann die Zeit der »Bomben«. Die Kriegstechnik war Medientechnik, die Bomben hatten die Gestalt von Rezensionen der Schriften Jungs, publiziert von den Mitgliedern des Komitees und Freud in der im selben Jahr 1913 gegründeten »Internationalen Zeitschrift für Psychoanalyse«. Bei der ersten Zusammenkunft des Komitees im Mai 1913, als der Sprengstoff für die publizistischen Salven in Form von Manuskripten sich anzusammeln begann, kamen Ernest Jones zufolge die Ringe ins Spiel: »Am 25. Mai 1913 feierte Freud das Ereignis, indem er jedem von uns eine antike griechische Gemme aus seiner Sammlung schenkte, die wir dann in goldene Ring fassen ließen. Freud selbst hatte lange einen solchen Ring mit einer griechisch-römischen Gemme, einem Jupiterkopf getragen.«

Zwischen den Ringen und den »Bomben« bestand nicht nur zeitlich ein enger Zusammenhang. Das »Komitee«, dessen Entstehung er nachdrücklich gefördert hatte, wurde Freuds wichtigste Waffe im Kampf gegen die Gruppe um C. G. Jung. Dieser war damals der Vorsitzende der Internationalen Psychoanalytischen Vereinigung. Freud war, nachdem er sich spät, dann aber mit aller Konsequenz zum Bruch entschlossen hatte, vor die Aufgabe gestellt, seinen Gegner zur Aufgabe einer Schlüssel- und Machtposition zu bringen, in die er selbst ihn gebracht hatte. Dass die Gründung und Existenz des Komitees im Geheimen blieben, war ein Effekt dieser Konstellation. Die »Gruppe von Intimen« entstand im Rahmen einer Intrige, die aus einer Position relativer Schwäche heraus operierte. Sie wurde nach dem Rückzug Jungs zum faktischen Leitungsgremium der psychoanalytischen Bewegung. Die

Photographie, die Hanns Sachs in seine Erzählung aufnahm, entstand beim Psychoanalytischen Kongress des Jahres 1922 in Berlin. Nach dem Ausscheiden Otto Ranks 1924 und dem Tod Karl Abrahams 1925 löste es sich als exklusive Gruppe auf, die verbliebenen Mitglieder agierten ab 1927 als Vorstand der Internationalen Psychoanalytischen Vereinigung. Erst in der Geschichtsschreibung der Psychoanalyse kam der Name »Geheimes Komitee« auf. Es trug dazu bei, dass es zum Objekt von Verrätselungen und Spekulationen wurde. Dabei avancierten die Ringe zu Kronzeugen für die These, Freud und seine Gefolgsleute, dem Anspruch nach der radikalen Aufklärung verpflichtet, hätten sich hier nicht gescheut, zu »anti-aufklärerischen Strukturen« zu greifen, in denen die affektiven Bindungen der Akteure die Orientierung an den Sachgehalten der neuen Lehre überlagerten.

Die Aufklärung ist nicht so verlässlich mit der Transparenz im Bunde, wie sie manchmal glauben machen will. Goethe hat das am Exempel der Turmgesellschaft in den »Wilhelm Meister«-Romanen demonstriert. Und die Imperative der Rationalisierung, Versachlichung und Bürokratisierung gelten in der Moderne nicht so uneingeschränkt, wie es Modernisierungstheorien gern unterstellen. Typisch für die ästhetische Moderne im frühen 20. Jahrhundert wie für viele intellektuelle Zirkel zwischen Universität und Salon war vielmehr die Verschränkung von avancierter Mediennutzung und Aktualisierung vormoderner Modelle von Meister-Schüler-Beziehungen. Für den Kreis um Stefan George haben in den vergangenen Jahrzehnten viele Studien gezeigt, wie Photographie, Bildhauerei, Typographie und Buchgestaltung den Meister und das »geheime« Deutschland öffentlichkeitswirksam inszenierten. Die frühe Psychoanalyse ist ein vergleichbarer Fall. Die Gründungsfigur Freud agierte als charismatischer Herrscher, während zugleich die Institutionalisierung und Herausbildung von Organisationsformen beginnt, in denen sich die Bewegung von ihrem Meister ablöst. Die Ringe haben an beiden Seiten dieser Polarität teil. »Ich weiß«, schrieb Freud Anfang August 1912 an Ernest Jones, »dass in diesem Projekt ein knabenhaftes, vielleicht romantisches Element liegt, aber vielleicht kann es modifiziert werden, um den Anforderungen der Realität zu entsprechen.« Das bezog sich auf den Geheimnischarakter des Komitees und darauf, dass Jones die Mitglieder mit den Palatinen Karls des Großen verglichen hatte. Es galt zugleich und umso mehr für die Verwandlung der Mitglieder in Träger von Ringen, deren Gemmen sie aus der Hand ihres Meisters empfangen hatten. Sie sollten Bindungskraft entfalten, ohne sich von den pragmatischen Zwecken zu lösen, für die Freud sie einsetzte. Der erste, aus einer akuten Krisensituation geborene Zweck war die Bündelung der Kräfte in der Auseinandersetzung mit C. G. Jung, der zweite die Stabilisierung und Verstetigung der psychoanalytischen Bewegung über den Tod ihres Gründers hinaus. Das Erreichen des ersten Zweckes verstärkte die Dringlichkeit des zweiten, der Klärung der Nach-

Aus verschiedenen Sammlungen an einem Ort zusammengeführt:
Die Exponate der 2018/19 gezeigten Ausstellung »Freud of the Rings«
im Israel Museum in Jerusalem

folgefrage. Freud ließ in der Entstehungsphase des Komitees keinen Zweifel daran, wie wichtig ihm der zweite Aspekt war: »Ich wage zu behaupten, dass es Leben und Sterben für mich einfacher machen würde, wenn ich von einer solchen Gemeinschaft wüsste, die besteht, um über meine Schöpfung zu wachen.«

Keinem der Mitglieder des Komitees, die alle gewohnt waren, Gesten und Dingen ihre symbolischen Gehalte abzulauschen, kann die Fülle von Bedeutungen, die gerade Ringe heraufrufen, verborgen geblieben sein. Es gehörte zum kleinen Einmaleins der Psychoanalyse, dass Finger nicht nur praktisch, sondern auch symbolisch das männliche Glied vertreten können und dass der assoziative Weg vom Ring, in den ein Finger gesteckt wird, zum weiblichen Geschlechtsorgan ebenso kurz ist. Freuds Geste schöpfte aber aus einem anderen Reservoir ihre Bedeutung. Hanns Sachs verwies darauf, indem er die Gemmen an die römische Tradition des Siegelrings anknüpfte. Siegelringe sind mit Machtübertragungen und Legitimationen verbunden. Im ersten Buch Moses des Alten Testaments zieht Pharao, als er Joseph »über ganz Ägyptenland« setzt, seinen Ring vom Finger und gibt ihn in Josephs Hand.

In Freuds Fall ist die Konstellation eine andere. Er hatte gerade in »Totem und Tabu« beschrieben, wie eine Bruderhorde sich zum Vatermord zusammenschließt. Nun suchte er seine engsten Vertrauten, die er in Briefen als »Kinder« bezeichnete, in Ringträger zu verwandeln, um das Gegenmodell wahrscheinlicher zu machen. Ein Ring kann nicht nur ein Einzelobjekt meinen, sondern zugleich eine Gruppe von Menschen. »Was immer die nächste Zeit bringen mag, der zukünftige Führer der psychoanalytischen Bewegung könnte aus diesem kleinen aber erlesenen Kreis von Männern kommen, in dem mein Vertrauen zu setzen ich immer noch bereit bin, trotz meiner letzten Enttäuschung über Männer.« Die

Gemmen, die Freud den Mitgliedern des Komitees schenkte, waren Gaben, die für diejenigen, die sie annahmen, mit der normativen Selbstverpflichtung zum Einsatz für die Psychoanalyse in Freuds Sinne verbunden waren. Wie die Geheimhaltung dienten sie der Stabilisierung in einer Zeit der Krise, natürlich ohne Binnenkonflikte, Rivalitäten und Austritte wie den von Otto Rank verhindern zu können. Ungewöhnlich sind affektive Aufladungen von Objekten, zumal Ringen, auch in der modernen Welt nicht. Als anachronistische Restbestände archaischer Rituale sind sie nicht hinreichend erklärt. Symbole normativer Selbstverpflichtung sind auch Verlobungs- und Eheringe. Dass sie auch in der Moderne offene Seiten gegenüber dem Aufflackern alter Dingmagie haben, wusste Freud aus eigener Erfahrung. Als ihm sein Verlobungsring zerbrach, schickte er einen beunruhigten Brief an Martha Freud, baute aber zugleich eine rationalisierende Abwehrmauer gegen die Versuchung, darin ein Zeichen zu sehen.

Hundert Jahre nach dem Zusammenschluss des Komitees sind die Ringe verstreut, einige verloren. Was die schriftlichen Quellen von ihnen berichten, lässt sich mit den verbliebenen Objekten nicht leicht in Übereinstimmung bringen. Die Ausstellung »Freud of the Rings«, im Israel Museum in Jerusalem, die von Juli 2018 bis März 2019 gezeigt wurde, führte sie an einem Ort zusammen. Ihr Titel war ein Spiel mit Tolkiens »Lord of the Rings«. Aber den Ring Freuds, in dem Hanns Sachs und Ernest Jones einen Jupiter-Kopf gesehen haben, gibt es nicht mehr, dafür einen Clip mit einem thronenden Jupiter, der von einer Victoria gekrönt wird und eine Minerva an seiner Seite hat, aus dem Nachlass von Anna Freud. Das Freud Museum in London vermutet, die Gemme könne aus Freuds Ring stammen. Aber das ist mehr als ungewiss. Aus dem New Yorker Jewish Museum stammt ein Ring, den die Kuratoren dort als jenen Ring Freuds identifizieren, den er 1920 Max Eitingon schenkte. In dem Brief, in dem Anna Freud von der Übergabe in Berlin berichtet, zeigt er einen Faun, der mit einem Kind spielt, in New York eine römische Fortuna, in Jerusalem eine griechische Tyche. In der österreichischen Nationalbibliothek wird der Ring Sándor Ferenczis verwahrt. Er ist dort als Bestandteil des Briefwechsels zwischen Freud und Ferenczi angekauft worden und zeigt eine erotische Tanzszene mit Mänaden und wahrscheinlich einem Faun. Als Schenkung des Psychoanalytikers Kurt R. Eissler gelangte der silberne Ring ins Londoner Freud-Museum, den Freud Ernst Simmel schenkte, der gemeinsam mit Max Eitingon die Berliner Psychoanalytische Vereinigung gründete und in dessen Sanatorium im Schloss Tegel Freud mehrfach Gast war. Der Ring mit blauer Gemme zeigt eine pastorale Szene, einen Schäfer mit zwei Ziegenböcken. Er ist ein Beispiel dafür, dass Freud am Verschenken von Ringen als Vertrauenszeichen noch festhielt, als das Komitee längst aufgelöst war. Seine Tochter Anna Freud erhielt einen Ring, auch Marie Bonaparte, Lou Andreas-Salomé, Stefan Zweig sollen bedacht worden sein. Die Ringe wurden nun zu Erinnerungszeichen an das längst nicht mehr geheime Komitee und verloren durch die Vergabe an Frauen das Männerbündlerische.

Im Oktober 1928 schrieb Freud in dem Brief an Ernst Simmel, der sein Geschenk begleitete, er wisse in Berlin niemanden, »der durch die Echtheit und Intensität seiner Gesinnung, die Aufnahme in jenen Kreis – wenn er noch bestünde – so verdienen würde wie Sie. Indes, Formen mögen vergehen, ihr Sinn kann sie überleben und sich andere Formen suchen. Lassen Sie sich also nicht durch den Umstand stören, dass dieser Ring eigentlich einer Regression auf nicht mehr Lebendes entspricht, und tragen Sie ihn durch lange Jahre der Erinnerung.«

Das Komitee war in der Zeit seines Bestehens durch die Ringe als exklusiver Kreis von Vertrauten Freuds ausgewiesen. Zugleich bekräftigten die Gemmen-Geschenke das

Bündnis von Psychoanalyse und antiker Mythologie. Die Kommunikation der an verschiedenen Orten lebenden Mitglieder wurde seit 1920 durch ein Rundbriefsystem gestützt. Die Stimme Freuds und die Briefe, mithin die eher intimen Kommunikationsformen, dominieren in den Rückblicken auf die Binnenstrukturen. Der hohe Stellenwert der Mündlichkeit im Umkreis Freuds erinnert an die antike Trennung von esoterischer Lehre, die an Gespräch und Stimme gebunden ist, und exoterischer Adressierung der Lehre an Abwesende durch die Schrift. Das Komitee hatte an beidem Anteil, an der Nahkommunikation mit dem Meister wie an der Organisierung der publizistischen Außendarstellung der Psychoanalyse durch ihre Zeitschriften und den 1919 gegründeten Internationalen Psychoanalytischen Verlag. Dessen Leitung lag faktisch in den Händen des Komitees. Für den Schriftverkehr des Verlages schlug vor allem Rank die in Anlehnung an Ingres' Gemälde »Ödipus und die Sphinx« gestaltete Vignette vor. Dieses Bildprogramm verband Freuds bekanntesten Begriff, den »Ödipuskomplex«, das Interieur seines Behandlungszimmers und das wichtigste Publikationsmedium der Psychoanalyse. Karl Abraham, der seit je dem geheimen Charakter des Komitees mit einer gewissen Reserve gegenübergestanden hatte, schrieb in einem Brief an Otto Rank vom 13. Oktober 1920 im Namen der Berliner Gruppe: »Für die Einführung der Ödipus-Vignette als obligatorisches Vereinszeichen können wir uns nicht begeistern. Sieht es nicht zu sehr nach Loge oder Geheimbund aus? In der Korrespondenz mit Uneingeweihten wird es nur Befremden erregen.« Ranks Argument, die Vignette sei als »offizielles Verlagsabzeichen nichts weniger als ein Geheimbundzeichen«, setzte sich durch. Es war das Argument eines Zeitschriftenredakteurs, der wusste, dass Bücher und Zeitschriften nicht nur Textträger sind, sondern zugleich Objekte, in deren Gestaltung Verlage ihre Visitenkarte abgeben. Nicht Loge, sondern Logo war das Prinzip, nach dem die

Ödipus-Vignette zum Verlagsabzeichen avancierte. Abbildungen von Gemmen, mit denen der Verlag Freuds Schriften ausstattete, Porträtmedaillons, die sein Bild in gedruckter Form massenhaft zirkulieren ließen, zeugten davon, dass die Psychoanalyse in ihre Transformation der Antike die Ausbildung von ästhetischen Codes einschloss, die wir heute dem »Corporate Design« zuordnen würden. Die Ödipus-Vignette war eine kluge Wahl. Der Ödipuskomplex, die erfolgreichste Namensfindung Freuds, war die Apollokerze der Psychoanalyse.

**Ob Kaufmann, Künstler, ob Bankier, Mi**
**In jedem Land, ob fern und nah, sie ha**

**„Penkala**

**„Penkala"-Füllbleistift wird niemals gespitzt u**
**spitz und schreibbereit! Zum Preise von Kr. 1.2**

# Neue Ideen über das Fliegen.

Aus der »Österreichischen Rundschau«, Nummer vom 15. November 1910, mitgeteilt von Z. A. Springh.

»Es ist eine bemerkenswerte Tatsache, daß die Flugorgane aller eigentlichen Flieger, mögen sie nun Insekten oder Wirbeltiere sein, Flügel sind.«

»Die Maden, Raupen, Engerlinge und sonstigen Insektenlarven haben keine Flugwerkzeuge.«

»Die langflügeligen, zu denen die Albatrosse, Adler und Turmschwalben gehören, nützen soweit als möglich die Unterschiede der Strömungen benachbarter Luftteile zur Überwindung der S aus.«

»Die Form und die Größe der Flügel si verschiedenen Vögeln verschieden.«

»In der Werkstätte der Natur allein wir lernen, wie eine Flugmaschine, die w 'was taugt, zu konstruieren ist. Und wenn w mit Fleiß und Geschick uns bemühen, das W liche ihr abzugucken, muß und wird es u lingen, das Flugproblem zu lösen, uns den Schw zugesellen (sic!) und dem Weih das Zepter Königreiches der Lüfte zu entreißen.«

**Haben Sie Kopfschmerzen** dann zögern Sie nicht, sondern benützen Sie sofort **Beretvás-Pasti**
**Thomas v. Beretvás, Apotheker, Kispest.**

**Wintersport, Spielwaren,**
**WILHELM POHL, WIEN**
k. u. k. Hoflieferant
**VI. Mariahilferstraße 5** **I. Kärntnerst**
**Beschäftigungsmittel, Ausrüstung für Wi**
**Rodeln, Bobsleigs, Schneeschuhe, S**
**Rollschuhe, Aeroplans**
**Weihnachts-Katalog und Wintersportliste**

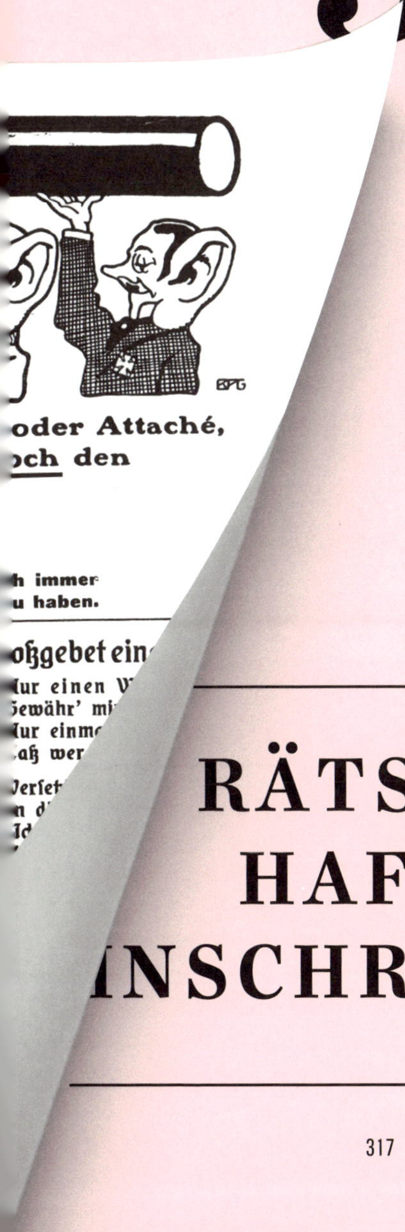


# 5

# RÄTSEL-HAFTE INSCHRIFTEN

# DAS GLEICHNIS-REGISTER UND DIE ENTSCHLÜS-SELUNG DER HIEROGLYPHEN

## / Das Gleichnisregister und die Entschlüsselung der Hieroglyphen

Bevor Freud in der »Neuen Folge der Vorlesungen zur Einführung in die Psychoanalyse« den Prospekt einer Landschaft mit Hügeln, Seenketten und Ebenen entwirft, in der in bunter Mischung Deutsche, Magyaren und Slowaken leben und verschiedenen Tätigkeiten nachgehen, um in diesem Bild sein Instanzenmodell aus Es, Ich und Über-Ich zu erläutern, fügt er die Bemerkung ein: »Vergleiche entscheiden nichts, das ist wahr, aber sie können machen, dass man sich heimisch fühlt.« Für das Verständnis des Theoretikers wie des Schriftstellers Freud ist dies ein Schlüsselsatz. Er erhellt die Arbeitsweise des Namensfinders, der durch seine Rückgriffe auf die antike Mythologie Vertrautheitsanmutungen schafft, wie des Autors, zu dessen wichtigsten rhetorischen Techniken der virtuos gehandhabte Vergleich gehört. Seine Vergleiche sind für ihn beides, Darstellungsform und Erkenntnisinstrument, wie bei Georg Christoph Lichtenberg, der seinen Vergleich der Bildung des menschlichen Geschlechtes mit der Entstehung »unseres Globi terraquei« und seiner Gesteinsschichten als »heuristisches Mittel« rechtfertigt. So gelangte er durch seine Vorliebe für »heuristische Hebezeuge« zu einem Gedanken, der auf die Bedeutung der Geologie für die Herausbildung der Evolutionslehre Darwins vorausweist. Heuristik und Vergleich sind Geschwister. Nicht von ungefähr enthalten viele Freud-Ausgaben neben Namen- und Sachregister, Traumregister und Ortsregister auch ein »Register der Gleichnisse«. Schon der Umstand, dass es so viele von ihnen gibt, charakterisiert nicht nur den Stil Freuds, sondern auch seine Arbeit an den Schlüsselbegriffen seiner Theorie. Er schränkt seine Vergleiche ein, führt sie an ihre Grenzen, wechselt die Register, greift mit dem »Gschnas-Prinzip« auf die wertlosen Dinge des Alltags zu, mit dem Ödipuskomplex auf die antike Tragödie, mit der Galtonschen Mischphotographie auf ein avanciertes Medium der modernen Wissenschaft.

Die Vertrautheitsanmutung, die Freuds Vergleiche schaffen, gilt nur für den Einzelfall, das Ensemble der Vergleiche entsteht durch fortwährende Revision, Perspektivenwechsel, Integration neu gewonnener Einsichten. Die Formel für diesen Prozess fortwährender Umgruppierung und Erweiterung ist in dem bereits zitierten Satz enthalten: »Das Psychische ist etwas so einzig Besonderes, dass kein vereinzelter Vergleich seine Natur wiedergeben kann.«

Der Gleichnis- und Metaphernhunger der Psychoanalyse, durch den die archäologische Zentralmetapher mit einer Fülle von Varianten, Ergänzungen und Rivalen umspült wird, hat uns von Beginn an begleitet. In diesem abschließenden Kapitel untersuchen wir das Begriffsfeld von Schrift, Chiffrierung und Dechiffrierung, auf das sich Freud bei der Erläuterung der Arbeitsweise des seelischen Apparates immer wieder begibt. Seine Interpreten haben es immer wieder neu umgepflügt und ganze Bibliotheken darauf errichtet. Hier geht es um die Regionen, in denen die Schriftvergleiche die Objektwelten, Räume und Figuren berühren. Die archäologische Sammlung enthält Objekte mit ägyptischen Hieroglyphen, die Bibliothek Freuds nimmt in seinen eigenen Büchern ein Erfolgsgenre der humoristischen Zeitschrift »Fliegende Blätter« in sich auf und der Schreibtisch unterhält Beziehungen zu der Aufzeichnungsapparatur, der er seine »Notiz über den Wunderblock« gewidmet hat.

Wo und wie gelangen die Hieroglyphen in Freuds Vergleichsregister? Ihr Ort im Theoriegebäude lässt sich exakt bestimmen. Er findet sich in den Passagen der »Traumdeutung«, in denen es um die Darstellungsmittel geht, die dem Traum zur Verfügung stehen. Seine Unfähigkeit, logische Relationen unmittelbar darzustellen, vergleicht Freud dort mit der Unfähigkeit älterer Malerei, Inhalte wörtlicher Rede zu integrieren: »Aus dem Munde der gemalten Personen ließ man auf alten Bildern Zettelchen heraushängen, welche als Schrift die Rede brachten, die im Bilde darzustellen der Maler verzweifelte.« Als Notbehelf taucht die Schrift hier auf, als ein Verstoß gegen die Gesetze der Malerei, der nur möglich ist, wenn diese Gesetze noch nicht zur vollen Gültigkeit gelangt sind. Wenn das geschehen ist, werden die Zettel im Bild verschwinden. Wann immer Freud den Schriftvergleich heranzieht, tendiert er zur Bilderschrift. Die phonetische Buchstabenschrift kann zum Material der Traumarbeit überhaupt nur werden, weil sie aus graphischen Zeichen besteht. Je bildnäher diese Zeichen sind, desto größer ihre Attraktivität für den Traum. Die Traumarbeit ist Herstellung von Bilderrätseln.

In seinem Aufsatz »Das Interesse an der Psychoanalyse« schreibt Freud: »Wenn wir daran denken, dass die Darstellungsmittel des Traumes hauptsächlich visuelle Bilder, nicht Worte, sind, so wird uns der Vergleich des Traums mit einem Schriftsystem noch passender erscheinen als der mit der Sprache. In der Tat ist die Deutung eines Traumes durchaus analog der Entzifferung einer alten Bilderschrift, wie der ägyptischen Hieroglyphen. Es gibt hier wie dort Elemente, die nicht zur Deutung, respektive Lesung, bestimmt sind, sondern nur als Determinativa das Verständnis anderer Elemente sichern sollen. Die Vieldeutigkeit verschiedener Traumelemente findet ihr Gegenstück in diesen alten Schriftsystemen ebenso wie die Auslassung verschiedener Relationen, die hier wie dort aus dem Zusammenhange ergänzt werden müssen.«

Rätselhaft, aber entzifferbar – das ist die Formel, die Traum und Hieroglyphe bei Freud verbindet. Es ist kein Zufall, dass er beide durch den Einsatz von »Determinativa« verbunden sieht. Denn dies sind in der Hieroglyphenschrift Zeichen ohne phonetische Entsprechung, sie dienen lediglich dazu, die

Vieldeutigkeit anderer Zeichen durch ihre Zuordnung zu einer bestimmten Wortklasse zu reduzieren. Diese Funktion erfüllen sie bildlich, und auf diese Bildlichkeit kommt es Freud an. Es war aber durchaus nicht selbstverständlich, dass er die Hieroglyphen insgesamt umstandslos als »Bilderschrift« präsentierte.

Jean-François Champollion konnte 1822 die Hieroglyphen mit Hilfe des Rosetta-Steins nur deshalb entziffern, weil er sich von der mächtigen Tradition gelöst hatte, die eines ihrer Elemente isolierte und in ihnen nur symbolische Bilder sah, in denen Geheimnisse verborgen waren. Er hatte die Hieroglyphen als Lautschrift erkannt, die mit Elementen einer Bild- und Begriffsschrift verbunden war, unter Verzicht auf die Nachbildung des chronologischen Nacheinander von Worten und Silben in der gesprochenen Sprache. Dieser Traditionsbruch hat jedoch, wie Jan und Aleida Assmann gezeigt haben, die an die Bildzeichen geknüpfte Aura des Symbolischen und Geheimnisvollen nicht verfliegen lassen. Champollion rückte die Hieroglyphen in die Nähe und an die Seite der Buchstaben einer phonetischen Schrift, aber die entthronte Alleinherrscherin Bildlichkeit dankte nur in der Wissenschaft ab, in der modernen Ägyptologie und Linguistik. In den Künsten, vor allem in der modernen Poesie, und im Alltagsbewusstsein suchte und fand sie ein Asyl, aus dem sie sich bis heute nicht hat vertreiben lassen. Novalis, der 1801 starb, hatte in seinen Schriften die Hieroglyphen als geheimnisvolle Zeichen mit großer Bedeutungsfülle noch einmal aufblühen lassen und in sein Projekt der Romantisierung der Welt eingebunden. Friedrich Schlegel wollte in Reaktion auf Champollions Dechiffrierungserfolg das Unentzifferbare der »eigentlichen Hieroglyphen« gegen die zur Lautschrift gewordenen »Buchstabenhieroglyphen« retten. Es musste Freud entgegenkommen, dass die Hieroglyphen enträtselt waren, aber ihre tief verwurzelte Aura des Geheimnisvollen bewahrt hatten. So konnte er durch den Vergleich von Traum- und Hieroglyphendeutung in die Champollion-Position des Rätsellösers einrücken und zugleich die in der Alltagssprache fortlebende alte Bedeutung des »Hieroglyphischen« anklingen lassen. Er benutzte dabei ein Register, das er in der »Traumdeutung« immer wieder zog, wenn er sein Verfahren der Aufwertung des Unscheinbaren in mythologischen Szenen und kanonischen Mustern der alten Hochkulturen spiegelte. Die kleinen Ausdrucksveränderungen, die in der Analyse ein Patient an einem Traum vornimmt, den er ein zweites Mal erzählt, sind als »die schwachen Stellen der Traumverkleidung« für den Deuter ebenso aufschlussreich »wie für Hagen das gestickte Zeichen an Siegfrieds Gewand«. Was dem gewöhnlichen Blick und vielen wissenschaftlichen Autoren als vernachlässigbare Nuance, unsinnige oder unzureichende Wortfolge erscheint, als mangelhafter, willkürlich improvisierter Ausdruck, »das haben wir betrachtet wie einen heiligen Text«. Zu den Hieroglyphen, ihrem griechischen Wortsinn nach »heilige Zeichen«, gehört ihre sakrale Dimension, Freud gelten sie als »die heilige Schrift der Ägypter«. Dies aber sind sie für ihn ausschließlich als Bilderschrift.

Die ägyptischen Objekte in seiner archäologischen Sammlung wie die Bücher über das alte Ägypten in seiner Bibliothek dürfte Freud in der weit überwiegenden Mehrzahl nach Erscheinen der »Traumdeutung« erworben haben. Aber sie rückten in den dort entworfenen Deutungshorizont ein, etwa die Mumienbinden aus Leinen, die mit magischen Sprüchen aus dem ägyptischen Totenbuch in hieratischer Schrift versehen waren, einer mit den Hieroglyphen eng verwandten Kursivschrift. Die kartonierte Mumienbedeckung aus der Zeit der Ptolemäerherrschaft, die zu seiner Sammlung gehört, zeigt vier Bilder, die durch eine vertikale Hieroglyphensäule geteilt werden. Sie wurde über die Beine einer Verstorbenen gelegt. Die oberen beiden Vignetten stellen vier Götter dar, die Hunger und Durst von der Toten abhalten sollten, indem sie über Magen, Lunge, Leber und Eingeweide der einbalsamierten Toten wachten. Die unteren Bilder zeigen Osiris, den Herrn der Unterwelt, der auf der einen Seite von Isis, auf der anderen von ihrer Schwester Nephthys geschützt wird. Die vertikal angeordneten Hieroglyphen lassen sich bei näherer Betrachtung kaum als reine Bildzeichen auffassen. Freud nahm jedoch seine bildzentrierte Lesart der Hieroglyphen in die »Vorlesungen zur Einführung in die Psychoanalyse« (1916/17) auf, eines seiner erfolgreichsten Bücher: »Die heilige Schrift der Ägypter kennt noch andere Unbestimmtheiten. So ist es z.B. der Willkür des Schreibers überlassen, ob er die Bilder von rechts nach links oder von links nach rechts aneinanderreihen will. Um lesen zu können, muss man sich an die Vorschrift halten, dass man auf die Gesichter der Figuren, Vögel u.dgl. hin zu lesen hat. Der Schreiber konnte aber auch die Bilderzeichen in Vertikalreihen anordnen, und bei Inschriften an kleineren Objekten ließ er sich durch Rücksichten der Gefälligkeit und Raumausfüllung bestimmen, die Folge der Zeichen noch anders abzuändern.«

Freud nutzte den öffentlichen Vorlesungszyklus vor einem interessierten Laienpublikum, um die Traumdeutung, das wichtigste Erprobungszentrum der Psychoanalyse, durch den Vergleich mit der erfolgreichen Entschlüsselung alter Schriften gegen seine Kritiker zu verteidigen. Als Beispiele für Schriften mit hohen Unbestimmtheitsanteilen in alten Hochkulturen ließ er den Hieroglyphen die chinesische Schrift und die babylonisch-assyrische Keilschrift folgen, und zwar unmittelbar bevor er den Fall eines Seminardirektors erörtert, der in der Schweiz wegen Beschäftigung mit der Psychoanalyse seines Amtes enthoben wurde. Diesem Fall, in dem die

Schulbehörde durch ein Gutachten die Entlassung des Betroffenen rechtfertigte, steht die Geschichte der Entzifferung der Keilschrift als Gegenerzählung einer sich gegen Widerstände behauptenden wissenschaftlichen Entdeckung gegenüber, in der das Publikum die Akteure leicht durch Freud und seine Mitstreiter ersetzen konnte:

»Da gab es eine Zeit, zu welcher die öffentliche Meinung weit darin ging, die Keilschriftentzifferer für Phantasten und diese ganze Forschung für einen ›Schwindel‹ zu erklären. Im Jahre 1857 machte aber die Royal Asiatic Society eine entscheidende Probe. Sie forderte vier der angesehensten Keilschriftforscher, Rawlinson, Hincks, Fox Talbot und Oppert auf, ihr von einer neugefundenen Inschrift unabhängige Übersetzungen im versiegelten Kuvert einzusenden, und konnte nach der Vergleichung der vier Lesungen verkünden, die Übereinstimmung derselben gehe weit genug, um das Zutrauen in das bisher Erreichte und die Zuversicht auf weitere Fortschritte zu rechtfertigen. Der Spott der gelehrten Laienwelt nahm denn auch allmählich ein Ende, und die Sicherheit in der Lesung der Keilschriftendokumente ist seither außerordentlich gewachsen.«

Die rhetorische Besetzung der Position Champollions und seiner Nachfolger war mit theoretischen Kosten verbunden. Sie barg die Gefahr, die Traumdeutung im allgemeinen Bewusstsein doch wieder der Dechiffriermethode mit fixierten, wörterbuchähnlichen Bedeutungszuweisungen anzunähern, von der Freud sein Deutungsverfahren schon in der »Traumdeutung« abgesetzt hatte. Die Verlockung des Dechiffrierens aber ließ sich im Hieroglyphengleichnis nie ganz neutralisieren. Im Blick auf die Entstellungen, Ausdrucksverschiebungen, Verdichtungen und Verkleidungen der Traumgedanken formulierte Freud den optimistischen Satz, »dass die Darstellung der Traumarbeit, die ja nicht beabsichtigt v e r s t a n d e n zu werden, dem Übersetzer keine größeren Schwierigkeiten zumutet, als etwa die alten Hieroglyphenschreiber ihren Lesern.« Das kommt der Vorstellung einer ungefährdeten Übersetzung eines nur scheinbar unverständlichen Originals gefährlich nahe und konnte das letzte Wort nicht sein. Das Vergleichsregister auf dem Feld der Schriftmetaphorik musste erweitert werden.

# DIE BÜCHERWELT, DIE FLIEGENDEN BLÄTTER UND DER RÖMISCHE DIALEKT

# 5 Rätselhafte Inschriften

Die Photographien von Edmund Engelman aus dem Frühjahr 1938 zeigen die Bibliothek Freuds als eine imposante Gelehrtenbibliothek, die das Arbeitszimmer vollständig umgibt. Hoch ragen die Regale auf, freie Wandflächen kommen nicht in den Blick, die Bibliothek umschließt die in sie eingelassenen Vitrinen und scheint selbst zur Wand geworden zu sein. Als ihren Wandschmuck hat sie Masken und Photographien aufgenommen. Ihre Ausläufer erstrecken sich in Gestalt von Kommoden mit Regalaufsätzen ins Behandlungszimmer. In den Regalen, die Freud im Rücken hat, wenn er an seinem Schreibtisch sitzt, dominieren dunkle, großformatige Bände, Nachschlagewerke, Lexika. Es handelt sich um eine Arbeitsbibliothek mit einer großen Vielfalt von Buchformaten, in die Lücke in der obersten Regalreihe gehört womöglich der Band, der auf dem Beistelltisch liegt, neben dem lächelnden antiken Chinesen, der den Kopf schief hält. Das Buch, dessen Titel ein Jugendstil-Ornament umrankt, liegt auf einem Stapel Papier. Er gehört zu den Dingen, die beim zweiten Blick auf diese Bibliothek ins Auge fallen und signalisiert, dass die Arbeitsbibliothek eines Gelehrten nicht nur aus Büchern besteht. Bei der hellen Reihe schmaler broschierter Bände im Regal hinter der Vitrine mit chinesischen, ägyptischen, griechischen und römischen Objekten handelt es sich offensichtlich um fortlaufende Ausgaben einer Serie oder Zeitschrift. Sie stehen im Schatten der Buchreihen, aber sie gehören zu den Schlüsselmedien in Freuds Epoche. Zumal für eine junge Disziplin wie die Psychoanalyse, die sich Geltung verschaffen will, sind sie unverzichtbare Instrumente der Durchsetzung und Selbstbehauptung. In Regalhöhlen nahe dem Fußboden stapeln sich ungebundene Papiere, Ephemera liegen quer über Buchreihen, sichtete man diese Zwischenreiche, so würden viele Sonderdrucke zum Vorschein kommen. Und was hat es mit den beiden Instrumenten auf sich, die auf dem

Schreibtisch, zwischen Manuskriptmappe und Aschenbecher, auf unbeschriebenem Papier liegen? Das eine scheint zum Glattstreichen von Papier geeignet zu sein, das andere, das wie ein Messer aussieht, könnte zum Aufschneiden von Buchseiten dienen. Jedenfalls haben sie sich nicht aus der Küche hierher verirrt, sie gehören zu den »small tools«, den kleinen Werkzeugen der Bibliothek. Es handelt sich um Objekte, an die wie an die Küchenmesser Gesten, Routinen, Geschicklichkeiten gebunden sind. H. D., die amerikanische Dichterin, ist dafür eine Kronzeugin. Sie schreibt in »Tribute to Freud« über ihren Vater und sich selbst: »Seine Tochter ist es, der er später das Papiermesser anvertraut; er überlässt ihr seine unaufgeschnittenen Magazine und Zeitschriften. Sie kennt sich damit aus, wie man das Papiermesser sorgfältig unter der Oberfläche der Doppelseite entlangführt, und das ist besonders wichtig, weil ihr älterer Bruder nie aufgefordert wird, die Seiten aufzuschneiden.«

Die Bücher und Zeitschriften gehören zu Freuds Dingen. Sie sind nicht nur Wissensspeicher, sie sind zugleich dreidimensionale Objekte im Raum wie die Objekte der archäologischen Sammlung, mit denen sie enge Beziehungen unterhalten. Die Bücherleidenschaft, aus der er kein Hehl machte, war die eines Sammlers, sie richtete sich auf die Bücher als Objekte. Wenn man den gesamten Bestand scannen würde, der von Freuds Bibliothek nach den Verkäufen geblieben ist, die mit dem Gang ins Exil verbunden waren, könnte man sich in den Texten der Bibliothek ungehemmt bewegen, aber dieser Objektcharakter ginge in der zweidimensionalen Darstellung verloren. Die Formate der Bücher und ihre Einbände, das Sortenlager der in einer Bibliothek enthaltenen ungebundenen Papiere und die Buchgestaltung sind nicht nur transparente Hüllen der in ihnen gespeicherten Schriftzeichen und Bilder. Die Formate sind selbst Bedeutungsträger, Speichermedien

**Blick in Freuds Arbeitszimmer in der Berggasse 19 in Wien**
Hinter dem Schreibtischstuhl ist auf dem runden Tisch die apulische Vase zu erkennen, die ihm Marie Bonaparte zum 75. Geburtstag schenkte

**Bücher, Götter, Papier und »small tools«**
Freuds Schreibtisch im Mai 1938

von Lektüre- und Wissenstechniken. Und sie gehen in der modernen Literatur in das Reservoir der Metaphern und Gleichnisse für die Innenwelten ein.

»Es gibt«, schreibt Freuds Patientin H. D., »banale, verworrene Träume, und es gibt wirkliche Träume. Der banale Traum steht zum wirklichen in genau demselben Verhältnis wie die Spalte eines Groschen- und Gossenblattes zur Folioseite eines Shakespeare-Stückes. Mit dem Professor besprach ich einige wenige wirkliche Träume, einige Träume des Zwischenreichs, die wirkliche Bildelemente enthielten oder deren ›Hieroglyphen‹ mit authentischen Bildern verknüpft waren, und einige wunderliche, banale, Spottträume, die gleichsam tanzten wie Fastnachtsfiguren und Maiköniginnen um den Maibaum.« Es verwundert nicht, dass die Dichterin als den »Traum mit dem hellsten Inhalt von allen« ihren »Traum von der Prinzessin« präsentiert, dessen Material aus dem Buch der Bücher stammt. Er arbeitet mit dem Bild »Moses im Schilf«. Mit Freud, der die Bibel-Illustrationen von Gustave Doré kennt, kann sie Assoziationen dazu ausspinnen. Sie träumt im Folio-Format.

Wenn H. D. abfällig über das Groschenblatt spricht, dann steht diese Abwertung des Zeitungspapiers gegenüber der Folioseite quer zum Gleichnisregister Freuds. Dieses ist auch deshalb so breit aufgefächert, weil er ein notorischer Leser der Tageszeitungen und auch der populären humoristischen Wochenschriften war. Der Zeitungsleser ist im Blick auf seine Gelehrtenbibliothek nur zu erahnen, aber in seinen Schriften und Briefen ist er anwesend. Die Zeitungslektüre, vor allem der Wiener »Neuen Freien Presse«, gehört zu seinen Alltagsritualen, ob am Morgen nach dem Frühstück oder ausgedehnt an Sonntagen. Im Ersten Weltkrieg liest er mehrere Tageszeitungen, neben österreichischen auch deutsche. Angehörige einer Patientin schicken ihm Zeitungsausschnitte mit Rezensionen seiner »Traumdeutung«. Und in einem nicht nur im Rückblick hochbedeutsamen Moment schreibt er, nachdem er das Manuskript der »Traumdeutung« an den Deuticke Verlag geschickt hat, am 11. September 1899 an Wilhelm Fließ: »Ich bin fertig, d.h. alles Manuskript ist abgesendet. Meine Verfassung kannst Du Dir denken, die Steigerung der normalen Depression nach dem Aufschwung. Vielleicht liesest Du den Simplicissimus nicht, an dem ich mich regelmäßig ergötze. Gespräch zwischen zwei Kameraden: ›Nun, Herr Kamerad, haben sich verlobt, Braut wohl reizend, schön, geistreich, anmutig?‹ – ›Jeschmackssache, *mir* jefällt sie nich'.‹ Das ist ganz mein Fall jetzt.«

Dieser Freud, der regelmäßige Leser von Unterhaltungsblättern, der seine Gemütslage nach Fertigstellung des bedeutendsten Buches, das er bis dahin geschrieben hat, in einem mäßigen Witz spiegelt, hat zum Vergleichsregister der »Traumdeutung« viel beigetragen. Seinen dort publizierten Satz – »der Traum wird witzig, weil ihm der gerade und nächste Weg zum Ausdruck seiner Gedanken gesperrt ist; er wird es notgedrungen« – nimmt er ernst. Er legt eine Sammlung von Witzen an und wird die Technik der Pointen mit den Methoden des Traumdeuters analysieren. Das Buch, in dem er das tut, wird sich als eine Anthologie zur jüdischen Alltagswirklichkeit in Mitteleuropa lesen lassen, aber er weiß, dass die Witze in der Mündlichkeit zu Hause sind. Die Orte, an denen sie zur Sprache kommen, sind eher das Caféhaus, der Salon, die Küche als die Bibliothek, ihren Erstdruck erleben sie in der Regel auf Zeitungspapier. Es gibt einen Zwischenraum in Freuds Wohnung, in dem die Ausläufer der Bibliothek in die Welt der Zeitschriften und Magazine übergehen. Dieser Ort ist das Wartezimmer, in dem vor dem Ersten Weltkrieg die Werke von Wilhelm Busch auslagen und in den zwanziger Jahren »The Nation« und »The New Republic« für die amerikanischen Patienten. H. D. wird es das »Zimmer mit dem runden Tisch und dem Krimskrams an alten Zeitungen und Magazinen« nennen.

»Der Trauminhalt ist gleichsam in einer Bilderschrift gegeben, deren Zeichen einzeln in die Sprache der Traumgedanken zu übertragen ist«, schreibt Freud zu Beginn des Kapitels über die Traumarbeit. Die Vergleiche, mit denen er diesen Satz erläutert, verdanken den Silbenrätseln, Bilderrätseln und Rebus-Rubriken der Magazine mindestens so viel wie den ägyptischen Hieroglyphen. Die in München erscheinenden »Fliegenden Blätter«, die in der zweiten Hälfte des 19. Jahrhunderts zu einem der großen deutschen Unterhaltungsmagazine geworden waren, spielen hierbei eine herausgehobene Rolle. Ihren Erfolg verdankten sie ihren Illustratoren, zu denen Wilhelm Busch, Carl Spitzweg und Moritz von Schwind gehörten. Wie den »Simplicissimus« hat Freud sie in den Jahren, in denen die »Traumdeutung« entstand, nicht nur sporadisch gelesen. Er zitiert sie mehrfach, und im Kapitel über die Traumarbeit entnimmt er dem Unterhaltungsmagazin in einer Passage höchst anspruchsvoller begrifflicher Erörterungen den dringend benötigten anschaulichen Vergleich. Es geht um die eben erst eingeführte »sekundäre Bearbeitung«, die als viertes grundlegendes Moment der Traumbildung an die Seite der Verdichtung, des Zwangs, der Zensur auszuweichen, und der Rücksicht auf die Darstellbarkeit tritt. Die sekundäre Bearbeitung arbeitet mit den Mitteln, die auch dem wachen Bewusstsein zur Verfügung stehen. Sie stellt Verknüpfungen und Zusammenhänge her, reichert den manifesten Trauminhalt mit Einschaltungen und Vermehrungen an, verfährt also umgekehrt wie die Zensur, die zu Auslassungen, Einschränkungen und Entstellungen zwingt. Sie arbeitet gegen die Absurdität und Zusammenhanglosigkeit des Traums an, aber der Zusammenhang, den sie durch »Kittgedanken« herstellt, ist nur Schein. Ihr Ziel ist die Suggestion von Verständlichkeit, dadurch gibt sie sich als Abkömmling des normalen Denkens zu erkennen, das sie aber umso sicherer in die Irre führt. »Soll ich für die definitive Gestaltung des Traums, wie sie sich unter der Mitwirkung des normalen Denkens ergibt, irgendwo ein Vergleichsobjekt suchen, so bietet sich mir kein anderes als jene rätselhaften Inschriften, mit denen die *Fliegenden Blätter* so lange ihre Leser unterhalten haben.«

Die »Rätselhaften Inschriften« waren ein Erfolgsgenre, dessen Blütezeit von den 1870er Jahren bis ins Fin de Siècle reichte. Als ab 1879 auf Anregung des Berliner Verlegers Rudolf Mosse ein Beiblatt der »Fliegenden Blätter« erschien, das nur aus Annoncen bestand, gehörte die »Rätselhafte Inschrift« zu den Illustrationen, die eine Aufmacherposition oben links auf der Titelseite erhielten. Sie verdichtete ein Motiv, das die gereimten Bildgeschichten, die Karikaturen und Wortspiele der »Fliegenden Blätter« ohnehin stark prägte: die Verballhornung der Antike. Freud beschrieb das Genre aus der Perspektive der Redakteure, die so vorgehen wie die »sekundäre Bearbeitung« bei der Traumbildung: »Für einen gewissen Satz, des Kontrastes halber dem Dialekt angehörig und von möglichst skurriler Bedeutung, soll die Erwartung geweckt werden, dass er eine lateinische Inschrift enthalte. Zu diesem Zweck werden die Buchstabenelemente der Worte aus ihrer Zusammenfügung zu Silben gerissen und neu angeordnet. Hier und da kommt ein echt lateinisches Wort zustande, an anderen Stellen glauben wir Abkürzungen solcher Worte vor uns zu haben, und noch an anderen Stellen der Inschrift lassen wir uns mit dem Anschein von verwitterten Partien oder von Lücken der Inschrift über die Sinnlosigkeit der vereinzelt stehenden Buchstaben hinwegtäuschen. Wenn wir dem Scherze nicht aufsitzen wollen, müssen wir uns über alle Requisiten einer Inschrift hinwegsetzen, die Buchstaben ins Auge fassen und sie unbekümmert um die gebotene Anordnung zu Worten unserer Muttersprache zusammensetzen.«

Bei den Interpreten Freuds haben die »Rätselhaften Inschriften« sehr viel weniger Aufmerksamkeit gefunden als die Hieroglyphen. Sie sind aber gegenüber dem Hieroglyphen-Vergleich, so wie Freud ihn handhabte, das komplexere Modell. Sie kommen überhaupt nur ins Spiel, weil die komplizierte Struktur des psychischen Apparates und der Traumarbeit sich anders als durch ein multiperspektivisches Ensemble immer neuer Vergleiche nicht veranschaulichen lässt. Der Registerwechsel vom Erhabenen der heiligen Bilderschrift zum »sermo humilis«, dem niederen Genre der Witzblätter, ist mit einem Zugewinn an Einsicht verbunden. Mit dem Verweis auf die »Rätselhaften Inschriften« knüpft Freud an den Begriff der »Silbenchemie« an, mit dem er im Abschnitt über die Verdichtung den Umgang des Traums mit den Sinneinheiten der Alltagssprache charakterisiert hatte, und fügt ihn in die Analogie von Traumarbeit und Witzproduktion ein.

An die luzide Lektüre, die der französische Philosoph Jean-François Lyotard in seinem Buch »Discours, Figure« den »Rätselhaften Inschriften« gewidmet hat, lässt sich hier anknüpfen. Doch sei eine Frage hinzugefügt: In welchem Verhältnis stehen die Inschriften der Hieroglyphen zu den Inschriften auf Zeitungspapier im modernen Massenmedium? Es empfiehlt sich, die folgenden Seiten dieses Buches mit Blick auf die beigefügten Rätsel aus den »Fliegenden Blättern« zu lesen. Freud vernachlässigte, vielleicht, weil er darauf baute, dass sein Publikum mit dem Genre vertraut war, die Bilddimension der Inschriften zugunsten der Schriftelemente. Der Bildlastigkeit seines Hieroglyphenvergleichs steht die Schrift-

Räthselhafte Inschrift.

(Auflösung in nächster Nummer.)

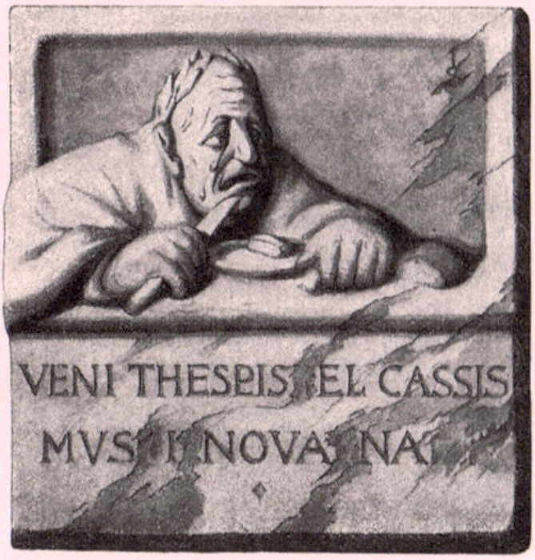

Räthselhafte Inschrift.

(Auflösung in nächster Nummer.)

**»Rätselhafte Inschriften« aus den »Fliegenden Blättern«**
Nur wer dem Latein, das kein Latein ist, nicht glaubt, dass es Latein ist, wird hier die Lösung finden

lastigkeit seines Kommentars zu den rätselhaften Inschriften gegenüber. Den Begriff »Inschrift« aber banden die Redakteure der »Fliegenden Blätter« nicht allein durch das Spiel mit dem Lateinischen an die Antike, sondern zugleich – zumal in der Phase der Etablierung des Genres – durch den Rückgriff auf den antiken Schriftträger Stein in der Bilddimension. Der Stein, über den 1878 ein Fuhrknecht sein Gespann von rechts nach links vorantreibt, inszeniert, was jedes Konversationslexikon der Zeit wusste: dass die »Epigraphik oder Inschriftenkunde« als Teil der Altertumswissenschaft »das Verständnis der in Metall, Stein oder anderen dauerhaften Stoffen eingegrabenen Inschriften vermittelt«. Auf der Bildebene ist dieser Stein ein Verwandter nicht nur römischer Sockel, Sarkophage und vor allem Meilensteine, sondern auch der über einen halben Meter hohen, auf das Jahr 301 v. Chr. datierten Kalksteinstele aus der Zeit der Ptolemäerherrschaft in Ägypten, die als eines der größten Objekte in Freuds Sammlung gelangte.

Dass die Schriftzeichen dieses Rätsels ausschließlich aus Versalien bestehen, ist Teil des parodistischen Spiels der »Fliegenden Blätter« mit dem Monumentalen. Die Inschrift gilt nicht einem historischen Ereignis oder einem großen Toten, sondern ist einer banalen Alltagsszene unterlegt, von der sich in der Ära vor dem Automobil nicht eindeutig sagen lässt, ob der Leser sie in der Antike oder in der zeitgenössischen Gegenwart ansiedeln soll. Die kongeniale Silbenchemie, die hier am Werk ist, war an ein bürgerliches Publikum adressiert, in dem das Lateinische als noch nicht ganz verblasste Bildungsreminiszenz rumorte. Wenn es den Ausruf VARE! so prominent im Bild platziert sah wie hier, dürften auch diejenigen, die nicht mehr alle Vokativ-Formen und den gesamten Sueton im Kopf hatten, an den in Deutschland sehr populären römischen Feldherrn Varus gedacht

**Ägyptische Stele mit Hieroglyphen-Inschrift**
Aus Freuds Sammlung, auf ca. 300 vor Chr. datiert,
im Freud-Museum London.

haben und an das Zitat, das im Zentrum seines aus der Niederlage im Teutoburger Wald geborenen Nachruhms stand: *Quintili Vare, legiones redde!* Wenn dann noch die »None« auftauchte, die von ferne an eine Zeitangabe erinnerte, mit dem Wort »Spera« die Hoffnung, mit dem Wort »Lege« das Gesetz und mit dem »Verbo« das Wort selbst, waren genug Elemente versammelt, um den irreführenden Anschein einer römischen Inschrift zu erwecken. Die Leser hatten eine Woche Zeit, ehe in der nächsten Nummer die Auflösung des Rätsels publiziert wurde. Darin verflog der Schein des Lateinischen, und der süddeutsche Dialekt trat als Schlüssel zur Lösung des Rätsels hervor: »Fahren ohne Sperr' anlege is verbode. Die Gemainde.« Nicht die römische Auctoritas, hinter der ein Weltreich stand, hatte das letzte Wort, sondern die deutsche Provinz.

Über die Hieroglyphen hatte Freud geschrieben: »Das Störendste an der Hieroglyphenschrift ist wohl, dass sie eine Worttrennung nicht kennt. Die Bilder laufen in gleichen Abständen voneinander über die Seite, und man kann im allgemeinen nicht wissen, ob ein Zeichen noch zum vorstehenden gehört oder den Anfang eines neuen Wortes macht.« Die Missachtung der modernen Lesekonvention, durch Abstände voneinander isolierte Schriftzeichen als Worteinheit wahrzunehmen, teilen die rätselhaften Inschriften mit den als Bilderschrift gelesenen Hieroglyphen. Die Hieroglyphen aber geben nicht vor, Hieroglyphen zu sein, sie sind es. Der Schlüssel zu ihrer Entzifferung liegt in der ägyptischen Kultur. Anders die »Rätselhaften Inschriften«: Zum idealen Vergleich für die Arbeitsweise der »sekundären Bearbeitung« werden sie erst durch die Virtuosität, mit der sie die Schriftzeichen wie die Bildelemente in den Dienst der Täuschung, der Schaffung einer Vertrautheitsanmutung stellen, die das Publikum auf die falsche Fährte lockt. Sie bleiben so lange unverständlich, wie sie als lateinische Inschriften gelesen werden. Nur für den, der sich der Suggestion des Lateinischen entzieht, wird die Schrift lesbar. Erst dann steht sie im Einklang mit den Bildelementen.

Jean-François Lyotard machte darauf aufmerksam, dass die »Rätselhaften Inschriften« aus einer doppelten Transformation hervorgehen. Die erste transformiert den Dialekt der Alltagssprache ins scheinbar Lateinische, die zweite die Mündlichkeit des Dialekts in einen Typus von Schriftlichkeit, dem keine gesprochene Sprache entspricht. Gefragt ist die Fähigkeit des Publikums, den eigenen Dialekt, die »Muttersprache«, in seiner römisch-schriftsprachlichen Verkleidung zu erkennen. Es handelt sich nicht um entstelltes Latein, sondern um gar kein Latein. Darum ist auch die Vorstellung, es gehe hier wie häufig in der Philologie um die Übersetzung eines nur in Bruchstücken erhaltenen Originals, Teil der Camouflage. Nur als paradoxe Übersetzungen, zu denen es keine Originalsprache gibt, sind die rätselhaften Inschriften auf dem Niveau von Freuds Einsicht in den abschließenden Kapiteln der »Traumdeutung«. Im Rückblick erscheint die Einfügung der »Rätselhaften Inschriften« in sein Gleichnisregister auch als Selbstkommentar. Er entwickelte grundlegende Begriffe seiner Lehre, indem er, wie die Redakteure der »Fliegenden Blätter«, Scherze mit der Antike trieb.

# DIE STIFTE, DER WUNDERBLOCK UND DAS ENDE DER ARCHÄOLOGISCHEN METAPHER

## / Die Stifte, der Wunderblock und das Ende der archäologischen Metapher

Die Szene, in der Freud in der »Psychopathologie des Alltagslebens« den Deckel des gläsernen Tintenfässchens vom Schreibtisch zu Boden wirft, ist eine Schreibszene. Die Hand, die durch »eine merkwürdig ungeschickte, ausfahrende Bewegung« die Fehlleistung ausführt, ist seine Schreibhand, sie hält schon den Federstiel, um den ersten Schriftzug auszuführen. Wie die Buchhandlung und die Bibliothek gehört die Schreibwarenhandlung zur Welt Freuds und seiner in der Regel bürgerlichen Patienten. Die volle Entfaltung der Kulturtechniken analoger Verschriftlichung ist Teil ihrer Lebenswelt. Wie sehr, das zeigen die Bemühungen Freuds und seiner Kollegen, die Schreibimpulse ihrer Patienten abzuwehren. In seinem Aufsatz »Die Handhabung der Traumdeutung in der Psychoanalyse« (1911) warnte Freud vor allen Versuchen, die Traumproduktion der Patienten durch Aufzeichnungstechniken erfassen zu wollen, etwa durch die Anweisung, »jeden Traum unmittelbar nach dem Erwachen schriftlich zu fixieren«. Der so gewonnene »Traumtext« erweise sich in der Deutungsarbeit für den Arzt in der Regel als wenig brauchbar. Viele Patienten aber benötigten eine Anweisung nicht, um Bleistift und Papier auf den Nachttisch zu legen. Sie produzierten die Schreibimpulse von sich aus, und zwar so hartnäckig, dass die Psychoanalytiker Schreibverbote erließen. Davon berichtet Freuds Berliner Kollege Karl Abraham 1913 im »Sprechsaal« der »Internationalen Zeitschrift für Psychoanalyse«, unter dem Titel »Sollen wir die Patienten ihre Träume aufschreiben lassen?« In einem seiner Beispiele erweisen sich die »zwei Quartseiten voller Notizen«, auf denen ein Patient entgegen der ärztlichen Weisung seinen Traum noch in der Nacht festhalten wollte, als »fast völlig unleserlich«. Für den Arzt sind die Notizen das Produkt einer Kompromissbildung zwischen dem Wunsch, den Traum vor dem Vergessen zu bewahren, und den Impulsen der Verdrängung. So kommt es zu einer Aufzeichnung, die so gut wie nichts vom Traum verrät. In einem anderen Fall erweist sich auch das moderne Diktiergerät, in das ein Patient noch in der Nacht hineinspricht, was er vom Traum erinnert, als wenig hilfreich. Der schönste Beleg für die Intensität der Schreibimpulse auf Seiten der Patienten ist der Bericht über eine Kranke, die allnächtlich den gleichen Traum träumt, ihn am Morgen erzählen will, aber immer wieder vergisst, schließlich gegen das Schreibverbot des Analytikers beim Schlafengehen Papier und Bleistift bereitlegt und in die Sitzung die undeutlich geschriebene knappe nächtliche Notiz mitbringt: »Traum aufschreiben gegen Vereinbarung.« Für den Analytiker ist die Notiz leicht deutbar: »Der Widerstand hatte gesiegt. Die Patientin hatte nicht den Traum, sondern nur den Vorsatz zum Niederschreiben notiert. Dann war sie zufrieden wieder eingeschlafen!«

An der Herstellung der Zufriedenheit dieser Patientin war ihre Schreibhand beteiligt. Zu den regelmäßig auftretenden Zufalls- und Symptomhandlungen, die Freud in der »Psychopathologie des Alltagslebens« aufführt, gehört wie das Zirbeln des Bartes, das Klimpern mit Münzen, das Nesteln an der Kleidung, das Spielen mit der Uhrkette, die immer, oder mit einem Stock, der gelegentlich zur Hand ist, auch »das Kritzeln, wenn man einen Bleistift in der Hand hält«. Das Kritzeln setzt wie das rasche Notieren als Erinnerungsstütze Papier voraus. Eine junge unverheiratete Dame hat versäumt, für Nachschub zu sorgen, und so greift sie zu einem Kuvert, das auf ihrem Schreibtisch liegt, als ihre Besucherin sich die Namen von Personen notieren will, die sie um Unterstützung einer Wohltätigkeitsaktion bitten will. Die junge Dame müsste wissen, dass das Kuvert eine Hundertguldennote enthält, die sie kürzlich für einen anderen wohltätigen Zweck erhalten hat. Aber sie zerreißt das Kuvert, um ein Duplikat der Namensliste zu erstellen. In der Auflösung dieser Zufallshandlung spielt der Werbebrief eines Freiers die Hauptrolle, der am Morgen eingetroffen war.

Mit an Sicherheit grenzender Wahrscheinlichkeit war dieser Brief handschriftlich verfasst. Schreibmaschinen waren schon auf dem Markt, aber noch kaum in die intimen, privaten Korrespondenzen vorgedrungen. Eugen Bleuler freilich, damals Leiter der Klinik Burghölzli in Zürich und der Psychoanalyse im Prinzip gewogen, sandte 1905 mit Schreibmaschine getippte Berichte über seine Träume und die damit verbundenen Assoziationen an Freud. Die Fehlleistung des »Verschreibens« erweiterte er um das »Vertippen«: »So lange man nicht sehr große Uebung hat, ist die Schreibmaschine ein sehr gutes Reagens auf Complexe.« Der Mechanisierung des Schreibens hat Freud selbst sich verweigert. Er ist in der Welt der Handschrift verblieben, verwandelte aber wie viele Autoren im 20. Jahrhundert weibliche Familienangehörige gelegentlich oder systematisch in Sekretärinnen. An Lou Andreas-Salomé schrieb er am 10. Mai 1925, wenige Tage nach seinem 69. Geburtstag, er habe »mit Hilfe von Anna und Maschine die infolge meiner verjährten Unvorsichtigkeit aufgelaufenen Briefschulden erledigt«.

Auf dem Gebiet der Handschrift hatte die Psychoanalyse eine große Rivalin: die Graphologie. In seinem erst aus dem Nachlass vollständig publizierten Vortrag »Psychoanalyse und Telepathie« berichtete Freud 1921, wie er mit Rafael Schermann, einem der prominentesten zeitgenössischen Graphologen und Hellseher, der auch in Wien viele Kunden und öffentliche Auftritte hatte, indirekt in Berührung gekommen war. Zum einen hatte einer seiner Freunde eine Schriftprobe Freuds ohne dessen Wissen Schermann zur Begutachtung vorgelegt: »Er brachte nur heraus, dass die Schrift von einem alten Herrn herrührt – leicht zu erraten –, mit dem sich schwer leben lässt, weil er ein unausstehlicher Haustyrann ist. Dies würden nun meine Hausgenossen kaum bestätigen. Aber bekanntlich gilt auf okkultem Gebiet der bequeme Grundsatz, dass negative Fälle nichts beweisen.« Zum anderen, und dies ist die interessantere Überschneidung, war einer seiner Patienten zugleich Klient Schermanns, den Freud »eine in Wien sehr bekannte Person, einen Schriftdeuter« nennt. Wer einen Eindruck von seinen Beziehungen zu Wiener Intellektuellen gewinnen will, lese die Briefe von Karl Kraus an Sidonie Nádherny von Borutin, in denen die Schriftgutachten Schermanns über ihn selbst, seine Adressatin und die mit beiden befreundete Gräfin Dora Pejacsevich-Lumbe eine Schlüsselrolle spielen.

In seinem Aufsatz »Traum und Telepathie« ließ Freud offen, »ob der uns mitgeteilte Traum einer telepathischen Tatsache entspricht oder einer besonders feinen unbewußten Leistung des Träumers oder einfach als ein zufälliges Zusammentreffen hingenommen werden muss«. Die prinzipielle Offenheit gegenüber okkulten Phänomenen, die er später in die »Neue Folge der Vorlesungen zur Einführung in die Psychoanalyse« aufnahm, ging aber mit einer strengen Sicherung und Selbstbehauptung der Methoden einher, mit denen die Psychoanalyse auf ihrem eigenen Gebiet arbeitete. Im Blick auf den gemeinsamen Klienten, einen jungen Mann, der sich aus einem »Verhältnis mit einer der bekanntesten Lebedamen« lösen wollte, ließ er keinen Zweifel daran, dass Schermanns Deutung der »Schriftproben der galanten Dame« allenfalls bis zu dem Punkt vorstieß, der für die Psychoanalyse der Ausgangspunkt der Lösung des Falles war: »Es war mir klar, dass der Wundermann meinem Patienten nur seinen intimen Wunsch geoffenbart hatte.« Allenfalls als einen »großen Menschenkenner«, dessen Ratschläge zur Partnerwahl im konkreten Fall mit seinen eigenen zusammentrafen, ohne auf Einsichten in die Feinheiten des Falles zu fußen, ließ Freud Schermann gelten. Dessen Ruhm beruhte auf seinen Erfolgen in der Königsdisziplin der Graphologie, der nicht selten auf offener Bühne praktizierten Analyse von Schriftproben, deren Urheber ihm – wie im Fall Freuds und anders als bei der Lebedame – unbekannt waren. Zu dieser Trennung der Schrift und der Schriftträger von ihren Urhebern und damit Lebenskontexten steht Freud in Distanz. Die Schreibgeräte, Schreibszenen und beschrifteten Papiere seiner Patienten werden in ihren Assoziationen und Träumen, Fehlleistungen und Symptomhandlungen zum Deutungsmaterial, weil sie eng mit ihnen verwachsen sind, sich an ihre Wünsche anlagern und zu deren unwillentlichen Äußerungen beitragen.

In den im Winter 1916/17 gehaltenen »Vorlesungen zur Einführung in die Psychoanalyse« tauchen im breit aufgefächerten Register »unzweifelhaft männlicher Sexualsymbole« nicht nur »Bleistifte, Federstiele, Nagelfeilen, Hämmer und andere Instrumente« auf, sondern in der Rubrik »Objekte, die einer Verlängerung fähig sind« neben den ausziehbaren Hängelampen auch »vorschiebbare Bleistifte«. In den ersten Auflagen der »Traumdeutung« waren diese für die Symbolbildung attraktiven Bleistifte noch nicht enthalten, sie kamen erst nach 1906 auf den Markt. In dem Jahr hatte der Erfinder Eduard Penkala sein Patent auf einen »automatischen Bleistift« beim Patentamt Budapest angemeldet. Seinen Durchbruch und raschen Aufstieg verdankte er dem Versprechen, nicht angespitzt werden zu müssen. Eine ersetzbare Spezialmine, die durch eine Druckvorrichtung vorgeschoben wurde, sorgte dafür, dass dieser »Füllbleistift« ohne Anspitzen schreibbereit war. Wie die Apollokerzen wurde er rasch zu einem Markenprodukt mit ausgedehntem Werbeumfeld und versprach die Beschleunigung des Schreibens durch die Vermeidung von Unterbrechungen sowie höheren Schreibkomfort durch Elastizität des Druckmechanismus. Ab etwa

**Reklame für Markenprodukte**
Anzeigen für Penkala-Schreibgeräte
aus der Tagespresse

**Ob Kaufmann, Künstler, ob Bankier, Minister oder Attaché,**
**In jedem Land, ob fern und nah, sie halten hoch den**

# „Penkala“

**Penkala der Füll=Bleistift**
**ein famoses Ostergeschenk!**

# KEIN KRIEG!

**Oest'reich-Ungarn braucht nicht Bomben, nicht Granaten:**
**Mit „Füllbleistift Penkala“ versieht's die Diplomaten**
**Und siegt!**

1908 tauchten auf den Anzeigenseiten der Zeitungen lustige Männerköpfe mit Füllbleistiften hinter dem Ohr auf, Diplomaten schulterten lieber Bleistifte statt Gewehre, Intelligenzler wollten auch im Skiurlaub nicht auf ihren Penkala verzichten und fuhren mit dem Stift hinter dem Ohr die Piste hinab, Luxus- und Geschenkausgaben wurden zu Weihnachten beworben. Und für Jahre verschmolz der Markenname mit dem des Objekts, »mein Penkala« meinte »mein Füllbleistift«.

Die mit Modernisierungsenergien aufgeladenen neuen Bleistifte begegnen nicht nur in der »Traumdeutung«, sondern auch in der »Psychopathologie des Alltagslebens«, nicht im Abschnitt über das Verschreiben, sondern bei den Symbolhandlungen. Als Traumsymbole stehen die Bleistifte für etwas anderes, das männliche Genital, hier stehen sie für sich selbst und ziehen affektive Besetzungen auf sich, deren Quellen vielfältig sein können. So in einer der Fallgeschichten, in denen Freud die Berichte von Kollegen mitteilt: »Ein Kollege berichtet mir, dass er seinen Penkalastift, den er bereits über zwei Jahre besessen habe und der ihm seiner Vorzüge wegen sehr wertvoll geworden sei, unvermutet verloren habe. Die Analyse ergab folgenden Tatbestand: Am Tage vorher hatte der Kollege von seinem Schwager einen empfindlich unangenehmen Brief erhalten, dessen Schlusssatz folgendermaßen lautete: ›Ich habe vorläufig weder Lust noch Zeit, Deinen Leichtsinn und Deine Faulheit zu unterstützen.‹ Der Affekt, der sich an diesen Brief knüpfte, war so mächtig, dass der Kollege prompt am nächsten Tage den Penkala, ein Geschenk dieses Schwagers, opferte, um durch dessen Gnade nicht allzu sehr beschwert zu sein.«

Wie in vielen Fallgeschichten der »Psychopathologie des Alltagslebens« ist auch hier die Deutung einfach. Der Verlust des Stiftes ist ein modernes »Opfer« von der Art, wie es Freud selbst mit der Zerschlagung der kleinen Venus von

Medici bringt. Auffallend ist, dass hier zwei affektive Energien beteiligt sind, eine negative, die sich gegen den Schwager richtet, und eine positive, die sich mit dem geopferten Gegenstand verbindet. Er wird geopfert, weil er ein Geschenk des Schwagers ist. Der Schmerz über den Verlust aber resultiert aus seiner Qualität als Schreibgerät. In ihm stecken zumindest Elemente eines Typs affektiver Bindung, der so modern ist wie der Penkala, dem sie gilt: Markenbindung.

Der Schreibwarenhandel ist die Hintergrundvoraussetzung für Freuds »Notiz über den ›Wunderblock‹« aus dem Jahr 1925. Die Anführungszeichen weisen den Namen des Objekts als Zitat aus, doch in der Literatur der Zeit ist die Quelle, so poetisch das Wort klingt, nicht zu finden. Dafür im »Neuen Wiener Tagblatt« in der Sonntagsausgabe vom 24. September 1922 im Anzeigenteil. Ein in Versalien fettgedrucktes Wort, das die geheime Losung aus einem romantischen Kunstmärchen sein könnte, dominiert die eher unscheinbare Annonce: ERAPI. Den Wunderblock, der diesen Namen zu führen scheint, empfiehlt der Inserent August Stier aus der Josefstätterstraße in Wien mit den Worten: »schreibt ohne Blei oder Tinte, kein Gummi oder Schwamm nötig, in Kanzlei, Taschen- oder Westentaschenformat.« Damit grenzt sich das Schreibgerät sowohl gegen den Bleistift wie den Füllfederhalter ab, wie ihn Penkala nach seinem Druckbleistift herausgebracht hatte. Vorstellen kann man sich den Wunderblock nach der Annonce aber nicht so recht. Er scheint etwas von einer Schiefertafel zu haben, aber keine zu sein. Doch womit wird er beschrieben?

Ein durchschlagender Erfolg wurde er nicht, erst recht kein Markenprodukt wie der Penkalastift. Und falls das seltsame Wort Erapi als Markenname gedacht war, ist es gescheitert. Die Anzeige wurde nicht noch einmal geschaltet. Doch in einer anderen Zeitung, dem »Neuen Wiener Journal«, tauchte

**Ein noch ungelöstes Rätsel**
Was bedeutet das Wort »Erapi« in der Reklame für den Wunderblock, die am 24. September 1922 im »Neuen Wiener Tagblatt« erschien?

der Wunderblock am 28. September 1925 im Feuilleton wieder auf, sogar als Artikelüberschrift. »Der Wunderblock. Ein technisches Modell der Seele«, auf Seite 4, neben dem Theater- und Kinoprogramm. Anlass war nicht, dass er plötzlich zum Verkaufsschlager geworden wäre, sondern dass Sigmund Freud in der »Internationalen Zeitschrift für Psychoanalyse« über ihn geschrieben hatte. Freud muss dem Publikum der Zeitung bekannt gewesen sein, einen Vornamen erhält er im gesamten Artikel nicht. Der Verfasser, der mit dem Kürzel »wf.« zeichnete, hatte Freuds Artikel sehr genau gelesen, ein knappes Referat verfasst und mit einem einleitenden wissenschaftsgeschichtlichen Absatz versehen: »Seit der Ausbreitung des Entwicklungsgedankens ist die moderne Biologie bestrebt, die Lebenserscheinungen auf chemische oder physikalische Vorgänge zurückzuführen, oder, wo dies nicht gelingt, wenigstens plausibel und verständlich zu machen. Von großem, nicht nur pädagogischem, sondern auch theoretischem Werte sind da die ›Modelle‹. Die komplizierten Ergebnisse der Mendelschen Rassenkreuzungen, die polare Regeneration, die Zellteilung, die Blutzirkulation und vieles andere wird durch ein technisches Modell, dessen Konstruktion oft äußerst schwierig ist, der kausal-mechanischen Auffassung nähergebracht. Dass nun auch ein ›Modell‹ der Seele gefunden wurde, ein Apparat, der im Wesen die Arbeit der Seele nachahmt, dürfte wohl die kühnsten Hoffnungen der Mechanisten übertreffen, um so mehr, als dieser Apparat gar nicht in Hinsicht auf diesen Zweck geschaffen wurde.«

Dieses früheste Dokument der Wirkungsgeschichte der »Notiz über den ›Wunderblock‹« ist zum einen durch die Selbstverständlichkeit interessant, mit er es Freuds Modell der Seele den technisch-naturwissenschaftlichen Errungenschaften der Epoche zuschlägt, zum anderen durch die Konsequenz, mit der sein Verfasser dem Verfahren Freuds folgt, alle im Blick auf das Modell getroffenen Aussagen an dessen exakte Beschreibung zu binden. Freuds knapp sechs Seiten lange »Notiz« setzt das Objekt, dem sie sich widmet, nicht als bekannt voraus, eine Illustration ist ihr nicht beigegeben. Damit ist der Wunderblock ein Sonderfall im Gleichnisregister Freuds. Er kann nicht schon durch die Nennung des Namens an eine Vertrautheitsanmutung appellieren wie das Prinzip »Gschnas« oder der Vergleich der Traumfunktion mit einem Sicherheitsventil. Auch geht es hier nicht um eine leicht beschreibbare Methode wie bei der Galtonschen Mischphotographie. Der Wunderblock ist abwesend und weitgehend unbekannt. Der Feuilletonist des »Neuen Wiener Journals« schreibt: »Vorwegnehmen will ich, um meinen Lesern und mir überflüssige Portoausgaben zu ersparen, dass ich so einen Block noch überhaupt nicht zu Gesicht bekommen habe, weder weiß, wer ihn erzeugt, noch wo er erhältlich ist. Ich kenne ihn lediglich aus der Beschreibung Freuds.« Womöglich verdanken wir dem Misserfolg der Markteinführung des Wunderblock die dichteste, ausführlichste und luzideste Objektbeschreibung im ausgedehnten Gleichnisregister Freuds. Wer sie lediglich auf ihre theoriegeschichtlichen Gehalte hin liest, dem entgeht, dass Freud hier wie oft in seinem Werk an der Theorie und begrifflichen Darstellung des seelischen Apparates mit den Mitteln der Literatur arbeitet. Die Kunst der Beschreibung teilt Freud mit den großen Autoren seiner Epoche vom bürgerlichen Realismus bis hin zu Marcel Proust wie mit den Autoren, die in technischen und wissenschaftlichen Zeitschriften neu konstruierte Apparate und Maschinen vorstellen. Seine »Notiz« könnte in einer Anthologie von Texten zu Alltagsdingen und Geräten an der Seite von Herman Melvilles Beschreibung der Papiermaschine, Robert Musils Fliegenpapier oder dem Beschriftungsapparat in Kafkas Strafkolonie stehen. Wie sich in diesen Texten die erzählerischen oder essayistischen Elemente eng an die exakte Beschreibung anschmiegen, so in der »Notiz« die begrifflichen Explikationen der Theorie des seelischen Apparates an die des Wunderblocks. Mit einem einfachen, aber wirkungsvollen Trick steigert Freud die Intensität der Objektpräsentation. Sein »Ich«, das schon im ersten Satz auftritt, zieht sich in den beschreibenden Passagen zurück oder verwandelt sich in ein anonymes »man«, das den Wunderblock in einer warenkundlichen Diktion erläutert, die zwischen Produktbeschreibung und Gebrauchsanweisung changiert. Das Ich kennt die Theoriegeschichte der Psychoanalyse und arbeitet an dem Rahmen, in den die Beschreibungen eingefügt werden. Es weiß, worauf es zusteuert, lässt den Wunderblock aber nicht sogleich auftreten, sondern erst dort, wo er als Lösung eines Problems erscheint. Die einleitenden Absätze stellen das Blatt Papier und die Schiefertafel einander gegenüber. Der Vorzug des Papiers besteht darin, die ihm anvertraute Notiz als »dauerhafte Erinnerungsspur« verwahren zu können. Sein Nachteil ist die Begrenzung der Schreibfläche, die rasch erschöpft ist, und dass immer nur beides zugleich verworfen werden kann: die Aufzeichnung und der Schriftträger. Der Vorzug der Schiefertafel ist die leichte Löschbarkeit einer Aufzeichnung, die erfolgen kann, ohne dass die Schreibfläche selbst dabei zerstört werden muss. Sie bleibt im Gegenteil auf unbestimmte Zeit immer neu aufnahmebereit. Ihr Nachteil ist, dass sie ihre unbegrenzte Aufnahmefähigkeit mit der Unfähigkeit zur Bewahrung dauerhafter Erinnerungsspuren erkauft. Der seelische Apparat, der nun ins Spiel kommt, kombiniert die Vorzüge von Papier und Schiefertafel, ohne ihre Einschränkungen zu teilen: »er ist in unbegrenzter Weise aufnahmefähig für immer neue Wahrnehmungen und schafft doch dauerhafte – wenn auch nicht unveränderliche – Erinnerungsspuren von ihnen«. Freuds Autor-Ich ist an dieser Stelle überdeutlich anwesend. Es verweist auf die »Traumdeutung« sowie auf »Jenseits des Lustprinzips« und rekapituliert seine Theorie zweier verschiedener Systeme innerhalb des seelischen Apparates.

Damit ist der Boden für den Auftritt des Modells bereitet. »Vor einiger Zeit ist nun unter dem Namen W u n d e r b l o c k ein kleines Gerät in den Handel gekommen, das mehr zu leisten verspricht als das Blatt Papier oder die Schiefertafel.« Es kann angesichts der folgenden Beschreibung kein Zweifel daran bestehen, dass Freud einen solchen Wunderblock erworben hat. Denn er probiert das Schreibgerät nicht nur aus, er nimmt es auseinander. Für beides, die Beschreibung von Bau und Funktionsweise wie für das analytische Auseinandernehmen, ist das anonyme »man« zuständig, bis schließlich die Beschreibung in eine zweistimmige, von »man« und »Ich« gemeinsam vorgetragene Coda übergeht. Für Freuds schriftstellerische Technik ist diese Abfolge exemplarisch. Sie verwandelt mustergültig ein Objekt der Lebenswelt in ein Objekt, das seine Theorie zur Darstellung bringt.

Zu Beginn steht das Objekt noch in enger Beziehung zu seinem angestammten Ort, dem Schreibwarenladen. Die exakte Beschreibung seiner Konstruktion, die in eine Gebrauchsanleitung übergeht, könnte an einen Kunden adressiert sein: »Der Wunderblock ist eine in einen Papierrand gefasste Tafel aus dunkelbräunlicher Harz- oder Wachsmasse, über welche ein dünnes, durchscheinendes Blatt gelegt ist, am oberen Ende an der Wachstafel fest haftend, am unteren ihr frei anliegend. Dieses Blatt ist der interessantere Anteil des kleinen Apparats. Es besteht selbst aus zwei Schichten, die außer an den beiden queren Rändern voneinander abgehoben werden können. Die obere Schicht ist eine durchsichtige Zelluloidplatte, die untere ein dünnes, also durchscheinendes Wachspapier. Wenn der Apparat nicht gebraucht wird, klebt die untere Fläche des Wachspapiers der oberen Fläche der Wachstafel leicht an.

Man gebraucht diesen Wunderblock, indem man die Aufschreibung auf der Zelluloidplatte des die Wachstafel deckenden Blattes ausführt. Dazu bedarf es keines Bleistifts oder einer Kreide, denn das Schreiben beruht nicht darauf, dass Material an die aufnehmende Fläche abgegeben wird. Es ist eine Rückkehr zur Art, wie die Alten auf Ton- und Wachstäfelchen schrieben. Ein spitzer Stilus ritzt die Oberfläche, deren Vertiefungen die ›Schrift‹ ergeben. Beim Wunderblock geschieht dieses Ritzen nicht direkt, sondern unter Vermittlung des darüberliegenden Deckblattes. Der Stilus drückt an den von ihm berührten Stellen die Unterfläche des Wachspapiers an die Wachstafel an, und diese Furchen werden an der sonst glatten weißlichgrauen Oberfläche als dunkle Schrift sichtbar. Will man die Aufschreibung zerstören, so genügt es, das zusammengesetzte Deckblatt von seinem freien, unteren

Rand her mit leichtem Griff von der Wachstafel abzuheben. Der innige Kontakt zwischen Wachspapier und Wachstafel an den geritzten Stellen, auf dem das Sichtbarwerden der Schrift beruhte, wird damit gelöst und stellt sich auch nicht her, wenn die beiden einander wieder berühren. Der Wunderblock ist nun schriftfrei und bereit, neue Aufzeichnungen aufzunehmen.«

Betrachtet man, wie in der Warenkunde üblich, die Materialien, aus denen ein Gegenstand besteht, so fällt die historische Spannung zwischen Wachs und Zelluloid auf. Die Wachstafel weist auf die Antike zurück, das Zelluloid war ein moderner Kunststoff, der für die Massenproduktion von Imitaten verwendet wurde. Luxusartikel aus Schildpatt, Elfenbein, Ebenholz und anderen Naturmaterialien erhielten so erschwingliche Doppelgänger. Vor allem aber erlebte seit dem Fin de Siècle das Zelluloid eine steile Karriere als materielle Basis der aufblühenden Filmindustrie, für die Georg Wilhelm Pabst, beraten von Freuds Berliner Kollegen Karl Abraham und Hanns Sachs, just im Jahr 1925 »Die Geheimnisse einer Seele« zu drehen begann. Der Wunderblock dürfte als Neben- und Abfallprodukt der Karriere des Zelluloids in die Schreibwarenhandlung gelangt sein. Dass er auf Tinte und Bleistift zugunsten des ritzenden Stilus verzichtete, muss kein Vorteil gewesen sein in einer Zeit, in der die Schreibwarenhandlungen ihren Kunden immer perfektere Füllfederhalter und Bleistifte anboten. Eine gewisse Skepsis lässt jedenfalls der Feuilletonist des »Neuen Wiener Journals« erkennen: »Ob die Erfindung etwas wert ist, weiß ich wirklich nicht, von Interesse ist nur die Parallele, die Freud zwischen dem Wunderblock und der Seele zieht.« In diesem Satz steckt eine Ahnung. Freuds Text ist heute berühmter als sein Gegenstand. Verschwunden aber ist der Wunderblock nicht. Allenfalls als Kinderspielzeug, nicht als Schreibgerät der Erwachsenen hatte er eine Zukunft. Die Kinder konnten mit ihm »Fort-Da« statt mit einer Holzspule mit Zeichen spielen, die sich ebenso leicht zum Verschwinden bringen wie erneut hervorrufen ließen. Die Grobheit des Stilus kam ihnen entgegen, anders als den Benutzern von Penkala-Stiften und eleganten Füllfederhaltern.

Der Wunderblock, der über Jahrzehnte bei den Interpreten wenig Beachtung fand, verdankt seinen wachsenden Ruhm zum einen dem in den 1980er Jahren einsetzenden Interesse an Wunderkammern und Objektwelten als Wissens- und Erfahrungsspeichern, zum anderen und vor allem seiner Festlegung auf die Funktion eines »Schreibapparats«. In Jacques Derridas Aufsatz »Freud und der Schauplatz der Schrift« laufen Freuds Anläufe, ein Gleichnis für den seelischen Apparat zu finden, in die »skripturale Analogie« ein wie in einen lange gesuchten Hafen. In Freuds Verwandlung des Wunderblocks in ein Demonstrationsobjekt seiner Theorie ist aber das Zugleich der Erzeugung von Dauerspuren und der Bereitschaft zur Aufnahme neu ankommender »Erregungen« das entscheidende Element, nicht der Schriftcharakter der Spuren. Dieser Mechanismus wird sichtbar, indem Freud von der Beschreibung zum Auseinandernehmen des Objekts voranschreitet. Das »man« tritt zurück, und er bringt sich selbst als Instanz der Theoriebildung ins Spiel.

»Wenn man, während der Wunderblock beschrieben ist, die Zelluloidplatte vorsichtig vom Wachspapier abhebt, so sieht man die Schrift ebenso deutlich auf der Oberfläche des letzteren und kann die Frage stellen, wozu die Zelluloidplatte des Deckblattes überhaupt notwendig ist. Der Versuch zeigt dann, dass das dünne Papier sehr leicht in Falten gezogen oder zerrissen werden würde, wenn man es direkt mit dem Stilus beschriebe. Das Zelluloidblatt ist also eine schützende Hülle für das Wachspapier, die schädigende Einwirkungen von außen abhalten soll. Das Zelluloid ist ein ›Reizschutz‹; die eigentlich reizaufnehmende Schicht ist das Papier. Ich darf nun darauf hinweisen, dass ich im *Jenseits des Lustprinzips* ausgeführt habe, unser seelischer Wahrnehmungsapparat bestehe aus zwei Schichten, einem äußeren Reizschutz, der die Größe der ankommenden Erregungen herabsetzen soll, und aus der reizaufnehmenden Oberfläche dahinter, dem System *W-Bw*.

Die Analogie hätte nicht viel Wert, wenn sie sich nicht weiter verfolgen ließe. Hebt man das ganze Deckblatt – Zelluloid und Wachspapier – von der Wachstafel ab, so verschwindet die Schrift und stellt sich, wie erwähnt, auch später nicht wieder her. Die Oberfläche des Wunderblocks ist schriftfrei und von neuem aufnahmefähig. Es ist aber leicht festzustellen, dass die Dauerspur des Geschriebenen auf der Wachstafel selbst erhalten bleibt und bei geeigneter Belichtung lesbar ist. Der Block liefert also nicht nur eine immer von neuem verwendbare Aufnahmefläche wie die Schiefertafel, sondern auch Dauerspuren der Aufschreibung wie der gewöhnliche Papierblock; er löst das Problem, die beiden Leistungen zu vereinigen, indem er sie *auf zwei gesonderte, miteinander verbundene Bestandteile – Systeme – verteilt*. Das ist aber ganz die gleiche Art, wie nach meiner oben erwähnten Annahme unser seelischer Apparat die Wahrnehmungsfunktion erledigt. Die reizaufnehmende Schicht – das System *W-Bw* – bildet keine Dauerspuren, die Grundlagen der Erinnerung kommen in anderen, anstoßenden Systemen zustande.«

Die Zukunft des Wunderblocks als Kinderspielzeug macht auf die Nicht-Selbstverständlichkeit in der Objektbeschreibung Freuds aufmerksam, die Gleichsetzung der »Spur«, die der Stilus hinterlässt, mit einer Schriftspur. Die Spur könnte auch auf »das Kritzeln, wenn man einen Bleistift in der Hand hält«, zurückgehen, von dem in der »Psychopathologie des Alltagslebens« die Rede war.

Der Mechanismus ist prinzipiell offen für Spuren jenseits der Schrift, das unlesbare Krickelkrackel der Kinder zum Beispiel. Wie jedes Vergleichsobjekt in Freuds weit gefächertem Gleichnisregister stellt aber auch der Wunderblock den seelischen Apparat nur unvollkommen dar, er kann zum Beispiel nicht »die einmal verlöschte Schrift von innen her wieder ›reproduzieren‹«.

Die imaginäre Gebrauchsanweisung, die Freud im Schlusssatz seiner »Notiz« ersinnt, um die beiden Leistungen des Wunderblocks – das Spurenbewahren und das fortwährende Löschen – zu synchronisieren, ist auf das im Schreibwarenhandel erhältliche Objekt nur um den Preis seiner Beschädigung anzuwenden: »Denkt man sich, dass während eine Hand die Oberfläche des Wunderblocks beschreibt, eine andere periodisch das Deckblatt desselben von der Wachstafel abhebt, so wäre das eine Versinnlichung der Art, wie ich mir die Funktion unseres seelischen Wahrnehmungsapparats vorstellen wollte.«

Es ist eine schöne Pointe, dass Freuds Aneignung des Wunderblocks die »Notiz« im Titel führt, also eine Aufzeichnungspraxis, die dem Gelöschtwerden in der Regel näher steht als der Archivierung. Der Text ging aber, wie der Autor wusste, in seine Gesamtausgabe ein. Die Achse, um die sich in der »Notiz« alles dreht, ist die »Dauerspur«, nicht die Schrift. Sie musste Freuds besonderes Interesse schon deshalb finden, weil sie das wichtigste Reservoir für die Träume, Erinnerungen und Assoziationen ist, mit denen seine Deutungstechnik arbeitet. Der Wunderblock ist Aufzeichnungsapparatur und Speichermedium zugleich. Er revidiert das Gleichnis, das dreißig Jahre zuvor Josef Breuer in den Hysterie-Studien formuliert hatte: »Der Spiegel eines Reflexionsteleskops kann nicht zugleich photographische Platte sein.«

Im Gleichnisregister Freuds ist der Wunderblock der

Katalysator einer Bewegung, die auf das Ende der archäologischen Metapher in ihrer ursprünglichen Form zuläuft. Darin war sie fest an die Vorstellung der fragmentarischen Überlieferung geknüpft, an Trümmerfelder und Ruinen, aus denen die Deutungsarbeit das nicht mehr Vorhandene rekonstruieren muss. Davon nimmt Freud in seiner Schrift »Das Unbehagen in der Kultur« Abschied zugunsten einer neuen Konzeption, in der von ferne der Energieerhaltungssatz aus der Helmholtz-Welt anklingt: »Seitdem wir den Irrtum überwunden haben, dass uns das geläufige Vergessen eine Zerstörung der Gedächtnisspur, also eine Vernichtung bedeutet, neigen wir zu der entgegengesetzten Annahme, dass im Seelenleben nichts, was einmal gebildet wurde, untergehen kann, dass alles irgendwie erhalten bleibt und unter geeigneten Umständen, zum Beispiel durch eine so weit reichende Regression wieder zum Vorschein gebracht werden kann.« Kein Instrument aus Freuds Gleichnisregister passt zu dieser Idee der unzerstörbaren Gedächtnisspur besser als der Wunderblock. Er ist der Vorläufer des berühmten Vergleichs, mit dem Freud im »Unbehagen an der Kultur« seine Neukonzeption im Blick auf die Stadtgeschichte Roms erläutert. Der Leser soll sich die archäologisch rekonstruierbaren Schichten nicht in ihrer fragmentarischen Überlieferung vorstellen, sondern kontrafaktisch als zeitgleiche Anwesenheit aller Schichten an einem Ort. Aus dem Material dieser Zeitschichten errichtet Freud die grandioseste Mischlokalität seiner Schriften: »Nun machen wir die phantastische Annahme, Rom sei nicht eine menschliche Wohnstätte, sondern ein psychisches Wesen von ähnlich langer und reichhaltiger Vergangenheit, in dem also nichts, was einmal zustande gekommen war, untergegangen ist, in dem neben der letzten Entwicklungsphase auch alle früheren noch fortbestehen. Das würde für Rom also bedeuten, dass auf dem Palatin die Kaiserpaläste und das Septinozium des Septimus Severus sich noch zur alten Höhe erheben, dass die Engelsburg noch auf ihren Zinnen die schönen Statuen trägt, mit denen sie bis zur Gotenbelagerung geschmückt war, usw. Aber noch mehr: an der Stelle des Palazzo Caffarelli stünde wieder, ohne dass man diese Gebäude abzutragen brauchte, der Tempel des Kapitolinischen Jupiter, und zwar dieser nicht nur in seiner letzten Gestalt, wie ihn die Römer der Kaiserzeit sahen, sondern auch in seiner frühesten, als er noch etruskische Formen zeigte und mit tönernen Antifixen geziert war. Wo jetzt das Coliseo steht, könnten wir auch die verschwundene Domus aurea des Nero bewundern; auf dem Pantheonplatze fänden wir nicht nur das heutige Pantheon, wie es uns von Hadrian hinterlassen wurde, sondern auf demselben Grund auch den ursprünglichen Bau des M. Agrippa; ja, derselbe Boden trüge die Kirche Maria sopra Minerva und den alten Tempel, über dem sie gebaut ist. Und dabei brauchte es vielleicht nur eine Änderung der Blickrichtung oder des Standpunktes von seiten des Beobachters, um den einen oder den anderen Anblick hervorzurufen.«

Das Schwelgerische des berühmten Vergleichs hat etwas von der Inszenierung eines Abschieds. Pompeji und das Grab des Tutenchamun als Orte, an denen Verschüttung und Bewahrung einander zuarbeiten, rücken beim späten Freud an die Seite der phantastischen Kopräsenz aller historischen Schichten Roms. Damit aber stößt nicht nur die archäologische Metapher an ihre Grenze, sondern das Gleichnisregister insgesamt. Der seelische Apparat erweist sich als resistent gegenüber allen Veranschaulichungsstrategien: »Es bleibt dabei, dass eine solche Erhaltung aller Vorstufen neben der Endgestaltung nur im Seelischen möglich ist und dass wir nicht in der Lage sind, uns dies Vorkommen anschaulich zu machen.« Wie so häufig an Knotenpunkten seiner Theoriebildung zitierte Freud für diese Einsicht die Antike auf die Bühne. Doch hatte dem großen Auftritt des phantastischen Rom-Panoramas ein unscheinbarer Alltagsgegenstand vorgearbeitet: der Wunderblock. Er eignet sich im Rückblick als Gleichnis für Freuds Begründung der Psychoanalyse selbst. Er zeichnete in seine Wachstafel immer neue Transformationen der Antike und immer neue Bilder des psychischen Apparates ein und hinterließ damit eine Dauerspur, die sich aus der modernen Kultur nicht mehr löschen lässt.

EPILOG

# DIE DINGE UND DIE LETZTEN DINGE

## / Die Dinge und die letzten Dinge

»Ein Traumding bedeutet das, woran es erinnert.« Der Satz findet sich in der »Traumdeutung« in der in die 4. Auflage des Jahres 1914 eingefügten langen Fußnote, in der Freud das antike Traumbuch des Artemidoros aus Daldis als »die vollständigste und sorgfältigste Bearbeitung der Traumdeutung in der griechisch-römischen Welt« würdigt. Mit dem Satz markiert er seine Differenz zu Artemidor. Denn bei diesem bedeutete das Traumding, woran es den Traumdeuter erinnert. Für Freuds Methode gilt, »dass sie dem Träumer selbst die Deutung auferlegt«. Ein Traumding bedeutet das, woran es die Patienten auf der Couch erinnert, die der Regel unterstehen, nichts der Zensur zu unterwerfen, was ihnen in den Sinn kommt. Dem Deuter Freud geht es, wenn er das zutage geförderte Material auf seine Bedeutung hin abhorcht, nicht um die Dinge, sondern um den Sinn des Traums. Das Material, das der seelische Apparat verwendet, ist ihm im Prinzip gleichgültig. Er spürt den Mechanismen nach, mit denen das Material verarbeitet wird, den Wünschen und Ängsten, die in den Dingen ihre Symbole, ihre Ausdrucksform finden. Wenn hier von Fancy Paper und Möbeln, chemischen Kolben und Seziertischen, Götterfiguren aus Gips und Marmor, Schreibgeräten und Zimmertelegraphen die Rede war, so um sie an der Schwelle zu betrachten, an der sie sich aus Objekten der Lebenswelt gleich doppelt in »Freuds Dinge« verwandeln: zum einen in das Material seiner Deutungsarbeit, zum anderen in Elemente des Gleichnisrepertoires, das ihm – mustergültig in der »Notiz über den ›Wunderblock‹« – zur Entfaltung und Darstellung seiner neuen Wissenschaft dient.

Sigfried Giedion, der hier mehrfach als Historiker des Interieurs herangezogen wurde, hat seinen Studien zur Mechanisierung und Elektrifizierung der Wohnungen und Haushalte die Einsicht zugrunde gelegt, dass die Umformung des Alltagslebens und der Dingwelt seit dem späten 19. Jahrhundert von nicht geringerer Bedeutung sei als »die geschichtlichen Explosionen« der politischen Welt: »In ihrer Gesamtheit haben die bescheidenen Dinge, von denen hier die Rede sein wird, unsere Lebenshaltung bis in ihre Wurzeln erschüttert. Diese kleinen Dinge des täglichen Lebens akkumulieren sich zu Gewalten, die jeden erfassen, der sich im Umkreis unserer Zivilisation bewegt. Werkzeuge und Gegenstände sind Ausdruck grundsätzlicher Einstellungen zur Welt. Diese Einstellungen bestimmen die Richtung, in der gedacht und gehandelt wird. Jedem Problem, jedem Bild, jeder Erfindung liegt eine bestimmte Einstellung zur Welt zugrunde, ohne die sie niemals entstanden wären.«

In den Dingen, mit denen er hantierte und die in sein Werk eingingen, erweist sich Freuds Zugehörigkeit zur Epoche der Mechanisierung, Industrialisierung und Elektrifizierung. Der Wunderblock mag in seiner Koppelung von Speicher- und fortwährender Löschfunktion an iPad's und Laptops von heute erinnern, bleibt aber in seiner physischen Gestalt eine durch und durch mechanische Apparatur. Indem er in das immer wieder überschriebene, revidierte und erweiterte Bild des psychischen Apparats eingeht, trägt er dazu bei, dass sich die Mechanisierung und Elektrifizierung darin abzeichnen wie in einer Mischphotographie die übereinander kopierten Individualporträts. Es sind die Funktionen einer Apparatur, die Freud interessieren, wenn er sie in sein Gleichnisrepertoire aufnimmt. Es ist die äußere Gestalt der Dinge, die sie für die Sexualsymbolik des Traums interessant macht. Aber Funktion und Gestalt verschwinden nicht in den Analogien, denen sie dienstbar gemacht werden.

Die Frage nach »Freuds Dingen« zielte auf die Geschichtlichkeit des Unbewussten wie auf die Geschichtlichkeit aller Theoriebildung. Darum wurden hier Penkalastifte und Apollokerzen, die für Freud gleichgültiges Material der Deutungsarbeit waren, mit ebender Aufmerksamkeit betrachtet, die er selbst dem Unscheinbaren, Marginalen zuwandte. Sie eröffnen den Zugang zur Warenwelt, zu den »Augenblicksgöttern« der Seele im technischen und industriellen Zeitalter, zu den »Traumdingen«, die ebenso häufig durch ihre Namen wie durch ihre physische Gestalt den Träumer dazu einladen, sich an etwas zu erinnern. Sie gehören wie die Apparate der Laboratorien und die Nippesfiguren auf den Kaminsimsen, von denen hier die Rede war, zur »anonymen Geschichte«, an der Giedion die »bestimmte Einstellung zur Welt« einer Epoche sichtbar machen wollte.

Die Nippesfiguren und »Kaminstücke« sind dabei von besonderer Bedeutung. Sie zeigen, dass Freuds Transformation der Antike nur auf den ersten Blick als Rückgriff auf die Vergangenheit erscheint, dem die technischen Apparaturen in seinem Gleichnisrepertoire als Niederschlag der Jetztzeit gegenüberstehen. Beide tragen den Index des Aktuellen in einer Zeit, in der die Innovationen und Markennamen der Industrie nicht anders als die Psychoanalyse einen Pakt mit der antiken Mythologie schließen. Wie Technik und Industrie rückt die Psychoanalyse die Dinge in den Horizont ihrer Zwecke. Sie mögen noch so banal, verbraucht oder unscheinbar sein wie das »fancy paper«, die Psychoanalyse verwandelt sie in kostbares Deutungsmaterial und entdeckt in ihnen den Goldfaden, der zur Lösung eines Traumrätsels oder Aufklärung eines neurotischen Symptoms führt. Weit über die Regionen des Fetischismus hinaus verlieren dadurch die Dinge ihre Harmlosigkeit, so wie der Fetischcharakter der Ware bei Marx gerade nicht an bestimmte – etwa besonders teure – Dinge gebunden ist, sondern an den Warencharakter als solchen. Freuds Couch und der Teppich, der sie bedeckte, gehören einem Typus von Dingen an, der erst mit der Herausbildung der Psychoanalyse entstand. In ihnen materialisiert sich das Setting, sie sind Teil des Arbeitsplatzes, der aus der Methode hervorgeht, die »dem Träumer selbst die Deutung auferlegt«. Die Umformung und Erweiterung der Dingwelt durch Mechanisierung und Elektrifizierung, die Sigfried Giedion als Erschütterung der »Lebenshaltung« seiner Zeitgenossen beschrieb, hat in der Digitalisierung des Alltags eine Nachfolgerin gefunden. So wie Freuds Nachfolger im zwanzigsten Jahrhundert die »Welt der Dinge« und »die Bedeutung der nichtmenschlichen Umwelt für die seelische Entwicklung« in die Psychoanalyse einbezogen haben, praktizieren und diskutieren heutige Psychoanalytiker die Ablösung der therapeutischen Behandlung vom klassischen Setting durch Kommunikationskanäle wie Skype, die das Gegenüber von Patient und Analytiker von der physischen Anwesenheit im selben Raum ablösen.

Im Falle Freuds wäre eine solche Ablösung mit der Auflösung der Einheit von »studiolo« und psychoanalytischer Praxis verbunden, also der Einheit von Couch, Arbeitszimmer und archäologischer Sammlung. Der Raum ist die angestammte Sphäre der Dinge. Und die Objekte einer Sammlung gehören einem Typus von Dingen, der sich gegen die Ablösung vom Raum sperrt. Der Sammler entzieht Dinge der Zirkulation, um sie in einem Raum zu versammeln, den er ihnen anweist. Ein solcher Sammler war Freud, und für seine Sammlung von archäologischen Objekten galt die Nicht-Ablösbarkeit vom Raum in besonderem Maße. Das Gesetz, unter dem sie standen, besagte, dass sie der Antike entstammen mussten und in diesem Sinne auch dann Originale waren, wenn sie, wie womöglich die kleine Artemisfigur, antike Kopien größerer Originale waren. In einer Digitalisierung, auch in einer 3-D-Darstellung, ginge dieser nicht kopierbare Originalcharakter verloren. Freud war auch Sammler von Briefmarken und Tarotkarten. Von der archäologischen Sammlung war hier die Rede, weil ihrer Objekte nicht nur durch die archäologische Metapher, sondern zugleich durch ihr Im-Raum-Sein – auf dem Schreibtisch, in der Bibliothek, im Behandlungszimmer – zur Entfaltung der Psychoanalyse beitrugen, als seine »Mitarbeiter«. Auch diese Sammlung trägt einen historischen Index. Ihre Objekte stehen nicht nur im physischem Raum, sei es in der Berggasse 19 in Wien oder in 20 Maresfield Gardens in London, sondern auch in diskursiven Räumen, die wie der Echoraum um die kleine Artemisfigur nicht allein von den Schriften Freuds gebildet wird. Freud, der sich zum 30. Geburtstag eine Klytia-Büste wünscht, gehört ebensosehr zur Geschichte des bürgerlichen Geschmacks im 19. Jahrhunderts wie zur Geschichte des Zusammenspiels von Psychoanalyse und antiker Mythologie. Nur in der Schrift, nicht im Raum ist die Klytia-Büste erhalten. Sie steht ex negativo für die Aussagekraft der Anwesenheit oder Abwesenheit von Dingen – und zumal Sammlungsobjekten –, von der hier abschließend die Rede sein soll, im Blick auf die »letzten Dinge«.

Zu Freuds Nachlass gehört ein bronzener Chanukka-Leuchter aus dem 13. Jahrhundert. Er ist mit einer roten Inventarnummer versehen, was darauf schließen lässt, dass er zur Antiquitätensammlung gehörte. Freud bewahrte ein im 19. Jahrhundert entstandenes Dokument in hebräischer Sprache auf, das dem Leuchter fälschlich eine Herkunft aus dem syrisch-palästinensischen Raum zuschreibt und ihn zu einem Relikt des antiken statt des mittelalterlichen Judentums macht. Ob er dieser falschen Zuschreibung Glauben schenkte, ist ungewiss. In den Familienräumen wäre der alte Ölleuchter, der sich an die Wand hätte hängen lassen, allenfalls ein dekoratives Element gewesen. Die religiösen Bräuche des Judentums wurden im Hause Freuds nicht gepflegt. »Unsere Feiertage waren Weihnachten unter einem Baum mit brennenden Kerzen und Ostern mit fröhlich bemalten Ostereiern. Ich war nie in einer Synagoge, und meines Wissens hatten auch meine Brüder und Schwestern nie eine besucht.« Die brennenden Weihnachtskerzen, die an die Stelle der in Öl getauchten Dochte des Chanukka-Leuchters traten, standen dem Chris-

**Bronzener Chanukka-Leuchter aus dem 13. Jahrhundert**
Mit einer biblischen Inschrift: »Denn das Gebot ist eine Leuchte und die Weisung ein Licht.«

tentum so fern wie der jüdischen Religion. Nie hat Freud, anders als eine große Anzahl jüdischer Intellektueller im 19. und 20. Jahrhundert, auch nur erwogen, sich taufen zu lassen, nie hat er seine Zugehörigkeit zum Judentum in Frage gestellt. Zugleich hat er von seiner Fundamentalkritik der Religion als kollektiver Neurose das Judentum nicht ausgenommen. Die Mechanismen, denen die Illusionsbildung der Religionen folgt, sind in seinen Schriften mit denen der Traumarbeit verwandt, die von Wünschen vorangetrieben wird. So wie der Traum die individuelle Todesfurcht beschwichtigen kann, setzen gattungsgeschichtlich die Menschen dem Naturgesetz der Sterblichkeit, das über sie herrscht, die Bilder des Jenseitsglaubens als tröstende Illusion entgegen.

»Eine Todesahnung befällt den Schlafenden, will ihn in das Grab versetzen, aber die Traumarbeit weiß die Bedingung auszuwählen, unter der auch dies gefürchtete Ereignis zur Wunscherfüllung wird; der Träumer sieht sich in einem alten Etruskergrab, in das er selig über die Befriedigung seiner archäologischen Interessen hinabgestiegen war.« Es ist gut denkbar, dass der in »Die Zukunft einer Illusion« zitierte Träumer Freud selbst war, zu dessen archäologischer Sammlung auch Objekte aus etruskischen Gräbern zählten. Als er am 23. September 1939 im Londoner Exil starb, wartete jedoch keine Grabkammer auf ihn, sondern das letzte Objekt, von dem in diesem Buch die Rede sein soll. Die Urne, die seine Asche aufnahm, war keine Urne, sondern eine antike Vase aus seiner archäologischen Sammlung, die ihm Marie Bonaparte zum 75. Geburtstag im Mai 1931 geschenkt hatte. Der aus dem 4. Jahrhundert v. Chr. stammende Glockenkrater aus Apulien mit roten Figuren auf schwarzem Firnis zeigt ein dionysisches Bildprogramm. Auf der einen Seite sitzt Dionysos auf einem Schemel und hält in der Hand seines linken, aufgerichteten Armes seinen Thyrsosstab, in der rechten Hand den Kantharos, das Trinkgefäß, das zu seinen Attributen gehört. Ihm gegenüber hält eine stehende Frauenfigur in der linken Hand einen Spiegel, in der rechten ein Gefäß. Eine Stele steht zwischen den beiden Figuren. Auf der anderen Seite der Vase sind zwei stehende Mantelfiguren ebenfalls durch eine Stele getrennt.

Diese apulische Vase, die unter den Urnen im Golders Green Crematorium im Norden Londons eine Ausnahme darstellt, hat ein Gegenüber in den Grabsteinen mit hebräischen Inschriften auf dem jüdischen Friedhof in unmittelbarer Nachbarschaft des Krematoriums.

Das Krematorium in Golders Green, ein 1902 eröffneter Backsteinbau, in dem wenige Monate vor Freud auch sein britischer Fürsprecher Havelock Ellis eingeäschert wurde, war ein Zeichen der Modernisierung der Sepulkralkultur und der schwindenden Kraft religiöser Traditionen. Seit 1885 war in England die Feuerbestattung, wie von ihren Befürwortern vehement gefordert, legalisiert. Das traditionelle jüdische Religionsgesetz kennt nur die Erdbestattung, es verbietet die

Die apulische Vase aus dem 4. Jahrhundert v. Chr.
mit der Asche Freuds und seiner Frau Martha

Feuerbestattung mit Blick auf die Auferstehung der Toten mit ihren Körpern bei der Ankunft des Messias.

Die in der Feuerbestattung enthaltene Abwendung von der jüdischen Orthodoxie wird durch das dionysische Bildprogramm der Vase verstärkt. Die schwarze Granit-Säule, die als Untersatz der Vase dient, hat Freuds Sohn Ernst entworfen, der Architekt und schon 1933 von Berlin nach London emigriert war. Sie nimmt das Stelenmotiv des Glockenkraters auf und legt es nahe, die antike Stele als Grabstele zu identifizieren. Dionysos, der Gott des Weins, der Ekstase und des Theaters, galt seit Nietzsches Schrift »Die Geburt der Tragödie« als Widerpart der apollinischen Klarheit und des Maßes. Er ist aber zugleich der Gott der ewigen Wiederkehr von Tod und Geburt, ein Verwandter des ägyptischen Osiris, wie ihn George Frazer in »The Golden Bough« beschrieben hatte, einer der Hauptquellen für Freuds anthropologische Schriften. Ein Gott des Triebverzichts ist er nicht. In das Bild der apulischen Vase konnten Freud-Leser im Gegenüber von Dionysos und Stele ein Zentralmotiv seines Werkes hineinsehen: die Polarität von Lustprinzip und Todestrieb.

Es lässt sich nicht zweifelsfrei belegen, dass Freud selbst die apulische Vase zum Aufbewahrungsort seiner Asche bestimmt hat. In keinem der zahlreichen Berichte über die Trauerfeier im Krematorium am 26. September 1939 wird sie erwähnt, auch nicht im Nachruf von Marie Bonaparte, der Schenkerin, der am 4. Oktober 1939 in der antifaschistischen französischen Zeitschrift »Marianne« erschien. In seinem Dankesbrief an Marie Bonaparte vom 10. Mai 1931 hatte Freud sein Bedauern darüber geäußert, »dass man mir keines der schönen Gefäße ins Grabgewölbe mitgeben wird«. Ein fester Auftrag an die Hinterbliebenen ist dies nicht. Ob Freud wusste, dass es sich bei dem Glockenkrater mit großer Wahrscheinlichkeit um einen Grabfund handelt, ist unbekannt. In seinem Arbeitszimmer nahm er eine herausgehobene Position ein. Auf den Photographien Edmund Engelmans ist die Vase auf einem runden Beistelltisch hinter dem Schreibtischstuhl nahe am Fenster zu sehen, Blütenzweige ragen aus ihr hervor.

Unabhängig von etwaigen Verfügungen, die Freud mündlich über seine Bestattung gegeben haben mag, lässt sich die Frage stellen, in welchem Verhältnis der apulische Glockenkrater, in dem seine Asche liegt, zu seinem Werk und zu seinem Judentum steht. Das letzte Buch, das er vor seinem Tod publizierte, war »Der Mann Moses und die monotheistische Religion«. Es begann mit dem Satz: »Einem Volkstum den Mann abzusprechen, den es als den größten unter seinen Söhnen rühmt, ist nichts, was man gern oder leichthin unternehmen wird, zumal wenn man selbst diesem Volk angehört.« Bis heute ist die Debatte über dieses Buch nicht verstummt. War es eine zur Unzeit vorgenommene, bedenkenlose Enthüllungsschrift, die Moses dem Judentum entführte und zu einem Ägypter und Verächter der Juden machte? War es der Abschied Freuds von der griechisch-römischen Kultur, hervorgegangen aus der Desillusionierung über deren Unfähigkeit, als Schutzschild gegen den Antisemitismus zu dienen? War es der Fluchtpunkt einer tiefen Moses-Identifikation, die Freud auf Umwegen von der Akropolis zum Sinai führte, zur Heimkehr ins Judentum? Die Diskussion hierüber wird meist mit Blick auf die Aussagen geführt, die Freud – häufig kontrafaktisch zur Realgeschichte des Judentums – über den strengen Monotheismus machte, den sein Moses aus Ägypten mitbrachte, und über den Widerstand der Juden, die ihn töten mussten, um sein Erbe, die Befreiung vom Götzendienst, annehmen zu können. Grundsteine in Freuds Konstruktion des Judentums sind das Bilderverbot und der Verzicht auf den Auferstehungsglauben im frühen Judentum. Vor allem mit Blick auf das Bilderverbot würdigte er die jüdische Religion als »Fortschritt in der Geistigkeit«. Hier liegt der Ansatzpunkt für alle Deutungen, die im »Mann Moses« einen Beleg für die Heimkehr des späten Freud ins Judentum sehen.

Der Fortschritt, den die Juden bewirkten, war schon in »Die Zukunft einer Illusion« die Zusammenziehung der vielen Götter zu einem einzigen Gott. Die Götter gingen darin aus den Versuchen der Menschen hervor, die gestaltlos-unpersönliche Übermacht der Naturkräfte in Mächte zu verwandeln, die man beschwören, beschwichtigen, womöglich gar bestechen kann. Die Verdichtung der Göttersphäre zu dem einen göttlichen Wesen des Monotheismus ist der Fluchtpunkt dieser Entwicklung, die Juden spielen hierbei die Schlüsselrolle, aber sie tauchen an entscheidender Stelle nicht unter ihrem Namen auf, sondern als »das Volk, dem zuerst solche Konzentrierung der göttlichen Eigenschaften gelang« und das aus dem Stolz über dieses Gelingen sein Selbstbild formte: »Nun, da Gott ein Einziger war, konnten die Beziehungen zu ihm die Innigkeit und Intensität des kindlichen Verhältnisses zum Vater wiedergewinnen. Wenn man soviel für den Vater getan hatte, wollte man aber auch belohnt werden, zum mindesten das einziggeliebte Kind sein, das auserwählte Volk.« Schon bevor Freud im »Mann Moses« dem jüdischen Volk Moses nahm, hatte er sein Selbstbild als auserwähltes Volk zur kindlichen Illusion herabgestuft.

»Ganz nebenbei, warum hat keiner von all den Frommen die Psychoanalyse geschaffen, warum musste man da auf einen ganz gottlosen Juden warten?«, fragte Freud im Oktober 1918 in einem Brief den protestantischen Pastor Oskar Pfister. Die Antwort hat er selbst 1926 anlässlich seines 70. Geburtstages in seiner Abschiedsansprache an die Mitglieder der Wiener jüdischen Loge B'nai B'rith gegeben. Seit 1897 hatte er ihr angehörte und in ihr vor allem in den Jahren vor dem Ersten Weltkrieg ein Publikum gefunden, das ihn für viele Anfeindungen entschädigte. Der Kern der Ansprache war eine Selbstdeutung des Wissenschaftlers. Seine Zugehörigkeit zum Judentum habe ihm den Gang in die Opposition und den Verzicht auf das Einverständnis mit der »kompakten Mehrheit« erleichtert und dadurch seine »Einblicke in die Tiefen des menschlichen Trieblebens« begünstigt. Das war eher eine Reflexion der sozialen Effekte seiner Zugehörigkeit zum Judentum als eine Würdigung des Judentums selbst. Was für ihn »die Anziehung des Judentums und der Juden unwiderstehlich machte«, führte er gerade nicht auf die Fortschritte der Geistigkeit oder gar das Selbstbild der Juden als auserwähltes Volk zurück, sondern auf »dunkle Gefühlsmächte, umso gewaltiger, je weniger sie sich in Worte fassen ließen«. Es klang, als lockten ihn diese Mächte aus der Distanz. Er reklamierte für sich eine doppelte Außenseiterposition sowohl gegenüber der christlichen Mehrheitsgesellschaft als auch gegenüber dem Judentum, dem er angehörte. Es gibt wenig Gründe für die Annahme, Freud habe diese Position am Ende seines Lebens revidiert.

# Epilog

Die Frage, ob die antike apulische Vase ein angemessener Ort für die Asche Freuds ist, lässt sich auch ohne eine detaillierte Nachzeichnung der Diskussionen um den »Mann Moses« beantworten. Denn sie ist, will man nicht darüber spekulieren, was Freud auf dem Totenbett gedacht haben mag, vor allem die Frage nach der letzten Instanz, an die in seinen Schriften das »Ich« gebunden ist. Diese Schriften wurden hier auch deshalb so häufig und gelegentlich ausführlich zitiert, um die Facetten dieses Ich hervortreten zu lassen. Es ist von Beginn an, vor allem aber seit der »Traumdeutung« und der in sie eingegangenen Selbstanalyse, eine der interessantesten Figuren im gesamten Werk. Es wächst mit diesem Werk, und die Antwort auf die Frage, welche der Facetten des Ich sich als letzte Instanz der Texte erweist, ist eindeutig: Die letzte Instanz ist weder das Ich des Träumers noch das des Sohnes seiner Eltern, des Ehegatten oder des Vaters seiner Kinder und auch nicht das des Sammlers von Büchern und Antiquitäten. Die aus Heines »Wintermärchen« in »Die Zukunft einer Illusion« hineinzitierten Verse »Den Himmel überlassen wir / den Engeln und den Spatzen« gehörten zum Glaubensbekenntnis des gottlosen Juden, aber auch er war nicht die letzte Instanz des Ich im Text. Diese blieb für den Begründer der Psychoanalyse reserviert, den Stifter einer neuen Wissenschaft, die ihren Gegenstand nicht vorfand, sondern entdeckte und aus seinen nicht leicht zu entschlüsselnden indirekten Äußerungen konstruierte.

Als Freud »Der Mann Moses und die monotheistische Religion« schrieb, war diese Instanz voll ausgebildet, nur darum konnte er den Beitrag des Judentums zum »Fortschritt der Geistigkeit« würdigen und zugleich in dieser Leistung den Keim der »Zwangsneurose« diagnostizieren. Von der Transformation der Antike, die in seine neue Wissenschaft eingegangen war, hätte Freud nicht Abschied nehmen können, ohne seiner Wissenschaft eines ihrer Fundamente zu entziehen. Universelle Geltung strebte sie an, darum konnte ihr Begründer sein Judentum zwar als Begünstigung der Herausbildung seiner Erkenntnisse reflektieren, seine Erforschung des Unbewussten aber nicht als »jüdische Wissenschaft« betreiben. Die Universalität, die Freud beanspruchte, war mit der Exklusivität des auserwählten Volkes nicht zu vereinbaren. In der Kultur, aus der Freuds neue Wissenschaft hervorging, war seit dem 18. Jahrhundert die antike Mythologie als »Spiegel des Menschengeschlechts« zur Chiffre für Universalität geworden. Das musste dem Begriffsbildner und Namensfinder Freud entgegenkommen. Er hielt an diesem Spiegel fest, auch beim Gang ins Exil, und nannte seine Tochter Anna, die diesen Gang absicherte, seine »Antigone«.

In der Neujahrsnacht 2014 versuchten Einbrecher den kostbaren apulischen Glockenkrater, der seit 1951 auch die Asche von Freuds Frau Martha enthielt, aus dem Krematorium in Golders Green zu entwenden, und beschädigten die Vase dabei schwer. Die Meldungen über die Störung der Totenruhe, den missglückten Diebstahl, die Zerstreuung der Asche und die Beschädigung der Vase gingen durch die internationale Presse. Auf der Website *thelondondead* tauchte 2015 der Kommentar auf: »If Freud had had a decent Jewish burial, this would not have happened.« Vor der Störung der Totenruhe war der apulische Glockenkrater im Freud-Memorial von Golders Green, der nun durch eine Glasvitrine gesichert ist, frei zugänglich. Manche Besucher nutzten die Möglichkeit, nach jüdischem Brauch kleine Steine auf die Granitstele zu setzen, die der antiken Vase als Untersatz dient. Mit diesem Ensemble aus antiker Vase und Gedenksteinen als Beigabe ist das Ich, das im Werk des gottlosen Juden Sigmund Freud das letzte Wort behält, angemessen gewürdigt. Der Glockenkrater mit dem dionysischen Bildmotiv und Freuds Asche wurde inzwischen fachgerecht restauriert und neu versiegelt. Er steht außerhalb des Raumes der jüdischen Orthodoxie, nicht aber des Judentums.

# ANHANG

S. 10 – »Das Fallenlassen von Objekten ...«: FGW IV, 188ff. »Vorlesungen zur Einführung ...«: FGW XI, 156f.

S. 11 – »der schichtweisen Ausräumung ...«: FGW I, 201

S. 12 – »Nehmen Sie an, ein reisender Forscher ...«: FGW I, 214

S. 13 – »anonymen Geschichte«: Giedion (1984), 19ff.

S. 16 – »abergläubischen oder scherzhaft daran geknüpften Bedeutungen«: FGW IV, 191

S. 17 – »Unser Schreibzeug ...«: Nietzsche (2002), 18

S. 23 – »Ich war zuletzt ...«: FF, 152. ... der Philosoph Thomas Hobbes ...: Vgl. Shapin/Schaffer (1985). Kritisch dazu Horstmann, Frank (2012)

S. 25 – »In einer fleißigen Nacht ...«: FF, 149ff. »Neuronensystem«: Entwurf einer Psychologie, in: FN, 375–486, hier 394ff. »Träger des Gedächtnisses ...«: FN, 392

S. 28 – »Abfuhrempfindung«, »Drucksteigerung«: FN, 404. »heuristische Hebezeuge«: Lichtenberg (1971), Bd. 1, 830. »... nie wieder von ihm zurückforderte«: Zum Ort des »Entwurfs einer Psychologie« in der Theorieentwicklung Freuds überzeugend Métraux (1999). Vgl. auch Wegener (2004), 99–121

S. 29 – »Also man muss bekanntlich das Gehirn härten ...«: FM 2, 342f.

S. 30 – »Ich arbeite aber nicht ...«: FB, 227f.

S. 32 – »Ich schreibe heute ...«, »Morgen habe ich ...«: FMB, 180f. »Breuers Mikrotom ...«: FMB, 181

S. 33 – »Le service de M. Charcot ...«: FGW I, 27f.

S. 34 – »Museum von klinischen Fakten«: FGW I, 23. »mit seiner vollen Autorität ...«, »... im kleinen die Tat der Befreiung«: FGW I, 30

S. 35 – »grand hypnotisme«, »Lethargie«, »Katalepsie«, »Somnambulismus«: Vgl. zu den Diagnose- und Behandlungstechnologien der Salpêtrière Mayer

(2002), 19ff., 89ff. »Optische, akustische und elektrotherapeutische Apparaturen …«: Das Folgende nach Mayer (2002), »Praktiken der Suggestion«, 41ff.

S. 39 – »Noch als Student …«: FGW XIV, 40. Zu Carl Hansen und den Debatten über die Bühnenmagnetiseure Mayer (2002), 113ff. »Die Behauptung, dass so schwere …«: FN, 42

S. 40 – »versperrt«: FGW XIV, 39. Eine ausgewogene Darstellung des Konflikts mit Meynert und Freuds Position innerhalb der Ärzteschaft Wiens bei Hirschmüller (1991), bes. 69ff. sowie 211ff.

S. 41 – »ausgezeichnet zur Hypnose geeignet«: FGW I, 102. »Die Hypnose fällt ganz unergiebig aus …«: FGW I, 124. »Wir empfahlen Fortsetzung …«: FGW I, 199.

S. 42 – »Lange Zeit …«: Wiener Bilder. Illustrirtes Sonntagsblatt, 30. Januar 1898, 5

S. 44 – »talking cure«: Breuer/Freud (1995), 23

S. 45 – »obwohl er aus den erhaltenen Berichten …«, »Tatsächlich hatte doch das Mittelalter …«: FGW I, 31

S. 46 – »Welchen Umfang die Neurose erreicht …«: FGW I, 375f.

S. 47 – Ernest Jones: Jones (1984), I, 373ff.

S. 48 – Johan Wilhelm Ritter: Vgl. Müller (1994), 262ff. »ein Dynamometer …«: FB, 206. Zum Dynamometer und den Kokainselbstversuchen und -studien sehr aufschlussreich Albrecht Hirschmüllers Edition Freud (2004)

S. 51 – »weinende Kinder, Versuchspersonen, deren Gesichtsmuskeln …«: Darwin (2000), 164, 200

S. 52 – »Der Spiegel eines Reflexionsteleskops …«: Breuer/Freud (1995), 164, Anm. 1. »dass wir uns das Instrument …«: FGW II/III, 541. »Alles, was Gegenstand …«: FGW II/III, 616. »Eine grobe, aber ziemlich …«: FGW VIII, 436

S. 53 – »Verzicht auf die Darstellung logischer Relationen«: FGW II/III, 317

S. 54 – »Die Verschiebung erfolgt …«: FGW II/III, 345. »Ähnlichkeit, Übereinstimmung, Berührung«, »Gleichwie«: FGW II/III, 324. »Mischpersonen«: FGW II/III, 299. Die »Mischphotographien des Engländers Francis Galton«: Vgl. zum Folgenden Mayer (1999) sowie Mayer (2002)

S. 55 – »Traum von Onkel Josef«: Hierzu wie überhaupt zum Thema Freud, Medizin und Judentum unverzichtbar Gilman (1993), bes. 43–55, 188–195. »I. Freund R. ist mein Onkel …«, »seit längerer Zeit ein Kandidat«: FGW II/III, 142f.

S. 58 – »Mein Vater, der damals …«: FGW II/III, 144. Gilman (1993), 245, Anm. 160 verweist auf Maurice Fishberg: »Zur Frage der Herkunft des blonden Elements im Judentum«, in: Zeitschrift für Demographie und Statistik der Juden, 4, 1907, 7–12, 25–30

S. 60 – »dass ich noch einmal Minister werde«: FGW II/III, 198. »Welch gründliche Rache …«: FGW II/III, 199

S. 61 – »Sprachspiel«, »was allem, was wir Sprache nennen«, »Ich kann diese Ähnlichkeiten …«: Wittgenstein (1971), 56ff. »Lecture on Ethics«: Das Folgende nach Nedo (2007).

S. 64 – »to make you see«: Ebd., 171f. »We are inclined to think …«: Nedo (2007), 170. »Im Wittgenstein Archive …«: Ebd., 172.

S. 65 – »Was Freud über das Unbewusste …«: Wittgenstein (1984), 198. Zum ambivalenten Verhältnis Wittgensteins zu Freud Stefan Majetschak (2007)

S. 67 – »Nach vollendeter Deutungsarbeit«: FGW II/III, 126. »Irmas Injektion«: FGW II/III, 110ff.

S. 68 – »einer der ersten Kollegen«: Bukowinaer Post, 24. Mai 1908, 5

S. 69 – »Traum eines Chemikers«: FGW II/III, 387–389
S. 71 – »Der alte Brücke ...«: FGW II/III, 455
S. 72 – »Die Präparation bedeutet ...«: Ebd., 456. »Im Laboratorium von Ernst Brücke ...«: Habermas (1973), 300f.
S. 73 – »Tiefenhermeneutik«, »Selbsttäuschungen des Autors«: Ebd., 267. »Das szientistische ...«: Ebd., 300
S. 74 – »die Traumdeutung stets am Vorbild ...«: Ebd., 263
S. 76 – »Traum von der botanischen Monographie«, »Ich habe eine Monographie ...«: FGW II/III, 175ff.
S. 77 – »Man befindet sich hier ...«: FGW II/III, 289
S. 78 – »... dass die Traumdeutung imstande sei ...«: FGW II/III, 150f. Wilhelm Robert, »Der Traum als Naturnotwendigkeit ...«, in: Goldmann (2005), 291–318, bes. 317
S. 79 – »der Begriff der Arbeit gleich dem ...«: Helmholtz (1854), 9. Vgl. hierzu Rabinbach (2013) und das Eingangskapitel »Natürlich–Künstlich« in: Sternberger (1938), bes. 34ff.
S. 80 – »Es ist sehr wohl möglich ...«: FGW II/III, 566f.
S. 81 – »Der Traum leistet ...«: FGW II/III, 83.
S. 82 – »Bei der Arbeitsteilung trifft es sich ...«: FGW IV, 193. »Die beiden Werkmeister ...«: FGW II/III, 313. »Der Traum ist knapp ...«: FGW II/III, 284.
S. 83 – »Verdichtungsquote«, »In der Regel unterschätzt ...«: Ebd., 285. »... wie anfangs schwach geladene«: FGW II/III, 183. »wie ein Schirm«, »mobile Besetzungsenergien«: FGW II/III, 620
S. 84 – »die automatische Herrschaft des primären Unlustprinzips ...«, »Automatismen«: FGW II/III, 622
S. 90 – »Geburtsstätte«, »... Museum geschaffen werden kann«: Engelman (2016), 89. Porträtphotographie: Bergstein (2010), 222, dort Weiteres zu Orient-Photographien im Besitz von Freud

S. 93 – »Mme. Freud teilt mir mit …«: Marinelli (2006), 10. »Die große Ausstellung über orientalische Teppiche«: Vgl. zu Riegl und den Orientteppichen in Wiener Museen und im Interieur Trautmann-Waller (2017)

S. 95 – »ein guter Kunde der Wiener Teppichhändler …«: Zum Orientalismus in Wien Scherer (2015). »Verschießen«: Vgl. hierzu »Der innere Orient«, in: Sternberger (1938), 173 ff. »Knochenlose«: Giedion (1984), »Die Herrschaft des Tapezierers«, 402 ff., hier 405.

S. 96 – »Die Historiker des Mobiliars«: Christian Witt-Dörring: »Die Couch – Schlaf- oder Sitzmöbel?«, in: Marinelli (2006), 67–77.

S. 97 – Crébillon: Andreas Mayer: »Nackte Seelen. Die moralische Ökonomie der Couch«, in: Marinelli (2006), 195–215. Zu Rautenformen, Couch und Orientalismus: Warner (2011). »Autoritätsfigur«: Juliane Vogel: »Die Couch im Raum«, in: Marinelli (2006), 143–159, 150.

S. 98 – »Die drei Mädchen …«: FF, 340

S. 99 – »Dieser Traum baut sich …«: FGW II/III, 444 f. »Auf Geseres, auf Ungeseres«: Ebd.

S. 101 – »Der Übergang von Klinik …«: Vgl. zum Folgenden »Die psychotherapeutische Privatpraxis zwischen Klinik und Labor« und »Experimentalismus ohne Labor. Zur Genese des psychoanalytischen Settings«, in: Mayer (2002), 183 ff., 221 ff. »theatralischen Szene«: Zum Verhältnis von Salpêtrière und Bühne siehe Medicus (1989)

S. 104 f. – »Chirurgen zum Vorbild …«, »Spiegelplatte …«, »Ratschläge für den Arzt bei der psychoanalytischen Behandlung«: FGW VIII, 376–387, hier 380, 384. »Wie der Analysierte alles …«: Ebd., 381.

S. 109 – »... die Elisabeth wird nicht eher ruhen ...«: Benjamin (1985), 613. »Firma Richter in Rudolstadt«: Zur Geschichte des Anker-Steinbaukastens Hardy (2014)

S. 111 – »Meine Träume sind überhaupt weniger reich ...«: Freud (1999), 323

S. 114 – »O mein teures Marthchen ...«: FM 1, 299

S. 116 – »Der ›animalische‹ Teil ...«: FM 2, 307f.

S. 117 – »Dasselbe ist so groß ...«: FB, 200. Freuds Skizze von Charcots Wohnung bei Mayer (1999b), 197

S. 118 – »Es arbeitet merkwürdigerweise ...«: FF, 416

S. 119 – »Symbolisierung«, »Die allgemeine Phantasiebezeichnung ...«: Volkelt, »Die Traumphantasie«, in: Goldmann (2005), 97–240, hier 123f.

S. 120 – »Welcher Schlüssel ...«: FGW II/III, 359. »Zwischen zwei stattlichen ...«: FGW II/III, 402f.

S. 121 – »So findet die atmende Lunge ...«: Goldmann (1995), 124.

S. 122 – »Das Ich fühlt sich unbehaglich ...«: FGW XII, 9

S. 123 – »auf dem Divan liegend«: FGW I, 100. »Sie hat schrecklich geträumt ...«: FGW I, 115. »Das bürgerliche Interieur der sechziger ...«: Benjamin 1977, 14f.

S. 124 – Kafka im Februar 1911: Kafka (1999), 135. »... die ihren Gedächtniswert ...«, »Erinnerung an den gedeckten Tisch ...«: FGW I, 551, 550

S. 125 – »I arrange the centre ...«: FGW II/III, 379ff.

S. 126 – »Die Urform allen Wohnens«: Benjamin (1982), 1, 291f.

S. 127 – »L'Adultera«: »... dass sich die tiefsten Geheimnisse der Natur ...«: FGW IV, 196, 228.

S. 128 – »Die Gartenlaube ... Ruf bei der Nachwelt«: Zum Zusammenhang von Haus, Interieur und Literatur im 19. Jahrhundert Haag (2012), dort zur »Gartenlaube« im Kontext der Laubenmythologie 171ff., sowie Stockinger (2018). »Wenn er auch äußerlich ...«: Marlitt (1890), 10. »Sorgsam schob er das Papier ...«: Marlitt (1890), 11

S. 131 – »Die Kritiker stellen sich ...«: Bleuler (1910), 691

S. 132 – »Eine andre Patientin ...«: FGW II/III, 330. »Einem Wiener brauche ich ...«: FSTA II, 226

S. 138 – »Der Gschnas beruht ...«: Österreichisch-Ungarische Kunstchronik, 15. Februar 1880, 155–158

S. 141 – »Da steht im Halbdunkel ...«: Giedion (1984), 427f. »Der Wechsel der Stile ...«: Benjamin (1982), 1, 282

S. 142 – »Vexierbilder als Schematismen ...«: Benjamin (1991), 621f.

S. 144 – »Der Traum eröffnet nicht mehr ...«: Ebd. »Holzlöffel ... Frauenschuh«: Breton (1981), 34ff. und Tafel 8

S. 147 – »Am greifbarsten wird die Verdichtungsarbeit ...«: FGW II/III, 301f. »... das Überwiegen der Wortbedeutung über die Sachbedeutung ...«: FGW X, 299. »Die Sprache wird Material ...«: Vgl. hierzu den Abschnitt »Sprache in der Psychoanalyse und im Surrealismus«, in: Bischof (2013), 154ff.

S. 149 – »... durch irgendein katastrophales Missgeschick ...«: Schleich (1916), 16

S. 154 – »Ich muss noch einen anderen Vorstellungskreis ...«: Freud (1999), 235

S. 156 – »Das Lustprinzip scheint geradezu ...«: FGW XIII, 69

S. 157 – »Ich mache nun den Vorschlag ...«: FGW XIII, 11f.

S. 158 – »Ich habe, ohne das Ganze ...«: Ebd.

S. 160 – »Bemächtigungstrieb«: FGW XIII, 14

S. 161 – »... die Spiele des kleinen Hans ...«: Richter (1917), 243f.

S. 162 – »Wunsch nach Beseitigung ...«: FGW XII, 21. »Racheimpuls«, »Dasselbe Kind ...«: FGW XIII, 14

S. 163 – »Tasso«, »... dass es im Seelenleben wirklich ...«: FGW XIII, 21. »... eine Ausnahme von dem Satze ...«: FGW XIII, 32

S. 165 – »Sehr merkwürdig ...«: FK, 453

S. 166 – »... dass wir unversehens ...«: FGW XIII, 53

S. 169 – »als sie gerade mit einer Schnur ...«: Proust (1977), Bd. 2, 406

S. 173 – »Als er äußerte ...«: FF, 337ff. »Höhlen ... Entdecker ... Namensucher«, »Namengeber an Unterweltlichem«: Blumenberg (1984), 64

S. 174 – »Kein Erfolg von ...«: Ebd. »Freuds allbekannter Rückgriff ...«: Blumenberg (2018), 457

S. 175 – »... ich kann es mir nicht versagen ...«: FGW XV, 26. Die Freud-Forscher ...: Vgl. vor allem Traverso (2003), Le Rider (2003) und Benthien et al. (2011). »Mein ältester, derzeit achtjähriger ...«: FGW II/III, 135

S. 176 – »Er las immer ...«: FGW IV, 124

S. 177 – »Burckhardts Griechische Kulturgeschichte«: FF, 374, 377. »Transformation der Antike«: Zum Konzept Hartmut Böhme: »Die Antike nach Freud«, in: Benthien et al. (2011), 423–465, hier 425. »Von Berufungen auf die Antike abgekoppelt«: Vgl. Benthien et al. (2011), 23f.

S. 178 – »Ich mochte zehn oder zwölf Jahre ...«: FGW II/III, 203. Sander Gilman: Gilman (1993), 56f.

S. 179 – »Für mich hat dieses Buch ...«: FGW II/III, X. »Hannibal und Rom ...«: FGW II/III, 202

S. 180 – »... tief neurotisch ... Heros Hannibal«: FF, 309

S. 181 – »Ich kann Dir kaum ausführen ...«: FF, 314. »Sie hat mir übrigens gestanden ...«: FF, 133

S. 182 – »Die Idee der Hexeneinbeziehung ...«: FF, 239

S. 183 – »... Schildmütze ... Objekt in einem Museum ...«: Die Verlustgeschichte im Kapitel »Fort, da. Die Mütze im Museum«, in: Marinelli (2009b), 273–278

S. 186 – »Ärgerlich und lächerlich ...«: FGW IV, 124. »Ich habe mir Schliemanns ...«: FF, 387

S. 187 – »Tief unter allen Phantasien ...«: FF, 430. Seit 1896 begann Freud ...: Die Literatur zur archäologischen Sammlung füllt inzwischen eine Spezialbibliothek. Hier wurden vor allem herangezogen Marinelli (1998), Gamwell/Wells (1989), Barker (1996), Armstrong (2005), Benthien et al. (2011)

S. 188 – »dass im Seelenleben des Kindes ...«: FGW XIV, 240

S. 189 – »Da waren assyrische Könige ...«: FB, 178. »... ein gewöhnliches Gerät alter Keller und Küchen ...«: Wolf (1986), 34

S. 191 – »Überbleibsel gemischter Art«: Ebd., 32

S. 192 – »Der Händler verlangt für den Hermes ...«: FSF I/1, 199. »Die beiden Figuren sind gut ...«: FSF I/1, 199. »Lieber Herr Professor ...«: Ebd., 210

S. 193 – »Wenn ihm die Bauern ...«: Ebd., 212. »Tonlämpchen eignen sich ...«: Ebd., 214.

S. 194 – »Dunapentele ist kränkend ...«: Ebd., 231

S. 195 – Antiquar Ludwig Pollak: Vgl. zum Folgenden Pollak (1994) sowie Harald Wolf: »Archäologische Freundschaften. Emanuel Löwys und Ludwig Pollaks Bedeutung für den Sammler Freud«, in: Marinelli (2006), S. 60–71. In Italien entsteht derzeit eine Ausgabe seiner jahrzehntelang geführten Tagebücher. »Pollak entdeckte ...«: FKC, 148f. »Fortsetzg des ...«: Ebd. Zu Emanuel Löwy vgl. Harald Wolf, »Archäologische Freundschaften«, sowie Brein (1998)

S. 196 – »Der kleine Merkur ...«: FSF, 322

S. 199 – Englische Aristokraten: Vgl. Miller (2018)

S. 200 – »studiolo«: Vgl. Annegret Pelz, »Aufstellungen – Freuds Schreibtisch«, in: Benthien et al. (2011),

51–68, hier 54. Hugo von Hofmannsthal: »... am stärksten leben die stummen Dinge ...«: Hofmannsthal (1979), 21

S. 201 – »... alten und dreckigen Götter ...«: FF, 399

S. 203 – Emanuel Löwy ... Virtuose ... Photographien: Hierzu Taglietti (2013)

S. 205 – Gigantenkampf ... Titzenthaler: Löwy (1911), Tafel 105. »das richtige Labyrinth«: FF, 390.

S. 206 – »Denk dir nur ...«: FR, 233f. »Ungefähr in Drittel-Lebensgröße ...«: Jensen (2016), 3

S. 208 – Ausbruch des Vesuvs, Mohn, Fliegen: Vgl. Rohrwasser (2005), 163ff.

S. 210 – »Ich bin leider ...«: FA, 1,149f.

S. 212 – »Lieber Freund, Ihr Brief ...«: FSF, I, 1, 305.

S. 213 – »Es gibt noch alte Götter ...«: FF, 397

S. 214 – »Max Pollak hat ...«: Die Fackel, XV, 1914, Nr. 395/396/397, Wien, 28. März 1914, 57. »Ich kann mich noch ...«: Gardiner (1972), 174

S. 218 – »Er schlägt mit der Hand ...«: H.D. (2008), 67

S. 219 – »Manchmal erscheint das Zimmer ...«: H.D. (2008), 78. »I said ... he was ...«: Friedman (2011), 34. »Wir sprachen von Kreta ...«: H.D. (2008), 301

S. 221 – H.D. an Bryher: Friedman (2002), 127. Arthur Waley: H.D. (2008), 289

S. 222 – »Faces, people, London ...«: Duncan (2011), 108. »Der Professor kannte ...«: H.D. (2008), 310. Parteinahme für Mussolini: Vgl. zu Freuds am 26. April 1933 geschriebener Widmung an Mussolini in seiner mit Albert Einstein verfassten Schrift »Warum Krieg?« Zapperi (2016)

S. 223 – »... wie er hinter seiner Reihe ...«, »In meinem Traum salze ...«: H.D. (2008), 299, 260.

S. 224 – »... Halbkreis von kleinen Bildwerken ...«: Ebd., 267. »Da waren jene Statuen ...«: H.D. (2008), 255

S. 224ff. – »Ich wusste nicht immer …«, »Er fragt mich, was …«: H.D. (2008), 143, 296

S. 229 – »Jene Erzählungen …«: H.D. (2008), 318. »Da ist die Pallas Athene …«: Ebd., 225. »koptische Tonfigur …«, »… Bildwerk mit dem spitzen Kopf …«: Ebd., 259

S. 230 – »Ich war leibhaftig …«: Ebd., 109ff. »Es ist ein Kreis …«: Ebd.

S. 232 – »Es war der Asklepios …«: Ebd., 191. »he told me very, very …«: Friedman (2002), 66

S. 233 – »der Professor hatte nicht immer recht«, »Automatisch gehe ich …«, »… was er sagte …«: H.D. (2008), 70, 185, 189

S. 234 – »Kastrationsschreck«, »Vervielfältigung«, »Dies Symbol des Grauens«: FGW XVII, 47

S. 236 – »Das ist mein Lieblingsstück …«: H.D. (2008), 145f. »Ich ärgerte mich ziemlich …«: Ebd., 262

S. 237 – »Let daemons …«: H.D. (1981), 154

S. 238 – »Die Einsicht …«: FGW XIV, 519. Vgl. hierzu Le Rider (2003), 201ff.

S. 239 – »I was angry …«: Friedman (2011), 228

S. 244 – »Zu Ephesos ein Goldschmied …«: Goethe (1981), 285f.

S. 247 – Hirt, »das ephesische Heiligthum …«: Hirt (1809), 43

S. 249 – »Ich bin nun einmal …«: Goethe (1981), 668. »Dieser Kindschaft entsagen …«: Stolberg (1788), 105

S. 250 – »Alle jene Blüten …«: Schiller (2005), 184–190, hier 188

S. 251 – »Aus der Zeitflut weggerissen …«: Ebd., 194. »Die griechischen Götter hätten …«: Hegel (1970), 3, 115. »… vermeintlichen Justizmord …«: FGW XVI, 208.

S. 252 – »… österreichische Archäologen …«: Vgl. hierzu und zum Folgenden Le Rider (2003), 197ff. »Um das Jahr 54 …«: FGW VIII, 360f.

S. 253 – Diskussionen des 18. Jahrhunderts: Vgl. hierzu das Kapitel »Sigmund Freud: Die Wiederkehr des Verdrängten«, in: Assmann (1998), 213ff.

S. 254 – »Paulus, der Fortsetzer«: FGW XVI, 194. »Die christliche Religion ...«: Ebd.

S. 255 – »... dass die mythenbildenden Kräfte ...«: FGW VIII, 319. »heiliger Gebrauch«: Ebd., 318

S. 256 – »... von Invektiven gegen ...«, »In Ephesos erhob sich ...«: FGW VIII, 361

S. 257 – Anna Katharina Emmerick: Näheres hierzu bei Le Rider (2003), 209ff. »Aber die große Göttin ...«: FGW VIII, 361

S. 258 – »Mit ihrem Getriebe ...«: Ebd.

S. 259 – »Apollo v. Belvedere ...«: FR, 141. »Heute habe ich im Vatikan ...«: FR, 235. »Und brechen möchte ich ...«: Heine (1980), 1, 206

S. 260 – : »Dass der Fremde ...«: Heine (1980), 7, 68

S. 261 – »Dieses ist keine geringere ...«: Ebd., 70

S. 262 – »tolle Lust«, »schneidende Trauermusik«: Ebd., 93. »Das ist ja nur ein Traum«: FGW II/III, 492

S. 263 – »deputy-Neptune«: In der jüngsten deutschen Übersetzung wird daraus ein »Provinzposeidon«: Conrad (2017), 46. »Am meisten ärgerte er sich ...«: Kafka (1992), 301f.

S. 266 – »Mein Tintenzeug ...«: FGW IV, 185

S. 267 – »Meine Brille ...«: Vischer (1987), 20f.

S. 268 – »Lorgnettenschnur ...«: Ebd. Vgl. zu Vischers Roman Steiner (2011). »Haben Sie denn ...«: Ebd., 30

S. 269 – »Für vielerlei Zufälligkeiten ...«: FGW IV, 155

S. 270 – »Sie geben also zu ...«: Vischer (1987), 29

S. 271 – »Es ist mir in den letzten Jahren ...«: FGW IV, 186f.

S. 273 – »Unlängst träumte ich ...«: FF, 266

S. 274 – Gegenstand psychoanalytischer Deutungen: Eine Übersicht in Busch (2007), 1141

S. 275 – »Hier erreicht der Liebreiz …«: Burckhardt (1987), 427
S. 276 – »Unser Hochzeitsgeschenk …«: FMB, 204
S. 277 – »Mein lieber Sigi …«: FMB, 148f. »Herzlichen Dank …«: FB, 223
S. 278 – »meine kleine Gabe …«: FMB, 150. … Sammlung Townleys: Vgl. hierzu Miller (2018), 130ff. Zu Townley und Klytia Lehmann (2016), 7. Dort auch eine Zusammenfassung der Debatte, ob es sich bei der Büste um ein Werk des späten 18. Jahrhunderts handelt oder um ein antikes Original.
S. 280 – »Es enthielt alles …«: Paneth (2007), 58. »Das meisterhaft ausgeführte Werk …«, »Klytia«, Neue Freie Presse, Morgenblatt, Wien, 20. September 1888, Titelseite
S. 281 – »Heute vormittag habe ich mich …«: FB, 219
S. 282 – »dass sie sich ungewohnt …«: Giedion (1982), 124. »Die scheinbar harmlosen Träume …«: FGW II/III, 189
S. 283 – »Sie steckt eine Kerze …«: FGW II/III, 193
S. 286 – »Ein Patient träumte …«: FGW II/III, 14. Vgl. zum Folgenden Weyand (2013) und Drügh et al. (2011)
S. 288 – »Hinter der Säule …«, »Der Bühnenvorhang …«: FR, 224, 229
S. 290 – »Ein Vater hat …«: FGW II/III, 513f.
S. 292 – »In der Mitte dieser Aufklärungs-Anstalten …«: Moritz Gottlieb Saphir: Pariser Briefe. Der Humorist, 19. Jg., 2. August 1855
S. 294 – »Schaufensterseite der Dinge«: Vgl. hierzu Gudrun M. König, »Die Fabrikation der Sichtbarkeit: Konsum und Kultur um 1900«, in: Drügh et al. (2011), 158–174
S. 295 – Odol, Aspirin, Erdal … Vgl. Weyand (2013), 9f.
S. 296 – »Unterlage der späteren …«: Usener (1896), 279. »Farbe und Charakter …«: Ebd., 330. »Die Ware ist

der Augenblicksgott«: Kittsteiner (2008), 171. Vgl. dazu Steinfeld (2017), 241f.

S. 299 – »Das Psychische ist …«: GSW XII, 186. »… die Verliebtheit …«: FF, 293

S. 300 – »Im Jahre 1906 …«: Jones (1984), Bd. 2, 27

S. 302 – »Freuds Kindheitsphantasien …«: Bernfeld/Bernfeld-Cassirer (1988), 112

S. 303 – »Ein andermal sitze ich …«: FGW II/III, 665

S. 304 – »Er schöpfte, bei all seiner …«: H.D. (2008), 165

S. 305 – »Jede Sammlung …«: Sachs (1982): 41. Zu den Gemmen in Freuds Sammlung alles Wesentliche in Carina Weiss: »Geschnittene Steine gekauft«. Antike Gemmen aus dem Besitz von Sigmund Freud, in: Benthien et al. (2011), 69–113

S. 306 – … soziologisch zu lesen: Vgl. Schröter (1995)

S. 307 – »Das Bedauerlichste …«: Wittenberger (1995), 385

S. 308 – »Am 25. Mai 1913 …«: Jones (1984), Bd. 2, 189

S. 310 – »Ich weiß, dass in diesem …«: FJ, 147f.

S. 311 – »Ich wage zu behaupten …«: Ebd. »Was immer die nächste Zeit …«: Ebd.

S. 312 – … nicht leicht in Übereinstimmung …: Hierzu detailliert Carina Weiss in Benthien et al. (2011), 99ff.), mit Kritik an der ausführlichen Studie von Grosskurth (1991)

S. 313 – »… der durch die Echtheit …«: FB, 397. … faktisch in den Händen des Komitees: Zur Geschichte des Verlags Marinelli (2009a)

S. 314 – »… Ödipus-Vignettte … Vereinszeichen …«: Wittenberger (1995), 395

S. 319 – »Vergleiche entscheiden nichts«: FGW XV, 79. »… unseres Globi terraquei …«: Lichtenberg (1968), Bd. 1, 778

S. 320 – »Aus dem Munde …«: FGW II/III, 317

S. 321 – »Wenn wir daran denken …«: FGW VIII, 404

S. 322 – Jan und Aleida Assmann: Vgl. Assmann/Assmann (2003), 9–25, bes. 10f.

S. 323 – »... das gestickte Zeichen ...«, »... heiligen Text ...«: FGW II/III, 519, 518

S. 324 – »Die heilige Schrift ...«: FGW XI, 236, 239

S. 325 – »... Da gab es eine Zeit ...«: Ebd., »... dass die Darstellung ...«: FGW II/III, 346f.

S. 329 – »Seine Tochter ist es ...«: H.D. (2008), 94

S. 334 – »... banale, verworrene Träume ...«: H.D. (2008), 96

S. 335 – »Ich bin fertig ...«: FF, 406f. »... Zimmer mit dem runden Tisch ...«: H.D. (2008), 133

S. 337 – »Soll ich für die definitive ...«: FGW II/III, 505. »Für einen gewissen ...«: Ebd.

S. 342 – »Das Störendste an der Hieroglyphenschrift ...«: FGW XI, 237.

S. 343 – ... aus einer doppelten Transformation ...: Lyotard (1985), 265f.

S. 345 – »... schriftlich zu fixieren ...«: FGW VIII, 356

S. 346 – »Der Widerstand hatte gesiegt«: Abraham (1913), 195

S. 347 – »... sehr gutes Reagens auf Complexe ...«: Sieben Briefe von Eugen Bleuler an Sigmund Freud, in: Marinelli/Mayer (2009), 155–167, hier 166. »... Briefschulden erledigt«: FB, 375. »Er brachte nur heraus ...«: FGW XVII, 41

S. 348 – Karl Kraus: Vgl. Kraus (2005), Bd. 1, 208ff., 219ff.

S. 349 – »vorschiebbare Bleistifte«: FGW XI, 156

S. 352 – »Ein Kollege berichtet mir ...«: FGW IV, 231

S. 357 – »Er ist in unbegrenzter ...«, »Vor einiger Zeit ist nun ...«: FGW XIV, 4f.

S. 358 – »Der Wunderblock ist eine ...«: Ebd.

S. 360 – »Schauplatz der Schrift«: Zu Derridas Lektüre der »Notiz« vgl. Felka (2003), 23–34

S. 362 – »die einmal verlöschte Schrift ...«: FGW XIV, 7

S. 363 – »Nun machen wir ...«: FGW XIV, 427f.

S. 369 – »Ein Traumding ...«: FGW II/III, 102f.
S. 370 – »In ihrer Gesamtheit ...«: Giedion (1982), 20
S. 373 – »Unsere Feiertage waren ...«: Gay (1989), 674f.
S. 374 – »Eine Todesahnung befällt den Schlafenden ...«: FGW XIV, 338f.
S. 375 – ... dionysisches Bildprogramm: Vgl. zur Bedeutung des Gottes Dionysos im Werk Freuds Schlesier (2004), zur Vase Turner (2008)
S. 377 – »... dass man mir keines ...«: Schur (1973), 659. »Einem Volkstum den Mann abzusprechen ...«: FGW XVI, 103. Bis heute ist die Debatte ...: Einen konzisen Überblick über die rivalisierenden Deutungen gibt Schäfer (2003)
S. 378 – »Nun, da Gott ein einziger war ...«: FGW XIV, 341. »Ganz nebenbei, warum ...«: Gay (1989), 676
S. 379 – »Einblicke in die Tiefen ...«, »... dunkle Gefühlsmächte ...«: FGW XVII, 51, 52
S. 381 – Antigone: Vgl. Hartmut Böhme, »Die Antike nach Freud«, in: Benthien et al. (2011), 423–456, hier 432

**FGW**
**Freud, Sigmund:** *Gesammelte Werke.* Chronologisch geordnet. Band I–XVIII. Unter Mitwirkung von Marie Bonaparte herausgegeben von Anna Freud et al. London, Frankfurt am Main 1952–1968

**FSA**
**Freud, Sigmund:** *Studienausgabe.* Herausgegeben von Alexander Mitscherlich et al. Band I–X. Frankfurt am Main 1969–1975

**FA**
**Freud, Sigmund/Abraham, Karl:** *Briefwechsel 1907–1925.* Vollständige Ausgabe. Herausgegeben von Ernst Falzeder und Ludger M. Herrmanns. Zwei Bände. Wien 2009

**FB**
**Freud, Sigmund:** *Briefe 1873–1939.* Herausgegeben von Ernst und Lucie Freud. Frankfurt am Main 1980

**FF**
**Freud, Sigmund:** *Briefe an Wilhelm Fließ 1887–1904.* Ungekürzte Ausgabe. Herausgegeben von Jeffrey Moussaieff Masson. Bearbeitung der deutschen Fassung von Michael Schröter. Transkription von Gerhard Fichtner. Frankfurt am Main 1986

**FJ**
**Freud, Sigmund/Jones, Ernest:** *Briefwechsel 1908–1939.* Transkription und editorische Bearbeitung von Ingrid Meyer-Palmedo. Frankfurt am Main 1993

**FK**
**Freud, Sigmund:** *Unterdeß halten wir zusammen. Briefe an die Kinder.* Herausgegeben von Michael Schröter unter Mitwirkung von Ingeborg Meyer-Palmedo und Ernst Falzeder. Berlin 2010

**FKC**
**Freud, Sigmund:** *Tagebuch 1929–1939. Kürzeste Chronik.* Herausgegeben und eingeleitet von Michael Molnar. Aus dem Englischen von Christfried Tögel. Basel, Frankfurt am Main 1996

**FM 1**
**Freud, Sigmund/Bernays, Martha:** *Die Brautbriefe. Band 1. Sei mein, wie ich mir's denke. Juni 1882–Juli 1883.* Herausgegeben von

Gerhard Fichtner, Ilse Grubrich-Simitis und Albrecht Hirschmüller. Frankfurt am Main 2011

**FM 2**

**Freud, Sigmund/Bernays, Martha:** *Die Brautbriefe. Band 2. Unser ›Roman in Fortsetzungen‹. Juli 1883–Dezember 1883.* Frankfurt am Main 2013

**FM 3**

**Freud, Sigmund/Bernays, Martha:** *Die Brautbriefe. Band 3. Warten in Ruhe und Ergebung, Warten in Kampf und Erregung.* Frankfurt am Main 2015

**FMB**

**Freud, Sigmund/Minna Bernays:** *Briefwechsel 1882–1938.* Herausgegeben von Albrecht Hirschmüller. Tübingen 2005

**FN**

**Freud, Sigmund:** *Gesammelte Werke. Nachtragsband. Texte aus den Jahren 1885 bis 1938.* Herausgegeben von Angela Richards unter Mitwirkung von Ilse Grubrich-Simitis. Frankfurt am Main 1987

**FR**

**Freud, Sigmund:** *Unser Herz zeigt nach dem Süden. Reisebriefe 1895–1923.* Herausgegeben von Christfried Tögel unter Mitarbeit von Michael Molnar. Berlin 2002

**FSF**

**Freud, Sigmund/Ferenczi, Sándor:** *Briefwechsel. Band I/1. 1908–1911. Band I/2. 1912–1914.* Herausgegeben von Eva Brabant, Ernst Falzeder, Patrizia Giampieri-Deutsch. Unter der wissenschaftlichen Leitung von André Haynal. Transkription von Ingeborg Meyer-Palmedo. Wien, Köln, Weimar 1993

**Freud, Sigmund:** *Die Traumdeutung.* Leipzig, Wien 1900. Reprint der Erstausgabe. Frankfurt am Main 1999

**Freud, Sigmund:** *Schriften über Kokain.* Herausgegeben und eingeleitet von Albrecht Hirschmüller. Dritte, korrigierte Auflage. Frankfurt am Main 1999

# LITERATURVERZEICHNIS


A

**Abraham, Karl (1913):** *Sollen wir die Patienten ihre Träume aufschreiben lassen?*, in: Internationale Zeitschrift für Psychoanalyse. Erster Jahrgang, S. 194–196

**Alt, Peter-André (2016):** *Sigmund Freud. Der Arzt der Moderne.* München

**Armstrong, Richard H. (2005):** *A Compulsion for Antiquity. Freud and the Ancient World.* Ithaca, New York

**Assmann, Aleida/Assmann, Jan (Hrsg.) (2003):** *Hieroglyphen. Stationen einer anderen abendländischen Grammatologie.* München

**Assmann, Jan (1998):** *Moses der Äpypter. Entzifferung einer Gedächtnisspur.* München

B

**Barker, Stephen (Hrsg.) (1996):** *Excavations and their Objects. Freuds Collection of Antiquity.* Albany, New York

**Baur, Eva Gesine (2008):** *Freuds Wien. Eine Spurensuche.* München

**Benjamin, Walter (1977):** *Einbahnstraße.* Frankfurt am Main.

**Benjamin, Walter (1985):** *Gesammelte Schriften. Band VI: Fragmente vermischten Inhalts. Autobiographische Schriften.* Herausgegeben von Rolf Tiedemann und Hermann Schweppenhäuser. Frankfurt am Main

**Benjamin, Walter (1982):** *Gesammelte Schriften Band V. Das Passagen-Werk.* Herausgegeben von Rolf Tiedemann. Zwei Bände. Frankfurt am Main.

**Benjamin, Walter (1991):** *Traumkitsch*, in: Gesammelte Schriften. Band 2.2. Frankfurt am Main

**Benthien, Claudia/Böhme, Hartmut/ Stephan, Inge (Hrsg.) (2011):** *Freud und die Antike.* Göttingen

**Bergstein, Mary (2010):** *Mirrors of Memory. Freud, Photography and the History of Art.* Ithaca, London

**Bernfeld, Siegfried/Cassirer-Bernfeld, Susanne (1988):** *Bausteine der Freud-Biographik. Mit einer*

*Einleitung von Ilse Grubrich-Simitis.* Frankfurt am Main
**Bernheim, Hippolyte (1985):** *Die Suggestion und ihre Heilwirkung.* Autorisierte deutsche Ausgabe von Dr. Sigm. Freud. Mit Abbildungen im Text. Fotomechanischer Nachdruck der Ausgabe Leipzig und Wien 1888
**Bischof, Rita (2013):** *Nadja revisited. André Bretons Nadja. Zeichnungen und Briefe von Léona ›Nadja‹ Delcourt.* Berlin
**Bleuler, Eugen (1910):** *Die Psychoanalyse Freuds. Verteidigung und kritische Bemerkungen,* in: Jahrbuch für Psychoanalytische und Psychopathologische Forschungen. Leipzig, Wien, S. 623–730
**Blumenberg, Hans (1981):** *Die Lesbarkeit der Welt.* Frankfurt am Main
**Blumenberg, Hans (1984):** *Arbeit am Mythos.* Dritte Auflage. Frankfurt am Main
**Blumenberg, Hans (2018):** *Phänomenologische Schriften. 1981–1988.* Frankfurt am Main
**Böhme, Hartmut (2006):** *Fetischismus und Kultur. Eine andere Theorie der Moderne.* Reinbek
**Brein, Friedrich (Hrsg.) (1998):** *Emanuel Löwy. Ein vergessener Pionier.* Wien
**Breton, André (1978):** *Nadja.* Aus dem Französischen von Max Hölzer. Frankfurt am Main
**Breton, André (1981):** *L'Amour fou.* Aus dem Französischen von Friedhelm Kemp. Frankfurt am Main.
**Breuer, Josef/Freud, Sigmund (1995):** *Studien über Hysterie. Leipzig und Wien 1895.* Reprint Frankfurt am Main
**Burckhardt, Jacob (1978):** *Cicerone. Eine Anleitung zum Genuss der Kunstwerke Italiens.* Neudruck der Urausgabe 1855. Stuttgart
**Busch, Wilhelm (2007):** *Die Bildergeschichten. Historisch-kritische Gesamtausgabe.* Bearbeitet von Hans Ries unter Mitwirkung von Ingrid Haberland. Zweite, überarbeitete Auflage. Band II: Reifezeit. Hannover

C

**Camboni, Maria (Hrsg.) (2003):** *H.D.'s Poetry. »the meanings that words hide«.* New York

**Conrad, Joseph (2017):** *Die Schattenlinie. Ein Bekenntnis.* Herausgegeben und übersetzt von Daniel Göske. München

D

**Darwin, Charles (2000):** *Der Ausdruck der Gemütsbewegungen bei dem Menschen und den Tieren.* Aus dem Englischen von Julius Victor Carus und Ulrich Enderwitz. Kritische Edition. Einleitung, Kommentar und Nachwort von Paul Ekman. Mit historischen Photographien. Frankfurt am Main

**Derrida, Jacques (1976):** *Die Schrift und die Differenz.* Aus dem Französischen von Rodolphe Gasché. Frankfurt am Main

**Derrida, Jacques (1987):** *Die Postkarte von Sokrates bis an Freud und jenseits.* Aus dem Französischen von Hans-Joachim Metzger, 2. Lieferung. Berlin

**Drügh, Heinz/Metz, Christian/Weyand, Björn (Hrsg.) (2011):** *Warenästhetik. Neue Perspektiven auf Konsum, Kultur und Kunst.* Frankfurt am Main

**Duncan, Robert (2011):** *The H.D. Book.* Edited and with an Introduction by Michael Boughn and Victor Coleman. Berkeley, Los Angeles, London

F

**Federn, Ernst/Wittenberger, Gerhard (Hrsg.) (1992):** *Aus dem Kreis um Sigmund Freud. Zu den Protokollen der Wiener Psychoanalytischen Vereinigung.* Frankfurt am Main

**Felka, Rike (2003):** *Psychische Schrift. Freud–Derrida–Celan.* Weimar

**Foucault, Michel (1977):** *Sexualität und Wahrheit. Der Wille zum Wissen.* Aus dem Französischen von Ulrich Raulff und Walter Seitter. Frankfurt am Main

**Foucault, Michel (1988):** *Die Geburt der Klinik. Eine Archäologie des ärztlichen Blicks.* Aus dem Französischen von Walter Seitter. Frankfurt am Main

**Freer, Scott (2015):** *Modernist Mythopoeia. The Twilight of the Gods.* New York

**Freud-Bernays, Anna (2004):** *Eine Wienerin in New York. Die Erinnerungen der Schwester Sigmund Freuds.* Berlin

**Friedman, Susan Stanford (Hrsg.) (2002):** *Analyzing Freud. Letters of H.D., Bryher and their Circle.* New York

G

**Gamwell, Lynn/Wells, Richard (Hrsg.) (1989):** *Sigmund Freud and Art. His personal Collection of Antiquities.* Introduction by Peter Gay. London, New York

**Gardiner, Muriel (Hrsg.) (1972):** *Der Wolfsmann vom Wolfsmann. Mit der Krankengeschichte des Wolfsmannes von Sigmund Freud, dem Nachtrag von Ruth Mack Brunswick und einem Vorwort von Anna Freud.* Frankfurt am Main

**Gay, Peter (1989):** *Freud. Eine Biographie für unsere Zeit.* Aus dem Amerikanischen von Joachim A. Frank. Frankfurt am Main

**Goethe, Johann Wolfgang (1981):** *Werke. Band I. Gedichte und Epen.* Textkritisch durchgesehen und kommentiert von Erich Trunz. München

**Goldmann, Stefan (2001):** *Simmel und Freud. Randnotizen zur Psychologie des Geldes und des Traums*, in: Ulrike Kadi, Brigitte Keintzel und Helmuth Vetter (Hrsg.): Traum, Logik, Geld. Freud, Husserl und Simmel zum Denken der Moderne. Tübingen, S. 223–245

**Goldmann, Stefan (1998):** *Topik und Memoria in Sigmund Freuds Traumdeutung*, in: Deutsche Vierteljahresschrift für Literaturwissenschaft und Geistesgeschichte. 72. Jahrgang. Sonderheft. Stuttgart, Weimar. S. 157–173

**Goldmann, Stefan (Hrsg.) (2005):** *Traumarbeit vor Freud. Quellentexte zur Traumpsychologie im späten 19. Jahrhundert.* Gießen

**Goldmann, Stefan (2003):** *Via Regia zum Unbewußten. Freud und die Traumforschung im 19. Jahrhundert.* Gießen

**Gregory, Eileen (1997):** *H.D. and Hellenism. Classic Lines.* Cambridge

**Grosskurth, Phyllis (1991):** *The Secret Ring. Freud's inner Circle and the Politics of Psychoanalysis.* Toronto

H

**Haag, Saskia (2012):** *Auf wandelbarem Grund. Haus und Literatur im 19. Jahrhundert.* Freiburg im Breisgau, Wien, Berlin

**Habermas, Jürgen (1973):** *Erkenntnis und Interesse.* Mit einem neuen Nachwort. Frankfurt am Main

**Hagner, Michael (Hrsg.) (1999):** *Ecce Cortex. Beiträge zur Geschichte des modernen Gehirns.* Göttingen

**Hardy, George F. (2014):** *Richters Anker-Steinbaukasten.* Aus dem Englischen von Claus Ahlers. Online-Fassung: http://www.ankerstein.ch/downloads/CVA/Buch-PC.pdf

**H.D. (1981):** *Helios and Athene,* in: The Iowa Review. Vol. 12, Issue 2. S. 150–154

**H.D. (2008):** *Tribut an Freud.* Aus dem Amerikanischen von Michael Schröter. Mit einer Einführung von Klaus Theweleit. Basel, Weil am Rhein

**H.D. (2012):** *Tribute to Freud.* Introduction by Adam Phillipps. Afterword by Norman Holmes Pearson. New York

**Hegel, Georg Wilhelm Friedrich (1970):** *Vorlesungen über die Ästhetik …* Redaktion Eva Moldenhauer und Karl Markus Michel. Werke 13–15. Frankfurt am Main

**Heine, Heinrich (1980):** *Werke und Briefe. Band 1, 5 und 7.* Berlin

**Helmholtz, Hermann von (1847):** *Über die Erhaltung der Kraft, eine physikalische Abhandlung.* Berlin

**Helmholtz, Hermann von (1854):** *Über die Wechselwirkung der Naturkräfte und die darauf bezüglichen neuesten Ermittelungen der Physik. Ein populärwissenschaft-*

*licher Vortrag gehalten am 7. Februar 1854.* Königsberg
**Hirschmüller, Albrecht (1991):** *Freuds Begegnung mit der Psychiatrie. Von der Hirnmythologie zur Neurosenlehre.* Tübingen
**Hirt, Alois (1809):** *Der Tempel der Diana zu Ephesus.* Berlin
**Hofmannsthal, Hugo von (1979):** *Gesammelte Werke. Reden und Aufsätze I. 1891–1913.* Frankfurt am Main
**Horstmann, Frank (2012):** *Leviathan und die Erpumper. Erinnerungen an Thomas Hobbes in der Luftpumpe.* Berlin

**J**

**Jensen, Wilhelm (2016):** *Gradiva. Ein pompejanisches Phantasiestück.* Vollständige Neuausgabe mit einer Biographie des Autors. Herausgegeben von Karl-Maria Guth. Berlin
**Jones, Ernest (1984):** *Sigmund Freud. Leben und Werk.* Aus dem Englischen von Katherine Jones. Drei Bände. München

**K**

**Kafka, Franz (1992):** *Kritische Ausgabe. Nachgelassene Schriften und Fragmente II.* Hrsg. von Jost Schillemeit. Frankfurt am Main
**Kafka, Franz (1999):** *Kritische Ausgabe. Briefe 1900–1912.* Herausgegeben von Hans-Gerd Koch. Frankfurt am Main
**Kittsteiner, Heinz Dieter (2008):** *Weltgeist, Weltmarkt, Weltgericht.* München
**Kofman, Sarah (1990):** *Die lachenden Dritten. Freud und der Witz.* Aus dem Französischen von Monika Buchgeister und Hans-Walter Schmidt. München und Wien
**Kraus, Karl (2005):** *Briefe an Sidonie Nádherný von Borutin 1913–1936.* Auf der Grundlage der Ausgabe von Heinrich Fischer und Michael Lazarus neu herausgegeben und ergänzt von Friedrich Pfäfflin. Zwei Bände. Göttingen

L

**Lehmann, Stephan (2016):** *Goethes allerliebste Klytia – Metamorphosen einer Frauenbüste.* Halle

**Le Rider, Jacques (2004):** *Freud – von der Akropolis zum Sinai. Die Rückwendung zur Antike in der Wiener Moderne.* Wien

**Lichtenberg, Georg Christoph (1971):** *Schriften und Briefe.* Herausgegeben von Wolfgang Promies. Erster und zweiter Band: Sudelbücher. München

**Lyotard, Jean-François (1985):** *Discours, Figure.* Paris

**Löwy, Emanuel (1911):** , *Die griechische Plastik.* Textband und Tafelband. Leipzig

M

**Majetschak, Stefan (2007):** *Psychoanalyse der grammatischen Mißdeutungen. Über die Beziehung Ludwig Wittgensteins zum Werk Sigmund Freuds*, in: Pichler, Alois/Hrachovek, Herbert (Hrsg.): Wittgenstein and the Philosophy of Information. Frankfurt, Paris, Lancaster, Brunswick. S. 37–59

**Marinelli, Lydia (Hrsg.) (1998):** *»Meine alten und dreckigen Götter«.* Aus Sigmund Freuds Sammlung. Katalog Sigmund Freud Museum. Frankfurt am Main

**Marinelli, Lydia (Hrsg.) (2006):** *Die Couch. Vom Denken im Liegen.* München, Berlin, London, New York

**Marinelli, Lydia (2009a):** *Psyches Kanon. Zur Publikationsgeschichte rund um den Internationalen Psychoanalytischen Verlag.* Editorisch bearbeitet von Christian Huber und Walter Chramosta. Mit einem Vorwort von Jacqueline Carroy. Wien, Berlin

**Marinelli, Lydia (2009b):** *Tricks der Evidenz. Zur Geschichte der psychoanalytischen Medien.* Herausgegeben von Andreas Mayer. Mit einem Vorwort von John Forrester. Berlin, Wien

**Marinelli, Lydia/Mayer, Andreas (Hrsg.) (2000):** *Die Lesbarkeit der Träume. Zur Geschichte von Freuds*

›*Traumdeutung*‹. Frankfurt am Main
**Marinelli, Lydia/Mayer, Andreas (2009):** *Träume nach Freud. Die »Traumdeutung« und die Geschichte der psychoanalytischen Bewegung.* Zweite, durchgesehene Auflage. Mit einem Vorwort von John C. Burnham. Wien, Berlin
**Marlitt, Eugenie (1890):** *Gesammelte Romane und Novellen.* Fünfter Band: Im Hause des Kommerzienrates. Stuttgart, Berlin, Leipzig
**Mayer, Andreas (2016):** *Sigmund Freud zur Einführung.* Hamburg
**Mayer, Andreas (2002):** *Mikroskopie der Psyche. Die Anfänge der Psychoanalyse im Hypnose-Labor.* Göttingen
**Mayer, Andreas (1999a):** *Von Galtons Mischphotographien zu Freuds Traumfiguren. Psychometrische und psychoanalytische Inszenierungen von Typen und Fällen,* in: Michael Hagner (Hrsg.) (1999), S. 110–143
**Mayer, Andreas (1999b):** *Objektwelten des Unbewußten. Fakten und Fetische in Charcots Museum und Freuds Behandlungspraxis,* in: te Heesen/Spary (1999), S. 169–198
**Medicus, Thomas (1989):** *Das Theater der Nervosität. Freud, Charcot, Sarah Bernhardt und die Salpêtrière,* in: Freibeuter 41, S. 92–103
**Métraux, Alexandre (1999):** *Metamorphosen der Hirnwissenschaft. Warum Sigmund Freuds ›Entwurf einer Psychologie‹ aufgegeben wurde,* in: Hagner, Michael (1999), S. 75–109
**Miller, Norbert (2018):** *Marblemania. Kavaliersreisen und der römische Antikenhandel.* Berlin
**Müller, Lothar (1994):** *Die ›Feuerwissenschaft‹. Romantische Naturwissenschaft und Anthropologie bei Johann Wilhelm Ritter,* in: Hans-Jürgen Schings (Hrsg.): Der ganze Mensch. Anthropologie und Literatur im 18. Jahrhundert. Stuttgart, Weimar. S. 260–283
**Müller, Lothar (2004):** *Klickeradoms. Venus im Interieur. Eine Skizze,* in: Natascha

Adamowsky, Peter Matussek (Hrsg.): Auslassungen. Leerstellen als Movens der Kulturwissenschaft. Würzburg. S. 167–176

N

**Nedo, Michael (2007):** *Familienähnlichkeit. Philosophie und Praxis: Eine Collage*, in: Abel, Günter/Kroß, Matthias/Nedo, Michael (Hrsg.): Ludwig Wittgenstein. Ingenieur – Philosoph – Künstler. Berlin. S. 163–178

P

**Pfeifer, Sigmund (1917):** *Äußerungen infantil-erotischer Triebe im Spiele: psychoanalytische Stellungnahme zu den wichtigsten Spieltheorien*, in: Imago. Fünfter Jahrgang, Heft 4, S. 243–282

**Philippson, Ludwig (1854):** *Die Israelitische Bibel. Enthaltend: Den heiligen Urtext, die deutsche Übertragung, die allgemeine, ausführliche Erläuterung mit mehr als 500 englischen Holzschnitten.* Leipzig

**Pollak, Ludwig (1994):** *Römische Memoiren. Künstler, Kunstliebhaber und Gelehrte 1893–1943.* Herausgegeben von Margarete Merkel Guldan. Rom

**Proust, Marcel (1977):** *Auf der Suche nach der verlorenen Zeit. Im Schatten junger Mädchenblüte.* Aus dem Französischen von Eva Rechel-Mertens. Band 1. Band 2. Frankfurt am Main

R

**Rabinbach, Anson (2013):** *Von mimetischen Maschinen zu digitalen Organismen. Die Transformation des menschlichen Motors*, in: figurationen 14, Heft 1, S. 93–113. Wien, Köln, Weimar

**Roazen, Paul (1997):** *Sigmund Freud und sein Kreis.* Gießen

**Rohrwasser, Michael (2005):** *Freuds Lektüren. Von Arthur Conan Doyle bis zu Arthur Schnitzler.* Gießen

S

**Sachs, Hanns (1982):** *Freud. Meister und Freund.* Aus dem Amerikanischen v. Emmy Sachs. Nachwort Peter Krumme. Frankfurt a. M.

**Scherer, Frank F. (2015):** *The Freudian Orient. Early Psychoanalysis, Anti-Semitic Challenge and the Vicis situdes of Orientalistic Discourse.* London

**Schäfer, Peter (2003):** *Der Triumph der reinen Geistigkeit. Sigmund Freuds »Der Mann Moses und die monotheistische Religion«.* Berlin, Wien

**Schiller, Friedrich (2005):** *Sämtliche Werke. Band 1. Gedichte.* Bearbeitet von Jochen Golz. Berlin

**Schleich, Carl Ludwig (1920):** *Vom Schaltwerk der Gedanken.* Berlin

**Schlesier, Renate (2004):** *Freuds Dionysos*, in: Brandt, Reinhard/Schmidt, Steffen (Hrsg.): Mythos und Mythologie. Berlin. S. 169–184

**Schönau, Walter (2006):** *Sigmund Freuds Prosa. Literarische Elemente seines Stils.* Gießen

**Schröter, Michael (1995):** *Freuds Komitee 1912–1914. Zur Soziologie psychoanalytischer Gruppenbildung,* in: Psyche. Zeitschrift für Psychoanalyse und ihre Anwendungen. 49. Jg. Heft 6, S. 513–563

**Schröter, Michael (2018):** *Die Psychoanalyse und die »Kriegsneurosen« des Ersten Weltkriegs. Eine zweideutige Probe aufs Exempel*, in: Psyche. Zeitschrift für Psychoanalyse und ihre Anwendungen. 72. Jg. Heft 2, S. 122–144

**Schur, Max (1973):** *Sigmund Freud. Leben und Sterben.* Frankfurt am Main

**Searles, Harold F. (2016):** *Die Welt der Dinge. Die Bedeutung der nichtmenschlichen Umwelt für die seelische Entwicklung.* Herausgegeben und übersetzt von Jürgen Hardt und Antje Vaihinger. Mit einem Geleitwort von Ulrich Gebhard. Gießen

**Shapin, Steven/Schaffer, Simon (1985):** *Leviathan and the air-pump: Hobbes, Boyle and the experimental life.* Princeton

**Steiner, Uwe C. (2011):** *›Alles Gartenutensil mischt sich in das Kampfgewühl‹. Vom Aufstand der Inneneinrichtung und den Krisen des Menschen bei Busch, in Vischers ›Auch einer‹ und in Stifters ›Nachsommer‹*, in: Michael Neumann, Kerstin Stüssel (Hrsg.): Magie der Geschichten. Weltverkehr, Literatur und Anthropologie in der zweiten Hälfte des 19. Jahrhunderts. S. 285–303

**Steinfeld, Thomas (2017):** *Herr der Gespenster. Die Gedanken des Karl Marx.* München

**Sternberger, Dolf (1938):** *Panorama oder Ansichten vom 19. Jahrhundert.* Hamburg

**Stockinger, Claudia (2018):** *An den Ursprüngen populärer Serialität. Das Familienblatt Die Gartenlaube.* Göttingen

**Stolberg, Friedrich Leopold (1788):** *Gedanken über Herrn Schillers Gedicht: Die Götter Griechenlandes*, in: Deutsches Museum. August 1788. S. 97–105

T

**Taglietti, Franca (2013):** *Le fotografie per la didattica di Emanuel Löwy*, in: Picozzi, Maria Grazia (Hrsg.): Ripensare Emanuel Löwy. Roma

**Te Heesen, Anke/Spary, Emma C. (2001):** *Sammeln als Wissen. Das Sammeln und seine wissenschaftsgeschichtliche Bedeutung.* Göttingen

**Tögel, Christfried (2006):** *Freud und Berlin.* Berlin

**Tögel, Christfried (2013):** *Die Rätsel Sigmund Freuds. Von den Geschlechtsorganen des Aals zur Traumdeutung.* Gießen

**Trautmann-Waller, Céline (2017):** *Le tapis d'orient en Allemagne et en Autriche à la fin du XIXe siècle: défi spatial, défi narratif*, in: Cahiers de Narratologie (URL: http://journals.openedition.org/narratologie/7751)

**Traverso, Paola (2003):** *»Psyche ist ein griechisches Wort ...«.* Rezeption und Wirkung der Antike im Werk von Sigmund Freud. Frankfurt am Main

**Turner, Michael (2008):** *Ashes to Ashes: the Riddle of Sigmund Freud's Death*, in: AAIA Bulletin, Vol. 5, S. 29–39

U

**Usener, Hermann (1896):** *Götternamen. Versuch einer Lehre von der religiösen Begriffsbildung.* Bonn

V

**Vischer, Friedrich Theodor (1987):** *Auch einer. Eine Reisebekanntschaft.* Mit einem Nachwort von Otto Borst. Frankfurt am Main

W

**Wegener, Mai (2004):** *Neuronen und Neurosen. Der psychische Apparat bei Freud und Lacan. Ein historisch-theoretischer Versuch zu Freuds Entwurf von 1895.* München

**Werner, Nadine (2015):** *Archäologie des Erinnerns. Sigmund Freud in Walter Benjamins ›Berliner Kindheit‹.* Göttingen

**Weyand, Björn (2013):** *Poetik der Marke. Konsumkultur und literarische Verfahren 1900–2000.* Berlin, Boston.

**Wittgenstein, Ludwig (1971):** *Philosophische Untersuchungen.* Frankfurt am Main

**Wittgenstein, Ludwig (1984):** *Vorlesungen 1930–1935.* Herausgegeben von Desmond Lee/Alice Ambrose. Frankfurt am Main

**Wolf, Friedrich August (1986):** *Darstellung der Altertumswissenschaft nach Begriff, Umfang, Zweck und Wert.* Mit einem Nachwort von Johannes Irmscher. Reprint der Erstausgabe im »Museum der Alterthums-Wissenschaft«, Berlin 1807. Weinheim

Z

**Zapperi, Roberto (2016):** *Freud und Mussolini.* Aus dem Italienischen von Ingeborg Walter. Berlin

**Zweig, Stefan (1989):** *Über Sigmund Freud. Porträt. Briefwechsel. Gedenkworte.* Frankfurt am Main

## PERSONEN

## BILDNACHWEIS

S. 26/27, Taf. II/III – The National Gallery, London
S. 30, 43, 56, 58, 62/63, 81, 146, 150/151, 153, 207, 285, 291 – privat
S. 33 – © Bibliothèque Charcot, Salpêtrière, Paris, France/ Bridgeman Images
S. 36/37, Taf. IV/V – © bpk | RMN - Grand Palais | Bulloz
S. 91, 102/103, 190, 197, 212, 226, 235, 244, 246, 341, 374, Taf. I – © Freud Museum London
S. 92, 202, 211, 330/331, 332/333 – Engelman-Photographien, © Thomas Engelman
S. 94, Taf. VI – Minneapolis Institute of Arts
S. 110, 134/135, 136/137, 168, 287, 316, 339, 350/351, 354 – ANNO/Österreichische Nationalbibliothek
S. 143 – © bpk | CNAC-MNAM | Jacques Faujour
S. 145, Taf. VII – © Private Collection / Bridgeman Images
S. 152 – L. Joly für *L'Illustration*
S. 198 – Kekulé von Stradonitz/Otto [Hgg.] – Griechische Thonfiguren aus Tanagra, Stuttgart 1878; S. 204 – Emanuel Loewy – Die griechische Plastik (Tafeln), Leipzig 1911;
S. 220 – Arthur J. Evans, The Palace of Minos, London 1921;
S. 328, 329 – Fliegende Blätter, Nr. 955, 2000, 1729, 3881 (© Universitätsbibliothek Heidelberg, Heidelberger historische Bestände – digital (CC BY-SA 3.0 DE))
S. 225, Taf. VIII – © KHM-Museumsverband
S. 228 – Library of Congress
S. 279 – © bpk | The Trustees of the British Museum
S. 301 – © Harvard Art Museums/Fogg Museum, Gift of Corina and David Silich-von Schulthess in memory of Dr. Leo Mildenberg/Photo – © President and Fellows of Harvard College
S. 310 – Ausstellung »Freud of the Rings«, The Israel Museum, Jerusalem/Freud Museum London/Österreichische Nationalbibliothek
S. 376 – © Golders Green Crematorium, London, UK/Bridgeman Images

## IMPRESSUM

**Freuds Dinge.** *Der Diwan, die Apollokerzen und die Seele im technischen Zeitalter* ist im Februar 2019 als vierhundertzehnter Band der ANDEREN BIBLIOTHEK erschienen.

Die Herausgabe und das Lektorat lagen in den Händen von Christian Döring.

Die Bildredaktion wurde von Ron Mieczkowski besorgt.


**Lothar Müller,** geboren 1954 in Dortmund, ist Literaturredakteur im Feuilleton der Süddeutschen Zeitung mit Sitz in Berlin und Honorarprofessor für Neuere Deutsche Literatur an der Humboldt Universität zu Berlin. Er erhielt mehrere Auszeichnungen, darunter 2008 den Johann-Heinrich-Merck-Preis für literarische Kritik und Essay und 2013 den Berliner Preis für Literaturkritik. Er ist Autor mehrerer Bücher, zuletzt erschien »Weiße Magie. Die Epoche des Papiers« (2012, Hanser).

Dieses Buch wurde von Katrin Schacke, Offenbach am Main, gestaltet und ausgestattet. Es wurde in der Ingeborg und der Grotzec-HeadCondensed gesetzt.

Die Herstellung betreute Katja Jaeger, Berlin.

Gesetzt wurde bei Dörlemann Satz, Lemförde.

Das Memminger Medien-Centrum druckte auf 100 g/m² holz- und säurefreies, ungestrichenes Munken Pure. Dieses wurde von Arctic Paper ressourcenschonend hergestellt.

Den Einband besorgte die Verlagsbuchbinderei Conzella in Aschheim-Dornach.

Die Originalausgaben der ANDEREN BIBLIOTHEK sind limitiert und numeriert.

1.– 4.444 2019

Dieses Buch trägt die Nummer:

1372 *

ISBN 978-3-8477-0410-2
AB – DIE ANDERE BIBLIOTHEK GmbH & Co. KG
Berlin 2019